Knörzer/Grass
Den Anfang der Schulzeit pädagogisch gestalten

Wolfgang Knörzer/Karl Grass

Den Anfang der Schulzeit pädagogisch gestalten

Studien- und Arbeitsbuch für den Anfangsunterricht

5. Auflage

Beltz Verlag · Weinheim und Basel

Wolfgang Knörzer, Dr., Jg. 1935, ist Professor für Erziehungswissenschaft an der Pädagogischen Hochschule Schwäbisch Gmünd.

Karl Grass, Jg. 1939, ist Oberstudienrat für Erziehungswissenschaft mit dem Schwerpunkt Grundschulpägagogik an der Pädagogischen Hochschule Schwäbisch Gmünd.

Besuchen Sie uns im Internet
http://www.beltz.de

5., völlig überarbeitete und neu ausgestattete Auflage 2000
Gesetzt nach den neuen Rechtschreibregeln
Lektorat: Peter E. Kalb

Herstellung: Lore Amann
Satz: Satz- und Reprotechnik GmbH, Hemsbach
Druck: Druckhaus Beltz, Hemsbach
Umschlaggestaltung: Federico Luci, Köln
Umschlagfoto: Michael Seifert, Hannover
Printed in Germany

ISBN 3-407-25228-5

Inhaltsverzeichnis

Die Grundschule, ein Erbe, das bewahrt und weiterentwickelt werden muss

Ein etwas längeres, aber notwendiges Vorwort

Wenn ein Kind schulpflichtig geworden ist, kommt es in die Grundschule. Das ist für uns heute eine Selbstverständlichkeit. Doch diese Grundschule gibt es erst seit etwas über 80 Jahren, seit 1919, als Artikel 146 der Weimarer Verfassung bestimmte: »Auf einer für alle gemeinsamen Grundschule baut sich das mittlere und höhere Schulwesen auf. … Für die Aufnahme eines Kindes in eine bestimmte Schule sind seine Anlage und Neigung, nicht die wirtschaftliche und gesellschaftliche Stellung oder das Religionsbekenntnis der Eltern maßgebend.« (Reichsministerium 1919, S. 44)

Wie war es vorher?

Viele Gymnasien, teilweise auch Mittelschulen, hatten sog. Vorschulen[1]. Wenn ein Kind aufs Gymnasium gehen sollte, besuchte es in der Regel gleich dessen Vorschule. Diese dauerte drei Jahre, das Schulgeld, das zu entrichten war, war hoch und für die Mehrzahl der Eltern unerschwinglich. Neben diesen öffentlichen gab es private Vorschulen und besonders reiche Eltern stellten für den ersten Unterricht ihrer Kinder einen eigenen Hauslehrer an. Es bestand eine gesetzliche Unterrichtspflicht, nicht aber Schulpflicht. Die Kinder der ärmeren Leute besuchten die Volksschule. Nun war es zwar möglich, auch von der Volksschule nach der vierten Klasse in eine höhere Schule überzuwechseln, aber erst nach einer strengen Prüfung und nach Maßgabe der noch freien Plätze. Oft brauchte man einen Lehrer als »Fürsprecher«. Der Weg in das Gymnasium über die Vorschulen war demgegenüber sicherer und kürzer. Die Klassen waren dort kleiner, die Schulen erheblich besser ausgestattet als die Volksschulen und der Unterricht legte Grundlagen, auf denen der spätere Gymnasialunterricht aufbaute.

Die Schulen waren Standesschulen; Vorschulen halfen, das Bildungsprivileg der höheren Schichten und den konkurrenzlosen Zugang zu den akademischen Berufen zu sichern. Viele Kinder der oberen Schichten kamen mit »Armeleutekindern« nie in Berührung.

Als gemäß der am 11. August 1919 verabschiedeten Weimarer Verfassung am 28. April 1920 das Grundschulgesetz nach einer Übergangsfrist die Auflösung der

1 Solche Vorschulen gab es nicht überall in Deutschland. In Preußen besaßen etwa die Hälfte der weiterführenden Schulen Vorschulen. Auch in Württemberg und Baden waren sie weit verbreitet. In Bayern gab es nur wenige.

Vorschulen verfügte und im ganzen Deutschen Reich den Besuch der Grundschule für alle Kinder verpflichtend machte, wurde eine Vision Wirklichkeit, für die Jahrhunderte lang Pädagogen gekämpft hatten.

Es waren vier unterschiedliche Motive und Argumentationsstränge, die Pädagogen für diese gemeinsame Schule eintreten ließen, religiöse, politische, nationale und soziale.[1]

Inmitten der Wirren des Dreißigjährigen Kriegs setzte sich *Johann Amos Comenius* (1592–1670), Bischof der böhmischen Brüdergemeinde, für eine gemeinsame Schule, die alle Kinder besuchen sollten, ein. Seine Motive waren religiöser Art: Alle Menschen sind Kinder Gottes, alle sind gleichermaßen dazu berufen, Gottes Weisheit zu erkennen, schon hier in dieser Welt, in Vollendung dereinst im Himmel. Dazu brauchen sie eine Schule, die ihnen hierfür die Augen öffnet und die dazu dient, die weltlichen Dinge schon heute nach Gottes Weisheit zu ordnen. Daneben standen für Comenius zwei weitere, sehr modern anmutende Gründe. Es wäre gut, so meinte er, wenn alle in einer gemeinsamen Schule zu gegenseitiger Dienstbarkeit erzogen würden. Auch könne man im Alter von sechs Jahren noch nicht erkennen, zu welchem Beruf ein Kind sich eignen werde; nicht nur die Kinder der Reichen, der Adligen und der Beamten seien für die höheren Berufen ausersehen, denn »der Geist weht, wo er will«.

Der Schulplan von Comenius[2] sah für jedes Dorf eine sechsjährige, nach Jahrgängen organisierte Muttersprachschule vor. Diese sollte als erste Schule von allen Kindern besucht werden. Danach könnten begabtere Schüler auf die Lateinschule und danach einige, nach dem Maß ihrer Fähigkeiten und Neigungen, auf die Akademie (Universität) überwechseln.

Diese Organisation widersprach dem damals üblichen Schulsystem in vielfacher Hinsicht. Kinder der Adligen hatten Hauslehrer und besuchten nach dem häuslichen Unterricht Ritterakademien. Die Heranbildung des geistlichen Nachwuchses geschah in Kloster-, Dom- und Stiftsschulen. Die Mehrzahl der Bauernkinder besuchte überhaupt keine Schule, allenfalls in einigen Regionen »Pfarr- und Küsterschulen«, in denen sie den Katechismus und die Lieder für den Gottesdienst lernten. Die in den Städten existierenden Lateinschulen waren höhere Schulen, die von Erwachsenen und Kindern, alle zusammen in der gleichen Klasse unterrichtet, besucht wurden. Sie setzten voraus, dass man zuvor privat Lesen und Schreiben gelernt hatte und unterrichteten in den sog. sieben freien Künsten (Grammatik, Rhetorik, Dialektik, Arithmetik, Geometrie, Musik und Astronomie). Hier lernte man vor allem Latein; der spätere Unterricht wurde in Latein erteilt. Daneben gab es in den Städten zusätzlich »Deutsche Lese- und Rechtschreibschulen« und »Rechenschulen«, an deren Einführung vor allem die Handwerkerzünfte Interesse hatten.

1 Vgl. Schwartz 1969.

2 Comenius veröffentlichte diesen Schulplan in seiner Didactica Magna (1632 in tschechisch, 1658 in Latein) und in seinem Werk Pansophia (in den Jahren zwischen 1633 und 1648 geschrieben).

Comenius wünschte sich eine gemeinsame »Grundschule« für alle Kinder. Der Unterricht sollte in der Muttersprache erteilt werden. Im Unterschied zur Lateinschule sollten hier auch die »Realien« vertreten sein und einen breiten Raum einnehmen.[1]

Außer für kurze Zeit im kleinen Herzogtum Gotha wurde dieser Schulplan aber nie verwirklicht.

Freiheit, Gleichheit. Brüderlichkeit, die Ideale der Französischen Revolution bestimmten einen Schulentwurf, den *Condorcet*, Abgeordneter der Französischen Nationalversammlung und Führer der Girondisten, 1792 der Nationalversammlung vorlegte. Dieser sah ein fünfstufiges Schulsystem vor, beginnend mit einer vierjährigen Primärschule für alle Kinder. Diese gemeinsame Primärschule wurde politisch begründet. Nur wenn *alle* entsprechend belehrt werden, so Condorcet, können sie die ihnen zustehenden Rechte auch ausüben. Nur wenn alle gebildet werden, kann verhindert werden, dass die Menschheit in zwei Klassen zerfällt, in diejenigen, die sich ihrer Vernunft bedienen und die andern, die nur die Meinung anderer übernehmen, in Herren und Sklaven. Zu einer Realisierung dieses Schulplans kam es ebenfalls nicht.

Als im Jahr 1806 das Königreich Preußen von Napoleon in der Doppelschlacht von Jena und Auerstädt vernichtend geschlagen, Berlin von französischen Truppen besetzt wurde, der preußische König nach Russland fliehen musste und Napoleon erwog, den Staat Preußen ganz aufzulösen, wurde nach Gründen für den Zusammenbruch und nach Wegen für einen Wiederaufbau gesucht. Ursachen für den Niedergang sah man in der mangelnden Bereitschaft der Bevölkerung, sich für das Gemeinwohl einzusetzen. Verschiedene tief greifende gesellschaftliche Reformen (Abschaffung der Leibeigenschaft der Bauern, Abschaffung von Privilegien des Adels, z.B. Steuerfreiheit, Abschaffung des Zunftwesens, Heeres- und Verwaltungsreform) sollten Identifikation mit dem eigenen Staat, nationales Bewusstsein und Gemeinsinn fördern. Die notwendigen geistigen Grundlagen hierfür sollten durch eine Reform des Bildungswesens geschaffen werden.

Wilhelm v. Humboldt (1767–1835), in der kurzen Zeit von 1809–1810 Leiter der »Sektion für den Kultus und den öffentlichen Unterricht« in Preußen, sah den Kern dieser Bildungsreform im Bildungsideal der Allgemeinbildung. Diese Allgemeinbildung sollte vor jeder beruflichen Bildung stehen. Zuerst und zuvörderst sollte der Mensch in seiner ganzen Persönlichkeit entfaltet und zu sittlicher Reife gebracht werden. Erst danach könnte die Ausbildung für unterschiedliche Berufe ihren Platz haben. Allgemeinbildung sollte nicht in der Anhäufung von Wissen, sondern in einer »höchsten und proportionierlichsten« Ausbildung aller menschlichen Kräfte bestehen; sie sollte allen zuteil werden, denn »der gemeinste Tagelöhner und der am

1 In seinem berühmten Werk »Orbis Sensualium Pictus« finden sich folgende Kapitel: Gott, die Welt, der Himmel (Sonne, Mond, Sterne, Planeten), die Elemente, die Erde, die Pflanzen, die Tiere, der Mensch, die Berufe, das Haus, das Innere des Hauses, der Verkehr, der intellektuelle Austausch, die Lehren, die Sozialreformen, die Stadt, das Spiel, die Politik, die Religionen, das Jüngste Gericht. Die einzelnen Kapitel sind in eine Vielzahl von Einzelthemen gegliedert. Es handelt sich um das erste bebilderte Schulbuch. Zu allen Themen gibt es Bilder, wobei Zahlen bei den Details der Bilder auf die einzelnen Abschnitte des Textes verweisen.

feinsten Ausgebildete muss in seinem Gemüth ursprünglich gleich gestimmt werden« (Litauischer Schulplan, zit. nach Michael/Schepp 1973, S. 211). Das öffentliche Schulwesen sollte ausschließlich dieser Allgemeinbildung dienen, die berufliche Ausbildung für verschiedene berufliche Tätigkeiten Aufgabe anderer Institutionen sein.

Die wichtigste Institution zur Vermittlung von Allgemeinbildung sah Humboldt im Gymnasium. Für den Unterricht dort war neben der Ausbildung der Verstandeskräfte, vor allem durch alte Sprachen und Mathematik, auch die Diskussion politischen Organisationsformen verschiedener Staaten vorgesehen, wobei die demokratische Staatsform des alten Athens besonders im Mittelpunkt stehen sollte. Aber auch alle anderen Schulen hatten Allgemeinbildung als Bildungsziel. Die Elementarschule sollte dazu befähigen, Unterricht überhaupt erst richtig folgen zu können. Sie sollte von allen Kindern besucht werden und Grundlage des gesamten Bildungssystems sein. Wenn diese Elementarschulen nicht »Volksschulen im verächtlichen Sinn des Wortes« werden sollen, so Humboldt im Litauischen und Königsberger Schulplan (beide 1809), müssen sie auch von den Kindern bürgerlicher Eltern besucht werden. Entsprechend plädierte er für die Abschaffung der Vorklassen der höheren Schulen.

Durch Allgemeinbildung Stärkung der sittlichen Persönlichkeit, durch Stärkung der sittlichen Persönlichkeit mehr Gemeinschaftsgefühl und Einsatz für das Gemeinwohl, durch mehr Einsatz für das Gemeinwohl nationale Erneuerung, das waren die Zielvorstellungen der humboldtschen Bildungsreform.

Das Motiv der nationalen Erneuerung und die Vorstellung von Allgemeinbildung waren bei Humboldt eng miteinander verknüpft. Auch später wurde das nationale Motiv immer wieder ins Feld geführt, nicht zuletzt bei den Auseinandersetzungen um eine gemeinsame Grundschule nach dem Ersten Weltkrieg, wohlgemerkt, auch damals nach einer politischen Katastrophe.

Auch Humboldts Plan blieb die Realisierung versagt. Bereits nach zwei Jahren wurde er, weil seine Vorstellungen von einer allgemeinen Menschenbildung aller zu revolutionär erschienen, aus seiner Position entfernt. Die Diskussion politischer Verhältnisse in den Gymnasien wurde verboten.

Der *Deutsche Lehrerverein*, im Revolutionsjahr 1848 in Eisenach durch den Zusammenschluss lokaler Lehrervereine gegründet, forderte wiederholt die Einführung einer gemeinsamen Grundschule für alle Kinder. Erstmals wurde die Forderung nach einer gemeinsamen Schule von einer großen Gruppe von Lehrern erhoben. Eine entsprechende Petition ging auch an die Frankfurter Paulskirche. Als der Lehrerverein, bereits im Jahr seiner Gründung nach der raschen Niederschlagung der Revolution, schon wieder verboten, 1871 neu gegründet wurde, war die gemeinsame Grundschule wieder zentrales Anliegen. Es gab keine Volksschullehrertagung, auf der nicht die »Allgemeine Volksschule« gefordert wurde. Hierfür wurden vor allem soziale Gründe geltend gemacht. Auch Kinder aus den niederen Einkommensklassen sollten die Chance haben, das Gymnasium zu besuchen und später ein Studium aufzunehmen. Gymnasien waren, nicht zuletzt wegen der Vorschulen, den Kindern der unteren Einkommensschichten weitgehend verschlossen.

Im Wintersemester 1886/87 waren an allen preußischen Universitäten insgesamt 13.552 Studierende zugelassen. Davon kamen nur 17 aus Arbeiterfamilien und von diesen studierten acht katholische oder evangelische Theologie. Von den 3.633 Medizinstudenten und 2.220 Jurastudenten hatte keiner einen Arbeiter als Vater.

So kam zu dem religiösen, dem politischen und dem nationalen Motiv das soziale.

Dass der pädagogische Traum von einer gemeinsamen Grundschule trotz vieler Widerstände Wirklichkeit wurde, war der katastrophalen Niederlage Deutschlands im Ersten Weltkrieg zu verdanken. Der Kaiser war geflohen, die Monarchie zusammengebrochen, die konservativen Kräfte waren über kurze Zeit nachhaltig geschwächt. So gestatteten die Mehrheitsverhältnisse in der Verfassungsgebenden Nationalversammlung – es gab eine Koalition aus SPD, Zentrum und Deutscher Demokratischer Partei – die Einführung einer gemeinsamen Grundschule. Die Grundschule wäre aber nicht möglich gewesen, hätten nicht, trotz aller Rückschläge, viele Menschen an der Idee einer gemeinsamen ersten Schule, in der alle Kinder gleichermaßen gefördert würden, alle die gleichen Chancen hätten und alle über die Standesschranken hinweg gemeinsam miteinander lernen würden, unbeirrt festgehalten hätten.

Der Einführung der Grundschule gingen heftige innenpolitische und bildungspolitische Kontroversen voraus. Der Deutsche Lehrerverein kämpfte für eine sechsjährige Grundschule. Die Gegner wollten sie als Pflichtschule am liebsten ganz verhindern, allenfalls auf wenige Jahre begrenzen. Sie argumentierten, Proletarierkinder könnten das Zusammensein mit Kindern aus besser situierten Kreisen nicht neidlos ertragen. Kinder aus »besseren« Elternhäusern seien gesundheitlichen und sittlichen Gefahren ausgesetzt und die gesetzliche Pflicht, alle Kinder in die Grundschule zu schicken, widerspreche dem Elternrecht. Durch eine gemeinsame Grundschule käme es dazu, dass zu viele Schüler ins Gymnasium übertreten würden; die Arbeiterklasse würde so ihrer Führer beraubt. Die gymnasiale Bildung werde Schaden leiden, weil begabtere Kinder in der Grundschule verbummeln würden. Da sie, gegenüber der dreijährigen Vorschule, erst ein Jahr später aufs Gymnasium kämen, würde die Zeit, in der sie noch fast mühelos Vokabeln lernen könnten, nutzlos verstreichen, dies erst recht, wenn die Grundschule sechs Jahre dauern sollte. Gegenüber einer sechsjährigen Grundschule wurde ins Feld geführt, das Urteil darüber, welche Kinder sich für das Gymnasium eignen würden, wäre nach sechs Jahren auch nicht besser als bei einer kürzeren Grundschuldauer. Die Befürworter plädierten dafür, dass weiterführende Schulen auch für Kinder aus den unteren Schichten offen stehen müssten, dass für alle Deutschen eine gemeinsame Grundbildung und eine basale kulturelle Gemeinsamkeit gesichert werden sollte und dass die Begabung einzelner Kinder erst zwischen dem 11. und 13. Lebensjahr hinreichend deutlich erkannt werden könnte. Zudem wünschten sie, dass die neue Grundschule gegenüber den Vorschulen eine andere Schule sein sollte, keine Drill- und Paukschule, sondern eine kinderfreundliche Schule.

Die neu gegründete Grundschule, zum Leidwesen ihrer Befürworter in den »Weimarer Schulkompromissen« auf nur vier statt der gewünschten sechs Jahre beschränkt, wurde ihrer inneren Gestaltung nach tatsächlich eine andere Schule. In keiner anderen Schulart konnten die Ideen der Reformpädagogik in Lehrplänen und Unterricht so Fuß fassen wie in dieser Schule. Der neue Unterricht versuchte an der Lebenswirklichkeit der Kinder anzusetzen (Kindorientierung). So wurde das Fach Heimatkunde erstmals offiziell eingeführt. Der neue Unterricht versuchte, die von den Universitätsdisziplinen ausgehende Zerstückelung in verschiedene Fächer und eine einseitige verstandesmäßige Ausrichtung zu überwinden (Ganzheitsprinzip, Erlebnisbezogenheit). So sollte nach den Richtlinien für die Lehrpläne Basis des gesamten Unterrichts für die erste Klasse der »heimatliche Gesamtunterricht« sein. In dem neuen Unterricht sollte versucht werden, Schüler aus der Rolle passiver Rezipienten herauszulocken und aus ihnen aktive Lerner zu machen (Selbsttätigkeit). Jede Schulkasse und jede Schule sollte eine kleine Gemeinschaft sein (Gemeinschaftsprinzip). Solche Vorstellungen zeichneten die Grundschule vor allen anderen Schularten aus und machten aus der neuen Schule auch eine »gute« Schule«.

Nach dem Zweiten Weltkrieg versuchte man, an die Tradition der Weimarer Grundschule wieder anzuknüpfen. Zahlreiche Initiativen von Grundschullehrerinnen und Grundschullehrern hatten zum Ziel, die Grundschule den gewandelten Verhältnissen anzupassen und weiter zu verbessern.

Ende der 60er-Jahre wandelte sich das Begabungskonzept. Begabung wurde nicht mehr primär als genetisch vorgegebene, statische Größe verstanden. Man nahm vielmehr einen dynamischen Begabungsprozess an, bei dem den Umweltbedingungen und Lernchancen vor allem in der Kindheit eine große Bedeutung zugemessen wurde. Das beeinflusste auch die Grundschule entscheidend. Bildungsmäßig benachteiligte Kinder sollten besonders gefördert werden, um Defizite der familiären Erziehung auszugleichen. Schuleintritt bereits mit fünf Jahren, zumindest eine engere Verzahnung zwischen Schule und Kindergarten wurden diskutiert.

Das Bemühen, die zukünftigen Erwachsenen auf eine von Wissenschaft und Technik bestimmte Welt vorzubereiten und die Zahl der Schulabgänger mit höheren Bildungsabschlüssen zu erhöhen, schlug sich im Konzept der Wissenschaftsorientierung nieder. Wissenschaftsorientierung sollte auch für den Unterricht der Grundschule gelten. Aus Rechnen wurde Mathematik, aus Heimatkunde Sachunterricht. Bald wurden allerdings die Grenzen und die Einseitigkeit dieses Konzepts erkannt. Entsprechend wurde das Prinzip der Kindgemäßheit neu durchdacht. Aus Sachunterricht wurde in den meisten Bundesländern »Heimat- und Sachunterricht.«[1]

Als Mitte der 70er-Jahre englische Ansätze des »Offenen Unterrichts« in Deutschland diskutiert wurden, favorisierten Lehrerinnen und Lehrer zunehmend neben dem vom Lehrer direkt gelenkten Unterricht das Konzept der Freien Arbeit. Hand in Hand damit ging eine Neugestaltung der Klassenzimmer.

Als weitere Reformmaßnahmen seien erwähnt: die Einführung der Verbalbeurteilung anstelle der Ziffernnoten, die Zusammenarbeit mit dem Kindergarten, die Ab-

1 »Heimatkunde«, »Sachunterricht«, »Heimat- und Sachunterricht«, die verschiedenen offiziellen Bezeichnungen spiegeln das Bemühen, in je unterschiedlicher Akzentuierung Sachgemäßheit und Kindgemäßheit, Wissenschaftsorientierung und Kindorientierung zu verbinden.

schaffung der Probearbeiten für die Aufnahme in weiterführende Schulen, Überlegungen, wie der Grundschulunterricht der veränderten Kindheit gerecht werden könnte, in jüngster Zeit die Versuche zur Integration behinderter Kinder, Überlegungen und Unterrichtsversuche zur Einführung einer Fremdsprache, das Bemühen um Verwirklichung der ganzen Halbtagsschule sowie die Veränderung der Schuleingangsphase.

Bei diesen Innovationen handelt es sich vielfach um Impulse, die von Lehrerinnen und Lehrern ausgingen, um eine »Bewegung von unten«. Sie fand in dem 1969 von Erwin Schwartz gegründeten »Arbeitskreis Grundschule« ein Gesprächsforum, eine Clearingstelle und ein Sprachrohr. Diesem Arbeitskreis ist es zu verdanken, dass um die Grundschule eine rege und fruchtbare Diskussion einsetzte, von der viele Impulse auch auf alle anderen Schularten ausgingen.

Das über viele Generationen hinweg andauernde Bemühen so vieler Lehrerinnen und Lehrer um eine gute Grundschule ist eine Verpflichtung. Das wertvolle Erbe Grundschule muss gepflegt und weiterentwickelt werden, zumal schon wieder Stimmen laut werden, die Grundschule zu verkürzen.

Hierzu möchte auch dieses Buch einen Beitrag leisten. Es versucht, theoretische und historische Hintergründe aufzuhellen und gleichzeitig Hinweise für die Praxis zu geben. In der 5. Auflage völlig überarbeitet, erweitert und die neuen Entwicklungen aufnehmend, ist es für Lehrerinnen und Lehrer sowie für Studierende geschrieben.

Literaturhinweise

Blankertz, H.: Die Geschichte der Pädagogik. Von der Aufklärung bis zur Gegenwart. Wetzlar 1982: Büchse der Pandora.

Knörzer, W./Grass, K.: Einführung Grundschule. Geschichte – Auftrag – Innovation. Weinheim und Basel 1998: Beltz.

Michael, B./Schepp, H. (Hrsg.): Politik und Schule von der Französischen Revolution bis zur Gegenwart. Band 1 und 2. Frankfurt/M. 1973: Athenäum.

Neuhaus, E.: Reform der Grundschule. Bad Heilbrunn 51991: Klinkhardt.

Reichsministerium (Hrsg.): Die Verfassung des Deutschen Reichs. Berlin 1991: Reichsdruckerei.

Schwartz, E.: Die Grundschule. Funktion und Reform. Braunschweig 1969: Westermann.

Sienknecht, H.: Der Einheitsschulgedanke. Geschichte, Entwicklung und gegenwärtige Problematik. Weinheim 1968: Beltz.

Veränderte Kindheit – eine Herausforderung für die Grundschule

Grundschulkinder sind anders geworden, so die Erfahrung vieler Lehrerinnen und Lehrer: Viele von ihnen, so meinen sie, sind Einzelgänger und können mit den andern nicht viel anfangen. Sie sind egozentrisch und haben Schwierigkeiten, sich in eine Gruppe einzuordnen. Sie können sich weniger konzentrieren, sind unruhiger, zappeliger, leichter irritierbar, aber auch selbstbewusster geworden. Anweisungen leisten sie nur nach wiederholtem Ermahnen Folge oder kümmern sich gar nicht darum. Sie können weniger mit sich anfangen, ruhen weniger in sich selbst und sind dauernd »in action«. Sie sind leicht reizbar, geraten rasch in Streitereien und tragen diese nicht selten hoch aggressiv aus. Vor allem, so meinen die Lehrerinnen und Lehrer, seien die Unterschiede in der kognitiven Entwicklung zwischen den Kindern größer geworden, speziell im sprachlichen Bereich, die Entwicklungsschere habe sich weiter geöffnet (Fölling-Albers 1989, 1992). Solche auffälligen Veränderungen im Verhalten von Kindern haben dazu geführt, von veränderter Kindheit zu sprechen.

Kindheit, was ist das?

Wenn von veränderter Kindheit die Rede ist, wird nicht selten Unterschiedliches darunter verstanden. Einmal denkt man dabei an veränderte Kinder, die Änderung kindlichen Verhaltens und kindlicher Verhaltensdispositionen. Zum andern wird an veränderte Bedingungen gedacht, unter denen Kinder aufwachsen. Beides, Kinder und gesellschaftliche Bedingungen des Aufwachsens, werden häufig zu wenig voneinander unterschieden oder zumindest wird vorschnell vom einen auf das andere geschlossen.

Zur Klärung kann ein von Geulen und Hurrelmann (1980, S. 65) entwickeltes Modell über Komponenten und Ebenen des Sozialisationsprozesses beitragen. Es wird in leicht veränderter Form (vgl. Tillmann 1993, S. 18) auf S. 19 vorgestellt.

Dieses Strukturmodell unterscheidet zwischen verschiedenen Ebenen des Sozialisationsprozesses und regt dazu an, nach möglicherweise korrespondierenden Veränderungen auf den verschiedenen Ebenen zu suchen.

Es geht davon aus, dass es hauptsächlich zu Beeinflussungsprozessen von oben nach unten, aber auch zu wechselseitigen Beeinflussungsprozessen kommt.

Das ist zumindest für die beiden untersten Ebenen offenkundig. Nicht nur die Eltern beeinflussen ihre Kinder; sie werden auch von ihren Kindern beeinflusst. Mit solchen Rückwirkungen ist auch auf die Ebene der Institutionen zu rechnen, so etwa, wenn Elternwünsche oder Schülerverhalten Rückwirkungen auf die Organisations-

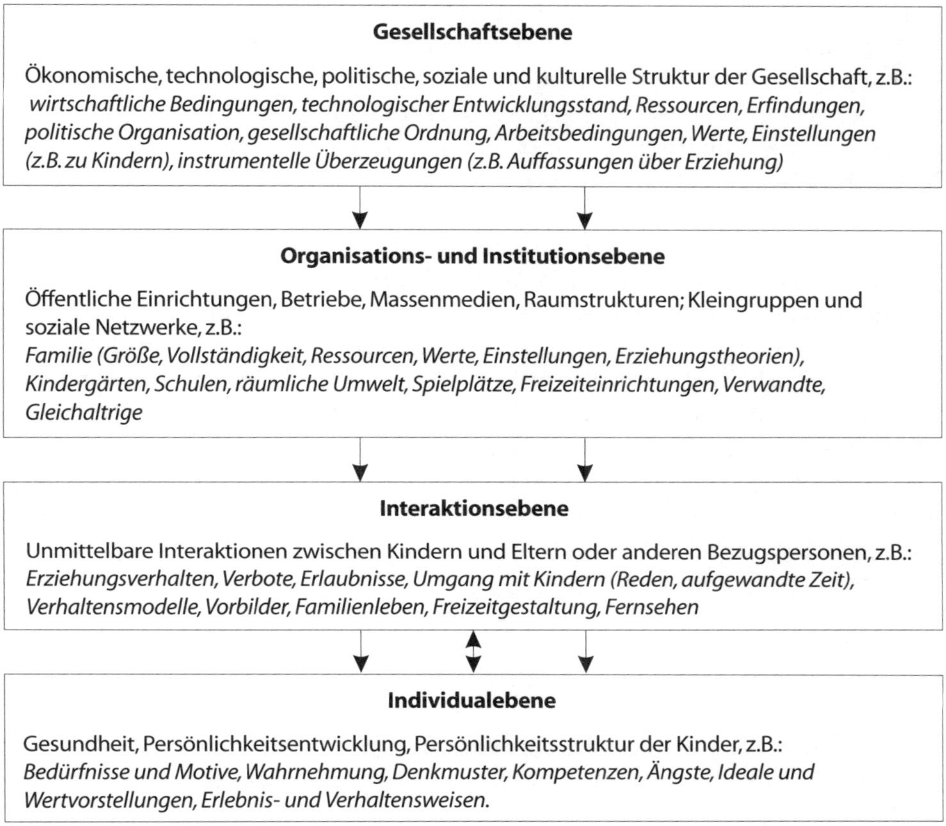

struktur der Schule haben. Man denke nur daran, wie verändertes Schülerverhalten evtl. dazu zwingt, den Unterricht oder sogar die Institution Schule zu verändern. Aber zunächst ist von einem Beeinflussungsgefälle von oben nach unten auszugehen. Es dauert lange, bis Eltern- und Schülerverhalten Rückwirkungen auf die Institution Schule haben. Das gilt verstärkt für Einflüsse auf die oberste, die gesellschaftliche Ebene.

Zudem sollte bedacht werden, dass die Einflüsse nicht im Sinne einer Determination verstanden werden dürfen. So sind Schulen zum Beispiel häufig über lange Zeit hinweg gegenüber gesellschaftlichen Veränderungen relativ immun und weisen ein von außen nur schwer beeinflussbares Eigenleben auf. Das gilt gleicherweise hinsichtlich des Zusammenhangs zwischen Familien und Gesellschaft. Manche Familien widerstehen gesellschaftlichen Trends, etwa indem sie eigenen Wertvorstellungen folgen und gegenüber gesellschaftlichen Bedingungen eine relative Unabhängigkeit zeigen. Besonderheiten oder Veränderungen der Institution Familie, etwa wenn nur ein Elternteil die Kinder erzieht oder Kinder keine Geschwister haben, schlagen nicht unbedingt auf die Persönlichkeit der Kinder durch. Kinder, die durch Scheidung oder Tod ihren Vater verloren haben, sind nicht notwendigerweise anders als in einer vollständigen Familie aufwachsende Kinder, Einzelkinder nicht anders als Geschwisterkinder; Kinder, die geschlagen und Opfer elterlicher Gewalt sind, bezahlen dies nicht immer mit einer veränderten Persönlichkeitsstruktur. Das hängt zum einen damit zusammen, dass neben familiären mit einer Vielzahl anderer Einflüsse zu rechnen ist, die korrigierend, ergänzend, substituierend wirken können. Das hängt zum andern auch mit der relativen Autarkie der sozialen und personalen Systeme zusammen.

Niklas Luhmann (1983) hat dies durch Begriffe wie Autopoiesis und Selbstreferentialität (Selbstorganisation von Systemen nach einem systemeigenen Code) im Rahmen seines systemtheoretischen Ansatzes zum Ausdruck gebracht. Systeme sind zwar, um die Sprache Luhmanns zu gebrauchen, gegenüber anderen anschlussfähig, sie können durch ihre Umwelt perturbiert (durcheinander gebracht) werden oder im Extremfall zusammenbrechen. Nach einer Perturbation reorganisieren sie sich aber in der Regel wieder nach ihrem systemeigenen Code.

Insofern suggeriert das oben dargestellte, dem sozialisationstheoretischen Paradigma verpflichtete Modell, möglicherweise eine zu hohe Abhängigkeit der Familien von gesellschaftlichen Bedingungen und der Kinder von den familiären und außerfamiliären Interaktionsprozessen.

Kindheit, eine historische Errungenschaft

Kindheit im Sinne eines von der Gesellschaft eigens etablierten Schonraums wird heute weitgehend als Ergebnis von Scholasierung und Familialisierung gesehen (Zeiher 1996).

Galten im Mittelalter Kinder ab dem siebten Lebensjahr als Erwachsene, die ab diesem Zeitpunkt in den Arbeitsprozess integriert wurden und weitgehend am Leben der Erwachsenen teilnahmen, so wurde in der Gelehrtenschule der frühen Neuzeit entdeckt, dass Kinder einen anderen Unterricht und eine andere soziale Umwelt brauchen als Erwachsene. Das schärfte den Blick für die besondere Eigenart von Kindern.

Die Trennung von Arbeit und Wohnen sowie die Freistellung der bürgerlichen Frauen vom unmittelbaren Erwerbsleben im aufkommenden 19. Jahrhundert schufen ein besonderes familiäres Binnenklima, als dessen Kennzeichen Abschottung nach außen, Intimität und stärkere gefühlsmäßige Aufladung gelten können. In dieses warme, fürsorgliche (aber nichtsdestoweniger autoritäre) Binnenklima wurden die Kinder einbezogen. Mutterliebe wurde zum normativen Muster (Schütze 1991). Aus der durch die Funktionsabläufe der Arbeit bestimmten Haushaltsfamilie wurde, zunächst begrenzt auf die bürgerlichen Familie, dann, als die wirtschaftlichen Verhältnisse dies zuließen, auch bäuerliche Familien und Arbeiterfamilien ergreifend, die Kernfamilie. Familie wurde zum »warmen Nest«.

Auch wenn die Vision von Ellen Key (1902), das 20. Jahrhundert werde zum Jahrhundert der Kindheit, sich nicht erfüllte, kann behauptet werden, dass in den westlichen Industrieländern Kindheit für viele Kinder heute zu einer Lebensphase geworden ist, in der sie ohne wirtschaftliche Not, gesundheitlich gut versorgt, von elterlicher Fürsorge und Liebe umgeben, in einer Vielzahl von Schulen individuell gefördert, relativ günstige Voraussetzungen für ihre Persönlichkeitsentwicklung haben, wenngleich es erhebliche Unterschiede zwischen den verschiedenen Elternhäusern gibt, nicht zuletzt auch in Abhängigkeit von finanziellen Ressourcen. Kinder, so unsere Auffassung, haben es in unserer westlichen Industriewelt, gemessen an früheren Jahrhunderten und Kindern in anderen Teilen der Welt, überwiegend gut.

Nach Ariès (1975) ist die Entstehung der Kindheit eine Folge zunehmenden Einflusses der Schule auf immer mehr Kinder. Ariès beruft sich dabei auf zahlreiche detaillierte Untersuchungen zum französischen Schulwesen zwischen dem 16. und 19. Jahrhundert, das für ganz Europa richtungsweisend wurde. In der Gelehrtenschule, in der ursprünglich erwachsene Männer und 12-jährige Knaben gemeinsam die sieben freien Künste erlernten (Gruppierungsprinzip war nicht das Alter, sondern der Kenntnisstand), wurde erkannt, dass Kinder einen anderen Unterricht benötigen als Erwachsene. Das führte zunehmend dazu, den Unterricht nach Altersgruppen zu trennen.

Ariès konstatierte einen zweiten, seit dem 17. Jahrhundert sich abzeichnenden Trend, die jüngeren Schüler von den erwachsenen zu trennen, um ihnen einen moralischen Schonraum zu sichern. Wohnten die oft jungen Studenten zunächst noch irgendwo in der Stadt bei irgendwelchen Wirtsleuten, so erhielten bald nur noch bestimmte »ehrbare Familien« die Erlaubnis, Studierende bei sich logieren zu lassen. Mehr und mehr ging man dazu über, die Schüler in einem Internat unterzubringen und sie einer strengen sittlichen und religiösen Überwachung zu unterziehen. Kinder wurden nach Ariès zunehmend gettoisiert, zum Zweck »gesunder« moralischer Entwicklung aus der Erwachsenenwelt ausgeschlossen. Behütete, geschützte, aber auch reglementierte Kindheit entstand. Diese von Pädagogen, Moralisten und Klerikern propagierte Praxis wurde zunächst nur von einem kleinen Teil, dann von immer mehr Eltern übernommen. Sie wurde im 19. Jahrhundert, in dem die affektive Zuneigung zu den Kindern, vor allem in den Bürgerfamilien, immer mehr Bedeutung erhielt, zum Leitbild für richtige Kindheit.

Ariès lässt keinen Zweifel daran, dass er diese Entwicklung überwiegend negativ einschätzt. Sie führte dazu, dass Kinder immer mehr in einen Schonraum abgedrängt, aus der Welt der Erwachsenen und den echten Erfahrungen des Lebens ausgegrenzt wurden. Aus Kindheit wurde, wie H. v. Hentig (1975) meint, »Kinder-Kindheit«, »pädagogisierte Kindheit«, »Getto-Kindheit«, zwar behütet, aber durch Erfahrungsverlust einer künstlichen Kinderwelt und zunehmende pädagogische Repression teuer erkauft.

Ganz anders sieht der amerikanische Kindheitsforscher Lloyd de Mause diese Entwicklung. In seinem 1974 erschienenen Buch »Hört ihr die Kinder weinen«, wendet er sich gegen die Vorstellung von Ariès, Kinder seien in früheren Jahrhunderten glücklicher gewesen. »Die Geschichte der Kindheit ist ein Albtraum, aus dem wir gerade erst erwachen. Je weiter wir in der Geschichte zurückgehen, desto unzureichender wird die Pflege der Kinder, die Fürsorge für sie, und desto größer die Wahrscheinlichkeit, dass Kinder getötet, ausgesetzt, geschlagen, gequält und sexuell missbraucht werden.« (1977, S. 12) Die zentrale Antriebskraft für einen Wandel zum Besseren sieht de Mause weder in den Meinungen von Moralisten und Schulmeistern noch in wirtschaftlichen Veränderungen, sondern in zunehmender Reife der Eltern, die zumindest einen Teil der heutigen Eltern erreicht hat.

De Mause ist Psychoanalytiker. Der Umgang mit Kindern, so argumentiert er, reaktualisiert bei den Erwachsenen Probleme der eigenen Kindheit. Unbewusst sieht sich der Erwachsene selbst im Kind. Er selbst ist dieses Kind, das Liebe und Zuwendung sucht und diese früher einmal bei den eigenen Eltern fand oder nicht fand. Der eigene Vater, die eigene Mutter ist in der Interaktion der Eltern mit ihren Kindern also gegenwärtig. Die Enttäuschung über die eigenen Eltern wird wieder lebendig. Vom Kind wird jene Liebe verlangt, die man von den eigenen Eltern nicht erhielt. Und weil das Kind diese Liebe zu geben nicht in der Lage ist, wird die Enttäuschung über die eigenen Eltern am Kind abgearbeitet: es wird vernachlässigt, gestraft, eingeschüchtert, wie man das selbst erlitt. In der Psychologie spricht man von Umkehrreaktionen: Das Kind wird zum Elternteil, von dem man Liebe erwartet, und wird bestraft, wenn es diese Liebe nicht geben kann. So wird das Kind gleichzeitig geliebt und unbewusst gehasst.

Die größere Reife vieler Eltern besteht nun darin, dass diese ihre Kinder immer weniger in ihre eigene traumatische Kindheit und unerledigten Kindheitsprobleme hineinziehen müssen. Kinder fungieren nicht mehr als Objekte eigener negativer Projektionen, als Objekte, an denen sie ihre eigenen unerledigten Probleme mit ihren Eltern abarbeiten. So sind zunehmend mehr Eltern in der Lage, ihre Kinder, unverstellt durch eigene Projektionen, wahrzunehmen, zu sehen und als eigenständige Wesen zu respektieren. Diesen, mit Empathie und Rücksicht erzogenen Kindern wird es dann möglich, später den eigenen Kindern noch mehr Einfühlungsvermögen entgegenzubringen. De Mause spricht so von einer psychogenetischen Höherentwicklung.

Was den Eltern früherer Zeiten fehlte, so meint de Mause, war nicht Liebe, sondern psychische Reife. Die aber, so glaubt er, ist langsam von Generation zu Generation gewachsen. In dem Ausmaß, in dem die Eltern aufgrund besserer eigener Eltern-Kind-Beziehungen psychisch reifer wurden, wurde es ihnen auch möglich, das Kind als Wesen mit eigenen Bedürfnissen zu sehen und sich in es einzufühlen.

Nun zeigt schon ein flüchtiger Blick in die Geschichte, dass Kinder heute im Allgemeinen ihren Eltern mehr bedeuten als vor 200 Jahren oder noch früher. Kinder werden gepflegt, umsorgt, geliebt. Kindstötung und Kindesmisshandlung, in der Antike eine Selbstverständlichkeit, sind zwar nicht verschwunden, aber viel seltener geworden und allseits verpönt. Kinder werden seltener und weniger hart geschlagen. Wer würde heute schon ein Kind zu einer Amme geben wollen?

1958 konnte der amerikanische Sozialisationsforscher Urie Bronfenbrenner in einem Forschungsbericht, in dem er Hunderte von Einzeluntersuchungen aus einem Zeitraum von nur 25 Jahren (1932–1957) über Einstellungen der Eltern zu ihren Kindern sichtete, einen historischen Trend der Art feststellen, dass in diesem Zeitraum Eltern im Durchschnitt ihren Kindern gegenüber nachsichtiger und toleranter wurden, weniger versuchten, ihren Willen zu brechen und sich mehr um ein einfühlendes partnerschaftliches Verhältnis bemühten. Ein Trend, der sich sicher in den letzten 40 Jahren fortgesetzt hat.

Dieser nachweisbare Trend zu mehr Wertschätzung und Einfühlung in die Kinder darf aber nicht einfach als pauschale Rechtfertigung des psychogenetischen Ansatzes von de Mause interpretiert werden. Kritisch zu betrachten ist zunächst die Auswahl der für seine Theorie herangezogenen Quellen. Was nicht in sein Schema der psychogenetischen Abfolge von historischen Perioden der Kindheit passte, wurde nicht berücksichtigt. Das führte dazu, dass manche Historiker es schlichtweg ablehnten, sich mit den These von de Mause überhaupt zu beschäftigen.

So wies Loffl-Haag (1991) auf eine Reihe mittelalterlicher Quellen zur Ausbildung von Hebammen, Kindererziehung und kindlichem Spielzeug hin, die darauf schließen lassen, dass Kindern durchaus hoher Wert beigemessen und diese liebevoll behandelt wurden. So trägt ihr Buch – in bewusstem Gegensatz zu de Mauses Buch »Hört ihr die Kinder weinen« – den Titel »Hört ihr die Kinder lachen«.

Er ist zudem einseitig. Die Einseitigkeit bezieht sich darauf, dass de Mause einzig zunehmender elterlicher Reife eine entscheidende Funktion für die Verbesserung von Kindheit zuschreibt. Die höhere psychische Reife vieler heutiger Eltern soll nicht bestritten werden. Aber Kindheit verbesserte sich auch durch die Beseitigung des ungeheuren Ausmaßes an wirtschaftlicher Not, durch die Verbesserung der hygienischen Verhältnisse und der Wohnbedingungen. Die hohe Kindersterblichkeit machte es früher Eltern nahezu unmöglich, allzu viel psychische Energie auf diese kleinen »Wesen zwischen Leben und Tod« zu verschwenden. Hinzu kommt die Veränderung des emotionalen Binnenklimas in der bürgerlichen Familie. Neue Vorstellungen von Kindheit als eigenem, in sich wertvollem Lebensabschnitt führten dazu, dass Kinder in einem neuen Licht gesehen wurden. Als weiterer wichtiger Faktor ist die geringere Kinderzahl dank effizienter Geburtenkontrolle zu nennen. Musste früher eine Familie sechs bis zehn Kinder schicksalhaft hinnehmen, so sind die wenigen Kinder heute weitgehend Wunschkinder. Das bleibt nicht ohne Auswirkung auf die Einstellung gegenüber den Kindern. So wird man zusammenfassend sagen müssen, dass ein ganzes Bündel von Faktoren Kindheit veränderte (vgl. Shorter 1965, 1975, 1986).

Widersprüchliche Tendenzen in den letzten 40 Jahren

Die Entwicklung von Kindheit seit den 60er-Jahren ist durch widersprüchliche Prozesse gekennzeichnet.

Das Bildungswesen expandierte, soziale Dienste und Einrichtungen zur Betreuung und Freizeitgestaltung von Kindern nahmen zu. Der Schutzraum für Kinder wurde erweitert, zugleich führte dies aber auch zu verstärkter Vergesellschaftung von Kindheit.

Die emotionale Zuwendung zu den Kindern stieg, nicht zuletzt als Folge der kleiner werdenden Familien. Dadurch wuchs allerdings auch der emotionale Druck.

Nicht alle Kinder genießen überdies diese emotionale Zuwendung. Es muß zudem mit 10–15% Kindern gerechnet werden, die extrem vernachlässigt und misshandelt werden.

Der wirtschaftliche Wohlstand führte dazu, dass die meisten Kinder gut ernährt sind, ihr eigenes Zimmer haben, viele Freizeitmöglichkeiten nutzen können und die Kinderzimmer voll von Spielsachen sind. Andererseits zeichnete sich auch ein Trend zu steigender Armut ab. 1991 lebten knapp 14% aller Kinder und Jugendlichen aufgrund von Arbeitslosigkeit der Eltern oder weil nur ein Elternteil vorhanden war (18% aller Familien) von der Sozialhilfe. Eine halbe Million Kinder lebt unter äußerst schlechten Wohnbedingungen. So ist inmitten der Wohlstandsgesellschaft Armut zu einem hochrangigen gesellschaftlichen Problem geworden.

Die unter dem Begriff der Risikogesellschaft (Beck 1986) diskutierte Freisetzung aus traditionellen Bindungen schuf auch für Kinder neue Freiheiten: Die Erziehungsnormen sind liberaler geworden und werden weniger rigid durchgesetzt. Dies führte andererseits auch zu einer gewissen Ratlosigkeit, wie ein Kind erzogen werden soll, und schafft bei den Kindern Unsicherheit. Kinder können heute, unabhängig von Bildungsstand und Beruf ihrer Eltern, alle Bildungswege einschlagen. Das erhöht aber auch das Risiko des Scheiterns. Schule, einst ein Faktor, der zur Entwicklung eines Schonraums für Kinder maßgeblich beitrug, wurde wegen hoher Bildungsaspirationen und daraus entstehendem Leistungsdruck manchmal zu einem modernen »Albtraum« für Eltern und Kinder. Kindern wird ein hohes Recht auf ihre eigene Individualität eingeräumt. Die Kehrseite davon ist, dass sie in hohem Maß erwarten, beachtet und berücksichtigt zu werden, und es ihnen schwer fällt, auch einmal zurückzustehen und auf eigene Ansprüche vorübergehend zu verzichten. Den größer gewordenen Freiheiten der Kinder stehen zudem neue Zwänge gegenüber, die vom Konsummarkt ausgehen.

Zugleich kam es im Zuge der verschiedenen Modernisierungsprozesse zu einer Erosion des kindlichen Schonraums. Das Fernsehen drang in die Familien ein. Wohnverhältnisse, Urbanisierung, zunehmender Verkehr veränderten die Spielmöglichkeiten der Kinder. Die wirtschaftliche Entwicklung und der Anspruch der Frauen auf ein Stück eigenen Lebens neben Familie und Kindererziehung führten zur Berufstätigkeit beider Elternteile und damit im Leben vieler Kinder zu einem Rückgang elterlicher Präsenz. Ehescheidungen erschütterten für viele Kinder die Stabilität des innerfamiliären Beziehungsraums. Der familiäre Schutzraum wurde, nicht zuletzt aufgrund der »strukturellen Rücksichtslosigkeit der Gesellschaft« (Kaufmann 1980) in Form von finanzieller Benachteiligung von Familien mit Kindern, von Verkehrsbedingungen, Wohnbaupolitik oder der vonseiten der Wirtschaft geforderten Anpassungsleistungen der berufstätigen Eltern an wirtschaftliche Erfordernisse bedroht.

So erschien das Leitbild einer geschützten Kindheit mehr und mehr gefährdet. Kulturpessimistische Einschätzungen sprachen gar vom Verschwinden der Kindheit und dem Ende der Erziehung (Postman 1983, 1995) oder von Kindheit als einer Fiktion (Hengst u.a. 1981).

Kindheitsforschung

Derartige Veränderungen waren ein entscheidender Anstoß für eine in den 70er- und 80er-Jahren breit einsetzende, soziologisch orientierte Kindheitsforschung. Diese setzte sich zunächst vorwiegend mit den Gefährdungspotenzialen auseinander, denen Kinder ausgesetzt sind. Die dabei erarbeiteten Analysen und Thesen wurden dabei nicht selten überspitzt, generalisierend und einseitig vorgetragen und als bedrohliche Zerfallserscheinungen des für die kindliche Entwicklung notwendigen Schonraums interpretiert.

Das diesen Untersuchungen zugrunde liegende Forschungsparadigma ist teilweise einer strukturfunktionalen Sichtweise verhaftet, indem vor allem Störungen der veränderten Verhaltensweisen der Kinder für die Schule und die Gesellschaft thematisiert wurden.

Die Kindheitsforschung der 90er-Jahre dagegen versucht Kindheit eher aus der Perspektive der Kinder zu erfassen. So steht jetzt die Frage im Vordergrund, wie Kinder ihre Umwelt erleben, wie sie sich mit ihr auseinander setzen (vgl. Lang 1985; Deutsches Jugendinstitut 1992; Wilk/Bacher 1994; Zinnecker 1996), wie sie die neuen Gegebenheiten ausnutzen, eine eigene Kinderwelt und Kinderkultur schaffen. Kinder erscheinen in dieser neuen Perspektive nicht als passive Opfer, sondern als Akteure, die sich ihre Umwelt aneignen. In den neuen Untersuchungen wurden jetzt primär die Kinder selbst befragt. Sozialisation wird dabei stärker im Sinne von Selbstsozialisation verstanden. Im Unterschied zu einer sozialstrukturellen spricht man so von einer akteursbezogenen Kindheitsforschung (Honig u.a. 1996; Bründel/Hurrelmann 1996).

Teilweise wird das ganze Sozialisations- und Entwicklungsmodell als von der Erwachsenenperspektive ausgehend und primär anpassungsorientiert problematisiert (vgl. Zinnecker1996). Kindheit wird als eigene gesellschaftliche Lebensform gesehen und »konzeptionell befreit aus der Vereinnahmung und Formung der anthropologisch bedingten Abhängigkeit der Kinder in einem spezifischen Generationenverhältnis« (Zeiher 1995), eine Auffassung, der man ebenfalls den Vorwurf der Einseitigkeit nicht ersparen kann.

Einzelaspekte veränderter Kindheit

Im Folgenden sollen einzelne Aspekte veränderter Kindheit aus den Bereichen Familie, Schule und Freizeit dargestellt werden.
Dabei muss Folgendes bedacht werden:

1) Allen Verallgemeinerungen ist zu wehren. Kindheit ist nicht Kindheit und Kinder sind nicht Kinder, heute vielleicht weniger denn je. Wenn z.B. vom Wegfall von Straße, Höfen, Wald, Hecken usw. als Spielmöglichkeiten die Rede ist, trifft das für viele Kinder vom Land und Wohngebieten an Siedlungsrändern, teilweise auch

Stadtkinder nicht zu. Kindern, die überbehütet sind, stehen Kinder gegenüber, die sich viel allein herumtreiben und eher Verwahrlosungserscheinungen zeigen. Neben vereinsamten Kindern gibt es solche, die optimal in Kindergruppen und in ein Netz von Freundschaften integriert sind. Neben verwöhnten, unselbstständigen Kindern gibt es Kinder, die schon früh selbstständig sind. So ließe sich fortfahren. Hinzu kommt, dass die Differenzierung nach dem Entwicklungsstand deutlich zugenommen hat. Innerhalb einer einzigen Grundschulklasse gibt es Leistungsunterschiede von zwei bis drei Jahren. So ist von einem Prozess zunehmender Diversifikation von Kindheitsmustern (Fölling-Albers 1989) die Rede.
Demnach ist wohl eines der wichtigsten Merkmale heutiger Kindheit, dass es *die* Kindheit nicht gibt. Stattdessen existieren gleichzeitig zahlreiche hochindividuelle Muster von Kindheit nebeneinander.

2) Viele Aussagen über Kindheit und Kinder kommen über Behauptungen nicht hinaus. Einzelbeobachtungen werden nicht selten generalisiert, empirische Untersuchungen an repräsentativen Stichproben von Kindern sind relativ selten und häufig nicht miteinander vergleichbar. Vor allem bleibt vielfach hypothetisch, welchen Stellenwert ein isolierter Faktor hat, wie verschiedene Faktoren zusammenwirken, wie Einzeleinflüsse verstärkt oder auch abgeschwächt werden, wie die Kinder diese Einflüsse verarbeiten.
3) Erst recht sind Aussagen darüber schwierig, wie Lehrer und Lehrerinnen auf die veränderte Situation pädagogisch reagieren sollen. Die veränderten Bedingungen machen es einerseits notwendig, manches pädagogische Konzept neu zu durchdenken und von früher bewährten Alltagsroutinen Abschied zu nehmen. Was konkret zu tun ist, kann aber erst zukünftiges Ergebnis eines gemeinsamen Such- und Experimentierwegs vieler Lehrerinnen und Lehrer sein. Der Grundschulkongress 1989 hat versucht, unterrichtliche Maßnahmen aufzuzeigen, die erste Schritte in dieser Richtung sein könnten (Faust-Siehl u.a. 1990).
Dabei muss die Gefahr der Überforderung der Schule durch gesellschaftliche Ansprüche oder durch Überschätzung der pädagogischen Möglichkeiten gesehen werden. Die Grundschule ist nur in Grenzen dazu in der Lage, das zu reparieren und aufzufangen, was an gesellschaftspolitischen Entscheidungen, gesellschaftlichen Entwicklungen und Fehlverhalten von Eltern die Entwicklung der Kinder ungünstig beeinflusst.
4) Es muss zudem dem Eindruck gewehrt werden, alle Entwicklungen seien Entwicklungen zum Schlechteren hin. Die heutigen Grundschulkinder sind nicht nur schwieriger geworden, sie haben gegenüber früheren Kindergenerationen auch eine Reihe erfreulicher Seiten aufzuweisen.

Aufwachsen ohne Geschwister: Einzelkinder

Mehr als die Hälfte aller Familien mit Kindern sind Einkindfamilien. 1996 waren es 50,3%. Knapp ein Drittel der Kinder waren Einzelkinder, knapp die Hälfte hatten einen Bruder oder eine Schwester und nur etwa jedes sechste Kind hatte mehrere Geschwister (Statistisches Bundesamt 1997).

Der Rückgang der Kinderzahl hat mehrere gesellschaftliche Ursachen. Je größer die Zahl der Kinder, umso schwieriger wird es für die Mutter, einer außerfamiliären Beschäftigung nachzugehen. Wenn Frauen aber zu Hause bleiben, sinkt das Familieneinkommen gegenüber einer Beschäftigung beider Partner erheblich ab, von Renteneinbußen ganz zu schweigen.[1] Kinder sind teuer. Je nach Gesamteinkommen der Familie werden zwischen monatlich 630 und 1200 DM veranschlagt (Lampert 1992). Die staatlichen Transferleistungen und Steuervergünstigungen gleichen die Belastungen bei weitem nicht aus.[2]

Nach den amerikanischen Value of Child Studies (Buhr, Kaufmann 1989), die sich auf die USA, Asien und Europa beziehen, können Kinder für ihre Eltern eine dreifache Funktion haben, eine wirtschaftliche, eine Prestigefunktion und eine emotionale Funktion. Kinder können für die wirtschaftliche Versorgung der Eltern wichtig sein, eine große Zahl von Kindern kann das Prestige einer Familie erhöhen und Kinder können emotionale Befriedigung verschaffen. Je höher der technische Industrialisierungsgrad einer Gesellschaft, umso wichtiger wird die dritte Funktion, und diese kann bereits durch ein oder zwei Kinder befriedigt werden. Entsprechend hat die Kinderzahl in allen westlichen Industrieländern ständig abgenommen.[3]

Neuere Untersuchungen (Gilles 1987; Rollin 1990; Kasten 1995) haben ergeben, dass die traditionellen Vorurteile, wonach Einzelkinder schwieriger, kontaktschwächer, egoistischer, altklug, verwöhnt und stärker an die Familie gebunden seien, einer empirischen Überprüfung nicht standhalten. Geschwister können für Kinder eine Hilfe, aber auch eine Belastung sein. Einzelkinder können hervorragend in Kindergruppen integriert und selbstständiger als »Geschwisterkinder« sein. Die Variable Einzelkind an und für sich sagt noch wenig aus. Möglichen Problemen, die sich aus der Tatsache ergeben könnten, keine Geschwister zu haben, kann durch Kontakte mit anderen Kindern und entsprechendes Elternverhalten leicht gegengesteuert werden.

1 Das Pro-Kopf-Einkommen einer Ein-Kind-Familie beträgt heute durchschnittlich 60% von dem eines kinderlosen Ehepaars, bei zwei Kindern 50% und bei drei Kindern 40% (Cornelius 1993)

2 Sie betragen nach dem Fünften Familienbericht des Bundesministeriums für Jugend, Familie und Gesundheit von 1994 bei einer Familie mit zwei Kindern maximal 25% des Betreuungs- und Versorgunsaufwandes.

3 Kamen 1950 in der Bundesrepublik noch 30 Kinder (unter 15) auf 61 Jugendliche und Erwachsene und 9% ältere Menschen (über 60), so waren es 1990 nur noch 23 Kinder auf 54 Jugendliche und Erwachsene und 22 ältere Menschen. Für das Jahr 2040 wird mit 13 Kindern auf 54 Jugendliche und Erwachsene und 33 ältere Menschen gerechnet. Politiker könnte das aus wahltaktischen Gründen dazu verführen, vor allem die Klientel der älteren Leute und weniger die der Familien mit Kindern zu berücksichtigen.

Aber: Einzelkinder machen andere Erfahrungen als Kinder mit mehreren Geschwistern. Auf ein paar Punkte sei hingewiesen:

- Einzelkinder erleben keine geschwisterliche Konkurrenz. Sie bleiben verschont von den häufig anzutreffenden Zänkereien und Streitereien unter Geschwistern, die manchmal jahrelang anhalten, vielleicht ein Leben lang.
- Einzelkinder erleben aber auch nicht, wie Geschwister einander helfen, wie sie zusammenstehen, wie sie füreinander sorgen.
- Einzelkinder erleben nicht geschwisterliche Solidarität gegen Eltern, das Verschweigen der kleinen Geheimnisse, den gemeinsamen Widerstand gegen Eltern. Sie müssen ihre Freiheiten weitgehend allein erkämpfen und haben keine älteren Geschwister, die eine Art Pionierfunktion übernehmen könnten.
- Dafür stehen Einzelkinder häufig im Mittelpunkt der Familie. Sie werden »übersorgt«, überbehütet. Manchmal sind sie der »King«, um den sich alles dreht. So haben sie es vielleicht schwer, sich zurückzunehmen. Ihre Ansprüche an Liebe sind möglicherweise riesengroß.
- Einzelkindheit ermöglicht intensive emotionale Verbundenheit mit Eltern. Aber vielleicht sind Einzelkinder elterlicher Liebe und Sorge oft zu *direkt* ausgesetzt. Und wenn diese intensive Beziehung zu den Eltern zerbricht, etwa durch Tod oder Scheidung, gibt es wenig Auffangnetze für sie.

Für die Grundschullehrerin wird das bedeuten: Es ist mit einer zunehmenden Zahl von Kindern – aber nicht nur Einzelkindern – zu rechnen, die es nicht leicht haben, die Lehrerin mit anderen Kindern zu teilen. Die Notwendigkeit, die eigene Person und die eigenen Ansprüche zurückzunehmen, kann Schwierigkeiten bereiten und in Krisen führen. Evtl. leidet darunter auch die Beziehung zur Lehrerin. Nichtbeachtung, ein unbedachtes Wort können tief kränken. Die Konkurrenz um eine bevorzugte Stellung kann härter werden. Selbstverständliche soziale Verhaltensweisen wie einander unterstützen, teilen, sich etwas ausleihen, zusammenzuarbeiten usw. können erschwert sein.

Viele Kinder stehen häufig im Mittelpunkt der Familie. Umso wichtiger wird sein, dass die Grundschullehrerin ihnen hilft, sich zurückzunehmen, sich einzuordnen und ihnen trotzdem das Gefühl vermittelt, persönlich geliebt zu sein (vgl. S. 263ff.). Schule als Ort sozialen Lernens hat für Einzelkinder, wie für alle anderen Kinder auch, einen hohen Stellenwert.

Wandel der Beziehungen zwischen Eltern und Kindern – Verändertes Erziehungsverhalten – Mehr emotionale Wärme, aber auch Vernachlässigung

Das emotionale Klima in den Familien ist wärmer geworden. Menschen heiraten heute meist aus Liebe. Sie stellen hohe Erwartungen an gegenseitiges Verständnis und an emotionale Unterstützung. Das war vor allem die Errungenschaft der bürgerlichen

Familie des 19. Jahrhunderts und gilt heute für nahezu alle Familien. In dieses warme emotionale Klima sind die Kinder selbstverständlich eingeschlossen, ja sie sind häufig das Zentrum der emotionalen Verbundenheit.

Dabei spielt eine entscheidende Rolle, dass die Familien kleiner geworden sind. Je kleiner die Gruppe, umso größer die Chance hoher Emotionalität zwischen ihren Mitgliedern. Die geringere Kinderzahl geht mit stärkerer Emotionalisierung und Kindzentrierung einher. Die Beziehung zu den Kindern ist teilweise sogar emotional überfrachtet. Zu viel Emotionalität kann auch einengen und erdrücken.

Durch die Intensivierung der Beziehungen zwischen den Familienmitgliedern werden diese störungsanfälliger. So stehen einer größeren emotionalen Nähe in den Familien eine wachsende Konflikthaftigkeit und Labilität der Beziehungen gegenüber. Treten tatsächlich Störungen und Spannungen auf, kann sie das Kind in dieser kleiner gewordenen Familie aber durch Beziehungen zu anderen Verwandten kaum ausgleichen.

Viele Eltern legen heute auf ein gutes Verhältnis zu ihren Kindern besonderen Wert. Sie bemühen sich, ihre Kinder zu verstehen und sich in sie einzufühlen. Die elterlichen Anordnungen werden begründet und nicht mehr autoritär verordnet. Es wird nicht mehr einfach befohlen und gehorcht, es wird vielmehr verhandelt, was das Erziehungsgeschäft nicht unbedingt leichter macht. Aus einem Erziehungsverhältnis ist vielfach ein Beziehungsverhältnis von gleichberechtigten Partnern geworden.

Neuere Untersuchungen zum Erziehungsverhalten der Eltern zeigen aber, dass ein »autoritativer Erziehungsstil« (im Unterschied zu einem autoritären, gewähren lassenden und inkonsequenten Erziehungsstil), der auf einer liebevollen, einfühlsamen und fürsorglichen Beziehung zum Kind beruht, der in bestimmten Bereichen Entscheidungsfreiheit gewährt und die kindliche Autonomie fördert, der aber auch durch klare, begründete Regeln und eine gewisse Kontrolle von Freizeit und Freunden gekennzeichnet ist, sich besonders günstig auf Kinder und Jugendliche auswirkt (Baumrind 1989; Steinberg u.a. 1991).

Zinnecker (1996) hat die amerikanischen Befunde im Rahmen der 1994 durchgeführten Untersuchung des Deutschen Jugendinstituts an über 700 deutschen 10- bis 13-jährigen Kindern überprüft und festgestellt, dass dieser Erziehungsstil von etwas mehr als 20% der Eltern praktiziert wird und sich auf Schulnoten, Selbstwirksamkeitsüberzeugung, Depressionsneigung und Delinquenzbelastung günstiger auswirkt als andere Erziehungsstile.

Wie man Kinder erziehen soll, ist für viele Eltern zunehmend problematisch geworden. Eine Vielzahl pädagogischer Ratschläge, verbreitet über Zeitschriften, Fernsehen, Vorträge und Alltagsgespräche, bietet Hilfen an, vermehrt die Unsicherheit aber auch nicht selten. Früher war das anders. Unter den Erwachsenen herrschte große Einigkeit, wie man Kinder erziehen müsse. Kinder wurden auch nicht nur von ihren Eltern erzogen, sondern von allen Erwachsenen, mit denen die Kinder zu tun hatten, von Lehrern, Pfarrern, Nachbarn, Verwandten. Heute gibt es diesen breiten Konsens über Erziehung nicht mehr. Eltern wollen zudem nicht, dass ihr Kind auch von anderen Leuten erzogen wird. Hinzu kommt, dass das Erziehungsverhalten vieler Eltern, nicht zuletzt auch aus Bequemlichkeit und um endlich Ruhe zu haben, häufig inkonsequent ist. Unsicherheit und Inkonsequenz in der Erziehung sind aber manchmal problematischer als das traditionell autoritäre, an Befehl und Gehorsam ausgerichtete fragwürdige, dafür aber verlässliche Erziehungsverhalten, auf das Kinder sich einstellen können. Es erzeugt vor allem bei jungen Kindern Unsicherheit und ist zudem eine der wichtigsten Ursachen für aufsässiges Verhalten (Patterson/Hautzinger 1983).

Die meisten Kinder fühlen sich nach eigenen Aussagen in ihrer Familie wohl. Fast 90% der 10-jährigen österreichischen Kinder der Untersuchung von Wilk und Bacher (1994) geben an, sich in ihrer Familie sehr wohl (68%) oder zumindest wohl (20%) zu fühlen. Mit »teils teils« oder »eher schlecht«und »sehr schlecht« antworten 12%. Mehr als zwei Drittel der Kinder sagen, dass Mutter und Vater sie häufig loben (Mütter häufiger als Väter) und stolz auf sie sind. 82% geben an, nur selten oder gar nie bestraft zu werden. Dabei werden Jungen häufiger bestraft als Mädchen. Die meisten Kinder erleben ihre Mütter als einfühlend und unterstützend, für die Väter trifft das seltener zu. Etwa drei Viertel berichten von einem intensiven Zusammengehörigkeitsgefühl in der Familie und über 80% von wenig (nie: 53%) Streit.

Die positive Einschätzung der eigenen Familie geht aber zurück, wenn es um die Häufigkeit des Miteinander-Redens oder um gemeinsame Unternehmungen geht. Nur noch 60% der Kinder geben an, dass sie viel mit ihren Eltern reden (»selten« und »nie« 16%!), und nur ein Drittel meint, dass häufig oder manchmal etwas gemeinsam (Wanderungen, Sport, Spiele, Besuche) unternommen werde (»selten« und »nie« 60%). Dabei ist die Sichtweise der Kinder kritischer als die der Eltern, die für das Miteinander-Reden und die gemeinsamen Unternehmungen größere Häufigkeiten (Gespräch »oft«: 76%; Gemeinsame Freizeitgestaltung »oft« und »manchmal« 65%) angeben. Immerhin jedes sechste Kind meint, in seiner Familie werde sehr wenig oder gar nie mit ihm geredet. Ein Drittel der Kinder gibt an, an Wochentagen habe der Vater fast nie für es Zeit, für das Wochenende behaupten dies immer noch knapp 8%. Die Werte für die Mütter fallen günstiger aus. Fast nie an Wochentagen Zeit haben nach Angaben der Kinder 8,5%, an Wochenenden 3,9% der Mütter. Dabei haben ganztags arbeitende Mütter nach dieser Untersuchung auch am Wochenende weniger Zeit für ihre Kinder.

17% der Kinder, Jungen häufiger als Mädchen, sind nicht damit zufrieden, dass ihre Mütter ganztags berufstätig sind. Dem steht aber eine etwa gleich große Zahl von Kindern gegenüber, die es lieber sähen, wenn ihre Mutter berufstätig wäre. Zufrieden mit mütterlicher Berufstätigkeit sind 64% der befragten Kinder, 73% halten es für gut, dass ihre Mutter *nicht* berufstätig ist.

Interessant ist, dass auch zwei Drittel der Kinder annimmt, auf ihre Familie Einfluss nehmen und etwas in ihr verändern zu können, durch »Brav sein« (77%), durch Suchen nach einer gemeinsamen Lösung (66%), durch Meckern, bis die Eltern es nicht mehr aushalten (21%)

Nach der oben erwähnten Untersuchung des Deutschen Jugendinstituts an 10- bis 13-jährigen Kindern gibt knapp die Hälfte der Kinder an, ein Vorbild zu haben. 70%

dieser Kinder wählen als Vorbild ihre Eltern, die Jungen überwiegend den Vater, die Mädchen die Mutter. Dies geschieht vor allem dann, wenn die Eltern ihnen wichtige Fragen (Hobbys, Technik, aber auch Fragen nach Lebenszielen und Sinnfragen) beantworten und viel mit ihnen unternehmen (Zinnecker u.a.1996).

Über dem positiv ausfallenden Bild hinsichtlich elterlicher Zuwendung und Fürsorge darf freilich nicht vergessen werden, daß 5 bis 10% aller Kinder vernachlässigt und misshandelt werden (Bründel, Hurrelmann 1996, S. 283f). Hinzu kommt eine hohe Dunkelziffer. Bedenkt man ferner, dass damit die Fälle von gravierender emotionaler Ablehnung, seelischer Grausamkeiten und psychosozialer Vernachlässigung noch nicht erfasst sind, dann stößt man auf eine nicht unbeträchtliche Gruppe von Kindern, die in ihren Familien leiden. Nach Wolff (1994) haben Vernachlässigung und Misshandlung eine »soziale Matrix«. »Viele Kinder, die vernachlässigt werden, kommen aus Familien, die arm und deklassiert sind und am Rande des Existenzminimums leben. Arbeitslosigkeit, Einkommensrückgänge, Wohnungsnot und persönliche Enttäuschungen stellen die Basis für das Anwachsen von Kindesvernachlässigung und Kindesmisshandlung dar ... Vernachlässigungsfamilien sind über 90 Prozent arme Familien. Sie sind häufig abhängig von der Sozialhilfe, wohnen in den schlechtesten Wohngegenden und ihre Wohnungen sind bei relativ großer Kinderzahl klein und obendrein schlecht ausgestattet ... Der soziale Stress durch Armut, geringes Einkommen, Arbeitslosigkeit und soziale Isolation gefährdet die Beziehungen der Familienmitglieder zueinander.« (Bründel/Hurrelmann 1996, S. 284)

Nach dem Ursachenmodell für psychische Gewalt und Vernachlässigung von Engfer (1995) sind vor allem folgende Bedingungen Risikofaktoren für die Misshandlung von Kindern: (1) Spannungen in der Familie, besonders im Vorfeld von Trennung und Scheidung und bei wechselnden Partnerbeziehungen eines oder beider Elternteile, (2) wirtschaftliche Notsituation mit hoher Beeinträchtigung des Selbstwertgefühls der Eltern, vor allem bei Arbeitslosigkeit, (3) soziale Isolation der Familie in Verwandtschaft und Nachbarschaft, (4) ein gesellschaftliches Umfeld mit vielen aggressiven Handlungen und (5) Misshandlungen und Vernachlässigungen, die die Eltern in ihrer eigenen Kindheit erfahren haben.

Gewalt gegen Kinder hängt mit der Familienstruktur zusammen, die Kennzeichen von autoritärer Verfasstheit hat. Familien sind nach außen relativ stark abgeschottet, man kann ihnen kaum entkommen und sie haben häufig ein deutliches innerfamiliäres Machtgefälle. Diese Familienstruktur kommt rigiden männlichen Persönlichkeitsstrukturen, die sich als »Familienoberhaupt« verstehen und ein Macht- und Eigentumsrecht auf die Frau und die Kinder geltend machen, entgegen. »Gewalt gegen Kinder entsteht – so gesehen – nicht aus einer absoluten Ausnahmesituation heraus, sondern aus der Normalität von Familienkonstellationen und aus dem Beziehungsgeflecht von Familienmitgliedern, die in eine Belastungsprobe hineingeraten sind. Diese ›Perversion der Normalität‹ wird in der weit verbreiteten Akzeptanz von körperlicher Züchtigung der Kinder deutlich: Die Grenzen zwischen dem ›kleinen Klaps‹, der bei uns zum selbstverständlichen Repertoire von ›Erziehungs-Handlungen‹ von fast zwei Dritteln der Eltern gehört, und dem starken, ›physischen Übergriff‹ sind aber schwer auszumachen.« (Bründel/Hurrelmann 1996, S. 286)

Ein besonders gravierender Machtmissbrauch ist der sexuelle Missbrauch, der quer durch alle Sozialschichten hindurchgeht (Engfer 1995).

Grundschullehrer und -lehrerinnen wissen, dass ihre Schüler ein hohes Maß an emotionaler Zuwendung erwarten. Schulfreude und Schulerfolg sind in erheblichem Maß davon abhängig, ob das Kind seine Lehrerin oder seinen Lehrer »mag«. Dabei spielen persönliches Eingehen auf das einzelne Kind, gelegentliche persönliche Begrüßung und Verabschiedung, persönliche Gespräche, ein Händedruck, ein Streicheln über den Kopf, ein Berühren an der Schulter eine wichtige Rolle (vgl. S. 263ff.).

Emotionale Zuwendung zu den Schülern kann nicht einfach »gemacht« werden. Persönliche Echtheit ist gerade in diesem Bereich von entscheidender Bedeutung. Wer mit emotionaler Zuwendung zu den Schülern aber Schwierigkeiten hat, kann sich auch nicht einfach auf seine Eigenart berufen. Muss er unbedingt Lehrer oder Lehrerin in der Grundschule sein?

In der Grundschule werden Lehrerinnen und Lehrer auch darauf zu achten haben, dass verlässliche Regeln gelten. Störverhalten durch das Nichteinhalten von Regeln ist heute auch in der Grundschule eines der größten Probleme. Man wird nicht fehlgehen, die Ursache hierfür auch im elterlichen Erziehungsverhalten zu suchen. Klare Regeln, Konsequenz, eingebettet in die unverbrüchlich geltende Akzeptanz und liebevolle Zuwendung zu allen Kindern, sind hier wichtige Grundsätze für Lehrerverhalten. Eine besondere Bedeutung kommt in diesem Zusammenhang den in der Klasse geltenden Ritualen zu (vgl. S. 269f.).

Bei einem Verdacht von Kindesmisshandlung und Kindesvernachlässigung werden Lehrer gut daran tun, durch Gespräche mit dem Kind und Elterngespräche sich zunächst ein genaueres Bild zu verschaffen. Leider werden sie dann oft erleben, dass die Kinder schweigen oder Ausreden vorbringen und die Eltern den Kontakt verweigern. Dann bleibt ihnen nur noch die Möglichkeit, sich beim Jugendamt beraten zu lassen oder dessen Hilfe in Anspruch zu nehmen.

Berufstätigkeit beider Elternteile

Häufig ist Schuleintritt damit gekoppelt, dass die Mütter wieder eine Berufstätigkeit aufnehmen. 40% der Mütter von Schulanfängern sind heute berufstätig, in den neuen Bundesländern wesentlich mehr.[1] Zur Umstellung auf die neue Situation Schule hat das Kind dann noch die geringere Verfügbarkeit der Mutter oder die Tatsache zu verkraften, dass die Mutter wegen der beruflichen Belastung ihm nicht mehr jenes Ausmaß an Geduld und Nachsicht entgegenbringt, wie es dies vielleicht von früher gewohnt war. Die Versorgung des Kindes vor Unterrichtsbeginn, die Betreuung

1 1995 waren in den alten Bundesländern 47% der Frauen mit Kindern zwischen 6 und 14 Jahren berufstätig, in den neuen Bundesländern waren es 92% (Dannenbeck u.a.1995).

am Nachmittag, die Überwachung der Hausaufgaben und der Freizeit werden, wenn beide Eltern berufstätig sind, oft zu einem gravierenden Organisationsproblem. Berufstätigkeit beider Eltern ist immer noch schwer mit der Versorgung der Kinder und dem Erziehungsalltag zu verbinden. Entsprechend deutlich wird der Mangel an Ganztagsschulen mit Hausaufgabenbetreuung und ganzen Halbtagsschulen empfunden.

Manche Kinder kommen zu spät oder abgehetzt, manchmal ohne Frühstück zum Unterricht. Nach Schulschluss müssen sie die Zeit überbrücken, bis ein Familienmitglied nach Hause kommt. Viele Eltern erwarten, dass sich das Kind allein das Essen warm macht und selbstständig seine Schulaufgaben erledigt. Am Nachmittag, evtl. auch am Morgen, wenn der Unterricht später beginnt, wird manches Kind mit Fernsehen »beschäftigt«, was vielen Eltern immer noch lieber ist, als wenn es sich auf der Straße herumtreibt. Viele Eltern wissen nicht, wo sich ihre Kinder nachmittags aufhalten und welche Freunde sie haben. Das ist nicht zwangsläufige Folge der mütterlichen Berufstätigkeit, kann sich aber leicht als Folge der Doppelbelastung durch Beruf und Haushalt einstellen. Zahlreiche Forschungsergebnisse haben aber gezeigt, dass die Erwerbstätigkeit der Mutter per se noch nichts über Chancen und Risiken in der Entwicklung der Kinder aussagt. Entscheidend sind die Qualität der Ersatzbetreuung, die Mithilfe des Ehemanns, die Arbeitsbedingungen, die Zufriedenheit der Mutter mit ihrer beruflichen Tätigkeit, die Zeit und Kraft, die ihr noch für die Betreuung ihrer Kinder bleibt.

Kann die Grundschule den betroffenen Kindern helfen? Ein breites Angebot an Ganztagsschulen mit Hausaufgabenbetreuung oder zumindest Ganzen Halbtagsschulen (Faust-Siehl u.a. 1996) könnte für Entlastung der Eltern und bessere Betreuung der Kinder sorgen. Vielleicht ist es aber auch mittelfristig möglich, den Unterrichtsbeginn und -schluss gleitend zu gestalten (vgl. S. 231ff.). Jede Grundschule müsste für sich überlegen, welche Möglichkeiten sich unter den gegenwärtigen personellen Bedingungen anböten.

Scheidungskinder, Kinder mit nur einem Elternteil

Viele Kinder leben mit nur einem Elternteil zusammen, meist der Mutter. Die Zahl der Ehescheidungen hat drastisch zugenommen. Heute wird jede dritte Ehe in der Bundesrepublik geschieden. Zwar sind Familien mit kleineren Kindern etwas weniger betroffen, dafür steigt aber die Zahl der von Anfang an Alleinerziehenden. Jährlich gibt es etwas über 150.000 Scheidungskinder. Bis zum Alter von 18 Jahren erlebt ca. jedes fünfte Kind die Scheidung seiner Eltern. 15% aller Kinder im Alter bis zu zehn Jahren leben mit nur einem Elternteil zusammen. Der Anteil der Einelternfamilien ist auf 19% gestiegen und vor allem in Großstädten hoch (vgl. Nauck 1993).

Die Gründe für die zunehmende Instabilität der Ehen sind unterschiedlich. Die emotionalen Ansprüche der Partner, vor allem der Frauen an eine Partnerschaft, sind gestiegen. So ist nach Nave-Herz auch die Enttäuschung über die Beziehung der entscheidende Grund für eine Trennung. Als verstärkende Bedingungen (Stressoren) kommen die Erwerbstätigkeit der Frau, unbefriedigende innerfamiliäre Arbeitsteilung, unregelmäßige Arbeitszeiten und berufsbedingte längere Abwesenheit sowie Untreue eines Partners hinzu. Entsprechende gesellschaftliche Rahmenbedingungen erleichtern die Trennung. Diese sind in gewandelten Wertvorstellungen (der institutitionelle Charakter der Ehe und religiöse Bindungen haben an Bedeutung verloren), in der Entdiskriminierung von Scheidung (Scheidung wird immer häufiger als legitime Form ehelicher Konfliktlösung akzeptiert) und der größeren wirtschaftlichen Unabhängigkeit der Frauen von ihren Männern zu suchen (vgl. Nave-Herz u.a. 1990; Schneider 1990).

Nun sagt das Faktum der Scheidung für sich allein bezüglich seiner Auswirkungen auf Kinder zunächst noch wenig aus. Scheidung ist nicht gleich Scheidung. Wichtige zusätzliche Faktoren sind das Alter der Kinder, die vorausgegangene Qualität der Beziehungen zwischen den beiden Eltern, die Qualität der Beziehung zwischen dem ausziehenden Elternteil und dem Kind, das Ausmaß, in dem Kinder in die Konflikte der Eltern hineingezogen werden, der Verlauf des Scheidungsprozesses (in Hass und Wut oder so, dass die Eltern wenigstens noch vernünftig miteinander reden können), das Klima der Beziehung zwischen den beiden Elternteilen nach der Trennung, das Vorhandensein von sozialen Auffangsystemen (Großeltern, Freunde) und wie der Partner, bei dem das Kind bleibt, die Trennung verarbeitet.

Betrachten wir zunächst Probleme, die sich in der *Vorscheidungsphase* ergeben können. Ehescheidungen gehen Ehekrisen voraus, in die die Kinder mehr oder weniger stark hineingezogen werden. Kinder leiden unter der Gereiztheit der Eltern. Sie werden nicht selten Zeugen dramatischer Gefühlsausbrüche ihrer Eltern (Anschreien, Wut, eisiges Schweigen, Weinen). Eventuell wird das Kind als Bundesgenosse gegen den anderen Ehepartner ausgespielt. Der Ehepartner wird dem Kind gegenüber abgewertet. Dadurch geraten Kinder in kaum lösbare Loyalitätskonflikte. Nicht selten fühlen sich jüngere Kinder, weil sie die Gründe für die Trennung ihrer Eltern nicht verstehen, mitschuldig für den Auszug des Vaters oder der Mutter. Wenn das Verhältnis des Kindes zu beiden Elternteilen gut war, wünschen Kinder bis zur Pubertät fast immer, dass die Eltern sich wieder versöhnen. Manchmal versuchen Kinder, die Ehe ihrer Eltern dadurch zu retten, dass sie krank werden, in der Schule versagen oder sonstige Schwierigkeiten machen. Über die gemeinsame Sorge für das Kind, so die teils unbewussten Fantasien, müssten die Eltern doch wieder zusammenfinden. Nicht selten nutzen Kinder die Uneinigkeit der Eltern aber auch aus, um ihre eigenen Wünsche durchzusetzen und um ein Elternteil gegen das andere auszuspielen; die elterliche Koalition und die Einheitlichkeit des Erziehungsverhaltens drohen zu zerbrechen. Solche Belastungen des Kindes in dieser Vorscheidungsphase sind oft schwerer und gravierender als die Probleme, die durch die Scheidung entstehen.

Die *Scheidung* selbst werden viele Kinder, die nicht verstehen, warum ihre Eltern sich trennen, als Erfahrung von Ohnmacht erleben. Sie können nichts gegen die Trennung tun. Eventuell haben sie Angst, dass auch der bleibende Elternteil sie noch verlassen könnte.

Nach der Scheidung ist die schwierige Frage der Praktizierung des Besuchsrechts zu lösen. Oft bleiben Kinder hin- und hergerissen. Sie merken, dass es der Mutter evtl. nicht recht ist, wenn sie den Vater besuchen oder ihr erzählen, was sie mit ihm unternommen haben. Eventuell erleben sie, dass sie über den andern ausspioniert werden. Die Erziehung kann dadurch erschwert sein, dass die Mutter das bei ihr wohnende Kind auf die Erledigung seiner Pflichten drängt, während der »Samstagsvater« das Kind verwöhnt. Zudem ist die finanzielle Situation der Restfamilie meist schwierig. Etwa ein Drittel der geschiedenen Frauen lebt von der Sozialhilfe. Viele Mütter gehen wieder zur Arbeit. Dann wird die Zeit für das Kind knapper, Organisationsprobleme (Fahrt zum Kindergarten, zur Schule, wer ist zu Hause, wenn das Kind heimkommt ...) nehmen zu, das Kind wird evtl. nicht mehr genügend betreut, Schulprobleme können auftreten. Oft klammern sich die Mütter jetzt besonders an das Kind. »Du bist das Einzige, was ich noch habe.« Das kann zur Instrumentalisierung des Kindes für emotionale Bedürfnisse der Mutter, zu stärkerer Bindung, zu Selbstvorwürfen, weil man für das Kind zu wenig Zeit hat, zu häufigem Nachgeben gegenüber seinen Wünschen führen.

Zusammenfassend urteilt Fthenakis (1982): Die Scheidung der Eltern stellt für Kinder bis zur Pubertät im Regelfall eine erhebliche seelische Belastung dar. Regressionen, Schlafstörungen, Depression, ängstliche Bravheit und Überanpassung, aber auch Aggression, destruktives Verhalten und Schulprobleme sind Erscheinungen, die in der Akutphase der Scheidung häufig beobachtet werden. Etwa zwei Jahren nach der Scheidung gelingt es aber den meisten betroffenen Kindern, sich in der neuen Situation zurechtzufinden. Dennoch rechnet Fthenakis damit, dass bei etwa einem Drittel der Kinder mit mittel- und längerfristigen Beeinträchtigungen ihrer Entwicklung zu rechnen ist, wobei diese durchaus auch auf Traumatisierungen vor der Scheidung zurückgehen können.

Nochmals aber sei betont, dass es nicht automatisch zu Schäden kommen muss. Im Verhältnis zu einer Hass-Ehe mit ständigem psychischem Terror oder physischen Verletzungen wird die Ehescheidung evtl. als Befreiung erlebt und stellt für Partner und Kinder wohl das geringere Übel dar. So urteilt der Schweizer Psychotherapeut Jürg Willi (1991, S. 144): »Um der Kinder willen verheiratet bleiben? Selbstverständlich nicht! Alle unsere Ergebnisse deuten darauf hin, dass Kinder, die miterleben, wie die Eltern sich terrorisieren und schlagen, dadurch noch schwerere Schäden davontragen als durch Scheidung.«

Viele Kinder haben ihren Vater gar nie gekannt. Eventuell ist auch niemand anders in die Position eines Ersatzvaters eingetreten. Kleinkinder können hier in Schwierigkeiten geraten, wenn sie sich aus der symbiotischen Einheit mit der Mutter lösen müssen. Hier wird der zweite, »alternative Stützpunkt«, der Vater wichtig. Er verbürgt Sicherheit, wenn die Angst aufsteigt, wegen der neu gewonnenen Selbstständigkeit von der Mutter verlassen zu werden (vgl. Mahler 1978).

Vor allem Jungen leiden unter der Abwesenheit des Vaters, wie ihnen auch die Scheidung im Allgemeinen näher geht als Mädchen (Fthenakis 1982). Jungen kommen evtl. in Schwierigkeiten mit dem Erwerb ihrer Geschlechtsrolle. Sie überkompensieren ihre Geschlechtsrolle oder prägen ihre männliche Geschlechtsidentität zu wenig aus. Mädchen haben später Schwierigkeiten, ungezwungen mit Jungen und Männern umzugehen oder fliegen auf sie. Die Situation wird möglicherweise verschärft durch die Tatsache, dass die überwiegende Zahl der Grundschullehrer Frauen sind. Wann lernen diese Kinder im Alltag einen Mann kennen? Wann lernen sie, dass die Alltagsmänner ganz anders sind als die Männer im Fernsehen?

Sicher hängt es von vielerlei Faktoren ab, wie Kinder mit der Ehescheidung der Eltern oder mit dem Fehlen des Vaters (bzw. der Mutter) zurechtkommen. Das Faktum »unvollständige Familie« für sich allein sagt für die weitere Entwicklung eines Kindes wenig aus. Zu den stützenden Faktoren könnte, wenn auch nur in bescheidenem Ausmaß, die Schule gehören. Der Lehrer bzw. die Lehrerin sollte eine verlässliche, das Kind akzeptierende Bezugsperson sein, die aber auch klare Verhaltensregeln vorgibt.

Kinder reagieren in der Schule auf Scheidung ganz unterschiedlich. Oft gehen ihre Leistungen drastisch zurück[1], manche Kinder werden verschlossen und ziehen sich zurück, andere kompensieren durch Disziplinstörungen verschiedenster Art. Oft wird der Umgang mit diesen Kindern recht schwierig. Zuverlässige Liebe, aber auch konsequentes Ziehen von Grenzen, wo es nötig ist, werden wichtig. Lehrerinnen und Lehrer werden die innere Not und Zerrissenheit dieser Kinder in ihrem pädagogischen Handeln berücksichtigen.

Das Thema »Unvollständige Familie« sollte bei der Behandlung des Themas »Familie« im Heimat- und Sachunterricht offen angesprochen werden. Betroffene Kinder sollten wissen, dass viele andere Kinder mit ihnen in der gleichen Situation sind, dass Scheidung und Leben in einer Ein-Eltern-Familie kein Makel ist und auch eine Ein-Eltern-Familie eine richtige Familie sein kann (vgl. hierzu Kiper 1994). Ob es sinnvoll ist, dass betroffene Kinder selbst ihre Erfahrungen thematisieren, muss von Fall zu Fall entschieden werden. Eventuell kann auch der Hinweis auf einige Kinderbücher zu diesem Thema hilfreich sein.[2]

1 Bossong (1995) befragte 64 Lehrerinnen und Lehrer von Grundschulen über Scheidungskinder in ihren Klassen. Die befragten Lehrer schätzten die Leistungshöhe, das Ausschöpfen der Begabungsreserven, die Bewältigung von Misserfolgen, Motivation, Konzentration, aber auch das Sozialverhalten (Aggression, soziale Integration) und die Stimmungslage der durch Scheidung betroffenen Kinder ungünstiger ein als das eines nach Zufall diesen zugeordneten Vergleichskindes. Offen muss bei dieser Untersuchung allerdings bleiben, inwieweit das Urteil der Lehrer nicht auch auf durch Vorurteile bedingte selektive Wahrnehmung zurückgeht.

2 Für die Grundschule Klasse 1 und 2 eignen sich: Maar/Ballhaus (1992) »Papa wohnt jetzt in der Heinrichstraße«; Brown u.a. (1988) »Scheidung auf dinosaurisch«. Für ältere Grundschulkinder sei das Buch von Härtling (1989) »Fränze« empfohlen. Von Gasser/Habegger/Rey-Bellet (1993) liegt ein Ratgeber für ältere Kinder vor: »Meine Eltern trennen sich«.

Schule und Schulerfolg sind wichtiger geworden

Modernisierung und Demokratisierung unserer Gesellschaft haben dazu geführt, dass Bildungs- und Berufschancen nicht mehr vom Beruf des Vaters abhängig sind. Allen stehen (fast) alle Möglichkeiten offen.[1] Zugleich erhöht sich aber auch das Risiko des Scheiterns, das dann nicht mehr den Lebensumständen, sondern persönlichem Versagen zugeschrieben werden muss (Beck 1986). Damit hat sich die Bedeutung von Schule für Eltern und Kinder grundlegend geändert. Schulerfolg wird wichtig, um berufliche Chancen zu sichern.

Das merkt man nicht selten bereits am Schulanfang. Die Zuneigung zu den Kindern kann darunter leiden, wenn diese nicht den in sie gesetzten Erwartungen entsprechen (Stöckli 1989; vgl. S. 186f.). Eltern erleben nicht selten Schule als eine Überprüfung dessen, was sie selbst in der Erziehung des Kindes geleistet haben. Die bisher geleistete Erziehungsarbeit wird gewissermaßen öffentlich. »War bis zu diesem Zeitpunkt der elterliche Glaube an das Kind ungebrochen, so scheint sich dies mit der ersten vergleichenden Beurteilung durch den Lehrer häufig ins Gegenteil zu verkehren. Der ›Wert‹ des Kindes bemisst sich für viele Kinder plötzlich nahezu ausschließlich an seiner schulischen Leistung.« (Busch 1988, S. 197)

Deswegen üben Eltern Druck aus. Schon von der ersten Grundschulklasse an achten die meisten Eltern auf sorgfältige Erledigung der Hausaufgaben. Sie üben mit ihren Kindern zusätzlich zu den Hausaufgaben (vgl. Paetzold 1988). Noten und der Vergleich mit anderen werden wichtig. Oft sind die elterlichen Forderungen wesentlich rigider als die der Lehrerinnen und Lehrer. Wenn Grundschulkinder Leistungsdruck empfinden, geht dies überwiegend von den Eltern aus.

Kinder verinnerlichen unter diesen Umständen die elterlichen Leistungsnormen. Dann weinen sie, weil sie drei Fehler gemacht haben oder haben Angst vor jeder kleinen Klassenarbeit, auch wenn kaum etwas von ihr abhängt. Der schulische Leistungsstand wird zur Hauptquelle des Selbstwertgefühls. Zudem kann der tägliche Kampf um die Erledigung der Hausaufgaben oder der Ärger im Zusammenhang mit den von den Eltern gegebenen Zusatzaufgaben das Verhältnis zu den Eltern belasten.

Grundschullehrer und Grundschullehrerinnen sollten wissen, dass die schulischen Anforderungen bei vielen Kindern zu Hause noch verschärft werden. Die häufig gehörte Elternmeinung, die Schule solle höhere Forderungen stellen, es solle gelernt aber nicht gespielt werden, sollte nachdenklich machen. Fatal wirken sich Eltern-Lehrer-Bündnisse der Art aus, dass die Lehrerin den Leistungsdruck der Eltern aufnimmt, unterstützt und verstärkt. So kommt es gelegentlich dazu, dass Lehrer, trotz amtlichen Verbots, in den ersten Klassen benotete Tests schreiben oder, um formal korrekt zu

1 Diese Aussage ist sicher überspitzt. Man denke nur an die Ressourcen in Form von Nachhilfestunden und Privatschulen, auf die wohlhabende Eltern zurückgreifen können. Das setzt sich fort in Privatuniversitäten, Auslandsaufenthalten und nicht zuletzt guten Beziehungen, die bei Anstellungsverhältnissen im privaten Bereich eine nicht zu unterschätzende Rolle spielen.

handeln, statt Noten Leistungspunkte vergeben. Nicht selten bringt ihnen das Zustimmung nicht weniger Eltern ein.

Das heißt nicht, dass Grundschule ein leistungsmäßiger Schonraum sei. Jedes Kind muss gefordert werden, im Rahmen des ihm Möglichen, aber nicht darüber hinaus. Das ist ein wichtiger Punkt der »Pädagogisierung des Leistungsprinzips« (vgl. S. 201ff.). Zur Aufgabe der Lehrerin kann es aber auch gehören, »Anwalt des Kindes« gegenüber überzogenen Erwartungen der Eltern zu sein, eine schwierige Aufgabe, die nur in einem guten Klima der Zusammenarbeit gelingen kann, manchmal freilich auch Konflikte nach sich zieht.

Lehrerinnen und Lehrer sollten diese Sachverhalte immer wieder in Elternabenden ansprechen und die Eltern dazu ermuntern, Vertrauen in die Leistungsfähigkeit ihres Kindes zu setzen, seine kleinen Fortschritte anzuerkennen, auch wenn sie hinter den eigenen Erwartungen zurückbleiben. Die Liebe zum Kind darf nicht von dessen Schulleistungen abhängig gemacht werden (vgl. S. 147ff.).

Was unternehmen Kinder am Nachmittag?
Freizeitorte und Freizeitaktivitäten

Neuere Untersuchungen haben die Thesen von der Verhäuslichung der Freizeit (Zinnecker 1979, 1990), dem Mangel an Primärerfahrungen, der Verplanung durch viele Termine (Rabe-Kleberg, Zeiher 1984) und der Verinselung der Lebensräume (Zeiher 1983) relativiert.

Dass Kinder ihre Freizeit überwiegend im Haus verbringen, Kindheit also zunehmend verhäuslicht wird, legt sich als Schlussfolgerung aus der zunehmenden Verstädterung zwar nahe, wird aber durch neuere Untersuchungen nicht bestätigt. So ergab die Untersuchung des Deutschen Jugendinstituts an 2000 10- bis 12-jährigen Kindern aus verschiedenen Wohngebieten, dass 70–80%, auch Kinder in Städten (Innenbezirk München), sich in erheblichem Umfang mehrmals in der Woche draußen aufhalten (Nissen 1992). 60% der Kinder spielen überwiegend im Freien (Herzberg 1992). In den Großstädten werden öffentliche Räume (Parks, Spielplätze, Straßen) aufgesucht, in kleineren Gemeinden auch private Nahräume.

Selbst 51% der Stadtkinder geben an, gelegentlich auf der Wiese oder einem Feld zu spielen (in der Landgemeinde sind es 65%), 72% der Stadkinder spielen auf dem Spielplatz, 45% in Parks, 20% auf der Straße, 18% auf dem Schulhof (Mehrfachnennungen waren möglich). Dabei ließ sich durch diese Studie die nahe liegende Vermutung, dass jüngere Kinder sich eher in nahen und privaten, ältere eher in öffentlichen Räumen aufhalten, nicht belegen.

In jeder Altersgruppe aber werden die öffentlichen Räume von Mädchen weniger benutzt als von Jungen.

Nach einer Untersuchung von Kustor (1996) an 10- bis 13-jährigen Mädchen aus einer Kleinstadt und mittleren Großstadt werden die Räume von Jungen und Mädchen unterschiedlich genutzt. Mädchen ab zehn Jahren treten als spielende

Kinder in öffentlichen Räumen kaum in Erscheinung. Sie verbringen ihre Freizeit häufiger in Innenräumen, haben dabei aber seltener als die Jungen ein eigenes Zimmer. Mädchen erfahren so mehr Restriktionen und räumliche Einschränkungen als Jungen. Sie müssen in der Großstadt früher zu Hause sein und bewegen sich häufiger zu Fuß, während für die Jungen mit Abstand das Fahrrad das wichtigste Verkehrsmittel ist. Jungen gehen an Nachmittagen vor allem sportlichen Aktivitäten nach, Mädchen eher sozialen, indem sie etwa ihre Freundin besuchen. Ängste der Eltern verstärken hier wohl das traditionelle Rollenmuster. Das alles dürfte auch für Grundschulkinder zutreffen. Kustor befürchtet, dass sich aus geringerer räumlicher Kompetenz der Mädchen für die späteren Erwachsenen auch eine geringere Mobilität ergeben könnte.

Nach Nagl und Kirchler (1994) gaben 10-jährige Kinder, danach befragt, was sie in den letzten 14 Tagen in ihrer Freizeit unternommen hätten, am häufigsten Fahrradfahren und Zusammensein mit Freunden an, erst dann folgt das Fernsehen, unmittelbar vor sportlicher Betätigung. Das Spektrum der dort genannten Freizeitaktivitäten ist groß und viele davon können nicht zu Hause durchgeführt werden.

In einem eingeschränkten Sinn hat die These von der Verhäuslichung der Kindheit aber Gültigkeit. Nach der Untersuchung des Deutschen Jugendinstituts sind in allen Regionen Wohnungen als Treffpunkte wichtiger als die öffentlichen Räume. Sich zu Hause treffen schließt aber nicht aus, dass die Kinder dann zum Spielen ins Freie gehen (Herzberg 1992). So ist auch die Straßenkindheit nicht völlig zu Ende und es lässt sich annehmen, dass die Kinder draußen auch Primärerfahrungen machen. Auch nach der Untersuchung von Wilk (1994) an 2.745 österreichischen Kindern des vierten Schuljahrs ist das Haus (neben Feld, Wald, Wiese, Verein und Spielstraße) der weitaus häufigste Treffpunkt.

Ähnlich lässt sich auch die These von der verplanten Kindheit nach neueren Untersuchungen nicht halten oder trifft nur auf einen Teil der Kinder zu.

Nach Zeiher (1989) hatte das Zeiterleben der Nachkriegskinder eine gewisse Ähnlichkeit mit dem Zeiterleben der vorindustriellen Zeit: Man orientierte sich an der natürlichen Zeit. So ist es auch heute noch weitgehend mit dem Zeiterleben von Vorschulkindern. Das Zeiterleben des heutigen Schulkindes dagegen, so nimmt Zeiher an, ist bestimmt durch die Uhr, am Morgen wegen der Unterrichtszeit, am Nachmittag wegen vielfältiger Termine. Das Empfinden der grenzenlosen, unendlichen, weitgehend frei verfügbaren Zeit wird ersetzt durch ein Zeiterleben nach dem Terminkalender. Wie für Erwachsene wird Zeit dabei zu einem knappen Gut.

Nach den Untersuchungen des Deutschen Jugendinstituts haben aber 22% der 8- bis 12-jährigen außer der Schule überhaupt keine Termine, 47% ein bis zwei Termine pro Woche, allerdings 31% auch drei und mehr. Fast alle Kinder aber geben an, noch genügend Zeit zum Spielen im Freien mit Freunden zu haben (Nissen 1992). Möglicherweise ist die Vorstellung des von Terminen gehetzten Kindes eher eine Projektion der Erwachsenen.

Auch die Belastungen durch Schule und Hausaufgaben halten sich in Grenzen. Nach der gleichen Untersuchung benötigen 70% der Grundschüler weniger als eine Stunde Zeit für Hausaufgaben, 20% eine bis eineinhalb Stunden, während 10% der Kinder angeben, mehr als eineinhalb Stunden Hausaufgaben zu machen (Elskemper-Mader 1992). In allen Schultypen sind Mädchen dabei fleißiger als Jungen.

Selbst bei den 11- bis 12-jährigen Gymnasiasten steht noch genügend Zeit für das Spielen zur Verfügung. 38% machen weniger als eine Stunde und ebenfalls 30% eine bis eineinhalb Stunden Hausaufgaben, 30% aber mehr.

Das Ausmaß der Freizeitaktivitäten beeinflusst nach Angaben der Schüler *nicht* die für die Hausaufgaben aufgewandte Zeit, wie auch umgekehrt die Hausaufgaben die Freizeitaktivitäten nicht beeinträchtigen. Trendmäßig sind Kinder, die mehr Hausaufgaben machen, auch freizeitaktiver (Elskemper-Mader 1992).

80% aller Kinder nehmen institutionalisierte Freizeitangebote wahr, dabei Mädchen in stärkerem Ausmaß als Jungen. Bei den Mädchen überwiegen musisch kreative, bei den Jungen Sportangebote.

Da nach der schon mehrfach zitierten Studie des Deutschen Jugendinstituts das Fahrrad oder die eigenen Füße die häufigsten Transportmittel sind, nur 20% der Kinder mit dem Auto gefahren werden und nur sehr wenige Kinder die öffentlichen Verkehrsmittel benutzen (Nissen 1992), ist auch die These von der Verinselung der Lebensräume (Zeiher 1983) mit Vorsicht zu genießen.

Die These von der Verinselung der Kindheit besagt, dass zumindest Großstadtkinder Raum nicht mehr als eine Folge verschiedener Raumzonen erleben, die, nach Art konzentrischer Kreise, im vertrauten Wohnraum beginnen und sich mehr und mehr auf entfernter liegende unbekanntere Zonen ausdehnen. Das Leben der Kinder vollzieht sich vielmehr auf Rauminseln mit großen dazwischenliegenden unbekannten Zwischenräumen. So kennt ein Großstadtkind seine Wohnung, den Hauseingang (aber schon nicht mehr die anderen Stockwerke, an denen es mit dem Aufzug vorüberfährt), die Nahumgebung des Hauses, die drei Kilometer entfernte Schule (aber nicht, was dazwischen liegt, weil es mit der U-Bahn fährt), einen Supermarkt in der anderen Richtung, die Wohnung einer Freundin in einem anderen Stadtteil, den Garten der Oma in der 25 km entfernten Kleinstadt und einen Badestrand in Italien, den man jedes Jahr in den Ferien aufsucht.

Welche Konsequenzen ergeben sich aus dem Freizeitverhalten der Kinder für die Schule?

Obwohl es keine Veranlassung gibt zu befürchten, dass Kinder in ihrer Freizeit keine Primärerfahrungen mehr machen und nur in ihren Kinderzimmern vor dem Fernseher sitzen, werden Grundschullehrerinnen und Lehrer gut daran tun, ihren Schülern, wo immer nur möglich, vor allem naturbezogene Erfahrungen zu vermitteln. Einmal, weil sie sicher manchen Kindern dadurch etwas Neues vermitteln, dann aber auch aus grundsätzlichen pädagogischen Überlegungen. Als Stichworte seien die reformpädagogischen Prinzipien des ganzheitlichen Lernens, des Lernens durch Erfahrung und der Erlebnispädagogik genannt. Grundschule kann, wenn auch nur in bescheidenem Rahmen, elementare Erfahrungen vermitteln: ein Gewitter im Freien, eingepackt in Regenmäntel, ein Lerngang (mit Eltern) abends um zehn Uhr im nächtlichen Wald, zwei Tage Aufenthalt auf einem Bauernhof mit Übernachten im Stroh, Lauschen auf nächtliche Tierstimmen und Beobachten der Morgendämmerung, Harz riechen und durch einen Bach waten, Barfußlaufen im Gras, der Bau eines Drachens und das Erlernen des Umgangs mit dem Wind. Das alles bringt Probleme mit sich, ist vielleicht gefährlich, im Lehrplan so nicht direkt vorgesehen und muss mit den Eltern sorgfältig abgesprochen werden. Schule könnte mithelfen, kleine Ausbrüche aus der »vermauerten« (Zimmer 1986), regulierten und sterilen Kinder-Kindheit (v. Hentig 1975) zu wagen.

Auch wenn die These von der verplanten Kindheit als generalisierte Aussage nicht haltbar ist, wird es wichtig sein, manchen Eltern zu sagen, dass ein Weniger oft mehr ist, dass die Kinder unverplante Zeit brauchen, um ihrem Bedürfnis, zu verweilen, zu trödeln, spontanen Einfällen zu folgen, nachgehen zu können.

Gelegentlich ist zwischen Eltern eine regelrechte Konkurrenz entstanden, was sie ihren Kindern an Hobbys gewähren können. Wer nicht reitet, ist bemitleidenswert, wer nicht zur Malschule geht, vernachlässigt seine Kreativität, wer nicht Sport treibt, wird krank, und wer nicht musiziert, verkümmert. Wer aber zu viel macht, wird zum Roboter, und aus dem Geschenk der Zeit wird die Last eines unerbittlichen Programms.

Auch die Schule selbst kann mithelfen, das Diktat der Zeit am Vormittag zu reduzieren. Viele Grundschulen arbeiten ohne Klingel oder beginnen mit einer »gleitenden« Arbeitszeit (Kinder können schon vor dem eigentlichen Unterrichtsbeginn im Klassenzimmer arbeiten). Zusehends wird versucht, Themen fächerübergreifend zu erarbeiten, um die ungewohnte und unnatürliche Fächer- aber auch Zeitzerstückelung aufzubrechen. Kinder können so leichter ihrem persönlichen Zeitrhythmus folgen. Auch Freie Arbeit kann dazu beitragen, Kinder vom Diktat der Zeit zu entlasten. Schule, die zweifelsohne zeitliche Zwänge setzt, sollte das Diktat der Zeit nicht einfach verschärfen, sondern ihm auch entgegenwirken.

Freundschaften und Kontaktstrukturen

Wenn früher Kinder auf die Straße gingen, konnten sie sicher sein, andere Kinder aus der Nachbarschaft zu treffen, jüngere und ältere, freundliche und weniger freundliche. Diese Spielgruppe war gleichsam durch die Straße, in der man wohnte, vorgegeben. Heute ist das anders. Die Zahl der Kinder, die in der Nachbarschaft wohnen, ist geringer geworden. Zudem kann man auf der Straße aus Verkehrsgründen vielfach gar nicht mehr spielen.

An die Stelle der schicksalhaft vorgegebenen Kinderspielgruppe ist heute das »Verabredungsgeflecht« (Zeiher 1989) getreten. Es ist ein soziales Netzwerk von sechs bis acht Kindern, hauptsächlich Klassenkameraden, das sich als Ganzes nie trifft, aus dem aber einzelne Kinder ausgewählt und eingeladen werden. Dieses »Kindergeflecht« besteht aus Kindern mit ähnlichen Interessen, aus Kindern, die einem sympathisch sind.

Die Untersuchung des Deutschen Jugendinstituts belegt diese These und zeigt, dass die Spielkontakte vor allem durch Verabredungsgeflechte zustande kommen. Das gilt auch für Kinder auf dem Land (Herzberg 1992). Nur 17% der 8- bis 12-Jährigen vertrauen darauf, dass man auch ohne Verabredung einen Freund treffen könnte. Ohne Vorplanung loszurennen wagen eher jüngere Kinder als ältere und eher Jungen als Mädchen. Die Verabredung erfolgt über die Schule oder das Telefon, meist beides zusammen.

Der Vorteil dieser Kontaktstrukturen liegt in der Möglichkeit der Auswahl der Spielgefährten und in der Erfahrung, dass man selbst aktiv werden muss. Dies ist aber auch ihr Nachteil. Die Kontakte sind einseitig. Man trifft sich nur noch mit jenen Kindern, die man mag. Die Kontakte sind auch in gewissem Sinn unverbindlich. Wenn mit einem bestimmten Kind Probleme auftreten, wird es eben nicht mehr eingeladen. Da waren die Erfahrungen mit der Kinderhorde der Nachbarschaft sicher vielfältiger. Dort wurden andere soziale Kompetenzen gelernt. Dort musste man auch lernen, sich durchzusetzen oder sich zu schützen. Dabei sollen diese nachbarschaftlichen Kinderhorden keineswegs idealisiert werden. Man war auf diese Kinder angewiesen, musste sich – wollte man nicht allein bleiben – mit ihnen arrangieren, manche litten auch unter ihnen.

Kinder haben in der Regel mehrere Freunde. Die Hälfte der in der oben genannten Untersuchung des Deutschen Jugendinstituts befragten Kinder gab an, drei oder mehr Freunde zu haben. Viele Kinder möchten diesen Kreis noch erweitern. Der Freundeskreis setzt sich überwiegend aus Klassenkameraden oder Kindern aus der gleichen Schule zusammen (80%). Dennoch spielt auch das Wohnumfeld für die Wahl der Freunde noch eine gewisse Rolle. Meist überschneiden sich Wohnfeld und Schulzugehörigkeit. Dass Freunde über die institutionalisierten Freizeitangebote gefunden werden, ist nur selten der Fall. Eher ist es umgekehrt. Vereinsmitgliedschaften kommen über vorher bereits bestehende Freundschaften, seltener Freundschaften über einen Verein zustande (Herzberg 1992).

Etwa 10% der Kinder aber haben keine Freunde und spielen meist allein. In der Stadt steigt dieser Prozentsatz auf 21%. Was sind das für Kinder? Es sind gleich viele Jungen wie Mädchen und die Kinder kommen aus allen sozialen Schichten. Es sind nicht Einzelkinder, wie man vielleicht vermuten könnte. Es sind nicht Kinder, die erst kürzlich zugezogen sind, Kinder, die wegen beschränkter Wohnverhältnisse keine Freunde einladen können, Kinder, die wegen vieler Termine keine Zeit haben oder besonders viel Zeit vor dem Fernseher verbringen. Allenfalls ein schwer interpretierbarer Stadteffekt fällt auf. Nach Aussagen der Eltern handelt es sich bei den Alleinspielern eher um schüchterne, erwachsenenorientierte Kinder. Nach Herzberg (1992) dürfen diese Kinder nicht als sozial isoliert angesehen werden. Sie fühlen sich weder ausgeschlossen noch einsam. Am plausibelsten ist die Vermutung, dass sie andere Präferenzen setzen und einfach lieber allein spielen *möchten*.

In der Schulklasse finden Kinder ein soziales Gebilde vor, das sie sich nicht auswählen und aus dem sie nicht einzelne Kinder abwählen können. Sie treffen dort auf Kinder, mit denen auszukommen vielleicht nicht leicht ist, gegen die man sich behaupten muss, vor denen man sich vielleicht fürchtet, die man vielleicht erst im Lauf der Zeit lieben lernt oder die einem gleich von Anfang an sympathisch sind.

Die Schulklasse mit den schicksalhaft verordneten Klassenkameraden stellt so ein einzigartiges Soziotop dar, dessen Bedeutung für das Erlernen sozialer Kompetenzen sehr bedeutsam ist. Die Integration aller Kinder, die Pflege des Zusammenlebens und Zusammenarbeitens mit allen, hat gerade angesichts der veränderten Kontaktstrukturen von Kindern erhebliche Bedeutung.

Wenn Kontakte zwischen den Kindern heute überwiegend über Verabredungsgeflechte zustande kommen und diese hauptsächlich aus den Kindern der Schulklasse bestehen, kann es passieren, dass Kinder, die in der Schulklasse eine Außenseiterposition einnehmen, aus solchen Verabredungsgeflechten herausfallen und leicht auch in der Freizeit in eine soziale Isolation geraten. Grundschullehrerinnen werden deshalb ein besonderes Augenmerk darauf zu richten haben, dass möglichst alle Kinder in der Klasse in eine der verschiedenen Kindercliquen integriert sind.

Fernsehkindheit

Kindheit heute ist Fernsehkindheit, so hatte bereits 1975 Hartmut v. Hentig in seinem Vorwort zu Ariès' »Geschichte der Kindheit« lapidar festgestellt.

Der Fernsehkonsum von Kindern ist in den letzten Jahren ständig gestiegen. 15% aller sechs- bis achtjährigen und ein Drittel aller neun- bis zehnjährigen Kinder besitzen einen eigenen Fernsehapparat, 15% der neun- bis zehnjährigen einen Videorekorder. Die tägliche Fernsehzeit der sieben- bis neunjährigen beträgt im Durchschnitt etwas mehr als zwei Stunden, der neun- bis zehnjährigen drei Stunden, vereinzelt bis fünf Stunden (Hurrelmann 1989). Jedes dritte Kind der Altersgruppe zwischen sechs und acht Jahren sieht pro Woche 30 Stunden fern, ein Viertel regelmäßig Sendungen bis nach Mitternacht.

Die von Liselotte Wilk und anderen 1991 an 2745 österreichischen zehnjährigen Kindern durchgeführte Untersuchung liefert hinsichtlich des Fernsehkonsums der Kinder und seiner Abhängigkeit von familiären Rahmenbedingungen detaillierte Daten. Diese Untersuchung ist für uns deshalb besonders aufschlussreich, weil hier gezielt das Fernsehverhalten von Grundschülern (vierte Klasse) erfasst wird. Danach (vgl. Grunz/Ortmair 1994) sehen 50% der Kinder täglich zwei oder mehr Stunden fern. Solche Kinder, die täglich mehr als zwei Stunden fernsehen, bezeichnen die Autoren als Vielseher. Fasst man das Kriterium für Vielseher enger und versteht darunter Kinder, die drei Stunden und länger am Tag fernsehen, so sind dies an Wochentagen immer noch über 26%, an Samstagen sogar 45%.

Zwei Drittel der Kinder sitzen mindestens einmal in der Woche bis spät in die Nacht hinein (d. h. noch nach 22.00 Uhr) vor dem Bildschirm, 20% zwei- bis dreimal, 9% mehr als dreimal.[1]

Die meisten Kinder sitzen allein vor dem Fernsehgerät. Sie erhalten also von den Eltern wenig Hilfen für das Verstehen, keine Orientierungs- und Bewertungshilfen. Auch wenn Eltern und Kinder gemeinsam fernsehen, kann daraus nicht geschlossen werden, dass auch Gespräche über den Inhalt der Sendungen zustande kommen. Gemeinsames Fernsehen schafft meist nur die Illusion von Gemeinsamkeit.[2] Dass Möglichkeiten fehlen, die Erlebnisse im Gespräch zu verarbeiten, ist unter anderem deswegen problematisch, weil die emotionalen Erinnerungen, die durch die Bilder hervorgerufen werden, nachweislich länger im Gedächtnis haften bleiben als die kognitiven.

Kinder, die nachmittags weder vom Vater noch von der Mutter betreut werden, sehen mehr fern.[3] 31% der Kinder entscheiden über die Auswahl der Sendungen allein, 27% geben an, dass sie auch über die Dauer ganz allein entscheiden.

Unter den *Vielsehern* (Kriterium zwei und mehr Stunden pro Tag) gibt es mehr Jungen als Mädchen. Bei ganztägiger Berufstätigkeit der Mutter steigt nach dieser österreichischen Untersuchung der Anteil der Vielseher auf über 70%. Unter den Vielsehern sind besonders viele Kinder, die ohne die Eltern ganz allein entscheiden, was und wie lange sie fernsehen wollen. 72% der türkischen Kinder sind Vielseher. Auch bei Kindern aus dem ehemaligen Jugoslawien ist der Fernsehkonsum höher als bei deutschen Kindern.

Vielseher geben an, beim Fernsehen manchmal Angst zu haben, zu schwitzen, Herzklopfen und kalte Hände zu bekommen. Drei Viertel von ihnen geben an, »überhaupt nicht gern« in die Schule zu gehen.

Als Gründe für Fernsehen nennen knapp drei Viertel der Kinder Langeweile, zwei Drittel möchten eine Sendung sehen, die ihnen gefällt, 61% sagen, sie sähen fern, wenn sie allein zu Hause sind, 68%, weil sie draußen nicht spielen können (etwa we-

1 Werden die Eltern hinsichtlich der Fernsehgewohnheiten ihrer Kinder befragt, erhält man niederere Werte. Beschönigen die Eltern oder wissen sie nicht, wie lange ihre Kinder fernsehen? Oder übertreiben die Kinder?

2 Nach Hurrelmann (1989, S. 97) kann man sagen: Je mehr gelesen wird, desto mehr wird in der Familie auch gesprochen; je höher der Fernsehkonsum, desto weniger gemeinsames Gespräch über die Inhalte.

3 Nach einer Untersuchung von Hurrelmann u.a. (1995) ist das Fernsehproblem besonders gravierend bei *Alleinerziehenden* und in *kinderreichen Familien*. Die Autoren vermuten als Grund hierfür, dass bei diesen Personengruppen die finanziellen Ressourcen niedrig sind, sodass den Kindern keine Alternative zum Fernsehen geboten werden kann. Die ungünstigen Lebensbedingungen bewirken, dass hier Kinder, aber auch die Eltern mehr fernsehen. Während der Zeit, in der Alleinerziehende ihrem Beruf nachgehen oder die Hausarbeiten verrichten, sind die Kinder häufig sich selbst überlassen und schauen fern. In kinderreichen Familien verleitet die Geschwisterdynamik auch jüngere Kinder zum Mitsehen mit den älteren Geschwistern. Hier sehen Eltern und Kinder besonders häufig getrennt fern. Dem Fernsehen kommt so keine familienintegrierende Funktion zu.

gen Regen), 28% sehen bestimmte Fernsehsendungen an, weil diese auch von ihren Freunden angesehen werden.

Neben dem Fernsehen ist der Gebrauch des Computers nicht zu unterschätzen. Knapp ein Drittel aller Grundschüler besitzt einen Computer, auf dem manche zwar auch Lernprogramme absolvieren, die meisten aber überwiegend spielen (Glogauer 1993). Hinzu kommen die elektronischen Geräte für Videospiele, die viele Kinder besitzen. Hier gibt es Geschicklichkeitsspiele, Denkspiele, Sportspiele, Strategiespiele, drei Viertel aller derartigen Spiele befassen sich aber nach Glogauer mit Eroberung, Zerstörung, Schießen und Töten. Computerspiele sind deshalb so attraktiv, weil sie interaktiv sind und mehrere Kinder zusammen spielen können. Die Spiele befriedigen nicht nur das Bedürfnis nach Spannung und Spaß, man kann auch Wettkämpfe machen, gegeneinander spielen, sein Können steigern. Die Nutzungshäufigkeit des Computers und der Videospiele ist nur ein Drittel niedriger als die des Fernsehens. Nur Mädchen benutzen den Computer nicht einmal halb so oft wie Jungen, während es bei der Fernsehnutzung, was die Häufigkeit anbelangt, keine geschlechtsspezifischen Unterschiede gibt (Nagl/Kirchler 1994).

Fernsehen hat Auswirkungen auf Kinder, auch auf ihr Verhalten in der Schule.

- Fernsehen frisst einen erheblichen Teil der freien Zeit, ohne dass dadurch aber andere Freizeitaktivitäten einfach verdrängt würden (vgl. S. 38). Fernsehen beeinflusst den Tagesrhythmus. Der Termin beliebter Kinderfernsehsendungen ist ein fixer Zeitpunkt, nach dem sich andere Aktivitäten zu richten haben.
- Fernsehen gibt Themen vor, worüber die Kinder in der Schule sprechen. Mitsprechenkönnen ist ein wichtiges Motiv für Fernsehkonsum.
- Fernsehen liefert Bezugspunkte für das eigene Rollenverständnis, Bausteine zum Aufbau der eigenen Identität und der eigenen Weltdeutung.
- Viele Kinder kommen am Morgen müde in die Schule, weil sie zu lange ferngesehen haben. Die Konzentration an Montagen liegt meist unter der von anderen Wochentagen. Wochenendstress, aber auch stärkerer Fernsehkonsum dürften dafür verantwortlich sein. Hinzu kommt ein Bewegungsstau, wenn lange ferngesehen wurde und Freizeitaktivitäten außerhalb des Hauses darunter leiden.
- Die Dramaturgie des Fernsehens erfordert einen Szenenwechsel innerhalb von 15 Sekunden; Werbespots, bei Kindern sehr beliebt, haben gar nur eine Dauer von drei bis fünf Sekunden. Wer die nächste Szene verfolgen will, darf nicht lang über die vergangene nachdenken. Bei einem Buch kann man eine Sache zweimal lesen oder eine Seite zurückblättern. Beim Fernsehen muss man sehen, dass man die nächste Szene nicht verpasst. Kinder lernen so, sich schnell zu orientieren, erkaufen dies aber möglicherweise mit Schwierigkeiten, bei einer Sache länger zu verweilen.
- Die Dramaturgie des Fernsehens ist anders als die eines Vortrags oder eines Buches. Die Abfolge der Szenen wird weniger von der Logik der Argumentation als von Gesichtspunkten der Abwechslung und Spannung bestimmt. Es gibt keine logische Strukturierung der Inhalte. Wichtiges steht völlig gleichrangig neben weni-

ger Wichtigem. So bleiben im Kopf nur einzelne Bilder, nicht aber geordnete Zusammenhänge zurück.

- Bilder legen die Fantasie stärker fest als Texte, die noch viel Raum für die individuelle Vorstellung lassen. Das kann die Fantasie bei Kindern beeinträchtigen. Andererseits kann Fernsehen die Fantasie auch beflügeln.
- Zwischen Lesehäufigkeit und Fernsehen gibt es komplexe Zusammenhänge. Lese- und Fernsehverhalten beeinflussen sich nicht wechselseitig; beide sind aber abhängig von der sozialen Schicht und vom Bildungsstatus der Eltern. »Fernsehen verdrängt zwar nicht unmittelbar und direkt das Bücherlesen, aber ein erhöhter Fernsehgebrauch führt dazu, dass diejenigen Kompetenzen und Verhaltensweisen in der Familie weniger kultiviert werden, die das Leseverhalten von Kindern sozialisieren.« (Bründel/Hurrelmann 1996, S. 241) Nach Bonfadelli (1988) hat allerdings das Leseverhalten in allen Altersstufen abgenommen. Glogauer (1993) sieht das im Zusammenhang mit dem gestiegenen Medienkonsum.
- Die von den Kindern gern gesehenen Werbespots können Wünsche und so etwas wie eine latente Dauerunzufriedenheit erzeugen. Immer wird etwas gezeigt, was man noch nicht hat, aber laut Fernsehen haben sollte.
- Fernsehen kann zu einer Quelle von Aggression werden. Zwar gibt es keinen generellen und linearen Zusammenhang zwischen häufigem Ansehen gewalttätiger Sendungen und aggressivem Verhalten. Bei besonderen Personengruppen und unter besonderen Umständen ist ein solcher Zusammenhang nach dem heutigen wissenschaftlichen Stand aber nicht mehr zu bestreiten (vgl. Kunczik 1987,1993; Groebel 1986; Kleiter 1993; Rogge 1993). Als besonders gefährdet müssen Kinder und Jugendliche gelten, die eine ohnehin schon hohe Aggressionsneigung haben, in deren Freundeskreis Aggression weit verbreitet ist, die allein fernsehen und mit niemandem über die Sendungen reden können bzw. in deren Familie es generell wenig Kommunikation gibt. Dabei ist das Geschlecht (die genannten Aussagen treffen überwiegend auf Jungen zu) eine entscheidende Moderatorvariable. Kinder, die in ihrer Familie und in ihrem Umfeld selbst Opfer von Gewalt sind, suchen sich häufiger Sendungen mit aggressivem Inhalt aus. Groebel (1981) konnte nachweisen, dass ängstliche Kinder bevorzugt gewalthaltige Sendungen ansehen und so in ihrer Angst weiter verstärkt werden. Inhaltsanalytische Untersuchungen ergaben, dass die meist gewalthaltigen Zeichentrickfilme von den Kindern eher als lustig denn als gewalthaltig eingestuft werden. Hier kodieren die Kinder eindeutig die Situation als Spiel. Das Gleiche gilt für Sciencefictionfilme. Realistische Gewaltdarstellungen in Krimis oder Reportagen führen dagegen bei Kindern zu höherer Erregung, Angst und Aggressionsbereitschaft. Dabei spielt vor allem die Dramaturgie der Szenen eine entscheidende Rolle.
- Fernsehen weitet den Horizont der Kinder. Es führt in fremde Länder, in die Tiefen des Ozeans, in die Welt der Satelliten und der Weltraumfahrt. Niemals wussten Kinder früher wohl so viel von Tieren, von Spinnen und Schlangen, von Haien und Tiefseefischen, von Vögeln und Insekten.

- Es kann nicht damit gerechnet werden, dass durch Fernsehen die sprachliche Kompetenz der Kinder gefördert wird. Für die Kinder ist das Bild entscheidend, nicht die Sprache. So wird man kaum von einer »kompensatorischen Erziehung« durch Fernsehen sprechen können.[1]
- Fernsehen lässt Tabuzonen verschwinden. Darauf hat vor allem Neil Postman (1983) aufmerksam gemacht. Er bezeichnet das Fernsehen als Medium der totalen Enthüllung. Dies gilt für den Bereich der Sexualität, der Gewalt, aber auch der Entzauberung der Erwachsenen. Fernsehen trägt damit nach Postman dazu bei, dass Kindheit verschwindet.

Kinder sind nicht einfach passive Rezipienten von Fernsehsendungen. Sie sind selbst aktiv, indem sie auswählen und die gesehenen Inhalte umdeuten, mit subjektiver Relevanz versehen, auf ihrem eigenen Erfahrungshintergrund interpretieren. Dabei ist die Selbstständigkeit im Umgang mit Medieninhalten natürlich abhängig von ihrem emotional-kognitiven Entwicklungsstand. Es ist anzunehmen, dass Vorschulkinder und jüngere Kinder im Grundschulalter die dargebotenen Inhalte unmittelbar in ihr Erleben aufnehmen und Schwierigkeiten haben, zwischen Wirklichkeit und Fiktion zu unterscheiden. So wies Geretschlaeger (1990) nach, dass Vorschulkinder häufig Ängste (vor Einbrechern, Überfällen, Mord, Schießereien, Krieg) haben, die durch Fernsehsendungen ausgelöst wurden.

Die Schule tut sich schwer damit, das Fernsehverhalten von Schülern zu beeinflussen. Ferngesehen wird zu Hause, an den Nachmittagen und den Abenden. Es wäre vor allem Sache der Eltern, hier regelnd einzugreifen. Viele Eltern sind aber desinteressiert, haben kapituliert, halten das Fernsehen immer noch für das kleinere Übel, als wenn sich das Kind unbeaufsichtigt auf der Straße herumtreibt, oder lassen die Sache deshalb auf sich beruhen, weil sie selbst exzessiv fernsehen.[2]

Als Leitlinie[3] für eine medienpädagogische Arbeit in der Grundschule könnte gelten:

- Fernsehen darf nicht einfach schlecht gemacht werden. Das wäre nicht nur unwirksam, sondern auch töricht. Fernsehen ist ein wichtiger Teil unserer Kultur, zudem ein wertvoller.

1 Dabei sei daran erinnert, dass in den Anfängen des Kinderfernsehens in den 60er-Jahren (Sesamstraße, Rappelkiste) diese kompensatorische Funktion ausdrücklich verfolgt wurde und das Fernsehen gewillt war, Kindersendungen auf diese Funktion zu beschränken. Zudem kam es 1960 unter den Fernsehverantwortlichen zu einer Einigung darüber, aus psychologischen und pädagogischen Gründen keine Sendungen für Kinder unter sechs Jahren auszustrahlen. Durch die Übernahme amerikanischer Zeichentrick- und Serienfilme in die öffentlichen Fernsehanstalten und das Aufkommen privater Fernsehsender wurde dieser Beschluss aber rasch durchbrochen.

2 Die durchschnittliche Fernsehdauer der Erwachsenen liegt in Deutschland deutlich über der der Kinder (vgl. Darschin/Frank 1994).

3 Vgl. hierzu die Hinweise bei Tulodziecki (1992) und Hiegemann/Swoboda (1994).

Medien dienen nicht nur der Entspannung, sondern auch der Information. Ihre Nutzung ist nicht immer Flucht vor der Realität, sie kann auch spielerische Auseinandersetzung mit der Wirklichkeit sein. Medien führen meist nicht in soziale Isolierung; sie eröffnen neue Kommunikationsformen und ermöglichen eine Teilhabe an der Altersgruppenkultur, auch dadurch, dass man in der Schule über Fernsehsendungen spricht. Medien befriedigen nicht nur den Erlebnishunger, das Bedürfnis nach Spannung und Abwechslung, sie können auch zu einer ernsthaften Auseinandersetzung mit Problemen anspornen und die kognitiven Fähigkeiten fördern (Greenfield 1987).

- Kindern sollte ihr Fernsehverhalten bewusst gemacht werden. Die meisten wissen auf Anhieb nicht, wie lange sie vor dem Fernsehapparat sitzen. Im Rahmen des Unterrichts könnte dies bewusst gemacht und problematisiert werden.
  Im Rahmen eines mit den Eltern abgestimmten und von ihnen unterstützten Klassenprojekts könnte über eine oder zwei Wochen hinweg erhoben und auf einem in der Klasse aufgehängten Plakat dokumentiert werden, wie viele Stunden jedes Kind täglich vor dem Bildschirm verbringt. Dabei werden Lehrerinnen, ganz gegen ihre pädagogische Intention, vielleicht erleben, dass diejenigen Kinder, die die meisten Stunden aufweisen, von den andern sogar bewundert werden. Danach könnte ein Veränderungsplan aufgestellt werden. Jetzt könnten die Schüler dafür Punkte erhalten, dass sie ihren Fernsehkonsum reduzieren.
  Dabei dürften natürlich jene Kinder nicht leer ausgehen, deren Fernsehkonsum ohnehin schon nieder ist. Bei ohnehin schon niederem Fernsehgebrauch könnten evtl. rote Punkte vergeben werden, bei Reduzierung der Dauer der Vielseher grüne, die dann nach einem bestimmten Verhältnis in rote umgetauscht werden können.
  Wir vermuten allerdings, dass der Eifer, den eigenen Fernsehkonsum zu kontrollieren, rasch erlahmen wird, wenn die »Punkteaktion« wieder vorüber ist.
- Wichtiger wäre, Nutzungspläne aufzustellen: Welche Sendungen sind geeignet und wann wird ferngesehen?
  Im Rahmen eines Medienprojekts könnte auch hier mit Punkten, die evtl. später in kleine Belohnungen eingetauscht werden können, gearbeitet werden.
- Lehrerinnen könnten attraktive Alternativen zum Fernsehen aufzeigen. Das gilt für Alternativen im Freien oder auch im Haus. Vor allem muss daran gearbeitet werden, Kinder für das Lesen zu begeistern. Viele Kinder lesen keine Bücher, weil sie nicht richtig lesen können, sie können nicht richtig lesen, weil sie keine Bücher lesen (Bamberger 1975). Die Bücherecke, Lesen im Rahmen von Freier Arbeit, regelmäßiges Hören einer Geschichte, etwa im Montagskreis, erhalten hier einen überragenden Stellenwert.
- Auch Grundschulkinder könnten durch kleine Videoprojekte einen ersten Einblick in die Tricks gewinnen, mit denen im Film und im Fernsehen Realität vorgetäuscht wird. Vor allem für die jüngeren Kinder wäre es wichtig, auf diese Weise zwischen Realität und Fiktion unterscheiden zu lernen.
- Lehrer und Lehrerinnen sollten nicht versuchen, durch ihren Medieneinsatz mit dem Fernsehen mitziehen zu wollen. Sie sollten bewusst auf »Buchkultur« setzen,

auf nachdenkliches Verweilen, auf genaues und wiederholtes Hinschauen und Durchdenken, auf geordnete Gedankenfolge. Das schließt natürlich einen verantwortungsvollen Medieneinsatz im Unterricht nicht aus.

- Der Trend, sich der Welt mit dem Auge zu bemächtigen, wird durch Fernsehen gestärkt. Es ist Aufgabe der Schule, dem Hören als einer anderen, sanfteren, weniger zupackenden, eher passiven Form der Weltbegegnung entsprechenden Raum zu geben. Das gilt für das Hören von Geschichten wie für das Hören von Musik, das Zuhören, wenn andere etwas sagen möchten, wie für Stille- und Meditationsübungen, bei denen dem Hören eine besondere Bedeutung zukommt.

Konsumkinder, Wegwerfmentalität, aber auch Armut und Betroffenheit durch Arbeitslosigkeit

Viele Kinder haben heute an Spielzeug- und Konsumartikeln nahezu alles, was sie haben möchten. Den meisten Eltern ist für ihre Kinder nichts zu teuer. Legokästen, Rollschuhe, Autos, Schiffe, Flugzeuge, Ritter und Indianer, Mountainbike und Skate-Board, Barbiepuppen, Plastikfigürchen und Tonbandkassetten, viele Kinder ersticken geradezu im Übergangebot an Spielmaterialien.

Kinder stehen heute unter einem ungeheueren Konsumdruck. Die Werbung, speziell auf Kinderwünsche zugeschnitten, hämmert pausenlos ein, was man haben muss, um glücklich zu sein. Für jeden Baukasten gibt es den Anschlussbaukasten, für jede Tonkassette die Fortsetzung, die Garderobe der Barbiepuppen kann fast beliebig erweitert werden usw. Der Konsumdruck wird durch Klassenkameraden erhöht. Wer die neue Serie nicht hat, ist eben nicht »in«.

Parallel hierzu hat sich eine Wegwerfmentalität[1] entwickelt. Das gekaufte Spielzeug geht rasch kaputt, eben gekauftes wird durch neue Produkte rasch zum alten Eisen. »Ex und hopp!« – ist die Devise: Konsumieren und wegwerfen. Daran nimmt nicht nur die Achtung vor Sachen und die Sorgfalt im Umgang mit Dingen Schaden. Diese Mentalität kann sich auch leicht auf das, was in der Schule erarbeitet wurde, vielleicht sogar auch auf den Umgang mit Menschen übertragen. Ein Aufsatz wird geschrieben, ein Bild gemalt – und weggeworfen. Beziehungen werden geknüpft und rasch wieder gelöst, Freunde sind, wenn es zu Schwierigkeiten kommt, rasch durch neue zu ersetzen.

Aber es gibt nicht nur Konsumkinder. Nach Schätzungen des Kinderschutzbundes leben eine halbe Million Kinder in Obdachlosigkeit und schlechten Wohnverhältnissen und zwei Millionen Kinder wachsen in Familien auf, in denen ein oder beide El-

1 Allerdings darf aber auch nicht vergessen werden, dass sich bei einer zunehmenden Zahl von Kindern auch ein einfaches Umweltbewusstsein entwickelt hat: Sie helfen z. B. aktiv mit, den Abfall in der Schule (und in der Familie) umweltbewusst zu entsorgen, möglichst keine Getränkedosen zu kaufen, seltene Tiere, wie z. B. einen Marienkäfer, nicht unnötig einzusperren, Pflanzen nicht mutwillig zu zertreten.

ternteile arbeitslos sind (Bründel/Hurrelmann 1996, S. 105). Nach den Angaben des Statistischen Bundesamts bezogen 1997 1,1 Millionen Kinder und Jugendliche Sozialhilfe, die Hälfte davon lebt bei allein erziehenden Müttern (Statistisches Bundesamt 1998). Wenn Eltern arbeitslos werden, hat das erhebliche Auswirkungen auf die materielle, aber auch auf die psychische Situation der Familie, vor allem auch auf die Kinder. »Arbeitslosigkeit bedeutet einen tief greifenden Bruch im Lebensrhythmus der Familie, der auch von Kindern sensibel empfunden wird: Sicherheit und Verlässlichkeit der Bezugspersonen Vater und Mutter werden mit einem Schlag infrage gestellt. Kinder spüren Gefühle der Verunsicherung ihrer Eltern, der Enttäuschung, der Ungerechtigkeit, des Ärgers und des Zornes.« (Bründel/Hurrelmann 1996, S. 103)

Viele Kinder, die in materiellen Notsituationen aufwachsen, werden falsch ernährt, leiden an Erkrankungen, haben geringere Bildungschancen und tragen erhebliche emotionale Schädigungen davon. Sozial benachteiligte Kinder sind häufig nicht oder zu wenig in der Gleichaltrigengruppe integriert, verhaltensauffällig und neigen zu aggressivem Verhalten. Sie halten den Druck nicht aus, mit den anderen nicht mithalten zu können und so ins Abseits gedrängt zu werden. Das kann gravierende Auswirkungen auf ihre weitere Entwicklung haben.

Grundschullehrerinnen müssen solchen benachteiligten Kindern besondere Aufmerksamkeit schenken. Das ist nicht leicht, weil diese häufig ihre Probleme durch störendes Verhalten zu kompensieren versuchen und Eltern aus Scham und aus Gefühlen der Ohnmacht den Kontakt mit der Schule meiden. Bei den besser gestellten Klassenkameraden muss Verständnis für ihre Situation geschaffen und alles unternommen werden, dass diese Kinder nicht zu Außenseitern werden. Unter keinen Umständen dürfen sie von Schulausflügen oder anderen Unternehmungen ausgeschlossen bleiben. Bescheidenere Vorhaben für alle, aber auch finanzielle Unterstützungen aus der Schulkasse oder evtl. auch der Klassenkasse können hier helfen.

Was die Konsum- und Wegwerfmentalität anbelangt, könnte auch schon mit Grundschulkindern das Problem des Prahlens mit modischen Markenartikeln und teurem Spielzeug thematisiert werden. Entscheidend, wenn auch schwierig, wird hier die Mitarbeit der Eltern sein. Nur wenn die Eltern mitmachen, kann dem Sog, der von der Werbung auf die Kinder ausgeht, Widerstand geleistet werden. Kinder sollten ihre von ihnen selbst hergestellten Arbeiten schätzen lernen. Das sollte für Texte und Bilder, schön gestaltete Schriftblätter und hergestellte Gegenstände gelten. Vor allem in Freien Arbeitsphasen haben Grundschulkinder die Möglichkeit, eigene kleine Heftchen zu gestalten (z. B. Gedichtheft, Rätselheft, Ichheft, aber auch Sachhefte unter Benützung konkreter Materialien), die für sie wertvoll werden können.[1]

Weil die Spielsachen der Kinder überwiegend aus gekauften, fertigen Produkten bestehen, sollten Schüler in der Schule wieder Entstehungsprozesse kennen lernen. Als mögliche Beispiele seien genannt: Drachen oder ähnliche Flugobjekte bauen,

1 Ein wichtiges Prinzip in der Montessoripädagogik ist die Achtung vor dem Arbeitsmaterial. Diese soll dadurch gefördert werden, dass das Material ästhetisch schön und nur einmal für alle Kinder vorhanden ist. Das ist das Gegenteil von Wegwerfmentalität.

Windspielzeuge wie Windrädchen, »Hubschrauber«, Segelwagen herstellen, Handpuppen aus Papier und Kleister fertigen, ein Steinzeithaus aus Zweigen, Bast, Schilf und Gras bauen, Wasserfahrzeuge aus Rinde und Ästen konstruieren, flechten und weben, Bestellung des Schulgartens mit entsprechenden Pflanzen, die gesät, gepflanzt, beobachtet und gemeinsam gegessen werden, Herstellung eines kleinen Herbariums mittels einer kleinen Pflanzenpresse.

Deutsche Kinder, Migrantenkinder

Deutsche Kinder machen schon im Kindergarten, vermehrt noch in der Schule, die Erfahrung, dass fremde Kinder unter uns leben, fremd was Sprache, Aussehen und Lebensgewohnheiten anbelangt. Fremde Kinder zu akzeptieren fällt Kindern oft leichter als Erwachsenen. Doch es kommt auch zu negativen Erfahrungen. Es ist vielleicht nicht leicht, mit allen gut auszukommen, manche Migrantenkinder kapseln sich gegen deutsche ab, wenn sie zu mehreren sind. Die hohe Zahl von Migrantenkindern in einer Klasse kann zur Belastung werden. Der unterschiedliche Sprachstand der Kinder kann einen gemeinsamen Unterricht erheblich erschweren und zu Leistungsrückständen führen. Deutsche Kinder oder deren Eltern fühlen sich dann benachteiligt.

Sicher eröffnet die Schule aber heute allen auch eine neue, historisch erstmalige Chance, fremde Menschen und ihre andere Welt kennen zu lernen, mit ihnen auszukommen und sie als Freunde zu gewinnen. Um diese Chance auszunutzen, dürfen Grundschullehrerinnen und -lehrer über die andere Kultur der Ausländerkinder nicht einfach hinweggehen, sondern sollten diese zum Gegenstand gemeinsamer Erkundung, zum Anlass gemeinsamer Feste und zur Relativierung der Selbstverständlichkeiten der eigenen kulturellen Welt machen.[1]

Für die Migrantenkinder ist es häufig schwierig, sich in der Klasse zurechtzufinden, die bikulturelle Situation und die unterschiedlichen Erziehungsstile zwischen Familie und Schule zusammenzubringen und eine eigene Identität zwischen Anpassung und Abgrenzung zu finden. Da vor allem die Mütter in den Migrantenfamilien, teilweise selbst noch in der zweiten Generation, nur ihre Muttersprache sprechen, kommen für manche Kinder noch zusätzliche Sprachschwierigkeiten hinzu.

Nicht selten sind Migrantenkinder in der Klasse gut integriert, ihre Freizeit verbringen aber deutsche Kinder und Migrantenkinder meist getrennt voneinander. Das führt dazu, dass die beiden Gruppen von Kindern trotz eines gelegentlichen gemeinsamen Festes sich gegenseitig fremd bleiben. Bei den Migrantenkindern führt dies nicht selten auch zu einem negativen Fremd-, aber auch Selbstbild. Vielleicht kann auch die Grundschule dabei helfen, die Freizeitkontakte zu verstärken. Das dürfte bei Jungen über sportliche Gruppen leichter gehen als bei Mädchen, da diese nicht selten

1 Vgl. hierzu Franger/Kneipp (1984), Bücken (1991), Pommerin-Götze (1992), Bienemann (1993), Nick/Sladak (1995), v. Dük (1996), Holzbrecher (1997), Institut für Bildung und Kultur (1997).

einer restriktiven Familienpolitik unterworfen sind, die keine Öffnung nach außen zulässt. Das ist für diese Kinder einerseits ein Schutzfaktor, weil so sichere Bindungen an die Familie gesichert werden. Es ist zugleich aber auch ein Risikofaktor, insofern diese Kinder sich dann weiterhin als hier fremd empfinden müssen, die Kontakte mit gleichaltrigen deutschen Kindern erschwert werden und die Integration in die deutsche Gesellschaft unterbleibt. Vielleicht könnten zwischen eingesessenen deutschen Eltern und Eltern von Migrantenkindern Patenschaften abgeschlossen werden, die gegenseitige Besuche und gemeinsame Unternehmungen einschließen. Dabei sollte vor allem im Hinblick auf Familien, die aus dem islamischen Kulturkreis stammen, Sorge getragen werden, dass die Mütter aktiv werden. Als Beispiele hierfür seien die (deutschen) »Lesemütter« erwähnt, die mit Kindern, die Sprach- und Leseprobleme haben, an Nachmittagen oder auch, wie an manchen Grundschulen üblich, während des vormittäglichen Unterrichts üben, nachdem sie seitens der Lehrerin entsprechendes Material erhalten und methodisch informiert worden sind. Über sie könnten vielleicht auch Kontakte und Begegnungen mit Müttern der Migrantenkinder hergestellt werden. Notfalls könnten dann die Kinder als Dolmetscher fungieren.

Aber auch die Migranteneltern müssten aktiv werden. Ihre Kulturvereine sollten mögliche Missverständnisse und Vorurteile gegen Deutsche beseitigen, dafür werben, dass die Eltern sich stärker für die Schule und das schulische Schicksal ihrer Kinder engagieren und hierzu Hilfen aufzeigen. Hierzu bedürfte es möglicherweise eines Anstoßes seitens der Schule.

Die Bedingungen des Aufwachsens unserer Kinder haben sich geändert. Viele Grundschulkinder sind heute anders als vor 30 Jahren. Lehrerinnen und Lehrer erleben dies täglich. Teilweise belastet dies ihre Arbeit, teilweise macht es diese auch leichter. Die Grundschule hat längst begonnen, sich auf diese Veränderungen einzustellen. Das wird in den folgenden Kapiteln immer wieder deutlich werden.

Literaturverzeichnis

Ariès, Ph.: Geschichte der Kindheit. München, Wien 1975: Hanser. Als Taschenbuch: München ^{7}1985: Deutscher Taschenbuch Verlag (Französische Originalausgabe 1960).

Badinter, E.: Die Mutterliebe. Geschichte eines Gefühls vom 17. Jahrhundert bis heute. München 1984: DTV (Französische Originalausgabe 1980).

Bamberger, R.: Zum Lesen verlocken. In: Die Grundschule, H. 7, 1976, S. 379–382.

Baumrind, D.: Rearing competent children. In: Damon, E. (Ed.): Child Development today and tomorrow. San Francisco 1989: 349–378.

Beck, U.: Risikogesellschaft. Auf dem Weg in eine andere Moderne. Frankfurt a.M. 1986: Suhrkamp.

Behnken, J./Jaumann, O. (Hrsg.): Kindheit und Schule. Weinheim, München 1995: Juventa.

Berger, H./Grosshennig, R./Schirmer, D.: Von Ramadan bis Aschermittwoch. Religionen im interkulturellen Unterricht. Weinheim und Basel 1989: Beltz.

Bienemann, G. u.a.: Komm, wir reißen Zäune ein! Werkbuch Fremdenfreundlichkeit. Münster 1993: votum.

Bonfadelli, H.: Das Leseverhalten von Kindern und Jugendlichen. In: Schweizerisches Jugendbuch-Institut (Hrsg.): Leselandschaft Schweiz. Zürich 1988.

Bossong, B.: Lehrerurteile über Scheidungskinder in der Grundschule. In: Psychologie in Erziehung und Unterricht, H. 4, 1995, S. 270–277.

Bronfenbrenner, U.: Socialization and Social Class through Time and Space. In: Maccoby, E./Newcomb, Th./Hartley, E. (Eds): Readings in Social Psychology, New York [3]1958, S. 400–425.

Brown, K. u.a.: Scheidung auf dinosaurisch. Reinbek 1988: Rowohlt Verlag.

Bründel, H./Hurrelmann, K.: Einführung in die Kindheitsforschung. Weinheim und Basel 1996: Beltz.

Bücken, H. (Hrsg.): Das Fremde überwinden. Vom Umgang mit sich und anderen. Offenbach a.M. 1991: Burckhardthaus – Laetare.

Buhr, P./Kaufmann, F.X.: Familie und Bevölkerungsentwicklung. In: Nave-Herz, R./Markefka, M. (Hrsg.): Handbuch der Familien- und Jugendforschung, Bd. I. Neuwied, Frankfurt a.M. 1989: Luchterhand, S. 513–531.

Bundesministerium für Familien und Senioren (Hrsg.): Fünfter Familienbericht: Familien und Familienpolitik im geeinten Deutschland, Bonn 1994.

Cornelius, J.: Zur Einkommensproblematik von Familien. In: Theorie und Praxis der Sozialen Arbeit, 44, 1993, S. 139–145.

Dannenbeck C. u.a.: Familienalltag in den alten und neuen Bundesländern – Aspekte der Vereinbarkeit von Beruf und Familie. In: Nauck, B. u.a. (Hrsg.): Familie und Lebensverlauf im gesellschaftlichen Umbruch. Stuttgart 1995: Enke, S. 103–118.

Darschin, W./Frank, B.: Fernsehgewohnheiten und Fernsehreichweiten 1993. Tendenzen im Zuschauerverhalten. In: Media Perspektiven, H. 3, 1994, S. 98–110.

De Mause, L.: Hört ihr die Kinder weinen. Eine psychogenetische Geschichte der Kindheit. Frankfurt a.M. 1977: Suhrkamp (Amerikanische Originalausgabe 1974).

Deutsches Jugendinstitut (Hrsg.): Was tun Kinder am Nachmittag? Ergebnisse einer empirischen Studie zur mittleren Kindheit. München 1992: Deutsches Jugendinstitut.

Diik, L. van: Haut hat viele Farben. Aufwachsen in einer multikulturellen Gesellschaft. Düsseldorf 1996: Patmos.

Elskemper-Mader, H.: Zum Verhältnis von Schule und Freizeit: 8–12 jährige zwischen Anforderungen und Freiräumen. In: Deutsches Jugendinstitut (Hrsg.): Was tun Kinder am Nachmittag? Ergebnisse einer empirischen Studie zur mittleren Kindheit. München 1992: Deutsches Jugendinstitut, S. 217–262.

Engfer, A.: Kindesmisshandlung und Vernachlässigung. In: Oerter, R./Montada, L. u.a.: Entwicklungspsychologie. Weinheim und Basel [3]1995: Beltz, Psychologie Verlagsunion, S. 960–966.

Engfer, A.: Sexueller Missbrauch. In: Oerter, R./Montada, L. u.a.: Entwicklungspsychologie. Weinheim und Basel [3]1995: Beltz, Psychologie Verlagsunion, S. 1006–1015.

Faust-Siehl, G. u.a. (Hrsg.): Die Zukunft beginnt in der Grundschule. Empfehlungen zur Neugestaltung der Primarstufe. Frankfurt a.M. 1996: Arbeitskreis Grundschule.

Faust-Siehl, G./Schmitt, R./Valtin, R. (Hrsg.): Kinder heute – Herausforderung für die Schule. Frankfurt a.M. 1990: Arbeitskreis Grundschule.

Flade, A./Kustor, B.: Raus aus dem Haus. Mädchen erobern die Stadt. Frankfurt 1996: Campus.

Fölling-Albers, M. (Hrsg.): Veränderte Kindheit – Veränderte Grundschule. Frankfurt a.M. 1989: Arbeitskreis Grundschule.

Fölling-Albers, M./Hopf, A.: Auf dem Weg vom Kleinkind zum Schulkind. Eine Langzeitstudie zum Aufwachsen in verschiedenen Lebensräumen. Opladen 1995: Leske und Budrich.

Fölling-Albers, M.: Schulkinder heute. Auswirkungen veränderter Kindheit auf Unterricht und Schulleben. Weinheim und Basel 1992: Beltz.

Fölling-Albers, M.: Veränderte Kindheit – Neue Aufgaben für die Grundschule. In: Haarmann, D. (Hrsg.): Handbuch Grundschule, Bd. 1, Weinheim und Basel [3]1996: Beltz, S. 76–87.

Forer, L./Still, H.: Erstes, zweites, drittes Kind … Welche Bedeutung hat die Geschwisterfolge für Kinder, Eltern, Familie? Reinbek b. Hamburg 1982: Rowohlt TB.

Franger, G./Kneipp, H. (Hrsg.): Miteinander leben und feiern. Ausländische und deutsche Kinder feiern Feste. Frankfurt a.M. 1984: Dagyeli Verlag.
Fthenakis, W./Niesel, R.: Wie Kinder die Trennung ihrer Eltern erleben. Bild der Wissenschaften. 1981, H. 8, S. 70–83.
Fthenakis, W.: Die Vaterrolle in der neueren Familienforschung. Psychologie in Erziehung und Unterricht, H. 1, 1984. S. 1–21.
Fthenakis, W./Niesel, R./Kunze, H.R.: Ehescheidung, Konsequenzen für Eltern und Kinder. München 1982: Urban und Schwarzenberg.
Fürstenberg, F./Cherlin, A.: Geteilte Familien. Stuttgart 1993: Klett.
Gasser, W./Habegger, C./Rey-Bellet, M.: Meine Eltern trennen sich. Zürich 1993: Pro Juventute.
Geretschlaeger, I.: Fernsehen – Warum KindergärtnerInnen es nicht gern sehen. In: Deutsches Jugendinstitiut (Hrsg.): Medienerziehung bei Vorschulkindern. Weinheim, München 1990: Juventa, S. 79–96.
Geulen, D./Hurrelmann, K.: Zur Programmatik einer umfassenden Sozialisationstheorie. In: Hurrelmann, K./Ulich, D. (Hrsg.): Handbuch der Sozialisationsforschung. Weinheim und Basel 1980: Beltz.
Giesecke, H.: Die Zweitfamilie. Stuttgart 1987: Klett Cotta, S. 51–67.
Gilgemann, K.: Autopoiesis und Selbstsozialisation. In: Zeitschrift für Sozialisationsforschung und Entwicklungssoziologie, H. 1, 1986, S. 71–90.
Gilles, A.: Nur ich allein. Aufwachsen als Einzelkind. In: Hagedorn, F.: (Hrsg.): Kind sein ist kein Kinderspiel. Frankfurt a.M. 1987: Fischer TB.
Glogauer, W.: Die neuen Medien verändern die Kindheit. Weinheim 1993: Deutscher Studien Verlag.
Greenfield, P.: Kinder und neue Medien. Weinheim, München 1987: Juventa.
Groebel, J.: Fernseh- und Videogewalt: Der aktuelle Forschungsstand. In: Unterrichtswissenschaft, H. 2, 14, 1986, S. 154–162.
Groebel, J.: Vielseher und Angst. Theoretische Überlegungen und einige Längsschnittergebnisse. In: Fernsehen und Bildung, H. 1–3, 1981, S. 114–136.
Grunz, J./Ortmair, M.: Umgang mit Medien unter besonderer Berücksichtigung von Fernsehen. In: Wilk, L./Bacher, J. (Hrsg.): Kindliche Lebenswelten. Opladen 1994: Leske und Budrich, S. 253–293.
Gutschmid, G.: Kind und Beruf. Alltag allein erziehender Mütter. Weinheim, München 1986: Juventa.
Härtling, P.: Fränze. Weinheim 1989: Beltz.
Harms, G./Preissing, C. (Hrsg.): Kinderalltag. Beiträge zur Analyse der Veränderung von Kindheit. Berlin 1988: FIPP.
Hengst, H./Köhler, M./Riedmüller B./Wambach M. (Hrsg.): Kindheit als Fiktion. Frankfurt a.M. 1981: Suhrkamp.
Hentig, H. v.: Vorwort zur deutschen Ausgabe von Ariès, Ph.: Geschichte der Kindheit. München ^{7}1985: Hanser, S. 7–44.
Herzberg, I.: Kinderfreundschaften und Spielkontakte. In: Deutsches Jugendinstitut (Hrsg.): Was tun Kinder am Nachmittag. Ergebnisse einer Studie zur mittleren Kindheit. München 1992: Deutsches Jugendinstitut, S. 75–126.
Hiegemann, S./Swoboda, W. (Hrsg.): Handbuch der Medienpädagogik. Opladen 1994: Leske und Budrich.
Holzbrecher, A.: Wahrnehmung des Anderen. Zur Didaktik interkulturellen Lernens. Opladen 1997: Leske und Budrich.
Honig, M.S.: Normative Implikationen der Kindheitsforschung. In: Zeitschrift für Sozialisationsforschung und Erziehungssoziologie, H. 1,1996, S. 9–25.
Honig, M.S./Leu H.R./Nissen, U.: Kindheit als Sozialisationsphase und als kulturelles Muster. In:

Honig, M./Leu, H.R./Nissen, U. (Hrsg.): Kinder und Kindheit. Soziokulturelle Muster – sozialisationstheoretische Perspektiven. Weinheim, München 1996: Juventa.

Hurrelmann, B./Hammer, M./Stelberg, K.: Familienmitglied Fernsehen. Fernsehgebrauch und Probleme der Fernseherziehung in verschiedenen Familienformen. Opladen 1995: Leske und Budrich.

Hurrelmann, B.: Fernsehen in der Familie. Weinheim, München 1989: Juventa.

Institut für Bildung und Kultur (Hrsg.): Gemeinsam erleben. Handreichungen zur interkulturellen Bildungsarbeit. Remscheid 1997: Robin-Hood.

Kasten, H.: Einzelkinder. Berlin, Heidelberg 1995: Springer.

Kaufmann, F. X.: Kinder als Außenseiter der Gesellschaft. Merkur, Jg. 34, 1980, S. 761–771.

Key, E.: Das Jahrhundert des Kindes. Berlin 1902 (Nachdruck Weinheim und Basel 1992: Beltz).

Kiper, H.: Erfahrungen von Kindern mit Scheidung. In: Grundschule H. 11, 1994, S. 51–53.

Kleiter, E.: Aggression und Gewalt in Filmen und Fernsehen und gewalttätiges Verhalten von Schülern. Problemstand. In: Empirische Pädagogik, H. 7, 1993, S. 345–389.

Krappmann, L./Oswald H.: Freunde, Gleichaltrigengruppen, Geflechte. In: Fölling-Albers, M. (Hrsg.): Veränderte Kindheit – Veränderte Grundschule. Frankfurt a.M. 1989: Arbeitskreis Grundschule, S. 94–102.

Krappmann, L./Oswald, H.: Beziehungsgeflechte und Gruppen von gleichaltrigen Kindern in der Schule. In: Kölner Zeitschrift für Soziologie und Sozialpsychologie. 1983, Sonderheft 25, S. 420–450.

Kunczik, M.: Gewalt im Fernsehen. In: Media Perspektiven, H. 3, 1993, S. 98–106.

Kunczik, M.: Gewalt und Medien. Köln 1987: Böhlau.

Kürthy, Th.: Einzelkinder – Chancen und Gefahren. München 1988: Bardtenschlager.

Kustor, B.: Das Verschwinden der Mädchen aus dem öffentlichen Raum. In: Flade, A./Kustor, B. (Hrsg.): Raus aus dem Haus: Mädchen erobern die Stadt. Frankfurt a.M. 1996: Campus, S. 28–44.

Lampert, H.: Der Beitrag von Familie und Kindern zur Humanvermögensbildung. In: Bock, D. (Hrsg): Sozialpolitik und Wissenschaft. Stuttgart 1992: Kohlhammer, S. 132–141.

Lang, S.: Lebensbedingungen und Lebensqualität von Kindern. Frankfurt a.M. 1985: Campus.

Loffl-Haag, E.: Hört ihr die Kinder lachen? Zur Kindheit im Spätmittelalter. Pfaffenweiler 1991: Centaurus-Verlagsgesellschaft.

Luhmann, N.: Soziale Systeme. Grundriss einer allgemeinen Theorie. Frankfurt a.M. 1983: Suhrkamp.

Mahler, M./Pine, F./Bergmann, A.: Die psychische Geburt des Menschen. Frankfurt a.M. 1978: Fischer.

Maar, N./Ballhaus, V.: Papa wohnt jetzt in der Heinrichstraße. Zürich ^{5}1992: Pro Juventute.

Melzer, W. (Hrsg.): Eltern, Schüler, Lehrer. Weinheim, München 1985: Juventa.

Menne, K./Schilling, H./Weber, M. (Hrsg.): Kinder im Scheidungskonflikt. Weinheim, München 1983: Juventa.

Nagl,R./Kirchler, E.: Kinderfreundschaften und Freizeitgestaltung. In: Wilk, L./Bacher, J. (Hrsg.): Kindliche Lebenswelten. Opladen 1994: Leske und Budrich, S. 295–348.

Napp-Peters, A.: Ein Elternteil-Familien. Soziale Randgruppen oder neues familiäres Selbstverständnis. Weinheim, München ^{2}1987: Juventa.

Nauck, B.: Lebensqualität von Kindern. Befunde und Lücken in der Sozialberichterstattung. In: Deutsches Jugendinstitut (Hrsg.): Was für Kinder? München 1993: Kösel, S. 222–228.

Nave-Herz, R./Daum-Jaballah, M./Hauser, S. u.a.: Scheidungsursachen im Wandel. Eine zeitgeschichtliche Analyse des Anstiegs der Ehescheidungen in der Bundesrepublik Deutschland. Neuwied 1990: Kleine Verlag.

Nave-Herz, R.: Familie heute. Wandel der Familienstrukturen und Folgen für die Erziehung. Darmstadt 1994: Wissenschaftliche Buchgesellschaft.

Neubauer, E.: Alleinerziehende Mütter und Väter. Eine Analyse der Gesamtsituation. Stuttgart 1988: Kohlhammer.
Nick, P./Sladak, B.: Farbe ins Spiel bringen. Interkulturelles Lernen. Holzheim 1995: Georgs-Verlag
Nissen, U.: Raum und Zeit in der Nachmittagsgestaltung der Kinder. In: Deutsches Jugendinstitut (Hrsg.): Was tun Kinder am Nachmittag. Ergebnisse einer Studie zur mittleren Kindheit. München 1992: Deutsches Jugendinstitut, S. 127–170.
Paetzold, B.: Familie und Schulanfang. Bad Heilbrunn 1988: Klinkhardt.
Patterson, G.R./Hautzinger, Ch.: Aggressives und antisoziales Verhalten bei Kindern. In: Zeitschrift für Pädagogische Psychologie, H. 2, 1983, S. 187–194.
Peuckert, R.: Familienformen im sozialen Wandel. Opladen [2]1996: Leske und Budrich.
Pommerin-Götze, G. (Hrsg.): Es geht auch anders! Leben und Lernen in der multikulturellen Gesellschaft. Frankfurt a.M. 1992: Dagyeli.
Postman, N.: Das Verschwinden der Kindheit. Frankfurt a.M. 1983: Fischer TB.
Postman, N.: Keine Götter mehr. Das Ende der Erziehung. Berlin 1995: Berlin Verlag.
Preuss-Lausitz, U.: Kriegskinder, Konsumkinder, Krisenkinder. Weinheim und Basel 1983: Beltz.
Rabe-Kleberg, U./Zeiher, H.: Kindheit und Zeit. Über das Eindringen moderner Zeitorganisation in die Lebensbedingungen von Kindern. In: Zeitschrift für Sozialisationsforschung und Erziehungssoziologie, H. 1, 1984, S. 29–43.
Rogge, J.: Wirkung medialer Gewalt. In: medien praktisch, H. 1, 1993, S. 15–19.
Rolff, H./Zimmermann, P.: Kindheit im Wandel. Weinheim und Basel 51997: Beltz.
Rollin, M.: Typisch Einzelkind. Das Ende eines Vorurteils. Hamburg 1990: Hoffmann und Campe.
Schneider, N.: Woran scheitern Partnerschaften? In: Zeitschrift für Soziologie, H. 19, 1990, S. 458–470.
Schütze, Y.: Die gute Mutter. Zur Geschichte des normativen Musters »Mutterliebe«. Bielefeld 1986, [2]1991: Kleine.
Shorter, E.: Der Wandel der Mutter-Kind-Beziehungen zu Beginn der Moderne. In: Geschichte und Gesellschaft, H. 2/3, 1975, S. 256–287.
Shorter, E.: Die Geburt der modernen Familie. Frankfurt a.M. 1982: rororo (Am. Originalausgabe 1965).
Shorter, E.: Die großen Umwälzungen in den Mutter-Kind-Beziehungen vom 18.–20. Jahrhundert. In: Martin, J./Nitschke, A.: Zur Sozialgeschichte der Kindheit. München 1986: Karl Alber.
Statistisches Bundesamt Wiesbaden 1992 (1997, 1998) (Hrsg.): Statistisches Jahrbuch für die Bundesrepublik Deutschland, Wiesbaden 1993 (1998, 1999): Metzler und Poeschel.
Steinberg, L./Mounts, N./Lamborn, S./Dornbusch, S.: Authoritative parenting and adolescent adjustment across varied ecological biches. In: Journal of Research on Adolescence, H. 1, 1991, S. 19–36.
Stöckli, G.: Vom Kind zum Schüler. Bad Heilbrunn 1989: Klinkhardt.
Strobel-Eisele, G.: Das pädagogische Prinzip der Selbstorganisation aus evolutionstheoretischer Sicht. In: Pädagogische Anthropologie und Evolution. Beiträge der Humanwissenschaften zur Analyse pädagogischer Probleme. Erlangen 1995: Universität Erlangen-Nürnberg.
Strobel-Eisele, G.: Selbstorganisation: Ein neues Paradigma für die Schulpädagogik – oder Alter Wein in neuen Schläuchen? In: Internationale Zeitschrift für Erziehungswissenschaft, H. 5, 1996, S. 445–461.
Tillmann, K-J.: Sozialisationstheorien. Eine Einführung in den Zusammenhang von Gesellschaft, Institution und Subjektwerdung. Reinbek b. Hamburg, [4]1989: Rowohlt Taschenbuch.
Tulodziecki, G.: Medienerziehung in Schule und Unterricht. Bad Heilbronn 1992: Klinkhardt.
Ulich, K.: Schule als Familienproblem. Frankfurt a.M. 1989: Athenäum.
Wilk, L./Bacher, J. (Hrsg.): Kindliche Lebenswelten. Eine sozialwissenschaftliche Annäherung. Opladen 1994: Leske und Budrich.
Willi, J.: Was hält Paare zusammen? Hamburg 1991: Rowohlt.

Wolff, R.: Warum Kinder vernachlässigt werden. Zu Situation, Struktur und Dynamik von Vernachlässigungsfamilien. In: Kürner, P./Nafroth, R. (Hrsg.): Die vergessenen Kinder. Vernachlässigung und Armut in Deutschland. Köln 1994: PapyRossa.

Zeiher, H./Zeiher, H.: Orte und Zeiten der Kinder. Soziales Leben im Alltag von Großstadtkindern. Weinheim, München 1994: Juventa.

Zeiher, H.: Die Entdeckung der Kindheit in der Soziologie. In: Sahner, H./Schwendtner, S. (Hrsg.): Gesellschaften im Umbruch. Abstract Band zum 27. Kongress der Deutschen Gesellschaft für Soziologie, Halle/Saale, 1995.

Zeiher, H.: Die vielen Räume der Kinder. Zum Wandel räumlicher Lebensbedingungen seit 1945. In: Preuss-Lausitz, U. (Hrsg.): Kriegskinder, Konsumkinder, Krisenkinder. Weinheim und Basel 1983: Beltz, S. 176–195.

Zeiher, H.: Kinder in der Gesellschaft und Kindheit in der Soziologie. In: Zeitschrift für Sozialisationsforschung und Erziehungssoziologie, H. 1, 1996, S. 26–46.

Zeiher, H.: Kindheit: Organisiert und isoliert. In: Psychologie heute, H. 2,1990, S. 20–27.

Zeiher, H.: Über den Umgang mit der Zeit bei Kindern. In: Fölling-Albers, H. (Hrsg.): Veränderte Kindheit – veränderte Grundschule. Frankfurt a.M. 1989: Arbeitskreis Grundschule, S. 103–113.

Zeiher, H.: Modernisierungen in den sozialen Formen von Gleichaltrigenkontakten. In: Geulen, D. (Hrsg.): Kindheit. Weinheim und Basel 1989: Beltz, S. 68–85.

Zimmer, J.: Die vermauerte Kindheit. Weinheim und Basel 1986: Beltz.

Zinnecker, J./Silbereisen, R: Kindheit in Deutschland. Aktueller Survey über Kinder und ihre Eltern. Weinheim, München 1996: Juventa.

Zinnecker, J./Strzoda, G.: Beziehungen zwischen Eltern und Kindern aus Kindersicht. Eine Typologie. In: Zinnecker, J./Silbereisen, R.: Kindheit in Deutschland. Aktueller Survey über Kinder und ihre Eltern. Weinheim, München 1996: Juventa, S. 213–228.

Zinnecker, J.: Soziologie der Kindheit oder Sozialisation des Kindes? Überlegungen zu einem aktuellen Paradigmenstreit. In: Honig, M.S./Leu, H.R./Nissen, U. (Hrsg.): Kinder und Kindheit. Soziostrukturelle Muster – Sozialisationstheoretische Perspektiven. Weinheim, München 1996: Juventa, S. 31–54.

Zinnecker, J.: Straßensoziologie. Versuch, einen unterschätzten Lernort zu thematisieren. In: Zeitschrift für Pädagogik, H. 5, 1979, S. 727–747.

Zinnecker, J.: Vom Straßenkind zum verhäuslichten Kind. Kindheitsgeschichte im Prozess der Sozialisation. In: Behnken, J. (Hrsg.): Stadtgesellschaft und Kindheit im Prozess der Zivilisation. Opladen 1990: Leske und Budrich.

Die Zeit vor dem Schuleintritt – Kooperation mit dem Kindergarten

Die meisten Kinder besuchen vor Schuleintritt einen Kindergarten. Doch erst seit wenigen Jahren gibt es eine Zusammenarbeit zwischen beiden Institutionen. Als Friedrich Fröbel um 1840 seine Idee eines Kindergartens entwickelte, war der Unterschied zur damaligen Schule so groß, dass eine Kooperation schon von der Konzeption her kaum möglich erschien. Dazu kam, dass Kindergärten bis weit in das 20. Jahrhundert hinein noch wenig verbreitet waren. Inzwischen haben sich Schule und Kindergarten angenähert und seit den 70er-Jahren bemüht sich die Schule um eine enge Kooperation. Sie kann dazu beitragen, dass Kinder gezielt in jenen kognitiven, motorischen und sozialen Kompetenzen gefördert werden, die auch für die Schule wichtig sind. Die für manche Eltern sich stellende Frage nach dem für ihr Kind richtigen Einschulungstermin lässt sich am besten mit den Erzieherinnen in Kooperation mit der Schule klären. Im Kindergarten können erste Überlegungen angestellt werden, wie einzelne Kinder mit Entwicklungsrückständen am besten gefördert werden könnten. Durch die Kooperation von Kindergarten und Schule können die Kinder schon vor Schuleintritt erste Erfahrungen mit Lehrern und Schule machen. Das könnte dazu beitragen, evtl. vorhandene Ängste abzubauen und falsche Vorstellungen zu korrigieren.

Schulanfang aus der Sicht von Kindern, Müttern und eines Schriftstellers

Vorstellungen über Schule bei Kindergartenkindern

Was geht in den Köpfen von Kindergartenkindern vor, wenn sie am Ende ihrer Kindergartenzeit und kurz vor dem Eintritt in die Schule stehen? Wie verarbeiten sie die gezielten oder zufällig aufgeschnappten Bemerkungen, die Eltern, Großeltern, Geschwister, Gleichaltrige, die Erzieherin und andere Bekannte über die Schule machen?

Wir dokumentieren im Folgenden Ergebnisse zweier Untersuchungen von Kindergartenkindern über ihre Vorstellungen von Schule. Die Untersuchungen wurden in zwei verschiedenen Kindergärten durchgeführt, zwischen den beiden Untersuchungen lag ein Zeitraum von sechs Jahren. Insgesamt umfasste die Untersuchung ca. 40 künftige Schulanfänger.

Die Erhebungen erfolgten durch ein Kreisgespräch und ein Rollenspiel. Die Beobachter hatten sich zuvor durch einige Kindergartenbesuche den Kindern vertraut gemacht.

Das *Kreisgespräch* bezog sich auf Erwartungen gegenüber der Schule und dauerte etwa 15–20 Minuten. An jedem dieser Gespräche nahm eine Gruppe von etwa sechs bis acht Kindern teil. Der Interviewer konnte, falls nötig, auf einen kleinen Gepráchsleitfaden zurückgreifen. Angestrebt wurde ein möglichst freies, sich selbst tragendes Gespräch unter den Kindern über die bevorstehende Schule, also kein gezieltes Interview einzelner Kinder. Die Kinder wurden in die Thematik durch die Geschichte eines Mädchens, das jetzt in die Schule kommt, eingeführt.

Das zweite Erhebungsinstrument war ein *Rollenspiel,* bei dem die Kinder Schule spielten. Ein Kind übernahm die Rolle des Lehrers, die anderen spielten Schüler. Weitere Vorgaben wurden nicht gemacht, die Kinder waren in der Gestaltung dieses Spiels also sehr frei. Jedes dieser Spiele dauerte ein paar Minuten, dann kam es zu einer neuen Spielrunde mit einem anderen Kind als Lehrer.

Die Äußerungen der Kinder wurden auf Tonkassette aufgenommen und transkribiert. Hier werden, leicht gekürzt, einige Passagen vorgestellt.

Befragungen in Schwäbisch Gmünd 1985, drei Monate vor Schulbeginn.[1] *Es gab bis zu diesem Zeitpunkt keine Kontakte zwischen Kindergarten und Schule. Die offizielle Schulanmeldung hatte aber schon stattgefunden.*

Kreisgespräch am 25. Mai 1985

Walter, Michael, Bernd, Tobias, Silke, Claudia und Katrin nehmen an dem Gespräch teil.

Ich:	Ihr kommt ja alle im Herbst in die Schule. Ich lese euch eine Geschichte von einem Mädchen vor, das, wie ihr in wenigen Wochen, gerade in die Schule gekommen ist. (A. Lindgren: »Madita« S. 23f.) Die Madita hat erzählt, was sie alles in der Schule hat: eine Tafel …
Bernd:	Eine Tafel habe ich daheim schon!
Ich:	Wie sieht die denn aus? Bernd, erzähl mal!
Bernd:	Eckig, innen schwarz. Einmal habe ich eine Kreide genommen und das Alphabet gemalt.
Ich:	Ihr anderen, habt ihr auch schon etwas für die Schule?
Katrin:	Einen Schulranzen hab ich!
Bernd:	Hab ich auch schon und sogar ein Schulbuch, da hat's den Pumuckl drauf!
Silke:	Ich hab ein Mäppchen mit Farben drinnen.

1 Die Daten der ersten Untersuchung wurden im Rahmen einer wissenschaftlichen Arbeit an der PH Schwäb. Gmünd von Frau Ursula Berger erhoben.

Ich: Was ist denn das für ein Gefühl, wenn man plötzlich einen Schulranzen hat?
Bernd: Ein ganz komisches.
Ich: Ja, warum?
Bernd: Man kommt in die Schule, denke ich mir!!!
Ich: Ihr habt mir schon erzählt, dass ihr euch auf die Schule freut. Warum denn?
Bernd: Deswegen habe ich auch immer den Schulranzen an, da denke ich immer, ich bin in der Schule.
Ich: Läufst du schon daheim mit dem Schulranzen herum?
Bernd: Ja!!!
Ich: Warum freut ihr euch alle auf die Schule?
Bernd: Weil ich schnell lernen will, was die Großen schon können, das will ich machen. Ich find basteln toll, ich bin immer mit meinem Papa in der Werkstatt, wo ich ein paar Bretter und ein paar Hämmer nehmen kann, und da hab ich einmal ein paar Bretter genommen und etwas daraus gebastelt. Und deswegen freu ich mich auf die Schule, da lernt man ja auch so etwas Ähnliches, deswegen!
Ich: Katrin, warum freust du dich auf die Schule?
Katrin: Ich freu mich überhaupt gar nicht, ich will nicht in die Schule!
Ich: Warum denn nicht?
Katrin: Weil nicht.
Bernd: Da ist es doch schön, in der Schule!
Michael: In der dritten Klasse fangen die Arbeiten an, dann wird's schlimm!
In der dritten Klasse fängt es an, schlimm zu werden. Die Britta hat es mir erzählt.
Ich: Wer ist die Britta?
Michael: Die wohnt neben uns, die ist schon in der Schule. Die ist schon in der vierten Klasse!
Ich: Warum wird es ab der dritten Klasse schlimm?
Michael: Weil da die schwierigen Sachen kommen, da machen sie alles so schwierig!
Ich: Aber man kann doch alles ganz langsam lernen! Katrin, warum freust du dich nicht so? – Meinst du, in der Schule kann man nicht mehr so schön spielen?
Katrin: So halt.
Bernd: Wenn ich in die erste Klasse komme, springe ich gleich morgens um halb acht aus dem Bett, zieh mich an und mach meinen Schulranzen auf und geh so in die Schule!!!
Ich: Silke, warum freust du dich?
Silke: Ja, weil man dann lesen und schreiben kann.
Ich: Ihr erzählt alle vom Lesen und Schreiben. Was macht man denn da sonst noch?

Walter: Mathe!
Tobias: Rechenaufgaben!
Walter: Lesen!
Silke: Schreiben!
Ich: Ja – was ist denn mit Malen, Singen, Turnen? Macht man das nicht in der Schule?
Katrin : Turnen schon, und Training.

Kreisgespräch am 8. Juni 1985

Katja, Nicole, Markus, Andreas und Volker nehmen am Gespräch teil.

Ich (nach Vorlesen der Geschichte)
Wie ist es für euch, wenn ihr in die Schule kommt?
Markus: Scheußlich!!!
Ich: Warum ist es scheußlich?
Markus: So halt!
Andreas: Der Herr … ist jetzt Gott sei Dank in der zweiten Klasse.
Markus: Aber der kommt wieder in die erste Klasse!
Nicole : wwwwwwww
Ich: Nicole, warum machst du wwwww?
Nicole: Weil ich Angst vor dem Herrn … habe!
Ich: Nicole, warum hast du Angst?
Markus: Der schlägt so arg, immer wenn einer schwätzt, dann meint der, guck, wenn jetzt der schwätzt, dann meint er jemanden anderen und den schlägt er dann! Der Tommy hat's mir gesagt!
Ich: Möglich, dass das der Tommy sagt. Aber es kann doch sein, dass er bei euch ganz anders ist!
Markus: Das glaub ich nicht!
Andreas: Aber bei der Schulanmeldung hat er gar nicht so ausgesehen, als wär er so streng!
Ich: Dann hat er vielleicht sogar nett ausgesehen?!
Andreas: Hm …
Ich: Ja wie ist es denn bei euch, freut ihr euch überhaupt auf die Schule?
K./N./V.: Ja !!!
A./M.: Nööö!!
Ich: Also vom Markus weiß ich ja warum, weil er sich nicht so arg auf den Herrn … freut. Andreas, was ist mit dir?
Andreas: Genau's gleiche.

Kinder spielen Schule. Der Name des Kindes, das die Rolle des Lehrers übernimmt, ist kursiv gesetzt.

Rollenspiel vom 6. Juni 1985

Rudi, Bernd, Tobias, Sabine, Carola, Gudrun, Walter, Andreas, Brigitte, Nicole, Markus.

Rudi:	Guten Morgen!
Alle:	Guten Morgen!!
Walter:	Herr Lehrer!
Rudi:	Da muss man strecken!
Sabine:	Herr Lehrer, stimmt das?
Rudi:	Ruhe!! Jeder bekommt eine Strafarbeit, die ganze Klasse, wenn ihr Blödsinn macht!
Bernd:	Ich mach keinen Blödsinn, ich lach bloß, wenn …
Tobias:	Herr Lehrer, ich möcht etwas lesen.
Rudi:	Nein, rechnen! Rechenseite, Rechenseite 1! Bist du gar nicht ruhig!
Bernd :	Ich mach jetzt meine …
Rudi	Ruhe!!
Sabine:	Ich hab etwas geschrieben!
Rudi:	Walter, du sollst rechnen und nicht plappern!
Bernd:	Ich hab es aber richtig geschrieben, oder?
Walter:	Herr Lehrer, jetzt möchte ich etwas lernen!! Die sind alle nicht ruhig, man soll in der Schule etwas lernen und keinen Blödsinn machen!!
Rudi	Der bekommt eh schon seine 18. Strafarbeit.
Sabine:	Herr Lehrer! Herr Lehrer, schauen Sie mal!
Rudi:	3 und 1 gibt 4. Geh auf deinen Platz!
Sabine:	Herr Lehrer, guck mal, was der Bernd auf mein Blatt gemalt hat!
Rudi:	19. Strafarbeit!
Carola:	Guck mal, was der bei mir gemacht hat!
Rudi:	20. Strafarbeit!
Gudrun:	Guck mal!
Rudi:	21. Strafarbeit!
Carola:	Guck mal!
Rudi:	22. Strafarbeit!
Bernd:	Das war ich nicht, gell!
Sabine:	Was sollen wir mit den Zahlen an der Tafel machen?
Rudi:	Rechnen! 3 und 1 gibt 4.
Bernd:	Nein, das gibt 100!
Rudi:	Der Bernd bekommt eine sechs!
Sabine:	2 und 2 gibt 4!!

Sabine: Guck doch mal den Bernd an!
Rudi: 22. Strafarbeit!
Bernd: Und der Walter bekommt keine?!
Rudi: Ruhe!
Bernd: Ich hab gar nichts gemacht, Herr Lehrer! Guck mal, was für ein Blödsinn der da drauf geschrieben hat!
Walter: Der Bernd hat 22 Strafarbeiten auf!
Brigitte: Bei mir glotzen alle ab! (Sie schirmt das Blatt mit dem Arm ab)
Ich: Darf man das nicht?
Brigitte: Normal nicht!
Ich: Aber gegenseitig helfen darf man sich doch!
Brigitte schüttelt den Kopf.
Ich: Auch nicht?
Brigitte: Nee. Guck, die halten immer die Hand so hin, halten das Blatt. Der Thommy legt immer in der Schule das Blatt so hin, dass man es nicht sieht, hat er mir gesagt. Dass andere nicht glotzen. …
Rudi: Ich mach jetzt die Schulglocke. Die Schule ist aus!
Mehrere: Pause! Hurra! Raus aus dem Zimmer! Schule aus! Es läutet!

Brigitte: Rechenstunde!
Andreas: Also weiter mit der Rechenstunde.
Nicole: Immer Rechenstunde, scheiß Rechenstunde!
Andreas: Rechnen kann ich eh nicht – und ich will's auch nicht!!!
Brigitte: 4 und 5! Markus – mach dies! Falsch geschrieben! Der zählt schon wieder an den Händen ab! Und der Andreas genauso und die Nicole auch!
Brigitte: Au weia, wie hat der die Einser gemacht! 3 und 4! Ein Strich und so rüber – die ›4‹!
Andreas: Scheiße, das ist nichts geworden!
Brigitte: Ist auch egal.
Andreas: Nein, das ist nicht egal!!!
Nicole: Hab halt gerade nicht aufgepasst! Das gibt 8!
Brigitte: 8 doch nicht, eins weniger!
Andreas: 5! 7!
Brigitte: 3 und 4!
Markus: Die kann mich mal!
Andreas: 3 und 4 gleich 7?! Also ich kapier jetzt gar nichts mehr!
Brigitte: 3 und 4 gleich …
Markus: 7!
Andreas: 3 und 4! 3 und 4! Ich krieg's doch nicht hin!! (zerknüllt sein Papier und fängt an zu weinen.

Abbruch des Spiels.

Befragungen in Schwäbisch Gmünd 1991, wenige Wochen vor Ende der Kindergartenzeit. Die Kinder hatten zuvor schon einen Besuch in der Schule gemacht.

Kreisgespräch am 1. Juli 1991

Victoria, Michael, Nadine, Michaela, Madeleine, Christian, Patricia, Tobias, Iris, Kai.

Ich: In ein paar Wochen seid ihr also nicht mehr im Kindergarten.
Mehrere K.: Schule!
Ich: Ja, dann seid ihr in der Schule.
Mehrere K.: Ja, Schule!
Ich: Ja, was macht ihr denn dann in der Schule?
Victoria: Da muss man schreiben und lesen lernen.
Michael: Rechnen.
Patricia: Ich kann schon bis 1000 zählen. Aber dazu braucht man zehn Stunden.
Nadine: ABC.
Michaela: ABC kann ich schon.
Madeleine: Biologie.
Ich: Ja, Biologie hat man auch. Was macht man denn in Biologie?
Madeleine: Pflanzen und so.
Nadine: Religion.
Christian: Turnen, Bodenturnen, Luftturnen.
Ich: Was ist das?
Christian: So mit dem Stab.
Ich: Das macht ihr später vielleicht. So kleine Kinder machen das vielleicht noch nicht.
Victoria: Da tun sich die verletzen!
Ich: Auf was freut ihr euch denn besonders?
Patricia: Ich freu mich auf das Rechnen!
Tobias: Ich freu mich auf das Schreiben!
Ich: Warum freust du dich so auf das Schreiben?
Tobias: Weil ich das gerade mit meinem Papa lerne.
Victoria: Ich kann auch schon ein bisschen schreiben in Druckschrift.
Kai: Ich kann schon viel schreiben.
Andere K.: Ich auch.
Michael: Und ich freu mich dann einfach, dass ich einmal in der Schule sein kann. Ich hab mir vorgenommen, ich werd nicht so wie die andern, die herumquatschen. Ich hab mir vorgenommen, ich hock (= setze) mich einfach hin und mach das, was der Lehrer will.
Nadine: Das mach ich auch.
Ich: Und wenn man das nicht macht, was der Lehrer will?
Viele K.: Strafarbeiten, Schimpfen, Strafarbeiten.

Ich: Meint ihr?
Michael: Wenn man ganz bös ist.
Andere K.: Ja, Strafarbeiten!
Michael: Nachsitzen!
Christian: Schlechte Noten!
Patricia: Wenn man zu spät kommt, bekommt man eine schlechte Note.
Ich: Woher weißt du denn das? Du warst doch noch gar nicht in der Schule.
Patricia: Von meinem Michael und meinem Alex.
Ich: Ist das dein Bruder?
Patricia: Ja, die sind alle beide in der Schule.
Victoria: Am ersten Schultag lernt man den Lehrer kennen.
Christian: Frau … kriegen wir nicht, die bleibt bei ihrer Klasse.
Tobias: Schade, schade!
Nadine: Schade!
Ich: Wenn ihr selbst eine Lehrerin aussuchen könntet, die noch gar nicht in der Schule ist, was für eine würdet ihr dann aussuchen?
Mehrere K.: Die soll lieb sein. Die soll nett sein. Lieb und nett.
Michael: Und wenn man ein paar Minuten zu spät kommt, dass ihm das nicht so viel ausmacht.
Ich: Dass ihr das nicht so viel ausmacht.
Michael: Gestern habe ich mit meinem Papa bis halb neun geschlafen.
Ich: Ja, gestern war ja auch Sonntag.
Nadine: Herr … ist auch in der Schule und der ist auch nett.
Ich: Hat jemand vielleicht auch schon ein bisschen Angst gehabt vor der Schule?
Viele K.: Nein, nein!
Christian: Die Frau … zieht einen an den Ohren. Die hebt einen an den Ohren hoch und lässt ihn dann runterplumpsen. (Christian sagt dies in einem lustigen Ton. Andere Kinder lachen.)
Ich: Meint ihr?
Christian: Ja, die zieht an den Ohren.
Ich: Ja, aber wohl bloß ein bisschen, sodass es nicht wehtut.
(Die Kinder machen das spontan vor: So, so.)
Iris: Ich freu mich nicht auf die Schule.
Ich: Warum nicht?
Iris: Die Jessica hat gesagt, die Schule ist blöd.
Ich: Warum?
Iris: Weil man da nicht spielen kann.
Andere K.: Kann man doch! In der Pause!
Iris: Aber nur in der Pause!
Patricia: Da bleibt man aber dumm, wenn man nicht in die Schule geht. Da kann man nicht schreiben.
Kai: Nicht lesen, nicht lesen!

Ich:	Warum willst du lesen lernen?
Kai:	Dann braucht mir mein Papa nicht mehr die Gute-Nacht-Geschichte vorlesen und ich kann selbst lesen, so lange ich will.
Ich:	Da kannst du sogar deinen Eltern etwas vorlesen.
Kai:	Ja. Und Fernsehen kann ich auch lesen.
Iris:	Aber da kann man nicht so viel spielen.
Kai:	Aber da hat man doch zwei Pausen, eine große und eine kleine.
Michael:	Aber in den Ferien!
Victoria:	Da hat man Osterferien, Sommerferien und Herbstferien.
Madeleine:	Meine Schwester hat auch gesagt, Schule ist blöd.
Ich:	Warum?
Madeleine:	Jeden Tag zehn Stunden Hausaufgaben. Deswegen freu ich mich nicht so arg auf die Schule.
Ich:	Denkt ihr jetzt schon an die Schule?
Viele K.:	Ja, ja!
Kai:	Jeden Tag!
Michael:	Immer morgens!
Victoria:	Jeden Tag und immer!

Kinder spielen Schule (wenige Wochen vor Schulbeginn). (Der Name des Kindes, das die Rolle des Lehrers übernimmt, ist kursiv gesetzt).

Rollenspiel vom 4. Juli 1991

Michael, Victoria, Nadine, Christian, Iris, Patricia, Kai, Madeleine.

Michael:	Heute machen wir Turnen, Schreiben und Malen.
Kinder:	Lieber Rechnen!
Michael:	Nein! Turnen (turnt vor). Auf, runter, auf, runter. Los! Macht das! Kinder machen mit und lachen.
Michael:	Jetzt klebt ihr vier Blätter zusammen und malt darauf eine Sonnenblume.
Victoria:	Vier Blätter?
Michael:	Zeigt mal vor! (Er kontrolliert einige Arbeiten und kommentiert.) gut – sehr gut – ein bisschen gut – gut – brutal schlecht! Kinder lachen.
Michael:	Strafarbeit, 10 Blätter! Kinder lachen weiter und protestieren.
Michael:	20 Blätter!
Ich:	Glaubt ihr wirklich, dass man 20 Seiten Strafarbeit machen muss?
Einige K.:	Ja, ja!
Andere K.:	Nein, nur 2!

Wir wollen die Ergebnisse dieser kleinen Untersuchung nicht zu hoch bewerten.[1] Vor allem die Ergebnisse des Schulspiels könnten verzerrt sein. Die Kinder rissen sich darum, den Lehrer spielen zu dürfen; die Ausgewählten versuchten, die ihnen übertragene Rolle und Macht entsprechend auszukosten. Kam dann beim nächsten Schulspiel ein neues Kind als Lehrer zum Zug, ahmte dieses seinen Vorgänger vielleicht nur nach oder versuchte ihn zu überbieten. Es überrascht, dass in beiden, einige Jahre auseinander liegenden, in verschiedenen Kindergärten durchgeführten Untersuchungen, recht ähnliche Befunde zutage traten. Zudem zeigen auch die Unterrichtsgespräche, die zeitlich jeweils *vor* den Schulspielen durchgeführt wurden, dass für einige Kinder der Gedanke an die Schule nicht nur freudige Erwartungen auslöst.

Was kann man nun mit aller Vorsicht aus den Interviewausschnitten und den Spielszenen entnehmen?

- Die Vorstellungen der Kinder von Schule und ihre Erwartungen sind sehr unterschiedlich. Zufällige örtliche Gegebenheiten, zufällig aufgeschnappte Informationen, zufällige Kontakte mit Schulkindern und anderes bestimmen, was ein Vorschulkind von der Schule weiß und welche Gefühle es seinem neuen Lebensabschnitt als Schulkind entgegenbringt. Dabei spielen ältere Geschwister, die schon in die Schule gehen, eine wichtige Rolle.
- Viele Kinder freuen sich auf die Schule. In die Schule gehen heißt, zu den Großen gehören, einen Brief schreiben können, selbst das Fernsehprogramm lesen können, den Papa nicht mehr zum Vorlesen von Büchern brauchen. »Die Kenntnis der Schrift schafft eigene Verfügbarkeit über Informationen (etwa das Fernsehprogramm). Sie gewährt Teilhabe an der Schriftkultur (Bücher lesen, Briefe schreiben). Und sie versetzt den Kundigen in eine größere Unabhängigkeit von seiner sozialen Umgebung.« (Speck-Hamdan 1990) Aber die Kinder freuen sich auch auf Rechnen, weisen stolz darauf hin, wie weit sie schon zählen können, und hoffen, bald bis 1000 zählen zu können.
- Es gibt auch Kinder, die nicht so gern in die Schule gehen, ja sogar Angst vor ihr haben. Schule heißt für sie, nicht mehr so viel spielen können, Hausaufgaben machen, still sitzen müssen. Fast alle wissen von Strafarbeiten und schlechten Noten. Einige meinen, man würde an den Ohren gezogen oder bekomme sogar Schläge.
- Das gegenseitige Verhältnis der Schüler zueinander ist in den Rollenspielszenen geprägt durch Konkurrenz. Andere Kinder werden verpetzt. Man ist schadenfroh, wenn andere Misserfolge haben. Gegenseitige Hilfe ist ein Fremdwort. Man lässt andere nicht abschreiben.
  In Ansätzen zeigt sich aber auch schon eine gewisse Solidarität. Aber es ist nur eine Solidarität gegen den Lehrer, nicht eine Solidarität, die sich in gegenseitiger Hilfsbereitschaft äußert.
- Das Bild vom Lehrer ist reduziert auf Befehlsfunktionen und Beurteilungsfunktionen. Er bestimmt, was zu machen ist, gibt Strafarbeiten und schlechte Noten. Ge-

1 Ergebnisse anderer Erhebungen über Vorstellungen von Kindern über Schule: Braun (1987).

legentlich wird er als ungemein autoritär dargestellt. In den vielen Schulspielen mit verschiedenen Kindergartengruppen haben wir fast nie erlebt, wie ein »Lehrer« einem Kind etwas zeigte, erklärte, ihm half, es ermutigte. Selbst wenn man in Rechnung stellt, dass es den Kindern, die den Lehrer spielten, einfach Spaß machte, die im Spiel eingeräumte Machtposition zu genießen, selbst wenn man einräumt, dass die Übertreibung des antizipierten »Schlimmen« der Angstabwehr und Angstbewältigung diente, also psychohygienische Funktion hatte, so ist doch nicht zu verkennen, dass Schulanfang auch mit tief sitzenden Ängsten verbunden ist, die schon durch ein harmloses kleines Rollenspiel aktiviert werden können.

- Kinder wissen, dass Schule möglicherweise auch bedeutet, Misserfolge erleben zu müssen. Für ein Kind in unserem Schulspiel war das so schlimm, dass es sein Papier zusammenknüllte und zu weinen begann. Die Spielsituation kippte in Ernst um. Die Sorge, »es nicht hinzukriegen«, überwältigte Andreas so sehr, dass das Rollenspiel abgebrochen werden musste.
- Kein Wunder, dass das Unterrichtsende und das Läuten der Schulglocke als Erlösung gefeiert werden. Wie bei erfahrenen »Schulprofis« gilt schon bei manchen Kindern die Pause (und die Ferien) als das Schönste an der Schule.
- Bei vielen Kindern ist eine angeregte bis aufgeregte Erwartungsstimmung festzustellen. Sie denken viel an Schule, jeden Tag, stellen sich vor, bald früher aufstehen zu müssen und einer läuft schon jeden Tag mit dem Schulranzen auf dem Rücken herum. Nur bei wenigen Kindern überwiegt eine ruhige Gelassenheit.

Wie sind diese Sachverhalte zu interpretieren?

Zunächst sollte es nicht verwundern, dass Kinder dem neuen Lebensabschnitt mit gemischten Gefühlen entgegensehen. Derartige Ambivalenzen gehören zum Menschenleben. Sie werden sich immer wieder einstellen, etwa wenn nach der Grundschule die Schule gewechselt werden muss, vor dem Eintritt in eine Lehre, vor einem Studium. Solche Ambivalenzen können den Kindern nicht erspart werden. Sie durchzustehen kann seelisch stabile Kinder stärker machen, vermittelt wichtige Erfahrungen. Aber die Ambivalenzen müssen für das einzelne Kind verkraftbar sein. Die Ängste dürfen nicht zu groß werden.

Woher kommen solche Ängste? Woher kommt das negativ überzeichnende Fantasiebild von Schule? Sicher mag es noch Eltern oder Großeltern geben, die mit Schule drohen. Sicher mag manches Kind von älteren Geschwistern dies und jenes aufgeschnappt haben, dass jemand eine Strafarbeit machen musste, dass schlechte Noten erteilt wurden usw. Wahrscheinlich erzählt man zu Hause auch eher das, was einem missfallen hat. Entscheidend aber dürfte sein, dass mehrere Faktoren zusammenwirken: Da entsteht ein Klima hoher Erwartungsspannung, dem sich kaum ein Kind entziehen kann. Eltern, Verwandte und Bekannte sprechen das Kind darauf an, dass es jetzt bald in die Schule komme, der Schulranzen wird gekauft, entsprechende Vorbereitungen im Kindergarten weisen auf das baldige Ereignis hin. Dazu kommt, dass das unbekannte Neue reizvoll, aber immer auch mit einer gewissen Unsicherheit verbunden ist. Da hört man Aussagen wie »Wart nur, bis du in die Schule kommst« oder »Das kannst du in der Schule aber nicht machen«, vielleicht auch »In der Schule weht ein anderer Wind«, »Bald beginnt der Ernst des Lebens«[1], aus Erwachsenenperspektive harmlos, für Kinder aber schwer interpretierbar, nichts Gutes verheißend und in ihrer Vagheit eher Angst auslösend.

Entscheidend ist, dass die vielleicht aufkeimenden Ängste an der Realität nicht überprüft werden können. Man muss noch lange Zeit warten, bis man weiß, wie es in der Schule wirklich ist. Wahrscheinlich werden sich manche Befürchtungen schon mit dem ersten Schultag als hinfällig erweisen. Aber vorläufig können die Fantasien der Kinder, angeregt durch die Erwartungsspannung und weil noch nicht an der Realität überprüfbar, abstruse Formen annehmen. Umso wichtiger wird es sein, in dieses »Treibhausklima« aus Unsicherheiten, Vermutungen, Ängsten und Hoffnungen durch Begegnungen mit Lehrerinnen und Lehrern, durch Konfrontation mit Unterrichtssituationen wirkliche Erfahrungen einzubringen, um der eventuell üppig wuchernden kindlichen Fantasie Realität als Gegengewicht entgegenzusetzen (vgl. S. 91f., 95ff.).

Schulanfang aus der Sicht von Müttern

Wir zitieren im Folgenden zwei Texte, in denen die Ambivalenz und Unsicherheit deutlich wird, mit der Mütter den Schulanfang erleben.

> *»Vom Stamm der Platane versteckt, erwartete sie ihn.*
> *Er trat aus dem Schatten des Wohnblocks.*
> *Vor der Verkehrsampel blieb er stehen, schaute aufmerksam nach links und rechts.*
> *Er kam über den Fußgängerstreifen auf sie zu.*
> *Er hatte ihr verboten, ihn zu begleiten. Sie dachte an seinen Starrsinn und an seine Heftigkeit. Er wusste nicht, dass sie ihm vorausgegangen war.*
> *Jetzt sah sie sein Gesicht einen Augenblick aus der Nähe. Es war ihr, als sähe sie es zum ersten Mal, ernst, auf Sicherheit bedacht.*
> *Als er dicht an ihr vorüberging, hätte sie ihn gerne gerufen. Gestern noch hatte er, Schutz suchend, seine Hand in die ihre gelegt. Zusammen waren sie denselben Weg gegangen.*
> *Und nun?*
> *Brauchte er sie nicht mehr?*
> *Sie hatte immer versucht, ihn nicht zu sehr an sich zu binden. Sie wollte ihn seinen eigenen Weg gehen lassen. Und nun lief sie heimlich hinter ihm her!*
> *Sie spürte, wie entschlossen er vorwärts strebte.*
> *Plötzlich blieb er stehen.*

1 Wir verweisen auf das schöne Kinderbilderbuch von Jörg/Kellner 1996. Weitere Kinderbücher zum Vorlesen für die zukünftigen Schulanfänger: Korschunow 1996, Janosch 1991, Lindgren 1980, Schneider 1995, Nöstlinger/Nöstlinger 1998. Vgl. Literaturverzeichnis S. 105f.

Aus einem blühenden Forsythienstrauch sprang eine Katze.
Er musste etwas entdeckt haben. Er stieg über den niederen Gartenzaun und verschwand zwischen den Büschen. Als er zurückkam, hielt er einen Gegenstand in der offenen Hand. Es war ein aus dem Nest gefallener kleiner Vogel.
Früher wäre er damit zu ihr gekommen.
War sie eifersüchtig?
Er war nun so mit seinem Fund beschäftigt, dass er nicht mehr auf den Weg achtete und mit einer alten Frau zusammenstieß.
Sie hörte, wie die Frau mit ihm schimpfte. Aber es schien ihn nicht sehr zu beeindrucken.
Die Kirchturmuhr zeigte fünf vor acht.
Wenn er sich jetzt nicht beeilte, würde er zu spät kommen.
Als ob er ihre Gedanken erraten hätte, fing er an zu rennen.
Ein kleines Mädchen, das die Lehrerin gestern, am ersten Schultag, neben ihn gesetzt hatte, kam ihm entgegen und begrüßte ihn stürmisch.
Hand in Hand verschwanden sie im Strom der anderen Kinder im Schulhaus.
Der Pausenplatz leerte sich.
Sie stand da, kam sich verlassen vor.
Eine Zeit, unwiederbringlich, war vorbei.
Ein Abschied.
Gab er ihr nicht auch ein Stück Freiheit wieder?
Im Augenblick wusste sie noch nichts damit anzufangen.«
(Grundschule 7–8/1984, S. 13)

»Eine Mutter berichtet:
Es ist Donnerstag, der 4. August 1983: Schulbeginn für unseren ältesten Sohn Christoph.
Wir sind dank der vielen Initiativen der Schulleitung auf diesen ersten Schultag gut vorbereitet. Christoph hat im Frühjahr in einer Anfangsklasse hospitiert und war mit seinen neuen Klassenkameraden bereits vor den Sommerferien in der Schule, um zu malen, zu spielen und die Räumlichkeiten zu erkunden.
Auch die Erwachsenen sind informiert. Wir haben uns bei einem ersten Elternabend im Juni schon oberflächlich kennen gelernt, sind über das erste Schuljahr im Allgemeinen und den Ablauf des ersten Schultags im Besonderen unterrichtet worden; man hat uns Vorschläge zum Inhalt der Schultüte gemacht und eine Liste mit Namen und Adressen der Erstklässler zugesandt.
Darüber hinaus gab es in der Volkshochschule eine Veranstaltung, in der über »Möglichkeiten, den Schulanfang für Schüler, Eltern und Lehrer zu entkrampfen« gesprochen wurde und in der Anregungen für die Elternarbeit, für die Organisation von Spiel- und Grillnachmittagen, von Elternstammtischen und Unterrichtshospitationen zur Diskussion standen.
Jetzt ist es so weit: Auf dem Schulhof stehen 28 Kinder der Klasse 1b mit ihren bunten Schultüten und warten darauf, dass es endlich losgeht. Dennoch – ganz unbefangen

sind wohl wenige der hier Versammelten. Christoph jedenfalls trennt sich nur nach gutem Zureden, als die neuen Lehrerinnen sich vorgestellt haben und mit den Kindern im Schulgebäude verschwinden. Wie immer, wenn eine neue, noch unüberschaubare Situation auf ihn zukommt, schreckt er erst einmal zurück.

Auch mich plagen Zweifel. Wird Christoph sich in der Schule wohl fühlen? Wird er merken, dass Lernen auch in der Schule Spaß machen kann? Wird er Freunde finden? Wird er sich den neuen Anforderungen anpassen? – Und dann die Fragen, die mich selbst betreffen: Wo werde ich ihm helfen können, wo wird er sich allein zurechtfinden müssen? Wie mag ich wohl in Zukunft mit seinen Lehrern, wie mit den anderen Eltern zurechtkommen?

Eines ist deutlich, nicht nur für Christoph ist heute Schulanfang; auch für uns Eltern beginnt ein neuer Lernprozess.

In den folgenden Wochen wird Christoph mit den unterschiedlichsten Anforderungen konfrontiert. Er lernt, seinen Schulweg allein zu gehen, nimmt vorsichtige Kontakte zu Lehrern und Mitschülern auf, versucht, sich nach allen Seiten hin zu orientieren und macht dabei erste positive Erfahrungen. Aber daneben gibt es Situationen, die nicht gleich im ersten Anlauf bewältigt werden – von ihm nicht und ebenso wenig von mir.

Gleich in der ersten Woche hat der Unterricht richtig begonnen: jeden Tag ein neuer Buchstabe, neue Ziffern, Rechenaufgaben, Lese- und Schreibübungen. Christoph lernt leicht, die Arbeit geht ihm schnell von der Hand. Wenn er mittags nach Hause kommt, hat er den größten Teil der Hausaufgaben schon erledigt. Aber dann fällt mir auf, dass Christoph flüchtig ist, dass seine Hefte Eselsohren haben, dass die Buchstaben tanzen, manches von ihm nicht richtig verstanden worden ist. Ich beobachte z. B., dass er die ›1‹ rückwärts schreibt: gerader Strich von unten nach oben und erst dann das Fähnchen! Ich entdecke, dass unser Sohn keinen besonderen schulischen Ehrgeiz entwickelt: Einmal lesen reicht, auch wenn die Sätze immer noch holpern und stocken.

Soll ich mich jetzt einmischen? Von unserem Elternabend ist mir noch im Ohr, wie wichtig es sei, dass die Kinder von Anfang an ihre Hausaufgaben alleine machen. Nur so würden sie zu selbstständiger Arbeit erzogen, nur so könne die Lehrerin erkennen, was die Schüler wirklich begriffen haben und was im Unterricht noch einmal vertieft werden muss.

Ich frage mich: Soll ich warten, dass die Lehrerin die verkehrte ›1‹ entdeckt, die Eselsohren bemängelt, auf die tanzenden Buchstaben aufmerksam wird? Wird ihr das bei 28 Schülern überhaupt gelingen? Was, wenn sich Falsches bei Christoph festsetzt? Andererseits – wie würde sich eine Kritik der Lehrerin bei Christoph niederschlagen? Würde sie nicht viel eher Betroffenheit auslösen als eine Korrektur durch die Eltern? Wenn die Schule von Anfang an mit Erfolgserlebnissen verknüpft sein soll, so überlege ich, könnte meine Hilfe dann nicht dazu beitragen und eine positive Einstellung zum Lernen mitbefördern? Dagegen stünde der Gedanke, dass ich möglicherweise gerade das Gegenteil erreiche, wenn ich mich einschalte und mehr von Christoph verlange.

Weil ich unschlüssig bin, warte ich erst einmal ab.

Die anfängliche Schuleuphorie wird bald gedämpft. Die erste Woche ist noch voll gestopft mit ungewohnten Eindrücken und Aufregungen, fast ein Endlosgeburtstag: Da sind die netten Lehrerinnen, voller Zuwendung für jedes einzelne Kind; da gibt es 27 potenzielle neue Freunde, einen Unterricht mit wechselnden, überraschenden Aktivitäten und schließlich den Ranzen, in den allmorgendlich unbekannte Utensilien gepackt werden.
Aber dann beginnt der Alltag. Eines Morgens will Christoph nicht mehr in die Schule, er weint und möchte zurück in den Kindergarten.
Mittags, wenn er nach Hause kommt, hat er schlechte Laune, meckert an den Geschwistern herum und entspannt sich erst auf meinem Schoß. Andere (nicht alle!) Mütter bestätigen diese Erfahrung.
Was ist geschehen? Die Schonzeit ist offensichtlich vorüber, Prügeleien auf dem Schulhof sind jetzt an der Tagesordnung, ebenso das Geschubse beim Aufstellen nach der Pause. Auch im Unterricht ist es unruhiger geworden. Wir hören, dass Timo schon zwei Striche bekommen habe, weil er immer wieder zwischen den Tischen herumlaufe, dass die Schulleiterin in der Klasse gewesen sei und wegen des Lärms geschimpft habe und dass Nicole oft weine, weil die Nachbarin sie ärgerte. Auch die beiden Lehrerinnen sind unzufrieden. Sie stöhnen über den großen Anteil ausländischer Schüler, über verhaltensauffällige Kinder und das große Begabungsgefälle. Aus diesem Grund, so erklären sie, sei vorläufig an ›Extras‹ nicht zu denken. Also kein Wandertag, kein Obstsalat, kein Bastelangebot! …«
(Grundschule 7–8/1984, S. 45)

Die beiden Texte machen deutlich, dass der Schulanfang auch von Eltern ambivalent erlebt wird: Freude, dass das Kind jetzt schon so groß ist, aber auch Wehmut, dass ein Stück unbeschwerter Kinderzeit, eine Zeit inniger Verbindung mit dem Kind, eine Zeit, in der das Kind einem »allein« gehörte, endgültig vorbei ist. Auch ein Stück des eigenen Erwachsenenlebens ist endgültig vorbei. Dass der Schuleintritt von den Eltern als wichtiger Lebenseinschnitt erlebt wird, ist nicht zuletzt an den vielen zu diesem Ereignis verknipsten Filmen abzulesen. Vielleicht haben am ersten Schultag und bei der Schuleintrittsfeier mehr Eltern heimliche Tränen in den Augen als Kinder. So ist es wohl auch eine wichtige Funktion des Rituals der Schuleintrittsfeier, Eltern zu trösten (vgl. S. 140f.).

Schulanfang aus der Sicht des Schriftstellers Erich Kästner

Die folgende »Ansprache zu Schulbeginn« von Erich Kästner ist für Erwachsene, nicht für Kinder bestimmt, auch wenn Kinder angesprochen werden. Kästner trug sie erstmals unmittelbar nach Kriegsende in einem Münchner Kabarett vor, eine Nummer, die weniger zum Lachen als zum Nachdenken anregen sollte. Die Rede veranschaulicht, wenn auch etwas einseitig, was geschehen kann, wenn die durch die Schule in Gang gesetzten Sozialisationsprozesse die Kinder erfassen.

Sozialisation macht nämlich nicht nur dazu fähig, in der Gesellschaft bestehen zu können, Sozialisation beschneidet auch, verschüttet Möglichkeiten, verstümmelt, ist mit Schmerzen verbunden (vgl. S. 158). Einige Passagen verstehen sich besser, wenn man weiß, dass Kästner als Zuschauer selbst miterlebte, wie seine Bücher von den Nationalsozialisten verbrannt wurden. Seine Bemerkungen, man solle seinen Lehrern und den Schulbüchern nicht allzu sehr vertrauen, spiegeln Erfahrungen im Dritten Reich wider, haben aber wohl auch eine zeitlose Gültigkeit.

»Ansprache zu Schulbeginn

Liebe Kinder,
da sitzt ihr nun, alphabetisch oder nach der Größe sortiert, zum ersten Mal auf diesen harten Bänken, und hoffentlich liegt es nur an der Jahreszeit, wenn ihr mich an braune und blonde, zum Dörren aufgefädelte Steinpilze erinnert. Statt an Glückspilze, wie sich's eigentlich gehörte. Manche von euch rutschen unruhig hin und her, als säßen sie auf Herdplatten. Andre hocken wie angeleimt auf ihren Plätzen. Einige kichern blöde und der Rotkopf in der dritten Reihe starrt, Gänsehaut im Blick, auf die schwarze Wandtafel, als sähe er in eine sehr düstere Zukunft.
Euch ist bänglich zumute, und man kann nicht sagen, dass euer Instinkt tröge. Eure Stunde X hat geschlagen. Die Familie gibt euch zögernd her und weiht euch dem Staate. Das Leben nach der Uhr beginnt und es wird erst mit dem Leben selber aufhören. Das aus Ziffern und Paragraphen, Rangordnung und Stundenplan eng und enger sich spinnende Netz umgarnt nun auch euch. Seit ihr hier sitzt, gehört ihr zu einer bestimmten Klasse. Noch dazu zur untersten. Der Klassenkampf und die Jahre der Prüfungen stehen bevor. Früchtchen seid ihr und Spalierobst müsst ihr werden! Aufgeweckt wart ihr bis heute und einwecken wird man euch ab morgen! So, wie man's mit uns getan hat. Vom Baum des Lebens in die Konservenfabrik der Zivilisation – das ist der Weg, der vor euch liegt. Kein Wunder, dass eure Verlegenheit größer ist als eure Neugierde.
Hat es den geringsten Sinn, euch auf einen solchen Weg Ratschläge mitzugeben? Ratschläge noch dazu von einem Manne, der, da half kein Sträuben, genau so »nach Büchse« schmeckt wie andre Leute auch? Lasst es ihn immerhin versuchen und haltet ihm zugute, dass er nie vergessen hat, noch je vergessen wird, wie eigen ihm zumute war, als er selber zum ersten Mal in der Schule saß. In jenem grauen, viel zu groß geratenen Ankersteinbaukasten. Und wie es ihm damals das Herz abdrückte. Damit wären wir schon beim wichtigsten Rat angelangt, den ihr euch einprägen und einhämmern solltet wie den Spruch einer uralten Gedenktafel:
Lasst euch die Kindheit nicht austreiben! Schaut, die meisten Menschen legen ihre Kindheit ab wie einen alten Hut. Sie vergessen sie wie eine Telefonnummer, die nicht mehr gilt. Ihr Leben kommt ihnen vor wie eine Dauerwurst, die sie allmählich aufessen, und was gegessen worden ist, existiert nicht mehr. Man nötigt euch in der Schule eifrig von der Unter- über die Mittel- zur Oberstufe. Wenn ihr schließlich droben steht und balanciert, sägt man die überflüssig gewordenen Stufen hinter euch ab, und nun

könnt ihr nicht mehr zurück! Aber müsste man nicht in seinem Leben wie in einem Hause treppauf und treppab gehen können? Was soll die schönste erste Etage ohne den Keller mit den duftenden Obstborten und ohne das Erdgeschoss mit der knarrenden Haustür und der scheppernden Klingel? Nun – die meisten leben so! Sie stehen auf der obersten Stufe, ohne Treppe und ohne Haus, und machen sich wichtig. Früher waren sie Kinder, dann wurden sie Erwachsene, aber was sind sie nun? Nur wer erwachsen wird und Kind bleibt, ist ein Mensch! Wer weiß, ob ihr mich verstanden habt. Die einfachen Dinge sind so schwer begreiflich zu machen! Also gut, nehmen wir etwas Schwierigeres, womöglich begreift es sich leichter. Zum Beispiel:
Haltet das Katheder weder für einen Thron noch für eine Kanzel! Der Lehrer sitzt nicht etwa deshalb höher, damit ihr ihn anbetet, sondern damit ihr einander besser sehen könnt. Der Lehrer ist kein Schulwebel und kein lieber Gott. Er weiß nicht alles und er kann nicht alles wissen. Wenn er trotzdem allwissend tut, so seht es ihm nach, aber glaubt es ihm nicht! Gibt er hingegen zu, dass er nicht alles weiß, dann liebt ihn! Denn dann verdient er eure Liebe. Und da er im Übrigen nicht eben viel verdient, wird er sich über eure Zuneigung von Herzen freuen. Und noch eins: Der Lehrer ist kein Zauberkünstler, sondern ein Gärtner. Er kann und wird euch hegen und pflegen. Wachsen müsst ihr selber!
Nehmt auf diejenigen Rücksicht, die auf euch Rücksicht nehmen! Das klingt selbstverständlicher, als es ist. Und zuweilen ist es furchtbar schwer. In meine Klasse ging ein Junge, dessen Vater ein Fischgeschäft hatte. Der arme Kerl, Breuer hieß er, stank so sehr nach Fisch, dass uns anderen schon übel wurde, wenn er um die Ecke bog. Der Fischgeruch hing in seinen Haaren und Kleidern, da half kein Waschen und Bürsten. Alles rückte von ihm weg. Es war nicht seine Schuld. Aber er saß, gehänselt und gemieden, ganz für sich allein, als habe er die Beulenpest. Er schämte sich in Grund und Boden, doch auch das half nichts. Noch heute, fünfundvierzig Jahre danach, wird mir flau, wenn ich den Namen Breuer höre. So schwer ist es manchmal, Rücksicht zu nehmen. Und es gelingt nicht immer. Doch man muss es stets von neuem versuchen.
Seid nicht zu fleißig! Bei diesem Ratschlag müssen die Faulen weghören. Er gilt nur für die Fleißigen, aber für sie ist er sehr wichtig. Das Leben besteht nicht nur aus Schularbeiten. Der Mensch soll lernen, nur die Ochsen büffeln. Ich spreche aus Erfahrung. Ich war als kleiner Junge auf dem besten Wege, ein Ochse zu werden. Dass ich's, trotz aller Bemühung, nicht geworden bin, wundert mich heute noch. Der Kopf ist nicht der einzige Körperteil. Wer das Gegenteil behauptet, lügt. Und wer die Lüge glaubt, wird, nachdem er alle Prüfungen mit Hochglanz bestanden hat, nicht sehr schön aussehen. Man muss nämlich auch springen, turnen, tanzen und singen können, sonst ist man, mit seinem Wasserkopf voller Wissen, ein Krüppel und nichts weiter.
Lacht die Dummen nicht aus! Sie sind nicht aus freien Stücken dumm und auch nicht zu eurem Vergnügen. Und prügelt keinen, der kleiner und schwächer ist als ihr! Wem das ohne nähere Erklärung nicht einleuchtet, mit dem möchte ich nichts zu tun haben. Nur ein wenig warnen will ich ihn. Niemand ist so gescheit oder stark, dass es nicht noch Gescheitere und Stärkere als ihn gäbe. Er mag sich hüten. Auch er ist, vergleichsweise, schwach und ein rechter Dummkopf.

Misstraut gelegentlich euren Schulbüchern! Sie sind nicht auf dem Berge Sinai entstanden, meistens nicht einmal auf verständige Art und Weise, sondern aus alten Schulbüchern, die aus alten Schulbüchern entstanden sind, die aus alten Schulbüchern entstanden sind, die aus alten Schulbüchern entstanden sind. Man nennt das Tradition. Aber es ist ganz etwas anderes. Der Krieg zum Beispiel findet heutzutage nicht mehr wie in Lesebuchgeschichten statt, nicht mehr mit geschwungener Plempe und auch nicht mehr mit blitzendem Kürass und wehendem Federbusch wie bei Gravelotte und Mars-la-Tour. In manchen Lesebüchern hat sich das noch nicht herumgesprochen. Glaubt auch den Geschichten nicht, worin der Mensch in einem fort gut ist und der wackre Held vierundzwanzig Stunden am Tage tapfer! Glaubt und lernt das, bitte, nicht, sonst werdet ihr euch, wenn ihr später ins Leben hineintretet, außerordentlich wundern! Und noch eins: Die Zinseszinsrechnung braucht ihr auch nicht mehr zu lernen, obwohl sie noch auf dem Stundenplan steht. Als ich ein kleiner Junge war, mussten wir ausrechnen, wie viel Geld im Jahre 1925 aus einem Taler geworden sein würde, den einer unserer Ahnen anno 1525, unter der Regierung Johanns des Beständigen, zur Sparkasse gebracht hätte. Es war eine sehr komplizierte Rechnerei. Aber sie lohnte sich. Aus dem Taler, bewies man uns, entstünde durch Zinsen und Zinseszinsen das größte Vermögen der Welt! Doch dann kam die Inflation und im Jahre 1925 war das größte Vermögen der Welt samt der ganzen Sparkasse keinen Taler mehr wert. Aber die Zinseszinsrechnung lebte in den Rechenbüchern munter weiter. Dann kam die Währungsreform und mit dem Sparen und der Sparkasse war es wieder Essig. Die Rechenbücher haben es wieder nicht gemerkt. Und so wird es Zeit, dass ihr einen Rotstift nehmt und das Kapitel Zinseszinsrechnung dick durchstreicht. Es ist überholt. Genauso wie die Attacke auf Gravelotte und der Zeppelin. Und wie noch manches andere.

Da sitzt ihr nun, alphabetisch oder nach der Größe geordnet, und wollt nach Hause gehen. Geht heim, liebe Kinder! Wenn ihr etwas nicht verstanden haben solltet, fragt eure Eltern! Und, liebe Eltern, wenn Sie etwas nicht verstanden haben sollten, fragen Sie Ihre Kinder!«

(Aus: E. Kästner: Die kleine Freiheit © Atrium Verlag, Zürich und Thomas Kästner)

Kooperation Kindergarten – Schule

Die Zusammenarbeit zwischen Grundschule und Kindergarten ist von überragender Bedeutung. Im Kindergarten kann über die Schule gesprochen werden, die zukünftigen Erstklässler können eine »richtige« Lehrerin kennen lernen. Kindergartenkinder können mit ihrer Erzieherin einen Besuch in der Schule machen. Über den Kindergarten können die Eltern erreicht werden. Und endlich kann die Erzieherin der zukünftigen Lehrerin wichtige Informationen geben, die eine gezielte pädagogische Hilfe später in der Schule oder eventuell die Entscheidung über die Schulfähigkeit eines Kindes erleichtern.

Den offiziellen Anstoß für eine Zusammenarbeit zwischen Kindergarten und Schule gaben sehr weit reichende Überlegungen zur Neukonzeption von Kindergarten und Eingangsstufe der Grundschule Ende der 60er-/Anfang der 70er-Jahre.

Es muss Erstaunen hervorrufen, dass es für eine Zusammenarbeit von Kindergarten und Schule überhaupt eines Anstoßes bedurfte und dass diese Zusammenarbeit so lange auf sich warten ließ. Sollte sie sich nicht von selbst nahe legen? Geht es nicht beiden Institutionen um das gleiche Kind?

Die relative Distanz beider Institutionen lässt sich aus historischen und organisatorischen Gründen erklären.

Die Kindergartenidee von Friedrich Fröbel

Als Vater des deutschen Kindergartens gilt mit Recht Friedrich Fröbel (1782–1852). Friedrich Wilhelm August Fröbel[1] wurde als sechstes Kind eines evangelischen Pfarrers in Oberweißbach in Thüringen geboren. Friedrich war noch kein Jahr alt, als seine Mutter starb und der Vater zum zweiten Mal heiratete. Das zunächst gute Verhältnis zu dieser zweiten »Mutter« kühlte sich ab, als diese sich stärker ihren zwei in der Zwischenzeit geborenen eigenen Kindern zuwandte. Im Unterschied zu ihren eigenen Kindern durfte er sie nicht mit »du« anreden. Friedrich galt als zurückgezogen und eigensinnig, was man ihm als Bosheit auslegte. So blieb der Knabe weit gehend isoliert und sich selbst überlassen, zumal als seine eigenen Geschwister nicht mehr im elterlichen Haus waren. Möglicherweise liegen hier die psychologischen Wurzeln dafür, dass Theorie und Praxis des Umgangs mit Kindern, zumal das Thema Mutter und Kind, zum Lebenswerk Fröbels wurden. Noch nach 50 Jahren sprach er von einer ersten seelischen Wunde, die ihm durch den Tod seiner Mutter zugefügt wurde, einer frühen Verletzung der ursprünglichen Seelen- und Gemütseinigung mit der Mutter.

Schon als Kind entwickelte Fröbel ein sehr inniges Verhältnis zur Natur, tiefe Freude beim Betrachten geometrischer Formen von Blüten und biologischer Vorgänge im Pflanzenbereich. Nach dem Besuch der Elementarschule in Stadt-Ilm, in der er außer in Mathematik nicht besonders erfolgeich war, absolvierte er eine Forst-Geometerlehre (sein Großvater war Förster) und studierte dann in Jena Naturwissenschaften. Eine Karzerstrafe wegen Nichtbegleichung von Schulden zwang ihn, sein Studium abzubrechen. Erst nachdem er auf sein väterliches Erbteil verzichtet hatte, beglich der Vater die Schulden. Gedemütigt kehrte Fröbel wieder in sein Elternhaus zurück. Als sein Vater 1802 starb, war er gezwungen, sich eine eigene berufliche Existenz aufzubauen und nahm die Stelle eines Forstamtsaktuars in Baunach bei Bamberg an. Ein Jahr später wurde er Privatsekretär eines Adligen.

Fröbels pädagogische Laufbahn begann im Jahr 1805–1806 in Frankfurt als Lehrer an der dortigen Pestalozzi-Musterschule. 1806 wurde er Hauslehrer der Familie v.

1 Vgl. hierzu Heiland 1982. Alle folgenden Zitate sind diesem Buch entnommen.

Holzhausen in Frankfurt. Caroline v. Holzhausen, Mutter von vier Kindern, pädagogisch interessiert, machte sich erhebliche Sorgen um die Entwicklung ihrer drei Söhne, besonders um die des 11-jährigen Karl, der »schon alle Eigenschaften der adligen feinen Welt auf- und angenommen hatte … wie Gedankenlosigkeit, Oberfächlichkeit … Halsstarrigkeit grobe Eitelkeit, grobe Sinnlichkeit«. Sie überredete den zögernden Fröbel, die Erziehung der drei Jungen zu übernehmen. Fröbel bat sich aus, mit seinen Zöglingen aufs Land ziehen und die Erziehung der Kinder ganz allein in seine Hand nehmen zu dürfen. In Caroline v. Holzhausen fand er eine enge Seelenverwandte, er bewunderte sie als Mutter und Frau und fühlte sich zeitlebens zu ihr hingezogen.

In dieser Frankfurter Zeit fand Fröbel Zugang zu pädagogischen Fragen und im pädagogischen Tun seine Lebensbestimmung. 1806 wanderte er zu Fuß nach Iferten, um 14 Tage Pestalozzi sehen und erleben zu können. Von 1808–1810 weilte er zwei Jahre lang in Iferten, zusammen mit den drei ihm anvertrauten Söhnen der Familie v. Holzhausen. Trotz der tiefen Bewunderung, die er für Pestalozzi empfand, meinte Fröbel schon nach seinem ersten Besuch, dass die von Pestalozzi und seinen angestellten Lehrern praktizierte Elementarmethode zum Erlernen von Lesen und Schreiben, entgegen ihrem Anspruch, natürlich zu sein, die Natur des Kindes eher abtöten könne. Beim zweiten Besuch wurde er in Auseinandersetzungen zwischen den bei Pestalozzi angestellten Lehrern hineingezogen. Er verließ Iferten im Dissens mit Pestalozzi. Viele Elemente der pestalozzischen Pädadagogik entsprachen auch den Vorstellungen Fröbels, haben ihn beeinflusst und in seinen eigenen Vorstellungen bestärkt. Das gilt etwa für die hohe Bedeutung, die beide dem kleinen familiären Kreis, vor allem der liebevollen Zuwendung der Mutter zum Kind, für die »Menschenbildung« zumaßen, oder für das Prinzip der Selbsttätigkeit, das bei Pestalozzi allerdings eher psychologisch verstanden wurde. Fröbel wandte sich aber gegen die von pestalozzi erfundene »Elementarmethode und lehnte diese als mechanistisch, unnatürlich und der kindlichen Entwicklung nicht angemessen ab. Über diese Auseinandersetzungen mit Pestalozzi kam es auch zu Diskrepanzen mit Caroline v. Holzhausen, die eine Anhängerin Pestalozzis war. 1811 kündigte Fröbel, noch bevor sein Vertrag abgelaufen war, die Hauslehrerstelle bei der Familie v. Holzhausen. Hierbei spielten möglicherweise auch erotische Verwicklungen mit Caroline v. Holzhausen eine Rolle.

Erneut wandte sich Fröbel der Wissenschaft zu, studierte alte Sprachen, Physik, Chemie und Mineralogie (vor allem Kristallographie) in Göttingen und Berlin und trat 1813 als Freiwilliger in das Freikorp der Lützowschen Jäger ein, um am Befreiungskrieg Preußens gegen die Franzosen bis 1814 teilzunehmen.

Nach weiteren Studien und einer kurzen Assistentenzeit am Mineralogischen Institut der Universität Berlin gründete er 1816 eine Privatschule, die »Allgemeine Deutsche Erziehungsanstalt« in Griesheim, 1817 verlegt nach Keilhau bei Rudolstadt in Thüringen. Diese Erziehungsanstalt sollte ein Internat mit Familienatmosphäre sein, weit abgelegen von den verderblichen Einflüssen der städtischen Kultur und den gekünstelten und hohlen gesellschaftlichen Sitten, geleitet durch eine Gruppe gleich gesinnter Lehrer, geprägt durch partnerschaftlicher Umgang zwischen Lehrern und Zöglingen und einfachem Lebensstil. Man redete sich mit »du« an, trug einfache Kleider und lange Haare (Fröbel trug sie bis zu seinem Lebensende), trieb im Winter und Sommer viel Sport und führte jährlich eine größere Wanderung durch. Geistige und körperliche Tätigkeit (Arbeit in der Landwirtschaft) wurden verbunden, Unterrichtsprinzipen waren der handelnde, nicht nur theoretisierende Umgang mit den Dingen und vielseitige Begegnungen mit der Natur. In der Anstalt sollten die Heranwachsenden zu »Deutschen« erzogen werden, aber primär ging es darum, in ihnen die »Menschheit« auszubilden, nicht nur das Nationale.

Die Zahl der Zöglinge in Keilhau schwankte stark; sie begann mit sechs Schülern, teilweise aus dem Verwandtenkreis, erreichte 1826 die Zahl von 60, ging dann aber 1829 auf nur 5 zurück, unter anderem deswegen, weil ein Angehöriger der von der preußischen Regierung verfolgten Burschenschaften sich in Keilhau als Lehrer aufhielt und dieses in den Geruch eines Demagogennestes kam. Aus der Keilhauer Zeit stammt Fröbels umfassendes Erziehungswerk »Die Menschenerziehung«, in dem er seine pädagogisch-philosophischen Grundauffassungen darstellte.

1818 hatte Fröbel seine erste Frau Henriette Wilhelmine geheiratet. Die Ehe blieb kinderlos. 1829 verließ Fröbel Keilhau und siedelte nach einem kurzen, erneuten Aufenthalt bei der Familie Holzhausen in Frankfurt in die Schweiz über. Dort eröffnete er 1831 eine neue Erziehungsanstalt in Wartensee bei Luzern, ein Jahr später eine weitere als Kombination von Internat und Tagesschule in Willisau. Von der Regierung in Bern erhielt er das Angebot, eine Armenerziehungsanstalt in Burgdorf zu errichten und Fortbildungskurse für Elementarlehrer zu leiten. In Burgdorf leitete er kurzfristig ein Waisenhaus mit angeschlossener Elementarschule; zur Errichtung der Armenerziehungsanstalt kam es nicht.

Erst relativ spät wandte sich Fröbel der Idee der Kleinkindererziehung zu.

1837 siedelte er nach Blankenburg bei Rudolstadt über und gründete dort eine »Anstalt zur Pflege des Beschäftigungstriebs der Kindheit und Jugend«. 1838 plante er, diese mit einer »Bildungsanstalt für Kinderführer« zu verbinden. Ab dem gleichen Jahr erschienen die Fröbelschen Spielgaben.[1] 1840 erließ er einen »Aufruf an alle deutsche Frauen und Jungfrauen«, denen er den »Entwurf eines Planes zur Begründung und Ausführung eines Kindergartens« zur »Prüfung und Mitwirkung« vorlegte.

Auf Fröbel geht der Begriff »Kindergarten« zurück. »Kindergarten« war für ihn aber zunächst kein Name für eine Institution, sondern eine allgemeine pädagogische Zielvorstellung für das Aufwachsen im Kleinkindalter. Jedes Kind sollte in seinen ersten Lebensjahren ein behütetes, glückliches Kinderleben haben, gleichsam wie eine sorgfältig gepflegte Pflanze in einem behüteten Garten aufwachsen. Jede Mutter sollte eine echte »Kindergärtnerin« sein. Damit seine Methode schnelleren Eingang in die Familien fände, demonstrierte er diese in bereits bestehenden Bewahr- und Beschäftigungsanstalten für Kleinkinder und errichtete eine Musteranstalt in Blankenburg. 1842 hielt Fröbel dort erste Kurse für »Kindergärtnerinnen« ab. Jede Stadt sollte nach ihm eine solche Belehrungsstätte für

1 Ausführliche Darstellung S. 82.

Mütter und Mädchen haben. Gemäß seiner Überzeugung, dass Erziehung nur Unterstützung der Selbstentfaltung des Kindes sein dürfe, sprach er von »Anstalten zur allseitigen Beachtung des Lebens der Kinder besonders durch Pflege ihres Tätigkeitstriebs«.

In vielen Vorträgen, Kursen und Veröffentlichungen versuchte er, die Frauen für eine von warmer Mütterlichkeit bestimmte Erziehung ihrer Kinder zu gewinnen. Auf zahlreichen Reisen warb er für seine Kindergartenidee. Auch in einer Reihe anderer Städte entstanden derartige Einrichtungen. Sie sollten zunächst aber nicht den Müttern die Kinder abnehmen, sondern die Mütter an die richtige Kindererziehung heranführen. Für seine Veröffentlichungen betrieb er eine eigene Druckerei, für die Herstellung der Spielgaben errichtete er eine kleine Fabrik, zur Finanzierung des »zu einem durch deutsche Frauen und Jungfrauen zu begründenden und auszuführenden Erziehungsunternehmen, einem Deutschen Kindergarten« ließ er Aktien ausgeben.

1843 fasste Fröbel den Plan, in Heidelberg einen Musterkindergarten einzurichten, in dem Kurse zur Ausbildung eigener Kindergärtnerinnen, die später einmal eine solche Einrichtung leiten sollten, abgehalten werden sollten. Jetzt dachte er auch an Betreuungsanstalten zur Entlastung der Familien. Der Musterkindergarten wurde zwar nie errichtet. Aus den Belehrungsstätten entwickelten sich aber rasch Einrichtungen zur außerhäuslichen Betreuung von Kindern.

1844 veröffentlichte Fröbel nach längeren Vorarbeiten für den Umgang der Mütter mit ihren Kleinkindern die bekannten »Mutter- und Koselieder« und »100 Lieder zu dem Spielen mit dem Ball«.

Fröbels Ideen, verbreitet durch Tagungen, Fortbildungen und eine Reihe von Zeitschriften, fanden auch bei den Volksschullehrern ein lebhaftes Echo. Der Ruf nach allgemeinen Volkserziehungsanstalten schon im Vorschulalter wurde laut und 1848 auf einer Lehrerversammlung Teil der Forderungen der Lehrerschaft an die Staatsregierungen. Auf einer anderen Lehrerversammlung 1848 in Rudolstadt, zu der Fröbel eingeladen wurde, wurde drei Tage lang über Fröbels Kindergarten diskutiert. Dabei wurde eine Resolution verabschiedet, in der die deutschen Regierungen und der deutsche Reichstag aufgefordert wurden, der Idee der öffentlichen Kleinkindererziehung und Kindergärten mehr Beachtung zu schenken und die Errichtung von Kindergärten zu fördern. Fröbel fühlte sich bestätigt, meinte aber, das Kind solle der Schule »entgegengeführt, entgegengebildet«, aber noch nicht geschult werden. Aufgabe des Kindergartens sei es, sich mit dem Kind seiner kindlichen Natur entsprechend zu beschäftigen, freilich nicht in »läppischer, leerer Weise«, aber auch noch nicht in »harten, vorschreibenden Verstandesformen«.

1850 zog Fröbel nach Schloss Marienthal bei Meiningen. Er hielt Kurse zur Ausbildung von Kindergärtnerinnen in Hamburg und gab zwei Kindergarten-Wochenzeitschriften heraus. Als die gescheiterte Bürgerliche Revolution von 1848 seine politischen und bildungspolitischen Hoffnungen zunichte machte, wurde er von Adolph Diesterweg (1790–1866), dem »Vater der Lehrerbildungsanstalten« und einer Reihe gleich gesinnter Frauen gestützt. 1851 heiratete Fröbel zum zweiten Mal, nachdem bereits 1839 seine erste Frau gestorben war, und zwar die um 33 Jahre jüngere Luise Levine, die ihn kindlich verehrte und in den kommenden schweren Jahren liebevoll für ihn sorgte.

1850 verbot die Preußische Regierung die fröbelschen Kindergärten als »atheistisch« und »sozialistisch«. Hinter dem ersten Vorwurf stecken Anfeindungen seitens der evangelischen Kirche. Durch das Verdikt »atheistisch« sollten freireligiöse Gemeinschaften getroffen werden, bei denen die fröbelsche Kindergartenidee besondere Verbreitung fand. Der zweite Vorwurf zielte auf Fröbels Beziehungen zu seinem Neffen Karl Fröbel, der sozialistische Ideen vertrat, aber auch auf die Forderungen der Volksschullehrer, die die Kindergartenidee mit der Forderung nach einer gemeinsamen Schule für alle verbanden. Eine Eingabe an den preußischen König mit der Bitte um Überprüfung des Erlasses blieb erfolglos. Fröbel glaubte, in Deutschland nicht verstanden zu werden und trug sich mit dem Gedanken, nach Amerika auszuwandern, um in diesem jungen Land seine Kindergartenidee zu verbreiten. Ein Jahr später starb er in Marienthal, resigniert und durch die Zerstörung seines Lebenswerks zutiefst verwundet. Auf seinem Grab in Schweina stehen in Stein gehauen Grundformen seiner Spielgaben, ein Würfel, eine Walze, eine Kugel dazu sein Wahlspruch »Kommt lasst uns unseren Kindern leben«.

1860 wurde das Kindergartenverbot wieder aufgehoben und von da an kam es zu einer raschen Verbreitung von Kindergärten in Deutschland.

Wo liegen die Wurzeln der fröbelschen Erziehungstheorie?
Sein in Keilhau praktiziertes Erziehungskonzept hatte viel Ähnlichkeit mit der viel späteren Landerziehungsbewegung um die Jahrhundertwende: Schulen auf dem Land, einfacher Lebensstil, körperliche Ertüchtigung, Wandern, Gartenbau, Pflege von Pflanzen und Tieren, praktische Arbeit und musische Betätigung. Dahinter steckte aber wesentlich mehr als die aufklärerische Auffassung von einer gesunden Lebensführung. Fröbels Erziehungskonzept, das vor allem in seinem Werk »Die Menschenerziehung« (1826) seinen Niederschlag fand, war letztlich religiös geprägt.

Alle Dinge, so Fröbel in seiner »Menschenerziehung«, sind nur dadurch, dass Göttliches in ihnen wirkt. Jedes Lebewesen wiederholt in seiner Entwicklung den Schöpfungsprozess, ist Schöpfung seiner selbst durch das in es hineingelegte göttliche Entwicklungsgesetz. Das gilt auch für die Kinder. In der Entwicklung jedes Kindes offenbart sich das in ihm wirkende Göttliche. Erziehung kann dementsprechend nur heißen, hinter das Göttliche zurückzutreten, Ehrfurcht haben vor der Offenbarung des Unendlichen im Kind. Der Erzieher kann nur Gärtner sein, der das sich im Kind Offenbarende hegt und unterstützt; er darf keine äußeren Vorbilder für das Kind aufrichten. Da im Kind das Göttliche wirkt, kann dieses, wenn man es sich ungestört entfalten lässt, auch nur gut sein. Deswegen stellte Fröbel auch die Selbsttätigkeit und den natürlichen »Darstellungs- und Beschäftigungstrieb«, der sich in jedem Menschen meldet, in den Mittelpunkt seiner Erziehung.

Da das Göttliche in allen Dingen wirkt, liegt aller Vielgestalt des Seienden eine letzte Einheit zugrunde.[1]

Sich des in der Natur, in den Dingen und im eigenen Selbst wirkenden *einen* Göttlichen bewusst zu werden und dieses in Selbstbestimmung und Freiheit im eigenen Leben wirksam werden zu lassen ist Ziel des Menschenlebens.[2] Dem hat auch die Erziehung zu dienen. Nachdem sich das Kind im Verlauf seiner Entwicklung aus der unbewussten und undifferenzierten Einheit mit der es umgebenden Welt gelöst hat und die Vielgestalt alles Seienden wahrnimmt, soll es auch wieder lernen, die hinter allem Seienden wirkende Einheit zu erkennen. Diesem Ziel sollen auch die »Spielgaben« dienen. Es geht nicht um irgendwelches Spielzeug. Die Spielgaben sollen vielmehr die Grundformen der Schöpfung, die überall wiederkehren, widerspiegeln.

Die Kleinkindererziehung sollte nach Fröbel vier pädagogische Elemente umfassen:
1) Mutter- und Koselieder,
2) gegenständliche Spielgaben,
3) Turn- und Bewegungsspiele und
4) Tier- und Gartenpflege.

Die *Mutter- und Koselieder* sollten zur Gemüts- und Herzensbildung beitragen und, ganz im Sinne Pestalozzis, im kleinen Kreis der Familie zunächst ein pädagogisches Verhältnis aufbauen. Sie waren zugleich aber auch Lieder zu »Körper-Glieder- und Sinnenspielen«. Die Sammlung enthielt kleine Reime aus der Erlebniswelt des Kindes (Kirchturmhahn, Vogelnest, Kuchenbacken), entsprechende Bilder, die die Mütter mit ihrem Kind betrachten sollten und Anleitungen zu Hand- und Fingerbewegungen beim Sprechen der Reime.[3]

1 Fröbel entwickelte zur Erfassung dieser Dialektik von Einheit und Vielheit eine eigene philosophische Theorie, die Theorie der Sphäre. Die Kugel (griech. sphaira) verkörpert nach ihm Einheit und Vielheit in vollkommener Weise. So äußert sich auch das eine göttliche Sein in der Vielheit des Seienden und tritt sich dadurch gleichsam selbst gegenüber. Mit Hilfe dieser Sphärentheorie versuchte Fröbel auch die Polarität der Geschlechter (Ehe erschien ihm als der vollkommenste Ausdruck der Verbindung der sich in polaren Gegensätzen äußernden inneren Einheit) und sein Verhältnis zu Charlotte v. Holzhausen zu verstehen.

2 Fröbels religiöse Auffassung und die darauf fußende theoretische Grundlegung der Erziehung waren pantheistisch fundiert. So schrieb er auch 1810: »Drei Richtungen sind dem menschlichen Geist gegeben: die Erforschung der Natur, das Hinabsteigen in sich, das Erheben zu Gott: Diese Drei sind eins.«

3 Manche werden sich aus ihrer Kinderzeit an folgende Gedichte und das zugehörige Spiel mit Hand und Fingern aus der fröbelschen Sammlung erinnern: »Wie das Hähnchen auf dem Turme, sich kann dreh'n im Wind und Sturme, kann mein Kind sein Händchen wenden, so sich neue Freuden spenden«, oder »Dies ist das runde Däumchen, es sieht aus wie Pfläumchen. Dies Fingerchen gerade zeigt, doch aber auch gar schön sich neigt. Dies Fingerchen das größte ist, obgleich es nur zu mittelst ist. Dies Fingerchen trägt's Ringelein, drum ist es auch wie Gold so rein. Dies Fingerchen das kleinste ist, die Fingerzahl gar fein beschließt.«

Mittels seiner *Spielgaben* versuchte Fröbel die vorhandenen Entwicklungstendenzen und naturhaft vorgegebenen Gestaltungskräfte des Kindes zu unterstützen. In der Form des Spiels, so meinte er, erfährt das Kind die Welt. Deshalb sollten seine sieben Spielgaben die »urtümlichsten Formen der Schöpfung« widerspiegeln: Kugel, Walze, Würfel, lineare Gegenstände (Stäbchen, Fäden), Flächen (Dreiecke, Vierecke, Sterne), punktförmige (Steinchen, Samen, Knöpfe) und formlose Stoffe (Sand, Ton, Wasser).

Zu jeder dieser Spielgaben erfand er eine Reihe von Spielen. Beim ersten Spiel des Kindes mit der ersten Spielgabe beispielsweise sollte die Mutter eine Kugel rollen lassen, mit einer an einem Faden befestigten Kugel Pendelbewegungen ausführen und diese Bewegungen sprachlich mit »hin und her«, »hinüber und herüber«, »roll, roll, roll«, »links herum, rechts herum« usw. begleiten.

Die Spielgaben hatten nach Fröbel eine dreifache Funktion zu erfüllen: Als *Erkenntnisformen* sollten sie der kognitiven Entwicklung dienen (z. B. Begegnung mit der vollkommensten Form der Schöpfung, der Kugel, oder Vermittlung der Erfahrung, in wie vielfältiger Weise ein aus acht Würfeln gebauter großer Würfel zerlegt werden kann). Als *Schönheitsformen* sollten sie den ästhetischen Sinn des Kindes anregen und auf die Schönheit der Dinge verweisen; hierzu sollten aus den Spielelementen schöne Formen, Vielecke, Sterne, Muster gelegt werden. Als *Gebrauchsformen* sollten sie auf die geheimnisvolle Einheit aller Dinge hinweisen. Dazu sollten mit den Spielgaben Gegenstände des täglichen Lebens, z. B. ein Tisch, eine Bank, ein Gartenhäuschen, nachgebaut werden. Bei diesen Spielen dachte Fröbel, im Unterschied zu der fast 100 Jahre später lebenden Maria Montessori (1870–1952), nicht an eine Schulung der Sinne, sondern an wirkliches, freies Spiel.

Die *Turn- und Bewegungsspiele* boten Anregungen zum Nachspielen von Szenen aus dem Alltagsleben und der Natur (etwa das Fließen eines Baches, das Fliegen eines Vogels, das Schwimmen eines Fisches) oder zu Kreisspielen, Gehspielen und Laufspielen (Wettläufe). Sie sollten der Begegnung mit der Natur und der Körperstärkung dienen.

Durch *Gartenarbeit und Tierpflege* soll das Kind lernen, für einen kleinen Bereich Verantwortung zu übernehmen. So sollte in einem Kindergarten jedes Kind ein etwa $^1/_3$ m^2 großes kleines Beet haben, in dem es ein paar Blumen pflanzen, ihr Wachstum beobachten und die darin wirkenden Gesetzmäßigkeiten erkennen konnte.

Dem Spiel schrieb Fröbel für die Entwicklung des Menschen eine ganz besondere Bedeutung zu. In den Spielen des Kindes sah er die »Herzblätter des ganzen künftigen Lebens«. Spiel war für ihn die reinste Form, durch die der Mensch auf der Stufe des Kindseins erzeugt wird. Durch Spiel, so nahm er an, differenzieren sich verschiedene Fähigkeiten aus einem zunächst undifferenzierten Triebzustand aus. Spiel ist der Anfang einer Entwicklung, die von der ungegliederten Einheit der Natur zur harmonisch gegliederten Einheit der Kultur führt. Im Spiel äußert sich am reinsten das Innerste des Kindes, es ist das reinste und geistigste Erzeugnis des Menschen auf dieser Stufe. Im Spiel entdeckt das Kind die Welt. Das geschieht handelnd, nicht durch Sprache oder Belehrung. Die vom Kind in diesem Zeitraum gemachten Grunderfahrungen sind zwar von Sprache begleitet, nicht aber primär durch Sprache vermittelt. Diese Vorstellung prägt den fröbelschen Kindergarten bis heute.

Fröbel war nicht der Erste, der sich durch die Schaffung eigener Institutionen der vorschulpflichtigen Kinder annahm. Der englische Industrielle Robert Owen (1771–1836) errichtete für die zwei- bis sechsjährigen Kinder der Arbeiter und Arbeiterinnen seiner Textilfabrik in England eine »infant school«, damit diese, wenn die Eltern arbeiteten, nicht mehr sich selbst überlassen blieben. Der in dem abgelegenen Ort Steintal in den Vogesen tätige Pfarrer Johann Friedrich Oberlin (1740–1826) richtete für die wegen der beruflichen Tätigkeit der Eltern meist aufsichtslosen Kinder »Kleinkinderschulen« ein, in denen diese religiöse Liedverse und Sprüche, aber auch das Nacherzählen von Geschichten und einfache Handarbeiten (Spinnen, Stricken) lernen sollten. Aber im Gegensatz zu diesen primär auf Beaufsichtigung der Kinder ausgerichteten Kinderbewahranstalten legte Fröbel als Erster ein eigenes pädagogisches Konzept vor.

Ihm folgte mit einem anderen Konzept später Maria Montessori (1870–1952). Bei den Montessori-Materialien liegt der Hauptakzent aber auf der gezielten »Schulung« einzelner Sinne, nicht auf freiem Spielen, das sie »aus Ehrfurcht vor dem Material« gerade verhindern möchte. Mit Fröbel verbindet sie das Prinzip der Selbsttätigkeit des Kindes, die Aufforderung, der Erzieher solle nicht eingreifen, sondern sich zurückhalten, die Ehrfurcht vor der Eigenentwicklung des Kindes und die große Bedeutung, die dem Umgang mit gegenständlichen Materialien für die Entwicklung des Kindes zugemessen wird. Nach Montessori soll die Initiative zur Beschäftigung mit den Materialien vom Kind auszugehen. Wenn dieses in die entsprechende »sensible Phase« kommt, wird es aus dem bereitgestellten Materialangebot das auswählen, was seinem Entwicklungsstand entspricht. Nach einer kurzen Einführung durch die Erzieherin wird es eigenständig mit den Materialien umgehen und die im Material grundgelegten Ordnungs- und Gestaltungsgesetze erkennen. Im Idealfall wird es sich derart in sein Tun vertiefen, dass es gleichsam die Welt um sich herum vergisst. Montessori bezeichnete dieses Phänomen als »Polarisation der Aufmerksamkeit«. Durch die Polarisation der Aufmerksamkeit ordnet sich der Geist des Kindes, es kommt zur »Normalisierung des Kindes«.

Zusammenarbeit von Kindergarten und Schule – Historische Entwicklung

Sowohl der fröbelsche Kindergarten wie später das »Kinderhaus« Maria Montessoris setzten gegenüber der damaligen Volksschule, in der die rein kognitive Vermittlung des Lernstoffs, Memorieren und disziplinärer Drill den Schulalltag prägten, deutlich andere Akzente. Handelnder Umgang und eigenes Entdecken statt verbaler Belehrung, Eigentätigkeit statt vorgeschriebener Aktivitäten, Individualisierung statt Lernen im Gleichschritt mit den andern nach dem Plan des Lehrers waren die entscheidenden Unterschiede.

Diese unterschiedlichen Konzeptionen machen verständlich, warum es im 19. Jahrhundert nicht zu einer Zusammenarbeit zwischen den beiden Einrichtungen kam. Mit der Übernahme reformpädagogischen Gedankenguts in die 1919 gegründete Grundschule hatten sich die pädagogischen Konzepte der beiden Institutionen aber deutlich angenähert. Auf der 1920 abgehaltenen Reichsschulkonferenz stand auch das Thema Kindergarten zur Diskussion. Hier forderten SPD-nahe Delegierte die Integration des Kindergartens in die Schule, den Pflichtbesuch des Kindergartens für alle Kinder und die Unterstellung der beiden Institutionen unter ein gemeinsames Schulministerium. Sie konnten sich aber nicht durchsetzen. Immerhin wurde erreicht, dass jetzt die Kindergärten erstmals einem staatlichen Ministerium, dem Sozialministerium, unterstellt wurden und so nicht mehr rein private Unternehmungen waren. Ab dieser Zeit stieg in den Städten auch die Zahl der Kindergärten steil an. Zu einer wirklichen Zusammenarbeit mit der Schule kam es aber nicht. Beide Institutionen gingen weiterhin ihre eigenen Wege. Hier spielte wohl eine entscheidende Rolle, dass Kindergärten im Gegensatz zur Schule, wie bis heute, meist in kirchlicher Trägerschaft sind.

Einen wichtigen Anstoß erhielt die Zusammenarbeit zwischen Kindergarten und Schule durch das 1964 in den USA erschienene Buch von Glenn Doman, »How to teach your baby to read«. Doman wies nach, dass auch schon Dreijährige bei Anwendung geeigneter Methoden lesen lernen können. Dabei ging es weniger um das frühe Lesenkönnen an und für sich. Er erhoffte sich vielmehr durch die frühe Leseförderung einen wichtigen Beitrag zur generellen Förderung der kognitiven Entwicklung der Kinder. Der »Ackerboden Intelligenz«, so meinte Doman, sei bisher nach völlig veralteten und überholten Methoden bearbeitet worden. Durch andere Methoden könne auch der Ertrag des Bodens verbessert werden.

Domans Buch wurde von H.R. Lückert ins Deutsche übersetzt. Zudem entwickelten Lückert und, ihm folgend, andere ein breites Angebot an Lesematerialien für den Vorschulbereich. Auch in Deutschland setzte ein entsprechender Boom ein. Bildungsbeflissene Eltern versuchten, ihren Kindern lesen beizubringen. Sie drängten darauf, dass in den Kindergärten Programme zur Frühförderung durchgeführt wurden. »Arbeiten Sie mit Mappen?«, war eine damals viel gehörte Frage an die Erzieherinnen. Unter »Mappen« verstand man Arbeitshefte, in denen es bald nicht mehr nur um Frühleseförderung, sondern um das Training verschiedenster kognitiver Fähigkeiten (Begriffsbildung, Entdecken von Regelmäßigkeiten, Steigerung der Wahrnehmungskompetenz, Konzentrationsaufgaben, Schulung der Feinmotorik) ging.

Für die Kindergärten waren diese Forderungen neu und ungewohnt. Sie stießen auf Vorbehalte, hatte doch der »Vater« des Kindergartens, Friedrich Fröbel, den Kindergärten das Konzept verordnet, die Kinder durch Spiel und nicht primär durch Sprache zu fördern. Zugleich ging er von der Vorstellung aus, es sei die vorrangige Aufgabe des Erziehers, den Kindern Bedingungen zu schaffen, in denen sie sich ungestört, abgeschirmt von schädlichen äußeren Einflüssen entfalten könnten. Dieses Konzept wurde von der Entwicklungspsychologie übrigens bis in die 60er-Jahre vertreten. So sprach man vom Kindergarten und der Grundschule als dem Ort ruhig reifender Kindheit. (vgl. S. 112ff.). Die neue Bewegung aber forderte vom Kindergarten gezielte Eingriffe, systematisches und zu einem guten Teil verbales Training. In der Zwischenzeit hatten sich freilich die entwicklungspsychologischen Vorstellungen verändert. Dem Lernen wurde gegenüber dem von innen gesteuerten »Reifen« ein überragender Stellenwert eingeräumt. Die Umwelt und das Lernangebot wurden als Haupttriebkraft der kognitiven Entwicklung angesehen. Dabei wurde vor allem dem *frühen* Lernen große Bedeutung zugemessen. Spätere Defizite wurden als Folge versäumter Lernchancen, als Folge mangelnden Anregungsmilieus in vielen Familien, vor allem der sozialen Unterschicht gesehen. Als Gegenmittel setzte man auf »kompensatorische Vorschulprogramme«. Diese kamen vor allem in den USA in großem Umfang zur Anwendung (z. B. das Head Start Program).

Die neuen entwicklungspsychologischen Erkenntnisse schlugen sich auch in der Bundesrepublik in Überlegungen zur Neugestaltung des Bildungswesens nieder, in die der Kindergarten unbedingt einbezogen werden sollte. So schlugen der Deutsche Bildungsrat und die Bildungskommission[1] im »Strukturplan« (1970) eine Neukonzeption des Elementarbereichs und der Eingangsstufe der Grundschule vor. Die Schulpflicht sollte grundsätzlich mit dem fünften Lebensjahr beginnen. Die bisherige erste Grundschulklasse und das neu gewonnene Schuljahr der fünf- bis sechsjährigen sollten zu einer zweijährigen Eingangsstufe, in der Grundschullehrer/innen und Erzieherinnen gemeinsam die Kinder unterweisen, zusammengefasst werden. Umstritten war, ob die erste Klasse dieser Eingangsstufe organisatorisch an Kindergärten oder an der Schule angesiedelt werden sollte. Dies sollte in Modellversuchen geklärt werden. Der zweijährigen Eingangsstufe sollte eine zweijährige Grundstufe folgen und dieser die zweijährige Orientierungsstufe. Die vierjährige Grundschule wäre damit einfach um ein Jahr vorverlegt worden. Aber bereits in seinem ›Bericht 75‹ favorisierte der Bildungsrat (1975) ein 2+3-Modell (zwei Jahre Eingangsstufe und drei Jahre Grundschule), wie es bis heute noch in Hessen[2] in einzelnen Schulen praktiziert wird.

Des Weiteren sollte das Curriculum der verbleibenden Kindergartenzeit im kognitiven Bereich stärker im Sinne der Frühförderung verändert werden. Dabei sollten Begriffsbildung und sprachliche Kompetenzen, Wahrnehmungsleistungen und Konzentrationsfähigkeit, Denkschulung und motorisches Geschick gefördert werden. Das alles konnte nur durch eine engere Zusammenarbeit zwischen Schule und Kindergarten geschehen. Die Erziehungsprogramme sollten aufeinander abgestimmt werden und in pädagogischen Einzelfällen auch Beratung umfassen.

Im gleichen Zusammenhang wurde für die Grundschule das Konzept wissenschaftsorientierten Lernens anstelle einer einseitigen Kindertümlichkeit propagiert. Wissenschaftsorientierung der Bildung bedeutete, dass die Bildungsgegenstände, gleich ob sie dem Bereich der Natur, der Technik, der Sprache, der Politik, der Religion, der Kunst oder der Wirtschaft angehören, in ihrer Bedingtheit und Bestimmt-

1 Der 1965 gegründete Deutsche Bildungsrat war ein Gremium führender Erziehungswissenschaftler, die Bildungskommission setzte sich aus Wissenschaftlern und Bildungspolitikern der Länder zusammen.

2 Nach Horn (^{3}1996) gab es 1990/91 in Hessen 50 Grundschulen mit zweijähriger Eingangsstufe. Von diesen haben 18 gleichzeitig ein traditionelles erstes Schuljahr angeboten. Interessant ist der hohe Anteil der ausländischen Kinder an der vorgezogenen zweijährigen Eingangsstufe (20%). Mit einem kostenlosen Schulbesuch ab fünf Jahren bietet er ausländischen Eltern einen besonderen Anreiz.

heit durch die Wissenschaften erkannt und entsprechend vermittelt werden sollten. Die Wissenschaftsorientiertheit von Lerngegenstand und Lernmethode sollte für den Unterricht auf jeder Altersstufe gelten. Lernprozesse sollten so begonnen werden, »dass sie später in ihrer grundlegenden Richtung nicht mehr geändert werden müssen«. Es sollte »kein Wesens- und Wertunterschied zwischen den Lernprozessen am Anfang oder am Ende der Lernstufen« bestehen (Strukturplan, S. 133). Das sollte freilich nicht heißen, höhere Lernansprüche einfach nach unten vorzuverlegen. Es ging vielmehr um die Anbahnung elementarer Lernschritte, die für späteres Lernen Voraussetzung sind. So sollten sich Problemstellung und Vermittlung dem Alter der Schüler anpassen. Zugleich wurden für die Grundschule neue Inhalte gefordert. »Die Anfänge der Naturwissenschaften, der Sozialwissenschaften sowie der modernen Mathematik und Sprachlehre müssen in elementarisierter Form Eingang in den Primarbereich finden.« (Strukturplan, S. 134) Dabei wurde auf die anspruchsvollen Curricula verwiesen, die in den USA für die Grundschule entwickelt wurden. Vor allem K. Spreckelsen und H. Tütken haben diese neuen Ansätze für den deutschsprachigen Raum modifiziert und bekannt gemacht.

Neue Inhalte – das hieß neue Mathematik (Mengenlehre) statt Rechnen, Sachunterricht statt Heimatkunde und der Plan, ab dem dritten Schuljahr Englisch als erste Fremdsprache einzuführen.

Abgestützt werden sollte diese Neuorganisation des Grundschulbereichs durch stärkere Pädagogisierung, durch ein System von Stütz- und Neigungskursen, durch Verzicht auf pauschale Klassenwiederholungen, durch einen halbjährigen Einschulungstermin, durch klassenübergreifende Gruppierungen, durch die Einführung der Orientierungsstufe nach dem vierten Schuljahr, durch die eine zu frühe und zu wenig fundierte Zuweisung der Schüler der verschiedenen Schularten vermieden werden sollte (Strukturplan, S. 128–132, 141–146). Am Rande seien noch weitere strukturelle bildungspolitische Maßnahmen erwähnt, die in diesem Kontext zu sehen sind: Auflösung der kleinen Landschulen (sie wurden als zu wenig leistungsfähig angesehen); Einführung eines neunten Pflichtschuljahrs; Reform der Oberstufe des Gymnasiums; Neubau zahlreicher Bildungszentren, vor allem auf dem Lande (Realschulen, Gymnasien); Anhebung der Volksschullehrerausbildung auf ein wissenschaftliches Niveau.

Hinter diesem umfassenden bildungspolitischen Ansatz standen zwei Motive: der Versuch, durch kompensatorische Erziehung die Benachteiligung von Kindern benachteiligter Bevölkerungsschichten aufzuheben (Chancengleichheit), aber auch ein wirtschaftliches Motiv: durch Anhebung des allgemeinen Bildungsniveaus und durch die Erhöhung der Zahl der Absolventen mit qualifizierten Abschlüssen sollte dem erhöhten Bedarf an Facharbeitern (Sputnikschock 1957; Versiegen des Zustroms qualifizierter Arbeitskräfte aus der ehemaligen DDR nach dem Bau der Mauer 1960) Rechnung getragen werden (vgl. Knörzer/Grass 1998).

Viele dieser Anregungen wurden nicht verwirklicht, andere (Mengenlehre, Wissenschaftsorientierung im Sachunterricht, Strukturierung des Unterrichts durch operationalisierbare Lernziele) wieder teilweise rückgängig gemacht. Geblieben sind Stütz- und Förderkurse, Verzicht auf Klassenwiederholungen am Ende des ersten

Schuljahrs (es sei denn mit Einverständnis der Eltern), Verbalbeurteilung statt Ziffernzeugnis zumindest in Klasse 1 und 2 (in Klasse 2 evtl. beides) sowie die wissenschaftliche Lehrerausbildung an Pädagogischen Hochschulen oder Universitäten.

Die Vorschläge waren nicht unumstritten. Die Kindergärten, überwiegend in kirchlicher Trägerschaft, wehrten sich gegen die Vereinnahmung durch die staatliche Schule. Zunehmend mehrten sich auch wissenschaftliche Stimmen, die vor allzu großer Euphorie warnten. In den USA zeigten sich die kompensatorischen Vorschulprogramme als bei weitem nicht so erfolgreich, wie man ursprünglich annahm. Die erzielten Erfolge erwiesen sich dann als äußerst kurzlebig, wenn nicht die Mütter in die Programme einbezogen wurden, sodass eine längerfristige und über die Trainingssituation hinausgehende Veränderung der Lern- und Interaktionsbedingungen des Kindes gewährleistet war. Generell zeigte sich auch in der Bundesrepublik, dass die zunächst bei Schuleintritt feststellbaren Vorsprünge der besonders geförderten Kinder von den anderen rasch aufgeholt wurden. Die Hoffnung auf eine generelle und langfristige Anhebung des kognitiven Niveaus musste aufgegeben werden. Vor allem mehrten sich die Bedenken gegen eine einseitige Forcierung der kognitiven Fähigkeiten. Wurden damit andere wichtige Bereiche der Persönlichkeit möglicherweise nicht nur nicht berücksichtigt, sondern evtl. sogar beeinträchtigt (soziales Verhalten, emotionaler Bereich, Kreativität usw.)?

Trotz dieser Bedenken haben diese Anstöße zur kognitiven Frühförderung das Programm des heutigen Kindergartens beeinflusst und wichtige Förderungsdimensionen ins Bewusstsein gehoben. Aber zahlreiche Kooperationsvorhaben zwischen Schule und Kindergarten wurden wieder eingestellt.[1] Es blieb die heute übliche Form einer lockeren Zusammenarbeit an der Nahtstelle des Übergangs vom Kindergarten in die Schule. Die äußere Form des Kindergartens blieb erhalten.

In den Niederlanden wurden die Vorstellungen einer engen Verzahnung von Kindergarten und Schule wesentlich radikaler umgesetzt. Seit dem 1.8.1985 gibt es keinen Kindergarten mehr und es gibt auch nicht mehr den Beruf der Erzieherin. Die Grundschule (basic-school) dauert acht Jahre (viertes bis zwölftes Lebensjahr), wobei die eigentliche Schulpflicht mit dem fünften Lebensjahr beginnt. Fast alle Kinder besuchen diese basic-school aber ab dem vierten Lebensjahr und werden hier von einem einheitlich ausgebildetem Lehrerteam unterrichtet. Die einzelnen Schulen haben einen verhältnismäßig hohen Freiheitsspielraum für die Gestaltung dieses Jahres vor Beginn der eigentlichen Schulpflicht. Für Kinder *vor* dem vierten Lebensjahr werden Spielgruppen und Kinderkrippen angeboten, die privat unterhalten oder von lokalen Behörden verwaltet werden. Man wird diese Regelung unterschiedlich beurteilen können.

1 Nur in drei Bundesländern werden an einzelnen Schulen noch Versuche praktiziert: in Hessen mit zweijähriger Eingangsstufe (vgl. Fußnote S. 133), in Hamburg mit einer einjährigen Eingangsstufe (»Vorklassen«) als Pflichtbesuchsjahr für schulpflichtige, jedoch zurückgestellte Kinder sowie als freiwilliges Angebot für Fünfjährige, in Berlin ebenfalls als einjährige Eingangsstufe als freiwilliges Angebot für Fünfjährige.

Interessant ist auch, dass die Kinder während des Besuchs der basic-school regelmäßig einen Beurteilungsbogen erhalten, der über die im Laufe der Schulzeit erzielten Fortschritte Auskunft gibt. Selbst am Ende der basic-school wird kein Zeugnis ausgestellt. Die Schüler wählen die Sekundarschule auf der Basis der erlangten Fähigkeiten und in Beratung mit den Lehrkräften, dem Schulleiter und ihren Eltern aus.

Gesetzliche Regelungen

Es ist eine Frucht der Entwicklungen in den 70er-Jahren, dass die Schule die Notwendigkeit der Zusammenarbeit mit dem Kindergarten erkannte. Wie oben dargestellt, war ursprünglich an eine enge Verzahnung der beiden Institutionen gedacht. Von all den verschiedenen Projekten blieb nur die Zusammenarbeit von Kindergarten und Schule.

Diese Zusammenarbeit ist heute in allen Bundesländern durch Erlasse geregelt. In Baden-Württemberg wurde 1977, 1983 und 1993 durch eine Verwaltungsvorschrift eine Zusammenarbeit auf freiwilliger Basis empfohlen. Ziel der Kooperation ist die Sicherung eines möglichst bruchlosen Übergangs vom Kindergarten in die Grundschule. Dabei soll es keineswegs um eine einseitige Anpassung des Kindes an die Anforderungen der Schule, sondern auch um eine entsprechende Gestaltung der schulischen Eingangsbedingungen und Methoden gehen.

Die pädagogische Zusammenarbeit zwischen Kindergarten und Schule soll auf drei Ebenen geschehen:

1) der Ebene direkter Aktionen mit den Kindergartenkindern und Schulanfängern;
2) der Ebene der Elternarbeit in Form von gemeinsamen, von Kindergarten und Schule veranstalteten Elternabenden und
3) auf der Ebene gegenseitiger Informationen und Beratungen zwischen Erzieherinnen und Lehrkräften.

Zu 1: Die direkten Aktionen mit den künftigen Schulanfängern haben das Ziel, falsche Erwartungen der Kinder gegenüber der Schule abzubauen und ihnen Hilfen für die Eingewöhnung in die Schule zu geben. Dazu bieten sich Besuche des Lehrers bzw. der Lehrerin im Kindergarten an. Umgekehrt können Kindergartenkinder die Schule besuchen, an einer Unterrichtsstunde teilnehmen und das Schulhaus besichtigen. Darüber hinaus können Kindergartengruppen und Grundschulklassen sich gegenseitig zu Schulfesten und Kindergartenfesten einladen.

Zu 2: Ziel der gemeinsamen Elternarbeit ist es, die Eltern mit dem spezifischen Auftrag von Kindergarten und Grundschule vertraut zu machen, Fragen des Übergangs vom Kindergarten zur Grundschule zu beraten und individuelle Beratungshilfen bei Fragen einer Zurückstellung oder vorzeitigen Einschulung der Kind zu geben.

Zu 3: Der Austausch von Informationen und gemeinsamen Beratungen zwischen Erzieherinnen und Lehrkräften soll die Zusammenarbeit der beiden Institutionen sichern und vertiefen. Hier können gegenseitige Hospitationen, gemeinsame Beratungen bei der Entscheidung, ob ein Kind schulfähig ist, und gegenseitige Einladungen zu Konferenzen der jeweiligen Einrichtung dienen.

Die letzte Empfehlung dürfte wohl nur sehr selten praktiziert werden. Ihre Umsetzung könnte aber dazu führen, dass Erzieherinnen sich nicht nur als gelegentlich in Anspruch genommene Informanten ohne jede Einflussmöglichkeit auf die Schule verstünden, die nicht einmal erfahren, wie sich die Kinder, die sie jahrelang betreut haben, in der weiterführenden Institution entwickelt haben.

In Baden-Württemberg werden nach dieser Verwaltungsvorschrift aus den Grundschullehrerinnen und Grundschullehrern spezielle Beauftragte für die Kooperation zwischen Kindergarten und Grundschule für einzelne Schulamtsbezirke ernannt. Diese sollen die Grundschulen ihres Bezirks bei der Kooperation beraten, bei Fortbildungsveranstaltungen für Erstklasslehrer evtl. zusammen mit Erzieherinnen mitwirken und mit den von den Kindergartenträgern bestellten Beratern kooperieren. Dafür erhalten diese Grundschulbeauftragten eine entsprechende Reduktion ihrer Unterrichtsverpflichtung.

Der Aufgabenbereich der Grundschulbeauftragten bezieht sich nicht auf direkte Aktionen mit bestimmten Kindergartenkindern oder deren Eltern. Er ist eher auf der Organisations-, Beratungs- und Fortbildungsebene angesiedelt. Zumindest an größeren Schulen hat sich die Praxis herausgebildet, dass die Grundschulbeauftragten eigene Kontaktlehrer für die Zusammenarbeit mit dem Kindergarten bestellen, die dann aus dem Pool der einer Schule zur Verfügung stehenden Deputatsstunden ebenfalls einen Deputatserlass erhalten. Die Kontaktperson besucht dafür die Kindergärten, organisiert »Kooperationsstunden«, bei denen Kindergartenkinder am Unterricht von Grundschülern teilnehmen, kooperiert mit Erzieherinnen und organisiert zusammen mit ihnen Elternabende für die Eltern der zukünftigen Schulanfänger.

Schwierigkeiten bei der Zusammenarbeit

Die Schwierigkeiten für eine Zusammenarbeit von Kindergarten und Schule beginnen im organisatorischen Bereich. In vielen Schulen erfolgt die Klassenverteilung erst kurz vor Ende des Schuljahrs. Die zukünftigen Erstklasslehrer sind also in der Zeit, in der die Zusammenarbeit zwischen Kindergarten und Schule schwerpunktmäßig stattfinden sollte, oft noch gar nicht bekannt. In Städten können sich Einzugsgebiete von Kindergärten und verschiedenen Grundschulen überschneiden und in der Regel sind mehrere Kindergärten einer Schule zugeordnet. Lehrerinnen und Lehrer haben in der Regel vormittags Unterricht. An den Nachmittagen treffen sie aber u.U. in den Kindergärten gar nicht mehr alle Kinder an.

Darüber hinaus gibt es eine Reihe persönlicher Probleme der an der Kooperation Beteiligten. Die Zusammenarbeit mit dem Kindergarten ist zeitlich aufwendig. Vielen Lehrern und Lehrerinnen fehlt es an Bereitschaft und Interesse. »Ich weiß gar nicht, was ich im Kindergarten eigentlich tun soll«, kann man immer wieder hören. Erzieherinnen klagen nicht selten: »Viele Lehrer halten es unter ihrer Würde, zu uns in den Kindergarten zu kommen.« Manche berichten, dass sie sich von den Grundschullehrerinnen und Grundschullehrern »überprüft«, »bevormundet« fühlten. So können es leider manche Lehrerinnen und Lehrer nicht unterlassen, Erzieherinnen zu kritisieren, weil diese den Kindern Lieder gelernt hätten, die der Grundschullehrplan für die erste Klasse vorsieht. Manche Grundschullehrerinnen und Grundschullehrer scheinen sich zu ärgern, wenn Erstklässler ihnen gelegentlich sagen, das hätten sie schon im Kindergarten gemacht. Dabei wäre dies doch eine hervorragende Möglichkeit, an schon Bekanntes anzuknüpfen und die Erstklässler lobend darauf hinzuweisen, was sie schon alles können.

Es lässt sich leicht vorstellen, dass Erzieherinnen von derartigen »Ratschlägen« sich schulmeisterlich behandelt fühlen und dann lieber auf eine Zusammenarbeit verzichten. Unsicherheiten und Minderwertigkeitsgefühle, vor allem seitens der Erzieherinnen, lassen diese dann vielleicht besonders empfindlich reagieren, wenn der Lehrer, wie manchmal üblich, alles besser weiß. Der Abstand zwischen Erzieherinnen und Lehrerinnen nach Ausbildung, sozialem Status, Bezahlung und Arbeitszeit ist vielleicht der größte zwischen den »Stockwerken« des Bildungswesens, der pädagogische Abstand der geringste.

Erzieherinnen empfinden sich zudem häufig nur als Zubringer für die Schule. Sie liefern den Lehrern wichtige Informationen über einzelne Kinder, erfahren selbst aber meist nie, wie diese Kinder sich dann in der Schule weiterentwickelt haben. Sie laden Lehrer ein, solange die Kinder noch im Kindergarten sind. Sie selbst aber werden kaum einmal in die Schule eingeladen. Warum sollen sie nicht einmal in den Unterricht der ersten Klasse kommen? Die Kinder werden stolz sein, ihnen zeigen zu dürfen, was sie schon alles können. Warum sie nicht zu Klassenfesten und Schulfesten einladen? Warum nicht in Problemfällen ihren Rat einholen?

Hier ist für die Zukunft noch wichtige soziale Aufbauarbeit zu leisten.

Beispiel eines Organisationsplans für eine Kooperation Kindergarten–Grundschule

Für einen frühzeitigen Beginn der Kooperation spricht die Tatsache, dass die Anmeldung der Schulanfänger für die Schule in der Regel im März/April stattfindet. Desgleichen müssen die einzelnen Aktivitäten langfristig geplant und koordiniert werden.

Jan./Febr.	Ein Arbeitskreis Kindergarten–Grundschule aus Erzieherinnen,]neuen Erstklasslehrern, Kooperationsbeauftragtem bildet sich. Ziel: Planung der Gesamtorganisation, Vertrauensbildung …
	Vorgespräch zwischen Lehrerin, die Kindergarten besucht, und Erzieherin.
	Erstklassenlehrerin besucht Kindergarten.
März/April/Mai	Nachgespräche über Eindrücke und Einschätzung einzelner Kinder. Eventuell gemeinsame Überlegungen zu gezielten Fördermaßnahmen für einzelne Kinder.
	Gemeinsamer Elternabend von Kindergarten und Grundschule zum Thema Schulanfang.
	Schulanmeldung.
	Schularzt; evtl. Schulfähigkeitsuntersuchung.
	Information an die Erzieherin über Ergebnisse des Einschulungsverfahrens.
Mai/Juni	Kindergartenkinder besuchen mit Erzieherin eine Unterrichtsstunde in der Schule.
Juli	Einladungsschreiben zum ersten Schultag.
Sept.	Schulaufnahmefeier. Erster Schultag. Dazu Erzieherin einladen!
Nov./Dez.	Gespräch zwischen Lehrerin und Erzieherin über die Entwicklung einzelner Kinder.
	Erzieherin besucht ihre ehemaligen Kinder in der Grundschule.

Besuche von Lehrerinnen und Lehrern im Kindergarten

Selbstverständlich bedürfen Besuche von Lehrerinnen und Lehrern im Kindergarten der Vorbereitung. Die Lehrerin bzw. der Lehrer können nicht einfach einmal »vorbeischauen«. Schon die Höflichkeit gebietet es, zuvor mit den Erzieherinnen Kontakt aufzunehmen.

Das soll aber nicht dazu führen, dass diese dann mit den Kindergartenkindern etwas für den Besuch der Lehrerin »vorbereiten«, ein Lied, ein Spiel oder dergleichen. Das Wichtigste beim Kindergartenbesuch ist die *ungezwungene* Kontaktaufnahme mit den Kindern. Umgekehrt sollten natürlich auch nicht die Lehrerin bzw. der Lehrer den Kindern »etwas bieten«, mit ihnen »etwas unternehmen« wollen.

Beim ersten Besuch sollte die Lehrerin, vor allem, wenn sie noch wenig mit Kindergartenarbeit vertraut ist, sich einfach einmal umschauen, den Raum, den Tagesablauf, die Arbeitsweise im Kindergarten kennen lernen und sich den Kindern vorstellen.

Vielleicht kann sie sich den Kindergarten zeigen lassen. Sie wird über das reichhaltige Angebot an Spiel- und Lernmaterialien überrascht sein. Wenn sie die räumliche Gestaltung des Kindergartens mit ihrem Klassenzimmer vergleicht, wird ihr bewusst werden, dass auch die räumliche Umstellung von der Spiel- und Wohnlandschaft des

Kindergartens auf die eher nüchterne, unterrichtsbezogene und wenig Wohnqualität bietende Kargheit des durchschnittlichen Klassenzimmers für Kinder schwierig sein kann. Vielleicht erhält sie so auch Impulse für eine kindgemäße Gestaltung des eigenen Klassenzimmers.

Vielleicht lässt sie sich den Tagesablauf eines Kindergartentags erzählen. Sie wird erfahren, dass dieser sehr locker mit einer Spielphase beginnt, in der die Kinder nach eigenem Belieben sich Spielsachen aussuchen, Kontakte aufnehmen oder für sich allein etwas tun. Da stört es nicht, wenn zunächst nur einige Kinder anwesend sind (offener Beginn) und andere erst später dazukommen. Kindergartenkinder können in der Regel im ersten Teil des Kindergartentags ihren individuellen Bedürfnissen nachgehen, die vor allem zu Tagesbeginn sehr ausgeprägt sind. Da muss ein Kind zuerst nachschauen, ob das Lastauto noch da ist, ob der gestern aufgebaute Turm noch steht, ob die Puppe schon aufgewacht ist. Erzieherinnen wissen, dass Kindergartenkinder zunächst ihre individuellen Spiel- und Kontaktwünsche befriedigen müssen, bevor sie, im zweiten Teil des Vormittags für gezieltere, von den Erzieherinnen gelenkte Aktivitäten offen sind. Die Lehrerin wird vielleicht ein Gefühl für die besondere Bedeutung der ersten zehn Minuten der ersten Unterrichtsstunde in der Schule bekommen, die Bedeutung eines lockeren Tagesbeginns, eines Morgenkreises, vor allem für Schulanfänger (vgl. S. 267f.). Sie wird erfahren, dass zwischen erster und zweiter Hälfte des Kindergartenvormittags gemeinsam gevespert wird. Das mag sie anregen, vielleicht einmal in der Woche die letzten zehn Minuten der Stunde vor der großen Pause und die große Pause dazu zu verwenden, mit den Kindern gemeinsam ein Tuch auf dem Boden oder zusammengeschobenen Tischen auszubreiten, selbst gekochten Tee zu servieren, gemeinsam ein zweites Frühstück zu machen, mit einem Blumenstrauß, einer brennenden Kerze, mit gegenseitigem Erzählen und gegenseitigem Bedienen (Tee einschenken usw.).

Beim zweiten Besuch kann sie sich zu den Kindern setzen, mit ihnen spielen, sich erzählen lassen. Vielleicht stellen die Kinder Fragen zur Schule. Daraus können sich ein lockeres Gespräch über die Vorstellungen der Kinder von der Schule und evtl. notwendig werdende Korrekturen durch die Lehrerin ergeben. Vielleicht blättert sie gemeinsam mit den Kindern in einem der zahlreichen Kinderbücher zum Schulanfang und liest daraus vor. Die künftigen Schulanfänger lernen einen Lehrer bzw. eine Lehrerin – vielleicht sogar ihre zukünftige – nicht nur vom Hörensagen, sondern wirklich kennen. »Sie war nett«, »er war nett« – wenn dies Kinder über diesen Besuch sagen, war er schon ein Stück weit erfolgreich.

Bei einem der folgenden Besuche können einzelne Kinder gezielt beobachtet werden. Vielleicht fallen der Lehrerin selbst ein paar Kinder auf, vielleicht erhält sie seitens der Erzieherin einige Hinweise.[1] Bei weiteren Besuchen können solche Beobachtungen vertieft werden.

1 Nach den neuen datenschutzrechtlichen Bestimmungen sind die Eltern über die Maßnahmen der Kooperation zu informieren und müssen ihr schriftliches Einverständnis dazu geben, wenn die Kooperation der Gewinnung von Informationen über einzelne Kinder dienen soll.

Einige Hinweise zur Beobachtung von Kindern aus einem Beobachtungsbogen des Staatsinstituts für Frühpädagogik (Erprobte Wege der Zusammenarbeit von Erziehern mit Lehrern. München, Freiburg 1985, S. 110) und eines »Beurteilungsbogens für Erzieherinnen zur Diagnose der Schulfähigkeit« (Ingenkamp 1990, Beltz Verlag) können hier vielleicht weiterhelfen. Für eine gezielte und längerfristige Beobachtung eines Kindes sei auf das standardisierte Verfahren von Ingenkamp (BEDS, Beurteilungsbogen für Erzieherinnen zur Diagnose der Schulfähigkeit, 1990: Beltz) verwiesen.

Für die Überprüfung und Förderung der für die Schule so wichtigen Differenzierungsfähigkeit (optisch-graphomotorisch, akustisch-phonematisch, kinästhetisch-artikulatorisch, melodisch, rhythmisch) bieten Breuer und Weuffen([3]1997) ein diagnostisches Instrumentarium und viele Vorschläge zur Förderung an. Dazu braucht man freilich Zeit und dies kann nicht bei einem zwei- oder dreimaligen Kindergartenbesuch erledigt werden.

Bei manchen Kindern wird es darum gehen, Fördermaßnahmen zu erarbeiten. Diese könnten mit den Erzieherinnen besprochen werden. Nochmals sei betont, dass solche Überlegungen gemeinsam aufgestellt werden sollten. Nur gemeinsame Überlegungen und Gespräche, bei denen beide Seiten aufeinander hören und voneinander lernen, können eine tragfähige Basis für eine längerfristige fruchtbare, über die formellen Kontakte hinausgehende Zusammenarbeit beider Institutionen bilden. Und sie sind auch im Interesse der betroffenen Kinder.

Stigmatisierung der Kinder durch Voreingenommenheit der Lehrer?

Die sozialwissenschaftlichen Befunde über Stigmatisierungsprozesse oder das Phänomen der sich selbst erfüllenden Prophezeiung (Pygmalioneffekt) lassen vielleicht die Frage aufkommen, ob es sinnvoll ist, wenn die Erzieherin der Lehrerin Vorinformationen über einige Kinder gibt. Ist nicht damit zu rechnen, dass Lehrerinnen oder Lehrer aufgrund solcher Vorinformationen dem Kind gegenüber bestimmte Erwartungshaltungen einnehmen, die das Kind in eine bestimmte Ecke drängen und zur »sich selbst erfüllenden Prophezeiung« werden?
Andererseits ist zu bedenken:

- Lehrerinnen und Lehrer werden, ob aufgrund der Informationen der Erzieherin, aufgrund eines Schulfähigkeitstests oder aufgrund eigener erster Eindrücke sich ohnehin in kürzester Zeit ein erstes Bild von einem Kind machen. Das lässt sich gar nicht vermeiden. Das eigene Bedürfnis, Handlungssicherheit zu gewinnen, drängt geradezu dazu, andere einzuordnen, zu klassifizieren. Die Mitteilungen der Erzieherin werden aufgrund der längeren Beobachtung vermutlich fundierter sein als die ersten zufälligen Eindrücke einer Lehrerin.
- Entscheidend ist, wie man mit den Informationen und ersten Eindrücken umgeht. Verantwortungsvolle Lehrerinnen und Lehrer werden von der Dialektik wissen,

Zusammenstellung wichtiger Gesichtspunkte für eine Beobachtung von Kindergartenkindern, die in die Schule kommen sollen.

Sprachlich kognitive Leistungen

Gibt es Kinder,
- die von sich aus wenig sprechen?
- die Probleme haben, auf Fragen zu antworten?
- die spezielle Sprachstörungen haben (Fehler bei Lautbildung, Näseln, Stottern)?
- die Laute und Lautverbindungen nicht richtig artikulieren können (s, sch, f, k, l, r, h, br, kl, pf, fr)?
- die Mehrzahl- und Einzahlbildung von Wörtern, die im Kindergartenalltag vorkommen, nicht beherrschen?
- die Sätze bilden, die grammatikalisch nicht richtig sind?
- die keine Oberbegriffe für Begriffe finden (z. B. Kleider, Obst, Tiere, Pflanzen)?
- die die Mengen 1–5 nicht den entsprechenden Ziffern 1–5 zuordnen können?

Feinmotorik

Gibt es Kinder,
- die eine verkrampfte, angespannte Stifthaltung beim Zeichnen haben?
- die Schwierigkeiten haben, großzügige Linien in einem Schwung zu malen?
- die bei anderen Tätigkeiten, die feinmotorisches Geschick erfordern (z. B. Schneiden, Ballfangen, Kneten, Falten, Spielen mit Bausteinen) unbeholfen sind?

Aufmerksamkeit und Konzentration

Gibt es Kinder,
- die leicht ablenkbar sind?
- die Tätigkeiten (Aufgaben, Spiele) nicht zu Ende führen?
- die nicht zuhören?

Sozialverhalten/Arbeitsverhalten

Gibt es Kinder,
- die sehr ängstlich und unsicher erscheinen?
- die schüchtern, zurückhaltend, gehemmt sind?
- die eine zu starke Abhängigkeit von Erwachsenen zeigen?
- die immer versuchen, die Aufmerksamkeit auf sich zu lenken?
- die in der Gruppe isoliert sind?
- die Schwierigkeiten haben, mit anderen zu spielen?
- die sich in größeren Gruppen nicht zurechtfinden und sich nicht unterordnen können?
- die Probleme haben, Konflikte auszuhalten oder angemessen auszutragen?
- die auf Enttäuschungen aggressiv (verbal, körperlich) reagieren?
- die keine Verbote bzw. Gebote respektieren können, Anweisungen nicht aufnehmen können?

dass wir immer handeln aufgrund von Vor-Urteilen, aufgrund eines Bildes vom anderen Menschen, dass wir andererseits eben dieses »Vorurteil«, dieses Bild vom anderen Menschen immer wieder infrage stellen und korrigieren müssen. Sie werden sich also nicht zu Gefangenen ihrer Vorinformationen machen. Pädagogisch gebildete Lehrerinnen und Lehrer wissen von der »Macht der Erwartungshaltungen« vor allem bei jungen Menschen mit noch wenig festem und konturiertem Selbstbild (vgl. S. 177ff.). Sie wissen von positiven und negativen Pygmalioneffekten und werden die offenen und heimlichen Suggestionen, die von ihren Erwartungen ausgehen, kontrollieren.

- Viele dem Kind dienlichen Maßnahmen sind nur möglich auf der Basis von Vorinformationen. Vorinformationen machen es möglich, schneller und gezielter auf einzelne Kinder einzugehen. Das gilt für Beobachtungsdaten, die eine Erzieherin gewonnen hat, wie für Hinweise, die sich aus guten Diagnoseverfahren ergeben.

Kindergartenkinder besuchen die Grundschule

Den nachhaltigsten Eindruck auf Kindergartenkinder wird es machen, wenn sie zusammen mit ihrer Erzieherin die Schule besuchen. Dabei kann ein erster Besuch dem Kennenlernen des Schulgebäudes dienen. Viel wichtiger aber ist, dass (evtl. in einem zweiten Besuch) Kindergartenkinder eine Stunde lang am richtigen Unterricht teilnehmen.

Bei diesem Unterrichtsbesuch sollte die Erzieherin für ihre Schützlinge Namenskärtchen zum Umhängen mitbringen. Immer wieder hat sich gezeigt, dass die Kinder diesen Besuch besonders dann positiv in Erinnerung behalten, wenn sie von der Lehrerin oder dem Lehrer persönlich mit dem Namen begrüßt oder in der Unterrichtsstunde namentlich aufgerufen wurden. Nach unseren Beobachtungen werden von Lehrerinnen, die in gleicher Weise aktiv und freundlich auf die Kinder zugingen, von den Kindern regelmäßig jene als besonders »freundlich« und »lieb« bezeichnet, die ein Kind einmal mit seinem Namen ansprachen (vgl. S. 263ff.).

Die Größe der den Unterricht besuchenden Kindergartengruppe sollte, wenn möglich, klein gehalten werden, eher fünf bis acht als zehn bis zwölf Kinder.

Es sprechen einige Argumente dafür, eine zweite Schulklasse statt einer ersten zu besuchen. Die Zweitklässler sind wohl schon eher in der Lage, sich der Kindergartenkinder anzunehmen, sie in die gemeinsame Arbeit einzubeziehen, während Erstklässler es vielleicht noch eher nötig haben, ihre Überlegenheit gegenüber den »Kleinen« zu demonstrieren. Sicher gibt es hier keine feste Regeln. Schön wäre es, wenn sich arrangieren ließe, dass die Kindergartenkinder den Unterricht ihrer späteren Lehrerin besuchen, was bei dem üblichen Zweijahresturnus (meist führen Grundschullehrerinnen ihre Klasse zwei Jahre lang) nicht allzu schwierig sein dürfte.

Für die Gestaltung dieser gemeinsamen Unterrichtsstunde sollte man von folgenden Prinzipien ausgehen:

- Es sollte eine richtige Unterrichtsstunde sein, also keine reine Spielstunde, aber auch keine Stunde, in der die älteren Schüler den Kindergartenkindern »ein Programm« bieten.
- Es sollte eine Unterrichtsstunde sein, in der die Kindergartenkinder nicht nur Zuschauer sind, sondern aktiv am Unterricht teilnehmen können.
- Es sollte zu einer Kooperation zwischen Kindergartenkindern und Schulkindern kommen, etwa in Form von Partnerarbeit von einem Schulkind mit einem Kindergartenkind. Zuvor sollte den Schulkindern gezeigt werden, wie sie ihren Schützling in die Arbeit einbeziehen können.
- Wenn möglich sollte das Ergebnis der Stunde zu einem Produkt, zu einem sichtbaren Ergebnis führen, das die Kindergartenkinder mitnehmen und zu Hause vorzeigen können.

Wenn die Kooperationsstunde von beiden Seiten vorbereitet wird, wachsen Spannung und Vorfreude, und beide Seiten wissen, dass ihr Beitrag wichtig ist.

Die Erzieherin könnte mit den Kindern ein Bilderbuch anschauen. Jedes Kind erhält eine Vorlage mit den wichtigsten Figuren aus diesem Buch, schneidet sie aus und malt sie an. In der Kooperationsstunde liest die Lehrerin die Geschichte vor und spricht mit den Kindern darüber. Dann werden die mitgebrachten Figuren jeweils von einem Kindergartenkind und einem Grundschüler auf einen Packpapierbogen geklebt und weiter gestaltet. Das Grundschulkind schreibt einen kleinen Text dazu. Die fertig gestellten Bogen werden dann gemeinsam bewundert und der Bogen, an dem das Kindergartenkind mitgearbeitet hat, diesem zur Erinnerung mitgegeben.

Dies sei ein Beispiel für viele Möglichkeiten. Als Inhalte eignen sich vor allem Themen aus dem Bereich Deutsch (Geschichten), Heimat- und Sachunterricht (z. B. Jahreszeiten, Zuordnung von Bildern zu einer Jahreskette; die Zweitklässler ordnen Kärtchen mit der Bezeichnung der Jahreszeiten zu); aber es sind auch Mathematikstunden denkbar. So könnten die Kinder z. B. Symmetrien erarbeiten. Sie stellen diesseits und jenseits einer in das Klassenzimmer geklebten »Straße« Stühle in verschiedener Drehung symmetrisch auf, ertasten diese blind und erstellen Symmetrien auf einem Arbeitsblatt. Oder sie lernen die Bestimmung von »größer« und »kleiner« an Türmen aus Steckwürfeln und dazugelegten Zahlensymbolen.

Gemeinsame Aktivitäten von Kindergarten- und Schulkindern

Über die ein- oder zweimalige Kooperationsstunde hinaus bieten sich viele Möglichkeiten für gemeinsame Aktivitäten von Kindergarten- und Schulkindern an. Hierbei werden nicht nur zwischen den Kindern Kontakte geknüpft oder alte, noch aus der Kindergartenzeit der Schulkinder herrührende Freundschaften wieder belebt. Die gemeinsamen Aktivitäten machen die Kindergartenkinder auch mit Lehrern und Lehrerinnen vertraut und zwischen diesen und den Erzieherinnen wächst eine zwanglose und selbstverständliche Zusammenarbeit.

Als gemeinsame Aktivitäten eignen sich beispielsweise Laternenbasteln und gemeinsamer Laternenzug im November, ein gemeinsames Picknick (Schulkinder bereiten den Bau einer Feuerstelle zum Würstchenbraten vor, Kindergartenkinder bringen in Thermosflaschen selbst gekochten Tee mit), gemeinsames Faschingsfest, Sternwanderung (Schulkinder und Kindergartenkinder gehen verschiedene Wege und treffen sich an einem gemeinsamen Ziel) und vieles andere mehr.

Dabei sollte aber beachtet werden, dass jeder Institution genügend Raum bleibt, ihre eigenen Feste zu feiern und diesen ihr eigenes Gesicht geben zu können. Keinesfalls sollte der Kindergarten an seiner spezifischen Identität Einbußen erleiden.

Ein gemeinsamer Elternabend von Erzieherin und Lehrerin mit den Eltern der zukünftigen Schulkinder

Die Zusammenarbeit von Erzieherinnen und Lehrern umfasst auch die Ebene der gemeinsamen Elternarbeit. Hier wird es sich vor allem um gemeinsam gestaltete Elternabende handeln.

Wir unterbreiten im Folgenden einen Vorschlag für die Tagesordnung für einen derartigen Elternabend. Es werden Themen genannt, die wohl die meisten Eltern vor dem Schuleintritt interessieren dürften.

- Ist mein Kind »schulreif«?
  Hierzu könnten die heutige Auffassung über Schulfähigkeit dargestellt und wichtige Kriterien für Schulfähigkeit genannt werden. Dabei sollte unbedingt darauf hingewiesen werden, dass die Schule nicht erwartet, dass Kinder allen diesen Kriterien entsprechen, sondern dass sie versucht, diese auf ihrem jeweiligen Entwicklungsstand abzuholen. Die Eltern sollten erfahren, dass die Anwendung von Testverfahren zur Feststellung der Schulfähigkeit nur noch in Ausnahmefällen geschieht und auf was der Arzt bei der gesundheitlichen Überprüfung der Schulfähigkeit achtet (vgl. S. 131).
  Dieser Tagungspunkt führt sicher zu Nachfragen einzelner Eltern, die sich unsicher sind, ob ihr Kind schon schulfähig ist. Derartige persönliche Fragen sollten nach dem Elternabend oder zu einem eigens anberaumten Termin individuell zusammen mit Lehrerin, Erzieherin und Eltern durchgesprochen werden.
- Neue Wege des Schulanfangs
  Bezogen auf die örtliche Situation sollte über die Modalitäten des Schulanfangs, über Möglichkeiten vorzeitiger Einschulung und Zurückstellung (vgl. S. 108, 132ff.) und über besondere Fördermaßnahmen informiert werden. Die Eltern sollten wissen, dass ein Antrag auf Zurückstellung der Kinder ernsthaft überlegt werden muss, weil hierdurch auch entwicklungsbedingte Lernchancen verspielt werden können.
- Manche Kinder können schon lesen. Ist dies von Vorteil und was geschieht mit den anderen?

Fast ein Drittel der Kinder, vor allem Mädchen, können vor Schuleintritt bereits lesen und viele können zumindest ihren Namen schreiben. Manche Eltern ziehen daraus den Schluss, nun ebenfalls ihrem Kind lesen oder schreiben beibringen zu sollen. Vielleicht sind sie auch in Sorge, dass ihr noch nicht lesendes Kind ins Hintertreffen geraten könnte. Solche Bedenken sind zu zerstreuen. Der Lesevorsprung einzelner Kinder wird von den anderen in kürzester Zeit wieder aufgeholt. Eltern sollten ihrem Kind nicht das Lesen beibringen wollen, sie sollten andererseits Fragen ihrer Kinder, was z.B. einzelne Wörter bedeuten, beantworten und nicht »bremsen«, wenn das Kind von sich aus Leseversuche unternimmt und ihnen etwas vorlesen möchte (vgl. Wespel 1998).

- Was können Eltern tun, um ihr Kind auf den Schulanfang vorzubereiten?

Viele Eltern werden sich mit der Auskunft, sie sollten mit ihrem Kind nicht systematisch üben, nicht zufrieden geben. Sie wissen dann zwar, was sie nicht tun sollen, aber wollen doch auch positiv etwas tun, um ihr Kind auf den Schuleintritt vorzubereiten.

Hierzu einige Anregungen:

- Eltern könnten ihre Kinder auf Lesen, Schreiben und Rechnen neugierig machen. Sie sollten dem Kind vor dem Schlafen eine Geschichte vorlesen, mit ihm Bilderbücher mit einfachen Textpassagen anschauen, aber sich auch darüber freuen, wenn ihnen das Kind in Kritzelschrift ein (nicht zu entzifferndes) Briefchen oder einen Einkaufszettel schreibt und es ihnen vorliest.

  Wenn Eltern ihren Kindern regelmäßig etwas vorlesen, mit ihnen Bilderbücher anschauen oder spielen[1], erfahren diese, dass es Alternativen zum Fernsehen gibt.
- Eltern sollten die Neugierde ihres Kindes befriedigen und anregen, die vielen hundert Kinderfragen ernst nehmen und beantworten, auf staunenswerte Sachverhalte in der Natur aufmerksam machen, mit ihnen Wanderungen unternehmen und das eine oder andere erklären, für Kinder interessante Ausstellungen und Museen besuchen u. dgl.
- Vor allem sollten Eltern mit ihren Kindern viel reden. Damit könnte dem von vielen Lehrerinnen und Lehrern beobachteten Rückgang der sprachlichen Kompetenz bei vielen Kindern gegengesteuert werden. Sprachliche Kompetenz kann nicht oder nur in bescheidenem Ausmaß über Fernsehen erworben werden, auch wenn in den Sendungen gesprochen wird. Kleine Kinder orientieren sich, vor allem auch angesichts der Geschwindigkeit des Szenenwechsels, an den Bildern.
- Eltern sollten ihr Kind dazu anhalten, bestimmte Regeln einzuhalten: abendliches Zu-Bett-Gehen zu bestimmten Zeiten, Aufräumen von Spielsachen, Essensregeln, regelmäßiger Besuch des Kindergartens usw. Das könnte eine Hilfe dafür sein, dass die Kinder leichter auch schulische Regeln akzeptieren.

1 Es sei auf die bekannten Familienspiele wie »Fang den Hut« oder Lernspiele wie Memory, Domino, Lotto hingewiesen.

Eltern sollten ihren Kindern helfen, dass sie angefangene Arbeiten und Spiele (z. B. Puzzle) auch zu Ende führen, dass sie nicht sofort bei einer auftauchenden Schwierigkeit aufgeben, um sich etwas Neuem zuzuwenden. Dies geschieht am besten dadurch, dass sie selbst zusammen mit dem Kind die angefangene Sache zu Ende bringen.

- Eltern sollten die Selbstverantwortung des Kindes stärken, ihnen etwas zutrauen, ihnen nicht alles abnehmen, ihnen Bereiche anbieten, für die sie zuständig sind (Sprudel holen, Tisch decken), freilich ohne das Kind zu überfordern. Überforderung führt zwangsläufig zu Misserfolgen und kann leicht eine generelle Misserfolgsorientierung nach sich ziehen.
- Eltern sollten nicht jeden Wunsch des Kindes sofort erfüllen, sondern ihrem Kind helfen, Kompromisse zu schließen.
- Ein paar Tage vor Schulbeginn sollten Eltern den Schulweg gemeinsam mit ihrem Kind ablaufen.
- Eltern sollten auf die Schule neugierig machen, unter keinen Umständen mit der Schule drohen oder in irgendeiner Weise vor ihr Angst machen.

Das sind Anregungen, die nicht immer direkt schulbezogen sind, sicher aber dazu beitragen können, dass das Kind mit den schulischen Anforderungen besser zurechtkommt. Manche dieser Anregungen kommen freilich fast etwas spät und hätten besser schon vor einem Jahr gegeben werden sollen. Sie sind vielleicht eine Anregung für die Erzieherin, die ja Elternabende mit Kindergarteneltern längst vor dem Schuleintritt durchführt.

Der Tag der Schulanmeldung und Einladungsschreiben zum ersten Schultag

Schulanmeldung – mehr als ein Verwaltungsakt

Viele Eltern sehen der Einschulung ihres Kindes mit zwiespältigen Gefühlen entgegen. Auch das Kind wird dem ersten offiziellen Kontakt mit der Schule mit einer Mischung aus Angst und Neugier begegnen. Um eine vertrauensvolle Zusammenarbeit zwischen Eltern und Schule zu schaffen, ist deshalb die Gestaltung dieses ersten Kontaktes bedeutsam. Ängste und Vorurteile werden leichter abgebaut, wenn es gelingt, die Eltern und das Kind persönlich anzusprechen.

Natürlich wird die Schulanmeldung nicht ohne »Bürokratie« ablaufen können. Der Verwaltungsakt sollte aber eher in den Hintergrund gedrängt werden. Eltern und Kinder sollten als ersten Eindruck nicht den einer Wartezimmer- und Schalteratmosphäre gewinnen.

Als Raum für die Schulanmeldung eignet sich ein Klassenzimmer eher als das Schulsekretariat. Es sollte aber besonders hergerichtet werden. Für die Eltern müssen richtige Stühle zur Verfügung stehen; die Kinderstühle sind für Erwachsene unbequem. Bilder, von Schülern gemalt, eine Spielecke mit Kinderspielen, eine Leseecke mit Bilderbüchern und wenig Text (solche Bücher können wir bald lesen!), eine Erfrischungsecke mit Kaffee, Gebäck und Saft laden zum Verweilen ein. Eine Mutter, die die Schulaufnahme in einem solchen Rahmen erlebte, sagte zu der aufnehmenden Lehrerin: »Kaffee und Kuchen hab' ich in der Schule noch nie bekommen. Sonst hab' ich das Schulhaus meist mit einem flauen Gefühl im Magen betreten … Heute aber war's direkt angenehm in der Schule.«

Neben der Raumgestaltung ist der Gesprächsstil von Bedeutung. Jedes Examinieren, Ausfragen, Belehren … sollte vermieden werden. Das Gespräch richtet sich an die Eltern, aber auch in geeigneter Weise an das Kind.

Durch entsprechende Organisation (Bestellung der Eltern zu verschiedenen Zeiten) kann Zeitdruck vermieden werden.

Ein Negativbeispiel – oder: wie es noch manchmal bei der Schulanmeldung zugeht

Eindrücke eines Vaters vom Tag der Schulanmeldung:

»Durch die Tageszeitung wird man verpflichtet. Ort und Zeit sind angegeben. Johannes – so heißt der Knabe – weiß, dass er in die Schule kommt. Er scheint nicht besonders begierig auf die Erfahrung mit dieser neuen Sozialisationsinstanz zu sein. Auch mehrmaliges, motivieren-wollendes Rückfragen der Großmutter ändert daran nichts.

Wir betraten die Schule, ein Klassenzimmer. Dort trafen wir zwei aufgeregte Mütter mit zwei wartenden Kindern. Niemand sagte ein einziges Wort. Wir alle schauten auf die Bilder an die Wand, die der Schule zur Einweihung geschenkt worden waren. ›Kind mit Hühnern‹ war ein eindrucksvoller Hinweis auf die heile Lesebuchwelt. Dazu kontrastierend das Rechenarbeitsblatt mit der Hausaufgabe des Tages. Meine Frau konnte die Mathematikaufgabe des zweiten Schuljahrs nicht gleich verstehen. An der Frustrationstoleranz nagten auch die kopfhängenlassenden Grünpflanzen.

Jetzt kamen wir dran. Wir betraten folgsam das voll gestellte Lehrerzimmer … Zwei Lehrerinnen saßen uns gegenüber, sie lächelten, wir Eltern auch. Es hatte sich herumgesprochen, dass die eine Lehrerin ihre Klasse behalten sollte, die andere unser Dorf verließ. Unserem Wunsch, die zukünftige Lehrerin unseres Sohnes zu sehen, konnte aus überregionalen schulorganisatorischen Gründen nicht entsprochen werden. Wir haben auch nicht gefragt: Man will doch nicht gleich auffallen, das könnte doch dem Kind schaden.

Nur die Personalien wurden aufgenommen. Bei der Frage: »Name des Erziehungsberechtigten?«, wollten wir einen Beitrag zum Jahr der Frau leisten. Die Karteikarte hatte aber nur Platz für einen Namen. Im Hinausgehen bekam ich noch drei Zettel: ein grünes Blatt des geschäftsführenden Rektors u.a. mit den Daten des Schulreifetests und der schulärztlichen Untersuchung, ein weißes Blatt des Elternbeirats zum Thema ›Sicherer Schulweg‹ und ein Merkblatt eines ›Landesausschusses für gesundheitliche Volksbildung‹. Wir sollten die drei Zettel wohl lesen. Nach 4 ½ Minuten wurden wir ›abgelöst‹. Johannes hatte während dieser Zeit nichts gesagt. Er war auch nicht gefragt worden.« (Weber 1975)

Ein Vorschlag zur Gestaltung der Schulanmeldung

Die Eltern erhalten ein Einladungsschreiben mit unterschiedlichen Zeitangaben (z. B. 15.00 Uhr bis 15.20 Uhr). Sie warten in einem anregend eingerichteten Klassenzimmer, bis die Lehrerin sie zu einem Gespräch auffordert. Vielleicht kann eine weitere Kollegin die wartenden Eltern zwanglos über das Leben und Lernen in einer heutigen Grundschule informieren und vor allem den Kindern zeigen, was es in diesem Zimmer zu entdecken gibt.

Elemente des eigentlichen Aufnahmeverfahrens:

- Die zukünftige Lehrerin zeigt dem Kind und der Mutter ein vorbereitetes und noch näher auszugestaltendes »Namenskärtchen« (siehe unten). Die Lehrerin, evtl. auch das Kind, schreibt den Namen des Kindes auf das Kärtchen. Erste Gespräche ergeben sich über den Namen, einzelne Buchstaben …

> Am 28. August komme ich in die Klösterleschule.
>
> Mein Name

- Das Kind wird aufgefordert, ein Bild von sich selbst unter den Namen zu zeichnen. Auch hier ergeben sich Gespräche über Kleidung, Haarfarbe … Darüber hinaus bekommt die Lehrerin einen Eindruck von der optischen Gliederungsfähigkeit und dem feinmotorischem Geschick des Kindes. Das Namenskärtchen nimmt das Kind mit nach Hause und bringt es am ersten Schultag wieder mit in die Schule.
- An der Wand hängen Bilder von kindertümlichen Szenen. Sie laden zu einem Gespräch darüber ein, was auf dem Bild zu sehen ist und was die Kinder tun.
- Die Lehrerin fragt das Kind, ob es mit ihr eines der bereitliegenden Bilder- oder Sachbücher anschauen möchte.
- Der formale Teil der Schulanmeldung kann entweder in dieses Kreisgespräch integriert werden (z. B. während das Kind das Bild malt) oder zuvor in dem anderen Zimmer von der Kollegin übernommen werden.

Gelenktes Elterngespräch zur Feststellung der Schulfähigkeit des Kindes

Meistens wird das Gespräch mit den Eltern nur der ersten allgemeinen Kontaktaufnahme dienen und der aufnehmenden Lehrerin einen ersten Eindruck vom Kind ermöglichen. Es kann aber, wenn das Kind mit anwesend ist, auch wichtige Hinweise für die Schulfähigkeit eines Kindes geben.

Im Kieler Einschulungsverfahren (vgl. S. 126ff.) findet sich hierzu ein Leitfaden für das Elterngespräch und Hinweise für dessen Bewertung.

Einladungsschreiben zum ersten Schultag

Eine freundliche Einladung

In vielen Gemeinden ist es üblich, die Kinder über einen Brief an die Eltern auf den ersten Schultag aufmerksam zu machen. Ein derartiges Schreiben kann etwa folgenden Wortlaut haben:

............, im Juli 1983

Liebe Eltern!

Ihr Sohn/Ihre Tochter ....

wird am Mittwoch, 7. September 1983 in die Schule aufgenommen.

Wir erwarten Sie und Ihr Kind um 9.00 Uhr im Musiksaal der

.... schule.

Am ersten Schultag teilen Ihnen die Lehrkräfte mit, welche Arbeitsmittel benötigt werden; kaufen Sie bitte vorher noch nichts ein.

Mit freundlichen Grüßen
Rektor ...

Derartige Schreiben sind wegen ihrer amtlichen Funktion wohl unumgänglich. Sie könnten aber ergänzt werden durch einen Einladungsbrief, der direkt an das zukünftige Schulkind adressiert ist.

Welch eine Freude, einen persönlich adressierten Brief, unterschrieben von der zukünftigen Klassenlehrerin, zu erhalten! Welch ein motivierender Impuls, lesen zu lernen, um später einmal einen solchen Brief auch selbst lesen zu können!

Der Brief kann leicht von Schülern des dritten Schuljahrs vorbereitet und individuell gestaltet werden. Den Text schreibt dann die zukünftige Lehrerin. Nicht vergessen werden sollte die persönliche Anrede des Kindes beim Namen (also nicht: Liebes Schulkind oder dgl).

Hier einige Beispiele:

Liebe Christiane!

Jeder fängt einmal klein an.
Du siehst hier ein Bild
von mir. So sah ich aus,
als ich in die Schule gekommen bin.
Natürlich bin ich jetzt
viel größer geworden.
Ich bin nun ja deine
Lehrerin und heiße Frau
Braun.
Bald wirst du zu uns in die Schule kommen.
Ich freue mich, dich zu sehen und möchte
dir heute schon einen lieben Gruß schicken.
Mit dir kommen noch 19 andere Kinder
in deine Klasse, 12 Jungen und 7 Mädchen.
Wir werden fest zusammen halten und
einander helfen, miteinander lernen, reden,
spielen, turnen, singen.
Bis zum ersten Montag im September,
dem Tag, an dem für dich die Schule beginnt,
grüßt dich herzlich

deine Lehrerin Frau Braun

Lieber Peter!

Bald ist es so weit. Du kommst in die Schule. Ich bin deine Lehrerin und heiße Frau Ihring. Und oben findest du auch die Namen der anderen Kinder, die mit dir in einer Klasse sind. Für jedes Kind habe ich ein Blütenblättchen gemalt, und du wirst dein Blättchen sicher finden.

Ich freue mich, dich zu sehen. Und sicher freust du dich auch. Wir werden lesen, schreiben, rechnen, aber auch singen, malen, basteln, turnen. Ich werde dir und den anderen Kindern helfen, dass ihr das gut lernen könnt. Du gehörst jetzt zu den Großen. Du bist ein Schulkind geworden.

Ich gratuliere dir dazu.

Deine Lehrerin
Frau Ihring

Literaturverzeichnis

Baumann-Metzinger, U.: Probleme beim Übergang vom Kindergarten in die Grundschule. Stuttgart 1984: Bonz, S. 62–112.
Braun, A.: Erwartungen und Perspektiven von Schulanfängern. Pilotstudie. In: Empirische Pädagogik, H. 1, 1987, S. 53–59.
Breuer, H./Weuffen, M.: Lernschwierigkeiten am Schulanfang. Schuleingangsdiagnostik zur Früherkennung und Frühförderung. Weinheim und Basel [3]1997: Beltz.
Büttner, Chr./Dittmann, M. (Hrsg.): Elternhandbuch Kindergarten. Weinheim und Basel 1995: Beltz.
Claussen, C.: Einschulung und Erstunterricht. Praktische Vorschläge für einen besseren Übergang ins Schulleben. Freiburg 1977: Herder, S. 58–59, 118–127.
Claussen, C.: Schulanfang. In: Bartnitzki, H./Christiani, R. (Hrsg.): Handbuch der Grundschulpraxis und Grundschuldidaktik. Stuttgart 1981: Kohlhammer, S. 62–73.
Deutscher Bildungsrat, Empfehlungen der Bildungskommission: Bericht '75. Entwicklungen im Bildungswesen. Stuttgart 1975: Klett, S. 70f.
Deutscher Bildungsrat. Empfehlungen der Bildungskommission: Strukturplan für das Bildungswesen, Stuttgart 1970.
Die Grundschulzeitschrift. Themenheft: Integrativer Schulanfang, H. 104, Mai 1997.
Die Grundschulzeitschrift. Themenheft: Gemeinsam anfangen – gemeinsam lernen, H. 14, 1988.
Doman, G./Lückert, H.: Wie kleine Kinder lesen lernen. Freiburg [2]1967: Hyperion.
Dräger, M. (Hrsg.): Der Anfangsunterricht in Regel- und Integrationsklassen. Wie Unterricht und Lernen im 1. Schuljahr beginnen können. Heinsberg 1997: Dieck.
Faust-Siehl, G.: Ich wünsche mir eine liebe Lehrerin. Erwartungen und Einstellungen von Kindern gegenüber der Schule. In: Grundschule, 1997 (5), S. 24–27.
Finckenstein, I. von: Eingeschult und ausgespielt. Kinder, Eltern, Lehrer und die Grundschule. München 1996: Knaur Taschenbuch.
Funkkolleg Beratung in der Erziehung. Studienbegleitbrief 4, Weinheim-Basel 1974, Kollegstunde 10, S. 62–93.
Grossmann, W.: Kindergarten. Eine historisch-systematische Einführung in seine Entwicklung und Pädagogik. Weinheim und Basel [2]1994: Beltz.
Grundschule. Themenheft: Die pädagogische Aufgabe des Schulanfangs heute, H. 8, 1984.
Grundschule. Themenheft: Den Schulanfang pädagogisch gestalten, H. 2, 1987.
Grundschule. Themenheft: Schulanfang 1987, H. 5, 1987.
Grundschule. Themenheft: Jetzt bin ich ein Schulkind, H. 6, 1990.
Hacker, H.: Vom Kindergarten zur Grundschule. Bad Heilbrunn 1992: Klinkhardt.
Heiland, H.: Friedrich Fröbel. Reinbek b. Hamburg 1982: Rowohlt.
Herbert, M./Meiers, K.: Leben und Lernen im ersten Schuljahr. Stuttgart [2]1981: Klett, S. 9–16.
Herbert, M.: Der erste Schultag: In: Grundschule, H. 7/8, 1984, S. 43–44.
Hollmann, E./Oster-Hornung, R.: Kooperation Kindergarten – Grundschule. Hannover 1980: Schroedel.
Horn, A. (Hrsg.): Kindergarten und Grundschule arbeiten zusammen. Frankfurt a.M. 1982: Arbeitskreis Grundschule.
Horn, A.: Brücken zur Einschulung – Kindergarten, Eingangsstufe, Vorklassen. In: Haarmann, D. (Hrsg.): Handbuch Grundschule , Bd. 1, Weinheim und Basel [3]1996: Beltz, S. 88–101.
Huppertz, N.: Zusammenarbeit von Kindergarten und Grundschule. Freiburg 1980: Herder.
Huppertz, N./Rumpf, J.: Kooperation zwischen Kindergarten und Schule. München 1983: Bardtenschlager.
Janosch, K.: Schnuddel. Wenn Schnuddel in die Schule geht. Hamburg 1991: Dressler.
Jörg, S.; Kellner, J.: Der Ernst des Lebens. Stuttgart 1996: Thienemann.

Korschunow, J.: Für Steffi fängt die Schule an. München 11 1996: dtv junior.
Knörzer, W./Grass, K.: Einführung Grundschule. Weinheim und Basel 1998: Beltz.
Kuhlen, H.: Gleitender Schulanfang. In: Die Grundschulzeitschrift, H. 6, Juni 1987, S. 4–5.
Lichtenstein-Rother, J./Röbe, E.: Grundschule. Der pädagogische Raum für Grundlegung der Bildung. Weinheim und Basel ^{6}1993: Beltz.
Lindgren, A.: Ich will auch in die Schule gehen. Hamburg 1980: Oetinger.
Mauthe-Schonig, D.: Handbuch Schulanfang I, Weinheim und Basel 1979: Beltz.
Meiers, K.: Schulanfang – Anfangsunterricht, Bad Heilbrunn 1981: Klinkhardt.
Ministerium für Kultus und Sport (Hrsg.): Dokumentation Bildung Nr. 1. Kooperation zwischen Kindergarten und Grundschulen. Stuttgart 1979.
Ministerium für Kultus und Sport Baden-Württemberg (Hrsg.): Lebensraum Kindergarten. Pädagogische Anregungen für Ausbildung und Praxis. Freiburg, Lahr 1981: Herder, Kaufmann.
Moll-Strobel, H.: Der Übergang von der Familie und dem Kindergarten zur Grundschule. Möglichkeiten einer Kooperation. In: Siller, R. (Hrsg.): Einführung in die Grundschuldidaktik. Darmstadt 1983: Wiss. Buchgesellschaft. S. 88–101.
Naegele, I./Haarmann, D. (Hrsg.): Schulanfang heute. Ein Handbuch für Elternhaus, Kindergarten und Schule. Weinheim und Basel 1999: Beltz.
Naegele, I./Portmann, R./Kalb, P. (Hrsg.): Elternratgeber Schulanfang ’86. Weinheim und Basel 1986: Beltz.
Neumann, K.: Von der Kindertagesstätte in die Grundschule. Der Schulanfang im kindlichen Bildungsprozess. In: Kiper, H./Nauck, J. (Hrsg.): Unterrichten im ersten Schuljahr. Hohengehren 1999: Schneider, S. 12–23.
Nöstlinger, Chr./Nöstlinger, C.: MINI muss in die Schule. München 1998: dtv Junior.
Pädagogische Beiträge. Themenheft: Rituale im Schulalltag, H. 7/8, 1987.
Portmann, R. (Hrsg.): Kinder kommen zur Schule. Hilfen und Hinweise für eine kindorientierte Einschulungspraxis. Frankfurt a.M. 1988: Arbeitskreis Grundschule.
Schmutzler, H.J.: Fröbel und Montessori. Zwei geniale Erzieher – Was sie unterscheidet, was sie verbindet. Freiburg 1991: Herder.
Schneider, I.: Einschulungserlebnisse im 20. Jahrhundert. Studie im Rahmen pädagogischer Biografieforschung. Weinheim 1996: Deutscher Studienverlag.
Schneider, I.: Zur Problematik des Schulanfangs aus der Sicht von Schulanfängern. In: Grundschule, H. 6, 1999, S. 23–25.
Schneider, L.: Conni kommt in die Schule. Hamburg 1995: Carlsen.
Schulanfang: Kinder werden Schüler, b:e, H. 6, 1982, S. 28–33.
Schwarz, H.: Lebens- und Lernort Grundschule. Prinzipien und Formen der Grundschularbeit. Frankfurt a.M. 1994: Cornelsen Scriptor.
Speck-Hamdan, A.: Freude auf das Neue. Schulanfang aus der Sicht des Kindes. In: Grundschule, 1990 (6), S. 26–28.
Speigl, F.: Vom Kindergarten in die Grundschule. In: Grundschullehrer, H. 8, Juli 1986, S. 36, 37
Staatsinstitut für Frühpädagogik München (Hrsg.): Vom Kindergarten zur Schule. Freiburg 1985: Herder.
Susteck, H.: Kindgerechter Schulanfang. Königstein/Ts. 1982: scriptor, S. 21–54.
Weber, H.: Der ritualisierte Schulanfang. Anmerkungen eines Vaters. In: Die Grundschule, H. 8, 1975, S. 410–412.
Weigert, H./Weigert, E.: Schuleingangsphase. Hilfen für eine kindgerechte Einschulung. Weinheim und Basel 1989: Beltz.
Wellendorf, F.: Schulische Sozialisation und Identität. Weinheim und Basel ^{2}1974: Beltz.
Wespel, M.: Wie wird mein Kind zum Leser. Praktische Tips und alles Wissenswertes zum Lesen lernen. München 1998: ars Edition.

Schulreife – Schulfähigkeit – Schulanfang auf neuen Wegen

Der Beginn der Schulzeit ist für Eltern und für Kinder ein einschneidendes Ereignis. Die Eltern können nicht mehr allein über ihr Kind entscheiden. Bisher lag es allein an ihnen, was sie von ihrem Kind fordern, welche Freiräume sie ihm einräumen, welche Rücksichten sie ihm gewähren wollten. Jetzt mischt der Staat sich ein. Eltern *müssen* ihr Kind in die Schule schicken, auch wenn sie es selbst unterrichten könnten. Kinder unterliegen der gesetzlichen Schulpflicht. Erst recht dringt die Schule in die Welt der Kinder ein. Eine neue soziale Identität, die des Schülers, wird ihnen zugemutet. Sie müssen sich neuen Anforderungen stellen und bislang unbekannten Regeln unterwerfen. Das erfordert eine Reihe von Umstellungen für Eltern wie für die Kinder.

Bezüglich der Kinder erhebt sich die Frage, ob sie den neuen Ansprüchen gewachsen sind. Es geht um die Frage der Schulfähigkeit oder, wie es früher hieß, der Schulreife. Worin soll diese Schulfähigkeit bestehen und wann kann man sie von den Kindern erwarten? Das ist das Thema dieses Kapitels.

Doch zunächst soll der Frage nachgegangen werden, welches Alter der Staat für den Beginn der Schulpflicht festsetzt.

In welchem Alter soll die Schulzeit beginnen?

Die gesetzlichen Bestimmungen, wann die Schulzeit beginnen solle, waren nicht immer gleich und sie variieren von Land zu Land. Im Augenblick lässt sich in einer Reihe von Bundesländern der Trend beobachten, das bisherige Schuleintrittsalter zu senken. Schenkt man Meinungsumfragen Glauben, wünscht die Mehrzahl der Eltern aber keine frühere Einschulung. Gibt es überhaupt ein optimales Alter?

Staatliche Regelungen

Bis 1997 lag das offizielle Einschulungsalter in der Bundesrepublik zwischen 6,2 und 7,2 Jahren. Alle Kinder, die bis zum 30. Juni das Alter von sechs Jahren erreicht hatten, wurden mit Schuljahrsbeginn im September desselben Jahres schulpflichtig. Diese Regelung hatte über 30 Jahre Bestand und wurde 1964 im »Hamburger Abkommen« der Kultusminister vereinbart. Vorher mussten die Kinder früher in die Schule. Bis 1945 lag das Einschulungsalter zwischen 5,8 und 6,8 Jahren. Danach wurde es zweimal heraufgesetzt, 1955 auf mindestens sechs Jahre (6,0–7,0), dann 1964 im »Hamburger Abkommen« der Kultusministerkonferenz auf 6,2–7,2 Jahre.

1997 legte die Kultusministerkonferenz in ihren »Empfehlungen zum Schulanfang« neue Rahmenbedingungen für die Regelung des Schuleintritts durch die Länder fest.

> *»Auch künftig beginnt die Schulpflicht für alle Kinder, die bis zu dem vom jeweiligen Land festgelegten Stichtag das 6. Lebensjahr vollendet haben, am 1. August desselben Jahres, in der Regel mit Beginn des Unterrichts nach den Sommerferien. Der Stichtag … soll zwischen dem 30. Juni und dem 30. September liegen. Darüber hinaus können die Länder zusätzlich Einschulungsmöglichkeiten während des Schuljahrs vorsehen.«* (KMK Dokument 22/1997, S. 901)

Das Schuleintrittsalter wird damit maximal um drei Monate herabgesetzt. Es liegt demnach zwischen 5,11 und 7,2 Jahren, fast wieder so nieder wie vor 1945.[1]

Wie sehen die Regelungen in anderen europäischen Ländern aus? In einer Reihe von Ländern werden die Kinder noch früher eingeschult. So liegt in England das Einschulungsalter zwischen 5,0 und 5,4 Jahren; eingeschult wird dabei nicht nur im Herbst, sondern auch an Weihnachten und Ostern. In den Niederlanden liegt das Einschulungsalter zwischen 5,0 und 6,0 Jahren (auf freiwilliger Basis ab 4,0 Jahren), in Frankreich zwischen 5,8 und 6,8 Jahren, in der Schweiz – je nach Kanton – zwischen 5,9 und 7,5 Jahren. Später als in Deutschland werden die Kinder in Russland (zwischen 6,0 und 7,0 Jahren), in Schweden (zwischen 6,8 und 7,8 Jahren) oder in Dänemark (zwischen 7,0 und 8,0 , auf freiwilliger Basis ab 6,0 Jahren) eingeschult.

Immerhin gibt es eine Übereinstimmung innerhalb der Bandbreite von fünf bis sieben Jahren.

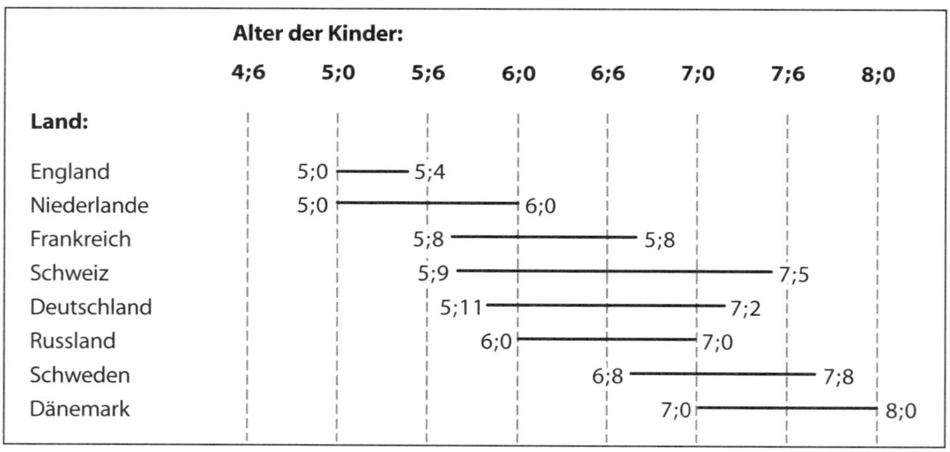

1 Die Empfehlung lässt den Bundesländern einen Spielraum. Eine Übersicht über die derzeitige gesetzliche Regelung der einzelnen Länder findet man in Naegele/Haarmann (1999), S. 88/89.

Auch ein Blick in frühere Schulordnungen zeigt, dass das Einschulungsalter unterschiedlich festgelegt wurde. Vor 1750, als erste Versuche zur Durchsetzung einer allgemeinen Schulpflicht unternommen wurden, begann die Schule mit drei oder vier Jahren. Grund hierfür waren ökonomische und agrarrechtliche Verhältnisse, da die Eltern vor allem wegen des Hüterechts gezwungen waren, ihre Kinder möglichst bald zum Hüten der Tiere auf das Feld zu schicken (Burk 1998, S. 10). Nach dem preußischen Generallandschulreglement von 1763 sollten die Kinder spätestens mit fünf Jahren in die Schule gehen. 1920, als auf der Grundlage der Weimarer Verfassung von 1919 im Grundschulgesetz erstmals eine allgemeine Schulbesuchspflicht festgeschrieben wurde, betrug das Mindestalter 5,9 Jahre, d. h., an Ostern wurde jene Kinder eingeschult, die am 30. Juni desgleichen Jahres das sechste Lebensjahr vollendet hatten.

Die Erfahrung lehrt, dass aus vielen Kindern nach Erreichen des vorgeschriebenen Alters problemlos Schulkinder werden. Früher wurden alle potenziellen Schulanfänger mithilfe von Testinstrumenten hinsichtlich ihrer Schulreife untersucht. Heute geht man davon aus, dass die meisten Kinder mit der Schule zurechtkommen und dass die Schulfähigkeit ohne aufwendige und lästige Testprozeduren von Eltern, Erzieherinnen und Lehrerinnen, die das Kind bei der Schulanmeldung sehen und mit ihm ein paar Worte sprechen, festgestellt werden könne.

Schwieriger wird es bei Kindern, die auf Wunsch der Eltern vorzeitig eingeschult oder zurückgestellt werden sollen. Welche Kriterien sollen hier der schulischen Entscheidung zugrunde liegen? Hierfür gibt es in den Bundesländern keine einheitliche Regelung. Auch welche Verfahren zur Überprüfung der Schulfähigkeit eingesetzt werden sollen, ist offen.

So heißt es etwa im Schulgesetz von Baden-Württemberg:

> *»Kinder, die vorzeitig eingeschult oder vom Schulbesuch zurückgestellt werden sollen, sind verpflichtet, sich auf Verlangen der Schule bzw. der Schulaufsichtsbehörde an einer pädagogisch-psychologischen Prüfung (Schuleignungsprüfung und Intelligenztest) zu beteiligen und vom Gesundheitsamt untersuchen lassen.«* (§ 74 Absatz 3 des SchG von 1976, geändert 1997)

Ob und welche »pädagogisch-psychologische Prüfung« durchgeführt wird, liegt im Ermessensspielraum der einzelnen Schule bzw. der Schulaufsichtsbehörde.

Länger spielen oder früher lernen – eine Werteentscheidung

Die schroffe Gegenüberstellung von Spielen und Lernen reizt zum Widerspruch. Spielen und Lernen müssen nicht Gegensätze sein. Dennoch darf nicht übersehen werden, dass die Frage nach dem Einschulungstermin auch eine pädagogische Werteentscheidung tangiert, nämlich, wie lange man Kindern einen schulisch nicht reglementierten Eigenraum für ihr individuelles Wachstum, ihre persönlichen Vorlieben und Bedürfnisse einräumen will. Setzt man auf kognitive Frühförderung oder eher auf freies Spielen? Sollen Kinder früher lesen können oder länger spielen dürfen? Vertraut man auf spontanes Lernen oder hält man gezielte Förderung für notwendig? Diese Frage lässt sich durch empirische Untersuchungen nicht entscheiden. Es geht nicht nur um die Frage, was möglich ist, sondern auch um die Frage, was sein soll, was man als wünschenswert erachtet. Hinter der Frage nach dem richtigen Schuleintritt verbirgt sich immer auch eine pädagogische Wertentscheidung.

Schwankungen im Elternwunsch

Blickt man auf die letzten 20 Jahre zurück, so lässt sich feststellen, dass der Wunsch der Eltern nach Rückstellung eines Kindes um ein Jahr oder nach früherer Einschulung gewissen Trends unterlag. In den 60er-Jahren nahm die Zahl der Eltern, die ihre Kinder vorzeitig einschulen wollten, ständig zu. Vor 1970 gab es mehr vorzeitige Einschulungen (in Baden-Württemberg waren es 8% gegenüber 6% Zurückstellungen). Nach 1970 schlug dieser Trend um; die Zahl der Zurückstellungen nahm zu. Dieser Trend ist seit fast 30 Jahren ungebrochen. 1995 wurde in Baden-Württemberg jedes zwölfte Kind (8,4%) zurückgestellt. Dabei gab es große Schwankungen von Kreis zu Kreis. In Stuttgart war es jedes fünfte Kind, im Bodenseekreis jedes zehnte, im Landkreis Karlsruhe jedes zwanzigste. In Hessen wurden 1970 5,0% der Kinder zurückgestellt, 1980 9,8%, 1995/96 11,6%. Auch hier gab es große Schwankungen von Ort zu Ort.

Was steckt hinter diesen Trends? Es ist zu vermuten, dass zwischen 1960 und 1970 die damals stark propagierte Auffassung vom hohen Wert der kognitiven Frühförderung (Frühlesebewegung: 1964 erschien in den USA das Buch von Glenn Doman, How to teach your baby to read, vgl. S. 84) dazu führte, dass pädagogisch informierte und bildungsbeflissene Eltern sich darum bemühten, ihr Kind einschulen zu lassen, auch wenn es das vorgeschriebene Mindestalter noch nicht oder nicht ganz erreicht hatte. Für den rasch einsetzenden gegenläufigen Trend spielte wohl eine Rolle, dass die auf die kognitive Frühförderung gesetzten Hoffnungen sich nicht erfüllten. Zudem mag die aufkommende Schulstressdebatte dazu geführt haben, dass Eltern jetzt eher dazu tendierten, ihre Kinder zurückstellen zu lassen, zumal wenn ihr Alter nur wenige Wochen oder Monate über dem gesetzlich vorgeschriebenen Einschulungsalter lag. Vielleicht rechnet man sich aus, dass ältere Kinder den schulischen Belastungen, vor allem später in höheren Schulen, eher gewachsen sind. Vielleicht wird auch wieder einer durch äußere Anforderungen möglichst wenig gestörten Spielkindheit größerer Wert beigemessen. Die örtlichen Schwankungen lassen sich durch unterschiedliche lokale Traditionen (Gespräche mit anderen Eltern und den Erzieherinnen der Kindergärten) erklären.

Seit einigen Jahren sehen Kultusbehörden den zunehmenden Trend, Kinder zurückstellen zu lassen, mit Missbehagen. 1990 erschienen beispielsweise in Baden-Württemberg landeseinheitliche Richtlinien für Rückstellungsverfahren mit der Tendenz, Rückstellungswünsche von Eltern eher restriktiv zu behandeln. Auch in den »Empfehlungen zum Schulanfang« der Kultusministerkonferenz (1997) wurde beschlossen, dass eine Zurückstellung vom Schulbesuch nur im Ausnahmefall möglich sein soll. Mit Recht wird in diesem Zusammenhang auf die Gefahr des »Verbummelns« und möglicher Langeweile älterer Kinder im Kindergarten hingewiesen. Andererseits wird man fragen müssen, warum hier dem Elternwillen nicht ein gewisser Spielraum eingeräumt wird. Sind vielleicht Gründe, die gar nicht primär pädagogischer Natur sind, die entscheidenden Motive? Wir denken hierbei etwa an die Knappheit von Kindergartenplätzen, an das im Vergleich zu anderen EG-Staaten hohe Alter, mit dem deutsche Jugendliche, vor allem wenn sie studieren, in den Beruf eintreten, die Kalkulation, dass der Volkswirtschaft bei Rückstellungen ein Jahr Lebensarbeitszeit bis zur Berentung verloren geht. Die Herabsetzung des Schuleintrittalters 1997 ist wohl auch in diesem Zusammenhang zu sehen.

Die Heterogenität der Jahrgangsklassen

Die staatlichen Schuleintrittsregelungen orientieren sich am Jahrgangsprinzip. Das könnte suggerieren, ein Lehrer habe in einer Anfängerklasse Schüler vor sich, die höchstens um ein Jahr in ihrem Alter auseinander liegen. Dies ist aber bei weitem nicht so. Da gibt es zurückgestellte Kinder und frühzeitig eingeschulte. Der Gedanke der »Jahrgangsklasse« ist eine Fiktion.

Noch entscheidender aber dürfte sein, dass selbst bei gleichem Alter die individuelle Entwicklung und Leistungsfähigkeit der Kinder äußerst heterogen sind. In einer ersten Klasse gibt es Kinder, die vom äußeren Erscheinungsbild wie vierjährige, und solche, die wie neunjährige wirken. Da gibt es Kinder, die schon beim Schuleintritt lesen können und im Lesebuch gleich die letzte Seite aufschlagen, und solche, die große Mühe haben, sich einen Buchstaben einzuprägen, kleine Rechenkünstler, die im Zahlenraum 1–100 bereits addieren, subtrahieren und multiplizieren, und solche, die kaum bis 10 zählen können, Kinder, die ihren Namen schreiben können, und andere, die den Bleistift noch mit der Faust führen. Es gibt Kinder, die persönliche Erlebnisse und Erfahrungen sprachlich gekonnt in logischer Folge erzählen können, und Kinder, die kaum in der Lage sind, sich in zusammenhängenden Sätzen auszudrücken. Man trifft auf Kinder, die sich sofort mit den neuen Mitschülern verstehen und sich in der neuen Umgebung wohl fühlen, aber auch auf solche, die sehr ängstlich und kontaktarm sind.

Grundschulklassen sind, was die altersmäßige Zusammensetzung, noch mehr was Können und soziale Kompetenz anbelangt, äußerst heterogen.[1]

1 Bei den auf S. 132ff. erwähnten Modellversuchen wird vor allem aus diesem Grund das Jahrgangsklassenprinzip infrage gestellt.

Das Konzept der Schulreife

Das Konzept der Schulreife und der Schulreifetest von Artur Kern. Konsequenzen für die Einschulung

Bahnbrechend für die Diskussion um das richtige Einschulungsalter und die damit verbundene Frage der Feststellung der Schulreife war der Schulrat Artur Kern (1951), der mit seinem Buch »Sitzenbleiberelend und Schulreife – ein psychologisch-pädagogischer Beitrag zu einer inneren Reform Grundschule« geradezu eine bildungspolitische Lawine auslöste. Wie der Titel bereits andeutet, war das Sitzenbleiberelend für Kern Anlass, sich mit dieser Thematik auseinander zu setzen. Kern stellte fest, dass in Deutschland oft bis zu einem Drittel der Schüler einer Klasse während ihrer achtjährigen Schulzeit nicht versetzt wurde. Dabei war der Anteil der Sitzenbleiber in den ersten Klassen besonders hoch. Das Sitzenbleiben war für Kern nun aber nicht in erster Linie eine Folge mangelnder Begabung, sondern eine Folge fehlender »Reife« beim Schuleintritt. Wenn es gelänge, so seine Folgerung, die Kinder zu jenem Zeitpunkt einzuschulen, an dem sie auch für den Schuleintritt »reif« sind, bliebe ihnen das Elend des Sitzenbleibens erspart.

In dieser Annahme spiegelt sich der damals gültige psychologische Forschungsstand, wie er von fast sämtlichen namhaften Entwicklungspsychologen jener Zeit vertreten wurde.

Die entscheidenden Annahmen lassen sich in Folgenden vier Punkten zusammenfassen:

- Die Entwicklung wird durch endogene Faktoren vorangetrieben. Äußere Umweltbedingungen können die Entwicklung zwar bremsen, man kann aber durch eine Veränderung der äußeren Bedingungen die Entwicklung nicht beschleunigen.
- Die Abfolge der einzelnen Entwicklungsstufen vollzieht sich nach einem inneren Bauplan.
- Die verschiedenen Stufen bauen aufeinander auf. Keine kann übersprungen werden.
- Die Entwicklung der verschiedenen Kompetenzen des Kindes erfolgt im Gleichschritt. So kann man vom Entwicklungsstand eines Merkmals auf den eines anderen schließen.

Bedeutende Vertreter dieser »Phasenlehren« waren Otto Tumlirz (1924), Charlotte Bühler (1928), Oswald Kroh (1926, 1929), Adolf Busemann (1925, 1953) und andere.

Vor diesem damals gültigen theoretischen Hintergrund ist der Satz zu verstehen, wenn Kern schrieb: »… Jedes Kind, extrem schwache Begabung (Idiotie und Imbezillität) ausgenommen, erreicht im Laufe seiner Entwicklung einmal eine Entwicklungsphase, der jenes Leistungsgefüge zugeordnet ist, das als Voraussetzung für ein erfolgreiches Durchlaufen der Schule angesetzt werden muss. Das eine Kind kommt lediglich früher, das andere später zu diesem Entwicklungspunkt.« (Kern 1951, S. 67)

Innerhalb des kontinuierlichen Entwicklungsverlaufs glaubte Kern drei typische Stadien unterscheiden zu können:

> »*1) Das Kind des Spätstadiums ist so reif, dass ihm bei geeignetem Unterrichtsverfahren der Erwerb der Bildungsgüter nahezu in den Schoß fällt, es lernt ›von selbst‹, also mit dem höchsten Grad von Spontanität.*
> *2) Das Kind der Mittelphase lernt ebenfalls manches von selbst, doch muss es sich auch auf weite Strecke hin abmühen und braucht oft die Hilfe des Erwachsenen.*
> *3) Das Kind der Frühphase schließlich ist so unreif, dass spontanes Lernen in der Schule ausgeschlossen ist. Nur bei sehr günstigen schulischen Verhältnissen und entwicklungsgetreuen Methoden vermag es mit Mühe, unter Mithilfe der Erwachsenen, ein gewisses Ziel zu erreichen.*« (Kern 1951, S. 71)

Wenn Schulversagen und Sitzenbleiberelend weitgehend davon abhingen, dass die Kinder zu früh eingeschult wurden, dann ergaben sich für Kern daraus zwei Schlussfolgerungen:

- Kinder sollten nur dann in die Schule aufgenommen werden, wenn sie ein bestimmtes Alter erreicht haben, d. h., sie sollten mindestens 6,0 Jahre alt sein.
  Dieser Forderung nach Heraufsetzung des Einschulungsalters wurde im Düsseldorfer Abkommen der Ständigen Konferenz der Kultusminister der Länder in der Bundesrepublik Deutschland 1955 entsprochen. Der Schuljahresbeginn wurde auf den 1. April verlegt und schulpflichtig waren alle Kinder, die bis zu diesem Stichtag das sechste Lebensjahr vollendet hatten. Das Mindestalter betrug demnach 6,0 Jahre. 1964 wurde dann mit dem Hamburger Abkommen, wie bereits erwähnt, das Schuleintrittsalter erneut heraufgesetzt.
- Wenn das Kind innerhalb seines Entwicklungsverlaufs die von Kern festgestellten drei typischen Stadien der Schulreife durchläuft, müsste es möglich sein, mithilfe eines diagnostischen Verfahrens den jeweiligen Reifestand eines Kindes festzustellen. Die Ergebnisse eines solchen Verfahrens könnten dann dazu verwendet werden, nur wirklich schulreife Kinder einzuschulen. Als entscheidendes Merkmal für Schulreife wählte Kern die optische Gliederungsfähigkeit, die für die Differenzierung von Buchstaben und Zahlen eine entscheidende Rolle spielt. Von diesem Merkmal schloss er, entsprechend der Annahme, die verschiedenen Kompetenzen eines Kindes entwickelten sich im Gleichschritt, auf andere Bereiche. Zusätzlich wurde die Fähigkeit, Mengen bis zu 5 ohne Abzählen erfassen zu können, überprüft. Sein Grundleistungstest (GLT) umfasste die zeichnerische Darstellung eines Kindes, das Nachmalen eines an die Tafel geschriebenen Sätzchens, die Zuordnung von gleichen Symbolen, die Wiedergabe einer Mengengestalt und das simultane Erfassen der Mengen 1 bis 5.

Auch bei dem 1968 von H. Roth u.a. entwickelten Frankfurter Schulreifetest (FST) geht es vor allem um optische Gliederungsfähigkeit (Nachmalen eines Zeichens, Zaunmuster fortsetzen), ergänzt durch Erkennen von Regelmäßigkeiten (Zaunmuster) und Mengenerfassung. Beispielhaft sei hierzu eine Aufgabe in verkleinerter Abbildung vorgestellt:

Die Kinder müssen das auf dem Täschchen abgebildete Symbol möglichst exakt auf die Brettchen der drei Spielfiguren malen. Bewertet wird nach insgesamt vier Kriterien: Proportionen (das Verhältnis Höhe zu Breite der Figur), Gestalteigenschaften (z. B. ob die obere Teilfigur kreisähnlich ist), Kreuzungen von Linien (z. B. ob die Linien durchgehend oder abgesetzt sind), Winkel (z. B. ob am Fuß der Figur ein rechter Winkel erkennbar ist).

Wenn A. Kern auch mit der von ihm initiierten Diskussion über die Schulreife wegweisend für die weitere Entwicklung der Schulreifetests war, so sei daran erinnert, dass es schon lange zuvor Verfahren zur Feststellung der »Schulreife« gab. Nach A. Kormann (1987, S. 77) dürfte der »Gulden-Apfel-Test« der wohl früheste »Schulreifetest« gewesen sein. Demnach wurde, wie Wickram in seinem »Rollwagenbüchlein« 1557 berichtete, dem etwa sieben Jahr alten Kind mit der einen Hand ein Apfel, mit der anderen ein Pfennig gereicht. Griff es nach dem Pfennig, so galt es aufgund des Realitätssinns als schulreif. Rüdiger u.a. berichten ähnlich von einer Schulordnung von 1777, wonach Kinder vor Eintritt in die Schule geprüft werden sollten, »ob sie die Fähigkeit in Absicht des Verstandes und der Aussprache haben, um in die unterste Schule aufgenommen zu werden« (Rüdiger u.a. 1976, S. 179).

Wesentlich umfassender und differenzierter waren dann diagnostische Verfahren, wie sie zu Beginn unseres Jahrhunderts vorgeschlagen wurden. Nach Meis (1968, S. 510) hat H. Winkler bereits 1922 eine »Testserie zur Untersuchung von Schulneulingen« zusammengestellt, mit deren Hilfe Funktionen wie Formauffassung, Beobachtungsgabe, Handgeschicklichkeit, Zahlenauffassung näher überprüft werden sollten. Ein von L. Danzinger 1933 konzipierter Schulreifetest (u.a. sprachliches Gedächtnis, Ausdauer, Konzentration, Erfassung von Beziehungen) dürfte differenzierter gewesen sein als der Grundleistungstest von Kern (Helferich 1955, S. 22).

Schließlich sei noch die Bedeutung der »körperlichen Schulreife« erwähnt, die vor allem in den 50er-Jahren größere Beachtung erlangte. Da man entwicklungspsychologisch von der Annahme ausging, dass die verschiedenen kognitiven Funktionen und körperliche Veränderungen einigermaßen im Gleichschritt »heranreiften«, glaubte man nicht nur von einer kognitiven Funktion, etwa der optischen Gliederungsfähigkeit, auf andere, sondern auch vom körperlichen Entwicklungsstand auf die kognitive Entwicklung schließen zu können. Eine große Rolle spielte hierbei der sog. erste Gestaltwandel (Zeller 1936), bei dem es zu einer Veränderung der Körperproportionen kommt. Das für die ersten Lebensjahre typische Kopf-Körper-Verhältnis (großer Kopf, kurze Gliedmaßen) verschiebt sich zugunsten der Länge des Körpers, der Arme und Beine. Wurde nun bei der Schuluntersuchung etwa festgestellt, dass ein Kind noch nicht mit dem rechten Arm über den Kopf das linke Ohr erreichen kann (Philippinerprobe), galt das als Hinweis darauf, dass das Kind noch nicht schulreif war. Auch der Zahnwechsel spielte eine Rolle. Ein vollständiges Milchgebiss wurde als Hinweis auf eine noch nicht genügend vorangeschrittene Entwicklung gesehen.

Schließlich glaubte man, vom Gang des Kinds auf den Reifegrad schließen zu können. Nach R. Meinert (1958, S. 14) ließ man ein Kind auf einen Stuhl stehen und einen Schritt über die Lücke zu einem zweiten Stuhl ausführen. Zeigte es hierbei einen »trudelnden« Gang, indem es die Beine und Füße stark nach innen drehte, galt es als noch nicht schulreif.

Diagnostische Verfahren in Weiterführung von Artur Kern

Vor allem die Annahme, man könne vom Entwicklungsstand eines Funktionsbereichs global auf eine generelle Schulreife schließen, erschien immer fragwürdiger. Testautoren entwickelten zusehends spezifische Subtests zur Überprüfung ganz unterschiedlicher Funktionen. Die Tests wurden differenzierter und damit auch umfangreicher. Krapp/Mandl (1977, S. 60) sprechen aus diesem Grund von mehrdimensionalen Verfahren. Als Beispiel sei hierfür der von H. Kratzmeier 1969 konzipierte Reutlinger Schulreifetest (RST) genannt. Hier werden in zehn Untertests folgende Dimensionen überprüft: Formunterscheidung, Verhältniserfassung, Lückenerkennen, Randverzierung, Inhaltserfassung, Zahlgliederung, Wortgliederung, Zuordnung, Formwiedergabe, Vorstellungsvermögen (Zeichnen einer Blume aus dem Kopf).

Beispielhaft seien drei Untertests verkleinert vorgestellt:

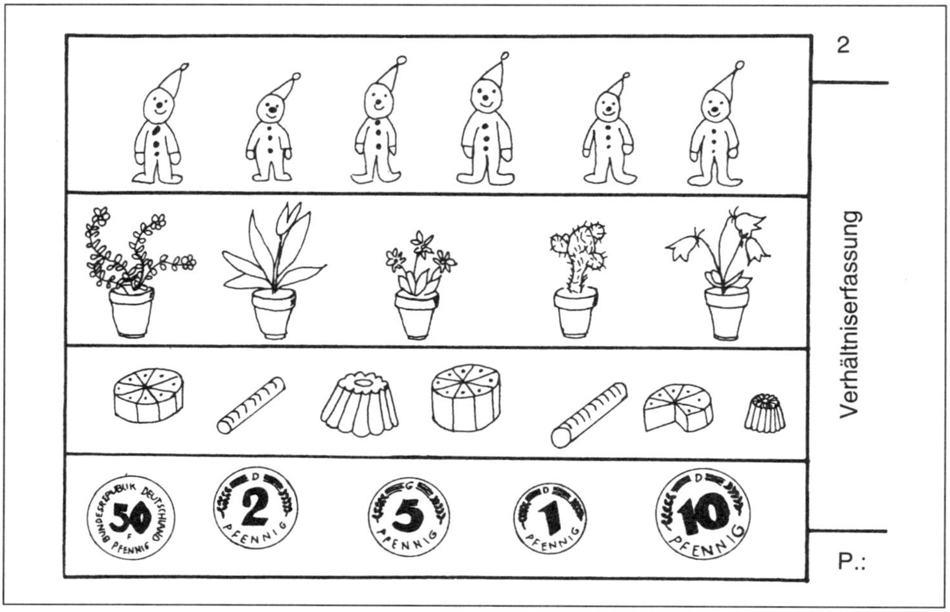

Hier soll die »Verhältniserfassung« überprüft werden. Das Kind muss den größten Hampelmann, den dritten Blumenstock, den vierten Kuchen, das Geld, das am meisten wert ist, einkreisen (15 Sekunden Zeit für jede Teilaufgabe).

Dieser Subtest trägt die Bezeichnung »Inhaltserfassung«. Hier wird das Verstehen einer Geschichte anhand vorgegebener Bilder überprüft. (Der Lehrer erzählt hierbei eine kleine Geschichte: »Ute sieht ein Marmeladeglas auf dem Schrank … steigt auf einen Stuhl … das Glas fällt herunter … die Mutter schimpft …«). Die Kinder müssen in jenen Bildern das Kleid von Ute rot anmalen, die zur Geschichte passen (3 Minuten Zeit).

In dem Subtest »Zuordnung« müssen jeweils die beiden zusammengehörenden Gegenstände mit einem dicken roten Strich verbunden werden (2 Minuten Zeit).

Man könnte nun erwarten, dass Tests, die mehrere Funktionsbereiche erfassen, auch eine differenziertere Auswertung und Interpretation anbieten. Das trifft aber nicht zu. Ähnlich wie bei dem Grundleistungstest von Kern werden die Untertestpunktwerte zu einem Gesamtpunktwert zusammengezählt. Dieser Gesamtwert (nicht ein Profil aus Werten für verschiedene Kompetenzen!) war dann entscheidend für die Aufnahme in die Grundschule oder für Zurückstellung.

Im Folgenden seien einige der bekanntesten »Schulreifetests« aufgeführt:

- Göppinger Schuleignungstest (GST) von Kleiner, A., Neubearbeitung von Poerschke, J., Hg.: Lehmann, R. (Erste Auflage 1953).
- Weilburger Testaufgaben für Schulanfänger (WST) von Hetzer, H., Tent, L., Hg.: Ingenkamp, K. (Erste Auflage 1958).
- Frankfurter Schulreifetest (FST) von Roth, H., u.a., Hg.: Deutsches Institut für Internationale Pädagogische Forschung (Fünfte Auflage 1968).

- Kettwiger Schuleingangstest (KST) von Meis, R., Hg.: Ingenkamp, K. (Erste Auflage 1967).
- Reutlinger Test für Schulanfänger (RTS) von Kratzmeier, H., Hg.: Ingenkamp, K. (Erste Auflage 1969).

Sämtliche Tests sind in neuen Auflagen und teilweise überarbeitet bei der Testzentrale Göttingen, Hogrefe Verlag, erschienen. Auch das auf S. 123, 126ff. dargestellte Kieler Einschulungsverfahren ist dort erhältlich.

Testgütekriterien

Die Qualität eines Testverfahrens wird üblicherweise an drei Kriterien gemessen.
- der Objektivität,
- der Reliabilität (Zuverlässigkeit) und
- der Validität (Gültigkeit).

Auch Schulreifetests müssen diesen Kriterien genügen.[1] Ein Test ist *objektiv*, wenn die Ergebnisse unabhängig von der Person sind, die den Test durchführt, auswertet oder interpretiert (Durchführungs-, Auswertungs-, Interpretationsobjektivität). Die Testhandbücher geben deshalb genaue Anweisungen, wie die Aufgaben zu erklären sind, wie viele Beispiele gegeben werden dürfen, wie viele Minuten für die Lösung jeder Aufgabe zur Verfügung stehen. Wenn solche Anweisungen nicht eingehalten werden, ist die Objektivität des Tests verletzt. Zudem muss gesichert sein, dass der Test nach klaren einheitlichen Kriterien ausgewertet und interpretiert wird. Auch dazu geben die Testhandbücher Anweisungen.

Ein Test ist *reliabel* (zuverlässig), wenn er genau misst. Er darf nicht heute zu dem, morgen zu einem wesentlich anderen Ergebnis führen.

Häufig wird die Reliabilität eines Tests dadurch festgestellt, dass man ihn wiederholt und die Übereinstimmung zwischen erster und zweiter Testung berechnet. Dabei ergeben sich aber Probleme wegen des individuellen Lernzuwachses durch die erste Testung. Ein anderes Verfahren zur Bestimmung der Messgenauigkeit eines Tests ist die Halbierungsmethode. Die Items werden nach Zufall auf zwei Testhälften verteilt und jeder Teiltest den Probanden administriert. Die Höhe der Korrelation beider Ergebnisse ergibt ebenfalls ein Maß für die Reliabilität des Tests. Bei einem dritten Verfahren wird die mittlere Korrelation aller Items mit dem Gesamtwert für die Berechnung der Testgenauigkeit verwendet. Grundsätzlich gilt, dass ein Test umso genauer ist, je mehr Items er umfasst. Einer allzu großen Ausweitung der Anzahl der Testfragen sind aber natürlich Grenzen gesetzt.

Das Ausmaß der Ungenauigkeit des Messergebnisses wird mithilfe des Standardmessfehlers angegeben. Hat ein Test etwa einen Standardmessfehler (Standard-

1 Einen Überblick über sämtliche Daten der Autoren zu ihren Schulreifetests findet man in Mandl (1970).

schätzfehler) von 1,5 Punkten, heißt dies, dass der wahre Wert eines Probanden nicht sein gemessener Punktwert ist, sondern mit einer Wahrscheinlichkeit von 68% im Bereich zwischen Punktwert +1,5 Punkten und Punktwert –1,5 Punkten liegt. Will man eine Wahrscheinlichkeit von 95% erreichen, weitet sich dieser Bereich aus. Der wahre Wert liegt zwischen 3 Punkten (2 mal 1,5) über und unterhalb des gemessenen Punktwerts. Will man gar 99% Sicherheit haben, muss man den Standardmessfehler mit 3 multiplizieren; der wahre Wert des Probanden liegt dann mit 99% Wahrscheinlichkeit in einem Bereich von 4,5 Punkten über und 4,5 Punkten unter dem gemessenen Punktwert.

Ein Test ist *valid* (gültig), wenn er das misst, was er zu messen beansprucht. Ein Intelligenztest z. B. darf nicht eine Mischung aus Intelligenz und Testangst messen. Ein »Schulreifetest« darf nicht zu sehr durch »Schüchternheit« oder »Nicht-Vertraut-Sein mit der Situation« beeinflusst werden. Sonst ist er invalid. Von besonderer Bedeutung ist bei Schulreifetests die Prognosevalidität. Hier geht es um die Frage, ob die Prognose, dass ein Kind in der ersten Klasse erfolgreich sein wird oder nicht, zutreffend ist.

Die drei Gütekriterien (vgl. etwa Lienert 1961) stehen in einem wechselseitigen Zusammenhang der anhand folgender Grafik leicht einprägbar ist. Das untere Stockwerk des Hauses ist jeweils Voraussetzung für die Stabilität des höheren, nicht aber umgekehrt.

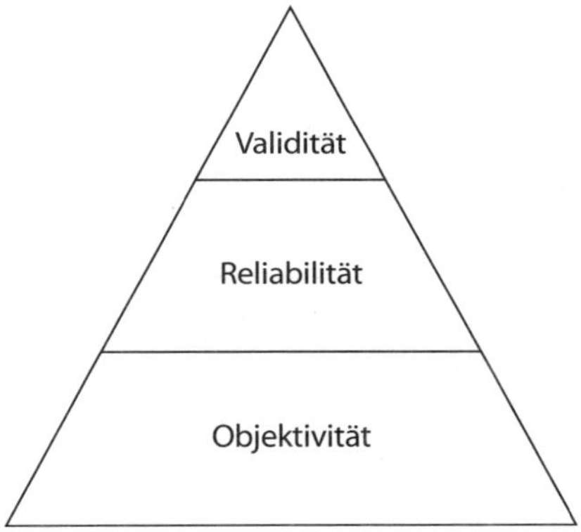

Ein Test, der nicht objektiv ist, kann nicht reliabel und gültig sein. Ein Test kann aber sehr wohl objektiv und reliabel sein. Er muss damit nicht auch schon gültig sein usw.

Die Objektiviät und Reliabilität der traditionellen Schulreifetests ist im Allgemeinen zufrieden stellend. Ihr Problem liegt in der Validität. Wir werden darauf im nächsten Abschnitt eingehen.

Was leisten die traditionellen Schulreifetests?

Während in den 60er-Jahren weitgehend alle Schulanfänger mithilfe von Schulreifetests auf ihre Schulreife untersucht wurden, ist man heute mit ihrer Anwendung sehr zurückhaltend. Getestet werden im Regelfall nur noch jene Schüler, deren Eltern einen Antrag auf Rückstellung oder vorzeitige Einschulung gestellt haben. Hierbei ist die Anwendung eines der traditionellen Prüfverfahren aber durchaus noch üblich.

Zu dieser Zurückhaltung haben vor allem folgende Sachverhalte beigetragen:

- Die Entwicklung eines Kindes ist nach heutiger Erkenntnis nicht einfach das Ergebnis von endogen gesteuerten Reifungsprozessen. Neben der Reifung spielen in vielen Bereichen Lernprozesse eine wichtige oder gar die entscheidende Rolle. Dies gilt vor allem für Kompetenzen, die für den Schulerfolg eine wichtige Rolle spielen und auch in den klassischen Schulreifetests überprüft werden. Familiäre Faktoren wie Sprachverhalten, Anregungsgehalt der Umwelt, zur Verfügung stehendes Spielmaterial, Erziehungsstil, Wertorientierungen usw. haben hier einen entscheidenden Einfluss. So verweist Mandl (1978, S. 33) auf den engen Zusammenhang von Schulreifetestergebnissen und sozialer Schicht, der in mehreren Untersuchungen festgestellt wurde, sowie die kurzfristige Veränderbarkeit von Schulreifetestwerten durch intensives Training. Wenn dem aber so ist, haben Schulreifetests als Instrumente der Selektion weitgehend ihre Berechtigung verloren. Wenn ein Kind beispielsweise noch über zu wenig feinmotorisches Geschick verfügt, wird es wenig Sinn haben, es einfach zurückzustellen, damit es in Ruhe »reifen« kann. Man wird ihm vielmehr schulische oder außerschulische Übungsmöglichkeiten bieten müssen, damit es durch Üben seine Defizite beheben kann.
- Nach Kern sollte die (visuelle) Gliederungsfähigkeit für den Schulerfolg von zentraler Bedeutung sein. Er sah in ihr einen reifebedingten Faktor der von anderen Faktoren, wie z.B. der Intelligenz, unabhängig sei. Auch hier verweist Mandl (1978) auf mehrere Untersuchungen, in denen übereinstimmend eine hohe Korrelation (.50 bis .60) zwischen Schulreife und Intelligenz festgestellt wurde, ein Ergebnis, das bei einem Vergleich der Aufgabenstellungen dieser Tests nicht überrascht. »Schulreifetests sind im Wesentlichen nichts anderes als mehr oder weniger abgewandelte Neuauflagen der binetschen Intelligenztestserien.« (Mandl 1978, S. 34) Demnach messen die Schulreifetests nicht ein besonderes Konstrukt Schulreife«, sondern je nach Testkonzeption wichtige Aspekte kognitiver Lernvoraussetzungen, die allerdings für den Sprach- und Mathematikunterricht des Anfangsunterrichts nicht nebensächlich sind.
- Schließlich sei noch die Problematik der prognostischen Validität dieser Tests angesprochen. Es geht also um die Frage, ob die aufgrund des Testergebnisses getroffenen Entscheidungen sich später auch als richtig erweisen.
  Hierzu sei auf eine groß angelegte Untersuchung verwiesen, die 1967/1968 an 2.792 Schulanfängern durchgeführt wurde (Krapp/Mandl 1971). Hier wurden alle Schulanfänger Augsburgs (mit Ausnahme der vorzeitig zurückgestellten) in den

ersten beiden Schulwochen mit dem Münchener Schulreifetest für Schulneulinge (MST) getestet; 2.102 Kinder galten als schulreif, 690 Kinder als nicht schulreif. Diese Ergebnisse wurden den Lehrern aber nicht mitgeteilt. Bei maximaler Prognosevalidität, hätten nun am Ende des ersten Schuljahrs alle im Test als schulreif befundenen Kinder versetzt werden müssen, die als nicht schulreif befundenen Kinder hätten in der ersten Klasse scheitern müssen.
Von den 2.102 im Test als schulreif festgestellten Kindern wurden tatsächlich auch 2.011 Kinder versetzt, d.h., bei 96% der Fälle war die Testprognose richtig. Ganz anders sah es aber bei den 690 als nicht schulreif ausgewiesenen Kindern aus. Hier wurden 457 Schüler versetzt, d.h., bei 66,2% dieser Gruppe traf die Prognose des Tests *nicht* zu. Nur etwa bei jedem dritten Kind wäre, hätte der Test bei Schulbeginn als Entscheidungsgrundlage gedient, die Zurückstellung gerechtfertigt gewesen.

Damit wird ein grundsätzliches Problem deutlich, vor dem jeder Testautor bei der Konstruktion eines Selektionstests steht: Möchte er sicherstellen – so wie es bei dem oben erwähnten Münchener Schulreifetest der Fall ist –, dass von den als schulreif befundenen Kindern möglichst alle dann in der Schule erfolgreich sind, dürfen die Testaufgaben nicht zu leicht sein. Dadurch wächst aber die Gefahr, dass zu viele Kinder »abgewiesen« werden, die durchaus die schulischen Anforderungen erfüllen könnten. Macht man die Testaufgaben zu leicht, erhöht sich die Zahl der Versager in der Schule. Sicher wäre der Fehler der ersten Art, grundschulgeeignete Kinder zurückzustellen, von Kern als das kleinere Übel angesehen worden gegenüber dem Fehler der zweiten Art, nichtschulreife Kinder aufzunehmen, die dann möglicherweise sitzen bleiben.

Bei dieser Untersuchung wird zudem deutlich, dass es anscheinend den Lehrerinnen und Lehrern gelungen ist, Schulanfänger mit Defiziten dort abzuholen, wo sie in ihrer kognitiven, sprachlichen und feinmotorischen Entwicklung standen, und sie entsprechend zu fördern. Möglicherweise verläuft die kognitive Entwicklung einzelner Kinder auch nicht linear, sondern in Schüben.

Haben also die traditionellen Schulreifetests damit heute ihre Berechtigung verloren?

Wir können uns durchaus einen Schulanfang ohne Schulreifetests vorstellen. Aber wir können uns auch vorstellen, dass ein traditioneller Schulreifetest bei einzelnen Problemkindern eine erste Grobinformation über vorhandene Defizite ermöglicht. Hat ein Kind dann bei einem der traditionellen Schulreifetests schlecht abgeschnitten, könnten, um gezielte Fördermaßnahmen einzuleiten, differenziertere Diagnoseverfahren, wie etwa die Testbatterie für entwicklungsrückständige Schulanfänger (TES) von Kornmann (1977), die Einzeluntersuchung des noch zu besprechenden Kieler Einschulungsverfahrens oder die Differenzierunsprobe (DP I) von Breuer/Weuffen (^{3}1997), herangezogen werden.

Von der Schulreife zur Schulfähigkeit – Ein Paradigmenwechsel und seine Folgen

Das Konzept der Schulfähigkeit

Wie bereits dargestellt, war das frühere Konzept der Schulreife von der entwicklungspsychologischen Annahme bestimmt, die entscheidenden Kompetenzen, über die ein Kind für einen erfolgreichen Schulbesuch verfügen müsse, seien durch »Reifung« zustande gekommen. In der Zwischenzeit kam es in der Entwicklungspsychologie zu entscheidenden Veränderungen der Sichtweise. Wissenschaftstheoretisch spricht man von einem Paradigmenwechsel.

Nach dem alten Paradigma spielte die endogen gesteuerte Reifung die entscheidende Rolle für die Entwicklung. Lernprozessen wurde nur eine untergeordnete Bedeutung beigemessen. Nach dem neuen Paradigma sind es hauptsächlich Lernerfahrungen, die die Entwicklung beeinflussen. Was dann durch Lernen nicht erklärt werden kann, wird auf Reifung zurückgeführt. Deswegen spricht man auch nicht mehr von Schulreife, sondern von Schulfähigkeit.

Dabei unterscheiden sich die verschiedenen, dem neuen Paradigma zuordenbaren entwicklungspsychologischen Schulen allerdings darin, welchen Stellenwert sie dem Einfluss der Umwelt zumessen. Nach dem exogenistischen Ansatz wird das Kind als von der Umwelt weitgehend formbar angesehen. Im interaktionistischen Ansatz wird betont, dass die Umwelt nicht nur das Kind, sondern das Kind auch seine Umwelt beeinflusst; dem Kind wird also für seine Entwicklung eine aktive Rolle zugesprochen. Nach dem konstruktivistischen Ansatz, dem etwa Piagets bekannte Theorie der Denkentwicklung des Kindes zuzurechnen ist, versucht das Kind zunächst mit seinen bereits erworbenen Denkschemata die Umwelt zu erfassen (Assimilation). Erst wenn dies nicht mehr gelingt, kommt es zu einer Änderung der Denkstrukturen (Akkomodation). Dabei durchläuft das Kind in einer endogen festgelegten Reihenfolge verschiedene Denkniveaustufen. Die Umstrukturierung des eigenen Denkens muss aber vom Kind ausgehen. Sie kann von außen durch entsprechende Materialien zwar angeregt, nicht aber durch direkte Schulung forciert werden. Die Entwicklung des Kindes lässt sich demnach pädagogisch nur durch die Bereitstellung von Materialien und Begebenheiten, mit denen sich das Kind auseinander setzt, beeinflussen (vgl. Oerter/Montada 1982, S. 11–55, 375–424).

Vielleicht kann man auch die Veränderung der Sicht von Schule als Paradigmenwechsel bezeichnen. Wurde sie bislang mit ihren Anforderungen als eine unveränderbare Größe angesehen, so setzt sich jetzt die schon in der Reformpädagogik angebahnte Auffassung durch, dass die Schule die Kinder dort abholen müsse, wo sie entwicklungsmäßig stehen. Das Kind muss nicht nur schulfähig, die Schule muss auch »kindfähig«, kindadäquat sein. Das heißt, dass man von der Vorstellung fester und für alle Kinder einheitlicher schulischer Erwartungen Abschied nehmen muss.

So kann man sagen: Schulfähigkeit ist eine relative Größe. Sie steht im Schnittpunkt folgender drei Bestimmungsgrößen:

- Anlagen und Reifung,
- vorschulische Lernchancen und Lerngeschichte,
- Organisationsstruktur und Anforderungen der Schule.

Das Konstrukt »Schulfähigkeit« ist gewissermaßen in einem Fließgleichgewicht zwischen diesen drei Bestimmungsgrößen zu sehen (vgl. Rüdiger/Kormann/Peez 1976).

Diesen Sachverhalt hat vor allem Nickel (1981, 1990, 31997) in mehreren Veröffentlichungen betont. Er bezeichnet seinen Ansatz als systemisch und ökologisch.

Auf S. 124 wird dieses Konzept von Nickel in seinen entscheidenden Dimensionen dem alten Konzept von Kern gegenübergestellt.

Ein modernes Verfahren zur Feststellung der Schulfähigkeit: Kieler Einschulungsverfahren (KEV)

Das von Fröse/Mölders/Wallrodt 1986 entwickelte Kieler Einschulungsverfahren dürfte zu den Verfahren gehören, die zurzeit am ehesten den heutigen Erkenntnissen über Schulfähigkeit und den pädagogischen Anforderungen für ein Verfahren zur Feststellung der Schulfähigkeit entsprechen: Über die kognitiven Dimensionen der traditionellen Schulreifetests (Gliederungsfähigkeit, Formerfassung, Hand-Auge-Koordination, feinmotorisches Geschick, Mengenauffassung) hinaus versucht es, auch Sprache, Gedächtnis, Leistungsmotivation, Ansprechbarkeit eines Kindes in der Gruppe, Kontaktfähigkeit und zwei schulrelevante Dimensionen der emotionalen Befindlichkeit (Leistungsangst und soziale Angst) zu erfassen. Es ist so konstruiert, dass es anstelle des Eindrucks einer Prüfung den Eindruck einer positiven Begegnung mit der Schule hinterlässt. Anhand der Ergebnisse lassen sich gezielte Fördermaßnahmen für einzelne Kinder im Rahmen des Anfangsunterrichts oder der Grundschulförderklasse einleiten.

Neu an dem Verfahren ist vor allem, dass es die pädagogische und psychologisch-prognostische Kompetenz der Lehrer miteinbezieht. So wird kein Punktwert errechnet, der dann aufgrund einer Normtabelle Aussagen über volle, bedingte oder mangelnde Schulfähigkeit eines Kindes macht. Es liefert den Lehrerinnen und Lehrern vielmehr vielfältige Informationen, die diese dann unter Berücksichtigung der jeweiligen schulischen Bedingungen (z.B. Fördermöglichkeiten) und der familiären Situation zu einem eigenen Urteil über die Schulfähigkeit eines Kindes führen sollen. Auf diese Weise soll damit Ernst gemacht werden, dass die Schulfähigkeit eines Kindes von vielerlei Faktoren abhängt, nicht nur vom Entwicklungsstand eines Kindes, dass Schulfähigkeit vielmehr ein dynamisches Zusammenspiel von persönlichem Entwicklungsstand, schulischen Bedingungen und Fördermöglichkeiten in der Familie ist. Das Verfahren hat weiterhin den Vorteil »gestuft« zu sein, d.h., dass für die meisten Kinder nur der erste Teil des Verfahrens, das Elterngespräch, zur Anwendung kommt. Nur in Zweifelsfällen wird auf einen oder zwei weitere Testteile zurückgegriffen.

Gegenüberstellung der Konzepte »Schulreife« und Schulfähigkeit und die sich daraus ergebenen Konsequenzen

Traditionelles Konzept der Schulreife im Anschluss an Kern (1951)

Ansatz und Anliegen:

Durch Feststellung der »Schulreife« soll vermieden werden, dass nicht schulreife Kinder eingeschult werden und dann sitzen bleiben. Nicht schulreife Kinder sind zurückzustellen.

Theoretische Annahmen:

Entwicklung wird als Reifungsvorgang gesehen; Schulreife ist demnach das Ergebnis endogen gesteuerter Reifungsprozesse, bei denen in einer festgelegten Reihenfolge bestimmte Entwicklungsstufen durchlaufen werden. Kinder entwickeln sich und reifen wie die Äpfel am Baum. Jedes Kind erreicht einmal einen Entwicklungsstand, in dem es über jene Kompetenzen verfügt, die für ein erfolgreiches Durchlaufen der Schule Voraussetzung sind. Dieser Zeitpunkt kann durch Umweltfaktoren, gezielte Eingriffe und dergleichen kaum und nicht ohne Schaden für das Kind beeinflusst werden. Verfrühte (d. h. nicht reifegemäße) Anforderungen sind sinnlos und stören eine »gesunde Entwicklung«.
Die Entwicklung des Kindes schreitet in allen Dimensionen mehr oder weniger im Gleichschritt voran. Aus dem Reifestand einer Dimension lässt sich dann auf den einer anderen und die Gesamtreife schließen.
Die Schule mit ihrer Anforderungsstruktur wurde als gegeben angesehen. Die Schule ist eine feste Größe; die Frage ist, ob das Kind zur Schule passt.

Modellartige Darstellung:

(Aus: Rüdiger/Kormann/Peez 1976, S. 85)

Ziele und Aufgaben der Einschulungsdiagnostik:

Ausgangspunkt für die Beurteilung der Schulfähigkeit sind interindividuelle Unterschiede (globaler Punktwert); Unterscheidung von schulreifen und nichtschulreifen Kindern mittels möglichst objektiver, reliabler und valider Messinstrumente.

Zu ergreifende Maßnahmen, wenn »Störungen« auftreten:

Untersucht wird nur der Schüler. Wird er als »nicht schulreif« identifiziert, ist er zurückzustellen, gegebenenfalls in eine Sonderschule zu überweisen. Schulische Anforderungen und ökologische Bedingungen werden nicht eigens untersucht.

Bildungspolitische Konsequenzen:

Heraufsetzung des Durchschnittalters bei Schulbeginn von 6,2 (1955) auf 6,8 (1964); dadurch wird die Gefahr reduziert, dass nicht schulreife Kinder eingeschult werden (»Sitzenbleiberelend«). Die Frage nach Unterrichtsorganisation, Klassengröße ist eher sekundär, da bei einem Versagen des Schulanfängers die Ursache vor allem beim Kind gesucht wird. Das Schulsystem wird als gegeben hingenommen.

Gegenwärtig diskutiertes Modell (Nickel 1990, ³1997)

Ansatz und Anliegen:

Vorhandene Defizite von Schulanfängern sollen durch geeignete Diagnoseverfahren festgestellt werden, nicht um Kinder zurückzustellen, sondern um gezielte Fördermaßnahmen einzuleiten.

Theoretische Annahmen:

Entwicklung wird als Wechselspiel von Aktivitäten des Kindes und Angeboten der Umwelt gesehen. Nickel spricht deshalb von einem »interaktionistischen« Ansatz.
Das Erreichen der für die Schule erforderlichen Lernvoraussetzungen ist (neben genetischen Voraussetzungen und einem gewissen physiologischen Reifestand) abhängig vom Anregungsmilieu der soziokulturellen Umwelt, in der das Kind lebt. Nickel spricht deshalb von einem »ökopsychologischen« Ansatz.
Es kann nicht ohne weiteres von einer Dimension des Entwicklungsstandes auf andere geschlossen werden. Deshalb geht es bei der Einschulungsdiagnostik nicht nur um die Feststellung interindividueller Unterschiede zwischen Schülern, sondern auch um ein intraindividuelles Entwicklungsstandprofil. Schule wird als Größe angesehen, die veränderbar ist und die sich dem Kind anzupassen hat. Das heißt, dass die schulische Anforderungsschwelle möglicherweise zu verändern ist und gerade bei Schulanfängern durch innere Differenzierung unterschiedliche Eingangsangebote zu konzipieren sind.

Modellartige Darstellung:

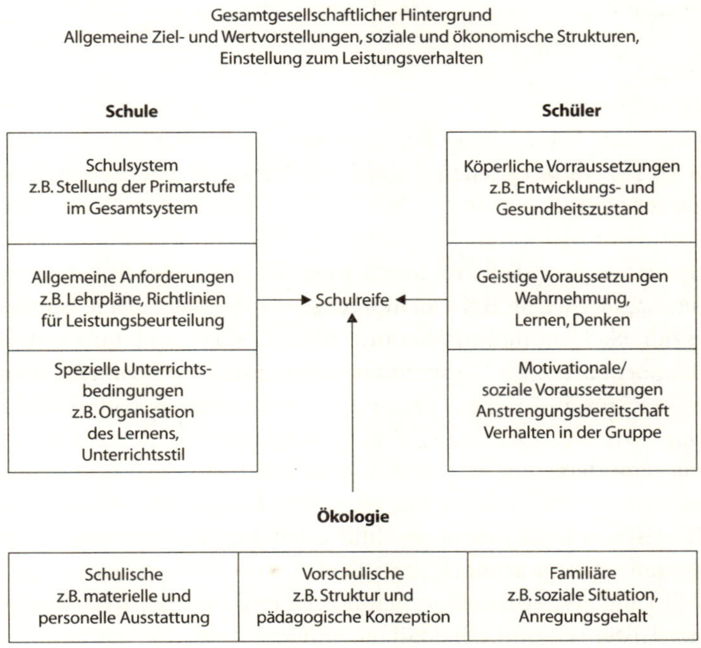

(Aus: Nickel 1990)

Ziele und Aufgaben der Einschulungsdiagnostik:
Der Ausprägungsgrad einzelner Kompetenzen soll erfasst werden; Erstellung eines intraindividuellen Entwicklungsprofils. Angebote zur Förderung einzelner Kompetenzen.
Zu ergreifende Maßnahmen, wenn »Störungen« auftreten:
Drei Faktoren sind zu untersuchen: der Schüler, die Schule, die familiären und vorschulischen Umweltbedingungen. Es ist zu fragen, ob in der Schule, in der Familie oder im Kindergarten die Kompetenzen am ehesten gefördert werden können.
Bildungspolitische Konsequenzen:
Entscheidend sind ein Verzicht auf gleiche Lernziele für alle Schüler, ein sehr differenzierter Unterricht, eine Raumgestaltung mit reichhaltigem Materialangebot, kleine Klassen sowie entsprechende Kompetenzen der Lehrkräfte. Lehrer, Eltern und Erzieherinnen müssen zusammenarbeiten, um entsprechende Fördermaßnahmen einleiten zu können.

Der Verzicht auf Standardisierung der Testbedingungen und auf die Auswertung nach Normtabellen wird allerdings erkauft mit geringerer Objektivität und damit auch geringer Reliabilität und Validität. Subjektive Einseitigkeiten in der Beurteilung seitens der Lehrerinnen und Lehrer können evtl. erheblich zu Buche schlagen. Deswegen sprechen die Autoren auch bewusst von einem Verfahren und nicht von einem Test.

Das Kieler Einschulungsverfahren umfasst drei Teile:

- Elterngespräch
- Unterrichtsspiel
  Hier arbeitet ein Lehrer bzw. eine Lehrerin mit einer Gruppe von Kindern (maximal 6) an verschiedenen Aufgaben, während eine zweite Lehrkraft als Beobachter fungiert.
- Einzeluntersuchung
  Diese wird nur für besondere Problemfälle empfohlen. Hierbei werden in neun Aufgaben nochmals die wichtigsten Kompetenzen (Sprachverhalten, Mengen erfassen und Mengen herstellen, Kenntnisse von Farben und Formen, Gedächtnis, Denkfähigkeit, detailbeobachtende Wahrnehmung, Feinund Grobmotorik) überprüft.
  Der mögliche Einwand, Unterrichtsspiel und Einzeluntersuchung könnten den Schulanfänger zu sehr belasten, wird durch die ausgesprochen kindgemäße Aufgabenstellung gemildert.

Das Urteil über die Schulfähigkeit eines Kindes soll nach den Autoren auf mindestens zwei der folgenden Informationsquellen fußen:

- Informationen der vorschulischen Einrichtung,
- Elterngespräch,
- Unterrichtsspiel,
- Einzeluntersuchung.

In der Regel genügen für ein tragfähiges Urteil die Informationen der vorschulischen Einrichtung[1] und das Elterngespräch.

Im Folgenden wird das Unterrichtsspiel näher beschrieben.
Eine Lehrerin – nach Möglichkeit die zukünftige Erstklasslehrerin – führt das Spiel mit den Kindern durch, während eine zweite Lehrerin als Beobachterin den Protokollbogen für jedes Kind ausfüllt.

Ausführliche Darstellung der 1. Aufgabe:

- Die *unterrichtende* Lehrerin sitzt mit den Kindern im Kreis und überreicht jedem Kind ein kleines Kissen mit dem Satz: »Ich heiße Frau/Herr …, und wie heißt du?« Das Kind soll seinen eigenen Namen sagen und das Kissen der Lehrerin zurückgeben. Danach reichen die Kinder das Kissen an den Nachbarn weiter und sagen wieder ihren eigenen Namen. Bei der nächsten Aufgabe geben die Kinder das Kissen in entgegengesetzter Richtung an den Nachbarn weiter und sagen dessen Namen. Schließlich werden die Kinder aufgefordert, das Kissen einem anderen zuzuwerfen und dessen Namen zu nennen.
- Die *beobachtende* Lehrerin notiert auf der Grundlage folgender Beobachtungskategorien sofort auf jedem Protokollbogen mit + oder – ihre Beobachtungen und Bewertungen.

Kontaktaufnahme zur Lehrerin	Kontaktaufnahme zu Kindern
+ Kind nimmt in der ersten Runde Kontakt zur Lehrerin auf, d.h., nimmt das Kissen an, sagt seinen eigenen Namen und gibt das Kissen an die Lehrerin zurück. – Erfüllt eine oder mehrere der unter + genannten Bedingungen nicht.	+ Steht mit im Kreis, hält Blickkontakt zu den anderen Kindern, gibt in einer weiteren Runde das Kissen an ein anderes Kind. – Erfüllt die unter + genannten Anforderungen nicht.

Analog werden die anderen Aufgaben erarbeitet. Bei Aufgabe 2 und 3 liegt ein Straßenbild entsprechend der Abbildung auf S. 128 dem Fußboden oder auf Tischen.

1 Im Kieler Einschulungsverfahren finden sich keine näheren Angaben dazu, welche Punkte im Bericht der vorschulischen Einrichtung enthalten sein sollten und wie die Erzieherin zu einigermaßen sicheren Erkenntnissen kommen könnte. Möglicherweise könnte ein Fragebogen, wie er in Kapitel 2 auf S. 94f. vorgestellt wurde, eine wertvolle Hilfe sein. Hingewiesen sei auf den Beurteilungsbogen für Erzieherinnen zur Diagnose der Schulfähigkeit (BEDS) von Seibert/Schwab/Ingenkamp [2]1991, Göttingen: Hogrefe, Testzentrale. Er dient der strukturierten Erfassung von Beobachtungen im Hinblick auf die Schulfähigkeit von Kindern. Die Beobachtungen sollen etwa ein halbes Jahr vor Schuleintritt vorgenommen werden, sodass genügend Zeit bleibt, um Fördermaßnahmen einzuleiten und Entscheidungen zu treffen.

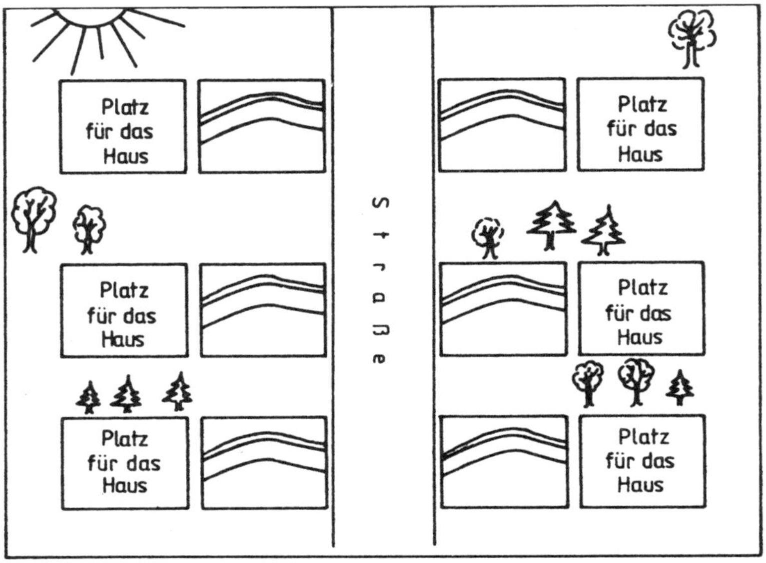

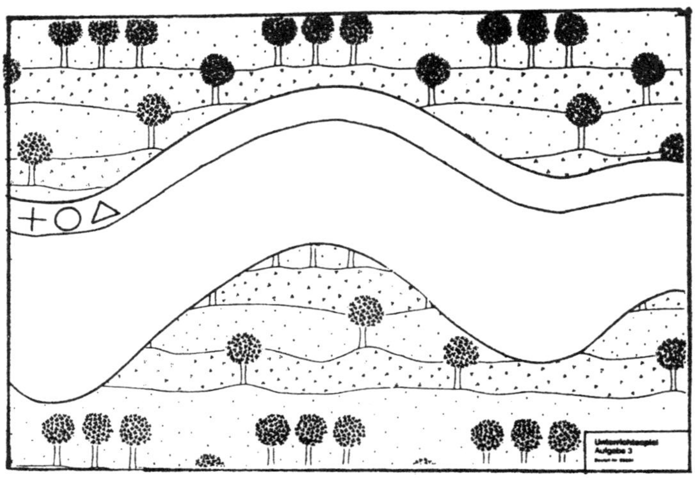

Jedes Kind wird aufgefordert, ein Haus zu malen. Auf einem weiteren zu bearbeitenden DIN-A4-Blatt sind ein vorgegebenes Muster (Kreuz, Kreis, Dreieck) auf dem Gehweg fortzusetzen und die »Spuren« von vier Autos mit verschiedenfarbigen Filzstiften auf der Straße zu zeichnen. Beobachtet werden Gliederungsfähigkeit, Formwiedergabe, Feinmotorik und Sprach-/Anweisungsverständnis.

Bei Aufgabe 4 verteilt der Lehrer Tüten mit etwa 10 cm großen, auf Papier gemalten Marienkäfern, deren schwarze Punkte auf dem Rücken für verschiedene Übungen herangezogen werden (z.B. sollen die Kinder auf den Käfer mit den wenigsten, den meisten Punkten oder solche zeigen, die mehr als 3 Punkte haben).

Bei Aufgabe 5 wird ein großes farbiges Poster zum Thema »Wir feiern ein Fest« mit vielen lustigen Spielszenen betrachtet. Es soll die Kinder zu spontanen Erzählversuchen herausfordern.

Bei Aufgabe 6 soll das Kind die falsche Reihenfolge von 3 Bildkarten einer Spielszene »Am Strand« korrigieren.

Schließlich werden bei Aufgabe 7 verschiedene grobmotorische Übungen durchgeführt, z. B. über eine Linie hüpfen, ohne sie zu berühren, mit geschlossenen Füßen vorwärts über eine Linie hüpfen usw.

Die beobachtende Lehrerin beurteilt wieder auf dem Protokollbogen das Verhalten der Kinder nach den dort aufgeführten Beobachtungskategorien.

Darüber hinaus soll die Lehrerin eine Reihe anderer Verhaltensweisen während des gesamten Unterrichtsspiels überprüfen: Rechts-links-Orientierung, Sprachverhalten, Ausdauer, physische Belastbarkeit, Arbeitstempo und Emotionalität (Leistungsangst, soziale Angst).

Bei diesem Unterrichtsspiel tauchen eine Reihe von Aufgaben auf, die von den klassischen Schulreifetests bekannt sind. Hier werden sie aber eher in spielerischer Form angeboten und sind nicht einzeln, sondern in der Gruppe zu bearbeiten.

Das Kieler Einschulungsverfahren ist ein formelles Verfahren. Man kann aber auch schon durch die informelle Beobachtung von Kindern im Rahmen einer Spielstunde (vgl. hierzu z. B. Portmann 1986, S. 14, und im Buch S. 94f., 130) oder über Gespräche mit Eltern und Erzieherinnen (z. B. Burgener/Woeffray 1996, S. 200) wichtige Informationen über Kompetenzen einzelner Kinder gewinnen.

Generelle Kriterien für die Beurteilung des kindlichen Entwicklungsstandes

Auch die informelle Beurteilung des Entwicklungsstandes eines Kindes durch die Erzieherin oder durch Lehrer bedarf einer Dimensionierung des möglichen Beobachtungsspektrums, um wichtige schulbezogene Entwicklungsmerkmale nicht zu übersehen und um relevante Merkmale von weniger relevanten unterscheiden zu können. Hierfür kann das folgende Raster eine Hilfe bieten. Es unterscheidet zwischen dem körperlichen, dem kognitiv-psychomotorischen, dem sozialen und dem motivationalen Bereich. Ein großer Teil der aufgeführten Merkmale wird auch von herkömmlichen Schulfähigkeitstests und vom Kieler Einschulungsverfahren erhoben. Deswegen wird am Rand vermerkt, ob das aufgeführte Merkmal auch in diagnostischen Verfahren überprüft wird.

Neben dem kognitiv-psychomotorischen, dem sozialen und motivationalen Entwicklungsstand sind selbstverständlich auch der körperliche Entwicklungsstand (Größe und Gewicht), Funktionsdefizite (Sinnesschädigungen, Störungen in der Motorik bzw. andere körperliche Beeinträchtigungen), aktuelle oder durchgemachte gravierende Erkrankungen oder eine besondere generelle Krankheitsanfälligkeit von Bedeutung. Gerade diese körperlichen Merkmale spielen bei Eltern, die sich Sorgen darüber machen, ob ihr Kind der Schule gewachsen sei, eine entscheidende Rolle.

Übersicht über schulrelevante Entwicklungsmerkmale von Kindern

Als erforderlich angenommene Kompetenzen:	Aufnahme der Merkmale in spez. diagnostischen Verfahren		
	RST[2]	KEV[3]	DPI[4]
Körperlicher Bereich:			
➔ Allgemeiner Gesundheitszustand (z. B. Allergien, Asthma, Neurodermitis)			
➔ Körperliche Gebrechen, Behinderungen (z. B. beim Sprach-, Seh-, Hörvermögen)			
➔ Grobmotorik (Koordination der Gesamtbewegungsabläufe)			
➔ Feinmotorik (Finger- und Handgeschicklichkeit)			
Kognitiver und psychomotorischer Bereich:			
➔ Kognitive und psychomotorische Voraussetzungen für den Schriftspracherwerb			
• optische Differenzierungsfähigkeit	x	x	x
• akustische, melodische, rhythmische und kinästhetische Differenzierungsfähigkeit			x
• Formerkennung	x	x	x
• feinmotorisches Geschick	x	x	x
• Auge-Hand-Koordination	x	x	x
➔ Fähigkeit, dem Unterricht sprachlich zu folgen			
• Sprachverständnis (Verstehen der Anweisung)	x	x	x
• Sprechverhalten (Artikulation, Sprachfluss, Satzbau)		x	x
• Sprachverhalten (Ausdrucksfähigkeit)		x	
➔ Allgemeine Denkfähigkeit			
• Regelmäßigkeiten erkennen	x	x	
• Handlungsabläufe erfassen	x	x	
➔ Umgang mit Mengen (simultanes Mengenerfassen, Mengenordnen)	x	x	
➔ Gedächtnis (visuelle und akustische Sinneswahrnehmungen		x	
Sozialer Bereich:			
➔ Kontaktaufnahme zu der Lehrerin, zu anderen Kindern		x	
➔ Arbeiten in der Gruppe, mit anderen Kindern		x	
➔ von der Mutter getrennt sein können (indirekt erhoben über das Verhalten bei der Durchführung)	x	x	x
➔ Konfliktlösefähigkeit			

1 Die Zusammenstellung orientiert sich an einer von dem Ministerium für Kultus und Sport Baden-Württemberg (1990) herausgegebenen Handreichung.
2 Der Reutlinger Schulreifetest (siehe S. 115ff.) sei beispielhaft für die klassischen Schulreifetests genannt.
3 Kieler Einschulungsverfahren (vgl. S. 123, 126ff.).
4 Differenzierungsprobe I (Breuer/Weuffen [3]1997).

Als erforderlich angenommene Kompetenzen:	Aufnahme der Merkmale in spez. diagnostischen Verfahren		
Motivationaler Bereich:			
➔ Selbstständigkeit, d. h., einfache Aufgaben ohne Inanspruchnahme von Hilfe lösen können (indirekt erhoben über das Verhalten bei der Durchführung)	x	x	x
➔ Konzentration und Ausdauer (in gewissem Ausmaß)	x	x	x
➔ Arbeitshaltung und Anstrengungsbereitschaft		x	
➔ Neugierdeverhalten (z. B. Interesse und Aufmerksamkeit an den Gegenständen und Phänomenen der Umwelt)			

Die Untersuchung körperlicher Merkmale ist vor allem Gegenstand der schulamtsärztlichen Untersuchung. Die Untersuchung wird regional sehr unterschiedlich gehandhabt. Im Allgemeinen wird ein Somatogramm erstellt, das über Größe und Gewicht, genauerhin über das bei einer bestimmten Größe erforderliche Gewicht, informiert. Als Normwert gilt, dass Schulanfänger mindestens 20 kg wiegen und 116 cm groß sein sollen. Diese Werte haben für sich jedoch nur bedingte Aussagekraft: ein 112 cm großes Kind kann ein körperlich noch sehr zurückgebliebenes, möglicherweise noch nicht schulfähiges Kind sein; es kann sich jedoch auch um ein ausnahmsweise zierliches, kleines Kind von sonst altersentsprechender »Reife« handeln. Des Weiteren geht es bei der schulärztlichen Untersuchung vor allem um eine frühzeitige Feststellung von Hör- und Sehschäden, um Besonderheiten des Bewegungsapparates (z. B. Fußschäden), auffällige Haltungsschäden (z. B. Rundrücken, eingefallene Schultern) oder chronische Krankheiten (z. B. Vergrößerung der Gaumen- und Rachenmandeln, Herzfehler usw.).

Den körperlichen Merkmalen wird heute bei der Frage, ob ein Kind eingeschult werden soll, nicht mehr so viel Bedeutung zugemessen, wie dies in den 60er- und 70er-Jahren üblich war. Man weiß, dass sich vom körperlichen Entwicklungsstand nur sehr bedingt Aussagen über die Schulfähigkeit eines Kindes treffen lassen. Dazu haben, neben dem erwähnten Paradigmenwechsel in der Entwicklungspsychologie, empirische Forschungsergebnisse beigetragen.

So untersuchte A. Krapp (1973) den Zusammenhang zwischen körperlicher Entwicklung und Schulerfolg bei über 1.000 Schulanfängern. Krapp bildete drei Faktorengruppen: körperliche Erscheinung (Größe, Gewicht, Breitenentwicklung, Körperkraft); Konstitution (Kleinkind vs. Schulkindform), Zahnentwicklung. Dabei wurde lediglich ein schwacher Zusammenhang von $r = .17$ zwischen dem ersten Faktor (körperliche Erscheinung) und der Schulleistung festgestellt. Die körperliche Erscheinung erklärte also nur etwa 2,9% der Varianz des späteren Schulerfolgs.

Veränderte Schuleingangsphase – ein neues pädagogisches Konzept für eine kindgerechte Einschulung?

In vielen Bundesländern werden zurzeit Modellversuche zur Neugestaltung der Schuleingangsphase durchgeführt. Sie tragen vielfach den Namen »Integrierter Schulanfang« und gehen teilweise auf die 1997 von der Kultusministerkonferenz beschlossenen »Empfehlungen zum Schulanfang« (vgl. S. 108) zurück.

Die geplanten Reformen verfolgen mehrere miteinander verbundene Ziele: Zurückstellungen sollen vermieden werden, die Überweisungen von Kindern mit fraglicher Schulfähigkeit in spezielle Fördereinrichtungen (Grundschulförderklasse, Sonderschulen) soll eingeschränkt oder gar nicht mehr notwendig werden, Kinder mit speziellem Förderungsbedarf sollen für Fördermaßnahmen kein Jahr verlieren und für alle Kinder soll der Schuleintritt nach vorn verlegt werden.

Fragen wir zunächst nach möglichen Gründen für diese Reform.

Zunächst ist festzustellen, dass die seitherige Strategie der »selektiven« Einschulungspraxis, Kinder in schulfähig und nichtschulfähig zu trennen, problematisch geworden ist. Bis heute ist es nicht gelungen, einen Konsens über das Konstrukt Schulfähigkeit zu finden. Zudem ist das Konstrukt »Schulfähigkeit« überhaupt fragwürdig geworden. Schulfähigkeit kann nicht, wie schon mehrfach betont, einseitig vom Kind her definiert werden. Auch die Möglichkeiten der das Kind aufnehmenden Schule entscheiden darüber, ob ein Kind aufgenommen werden kann. Des Weiteren ist man hinsichtlich der Effizienz der Einrichtungen, in die die zurückgestellten Kinder aufgenommen werden (Schulkindergarten, Grundschulförderklassen), geteilter Ansicht, zudem soll die Überweisung von Kindern in Sonderschulen reduziert werden.

Es darf aber nicht übersehen werden, dass die Bestrebungen, alle Kinder einzuschulen, und zwar lieber früher als später, auch in Zusammenhang mit ökonomischen Überlegungen zu sehen sind. Die Schulzeit, auch evtl. die Grundschulzeit, soll verkürzt werden (vgl. S. 134). Zugleich könnten auf diese Weise Kosten für die speziellen Fördereinrichtungen eingespart und Engpässe hinsichtlich der Kapazität der Kindergärten beseitigt werden.

Dabei wird von staatlicher Seite immer wieder darauf hingewiesen, dass in anderen europäischen Ländern die Schulzeit früher beginne und/oder der höchste Bildungsabschluss, das Abitur, früher erreichbar sei als in Deutschland.

So beginnt in England die Grundschule mit dem fünften Lebensjahr, die Grundschulzeit (Primary Education) dauert sechs Jahre, die anschließende »Secondary Education« bis zum Erreichen des Abiturs, des A-Levels, sieben Jahre). In Frankreich kommen die Kinder mit ca. sechs Jahren in die Schule, die Grundschulzeit dauert fünf Jahre, der Sekundarbereich kann in sieben Jahren durchlaufen werden. In den Niederlanden sind seit 1985 die Kindergärten ganz abgeschafft; die Primarschule beginnt mit vier Jahren (Schulpflicht ist aber erst ab dem fünften Lebensjahr) und dauert acht Jahre lang; dem folgt ein »Brückenjahr«, vergleichbar unserer Orientierungsstufe. Der auf das Studium einer Universität vorbereitende wissenschaftliche Unterricht dauert fünfeinhalb Jahre. In Spanien kann die Zugangsprüfung zu den Universitäten bereits nach zwölf Schuljahren (sechs Jahre Grundschule, vier Jahre Sekundarstufe, als integrierte Gesamtschule organisiert, zwei Jahre Abiturstufe) abgelegt werden, die Kinder kommen aber erst mit sechseinhalb Jahren zur Schule. In England, Frankreich, den Niederlanden und in Spanien ist so das Alter der Schüler, wenn sie das Abitur ohne Klassenwiederholung erreichen, um ein bzw. ein halbes Jahr niederer als in Deutschland. Die Absolventen können so früher mit dem Studium beginnen und dieses früher beenden, ein Altersvorteil, der den Bewerbern um höhere Stellen in einem zukünftigen europäischen Markt zugute kommt. Bei solchen Rechnungen darf aber nicht übersehen werden, dass z. B. in Frankreich die Zahl der Klassenwiederholer wesentlich größer ist, sodass ein möglicher Altersvorteil zumindest für einen erheblichen Teil der Schüler durch Wiederholungen wieder verloren geht und staatliche Einsparungen wieder teilweise aufgezehrt werden.

Es muss weiter darauf hingewiesen werden, dass in einer Reihe europäischer Länder die Schüler den höchsten schulischen Abschluss nicht früher erreichen können als in Deutschland. In Italien kommen die Schüler etwa im gleichen Alter zur Schule wie bei uns und besuchen dann fünf Jahre die Scuola Elementare; auf sie folgt die dreijährige, gesamtschulähnlich organisierte Scuola Media, in der in den Kernfächern noch alle Schüler beisammen sind; ihr folgt eine fünfjährige gymnasiale Oberstufe. In Schweden kommen die Kinder erst mit siebeneinhalb Jahren in die Schule und durchlaufen dann eine neunjährige einheitliche Pflichtschule; der auf das Hochschulstudium vorbereitende Zweig der oberen Sekundarschule dauert drei, der auf ein höheres technisches Studium vorbereitende Zug vier Jahre. Die Zugangsberechtigung zu den Hochschulen wird hier also noch später erworben als bei uns.

Der Vergleich mit anderen europäischen Ländern muss also sehr differenziert geführt werden (vgl. Anweiler/Boos-Nünning/Brinkmann u.a. ^{4}1996.

Doch wie soll die veränderte Schuleingangsphase nun aussehen? In mehreren Bundesländern werden hierzu unterschiedliche Modelle erprobt.[1] Am weitesten gehen Modelle, die eine neue Struktur der die ersten beiden Schuljahre umfassenden Eingangsphasen vorsehen.

Das Modell der integrierten Eingangsstufe hat folgende Merkmale:

- Alle schulpflichtigen Kinder und alle Kinder, die auf Elternwunsch vorzeitig eingeschult werden sollen, werden ohne Feststellung ihrer Schulfähigkeit aufgenommen.
- Die Schüler des ersten und zweiten Schuljahrs werden zu einer Klasse zusammengefasst, in der jahrgangsübergreifend unterrichtet wird.
- Einzelne Bundesländer, z. B. Hessen und Baden-Württemberg, versuchen darüber hinaus, die Kinder an zwei Terminen (im September und Februar) einzuschulen.

1 Überblicke über den gegenwärtigen Stand finden sich bei: Faust-Siehl 1997; Mangelsdorf/Schöler 1997; Lambrich 1997; Burk u.a. 1998

Modellartige Darstellung eines integrierten Schulanfangs:

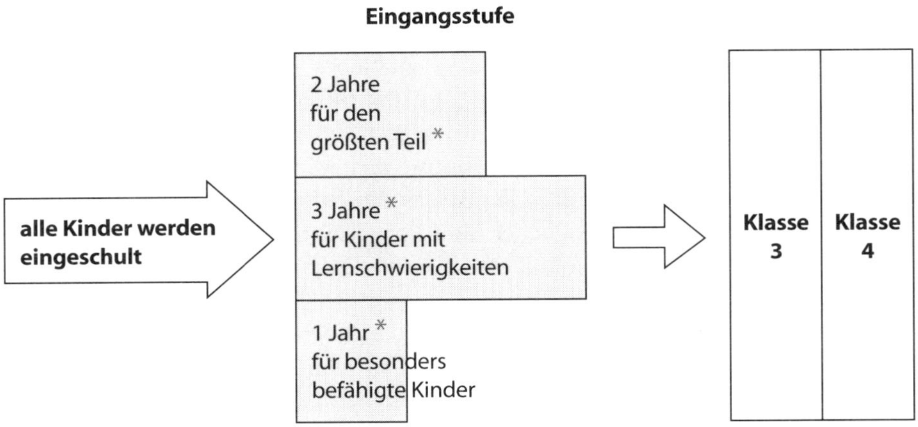

* Für Kinder, die zum zweiten Einschulungstermin im Februar in die Klasse eintreten, beträgt die durchschnittliche Verweildauer 1,5 Jahre oder 2,5 Jahre

- Die Mehrzahl der Kinder wird diese Eingangsstufe zwei Jahre lang besuchen. Kinder haben aber auch die Möglichkeit, je nach individueller Lernentwicklung, sie länger als zwei Jahre zu besuchen, ohne dabei das Erlebnis des Scheiterns zu haben; desgleichen bietet sich für einzelne Kinder eine verkürzte Verweildauer an.
- Bei möglichen Problemkindern soll die Schuleingangsdiagnostik nicht eine Prognose über Erfolg oder Versagen, sondern Hinweise für eine gezielte, individuelle Förderung einzelnen Kompetenzen liefern.
- Um vor allem diesen Problemkindern gerecht zu werden, muss es zu einer engen Kooperation mit Sozialpädagogen und den vorschulischen Einrichtungen kommen.
- Der Unterricht muss ein hohes Maß an Differenzierung aufweisen. Die bei der heterogenen Schülerschaft notwendige Individualisierung des Lernangebots setzt voraus, dass die Kinder aus einem vorbereiteten Angebot an Arbeitsmaterialien individuell auswählen können und eine Anleitung zu selbstständigem Lernen erhalten (siehe S. 231ff.).

Wie ist dieses Modell zu beurteilen?
Zunächst einmal werden die fehleranfällige Zurückstellungsentscheidung am Schulanfang sowie eine eventuelle Wiederausschulung nach Schulbeginn vermieden. Lernen in einer jahrgangsgemischten Klasse setzt einen hochdifferenzierten Unterricht voraus, wie er z. B. im Rahmen von Freier Arbeit realisiert werden kann. Somit gehen die diesem Konzept zugrunde liegenden pädagogischen Hoffnungen (siehe S. 240ff.) vielleicht auch hier in Erfüllung. Des Weiteren bleibt Kindern, die in einer altershe-

terogenen Eingangsstufe am Ende des zweiten Jahres den erhofften Lernstand nicht erreicht haben, das bittere Los des Sitzenbleibens erspart. Sie »wiederholen« zwar ein Jahr, aber die Lehrerin und zumindest die Hälfte der Mitschüler sind ihnen vertraut. Vor allem können sie zu Beginn ihres »dritten« Jahrs in der Eingangsstufe unmittelbar an ihren zuvor erreichten Leistungsstand anknüpfen.

Die ersten Erfahrungen dieser Modellversuche (vgl. Burk u.a. 1998) stimmen zuversichtlich. Entscheidend für eine flächendeckende Ausweitung dieser Versuche dürfte aber die Frage sein, ob die notwendigen strukturellen Voraussetzungen geschaffen werden können: Die Klassengröße muss überschaubar sein; individuelle Förderung jedes einzelnen Kindes bei seinen ersten schulischen Lernprozessen setzt kleine Schülerzahlen voraus. Des Weiteren benötigen die Lehrerinnen für die Diagnostik und Betreuung von Problemkindern sonderpädagogisch qualifizierte Mitarbeiter. Die Lehrerinnen und Lehrer dieser Eingangsstufe müssen für ihre neuen Aufgaben – vor allem förderdiagnostische Kompetenz, Arbeiten im Team, jahrgangsübergreifendes Arbeiten – genügend vorbereitet werden. Schließlich sind für die Bereitstellung der differenzierten Lernangebote zumindest für den Anfang erhebliche finanzielle Ressourcen erforderlich.

Ein anderes Modell sieht vor, die bisher schon übliche Grundschulförderklasse zeitlich mit der ersten Klasse parallel zu führen oder sie bereits in der Kindergartenzeit vor dem Schuleintrittstermin beginnen zu lassen. So erhalten z. B. in Baden-Württemberg die Grundschulförderklassen, d. h. Klassen, in denen seit 1990 zurückgestellte Kinder zusammengefasst werden, einen neuen Zuschnitt. Er besteht darin, dass die

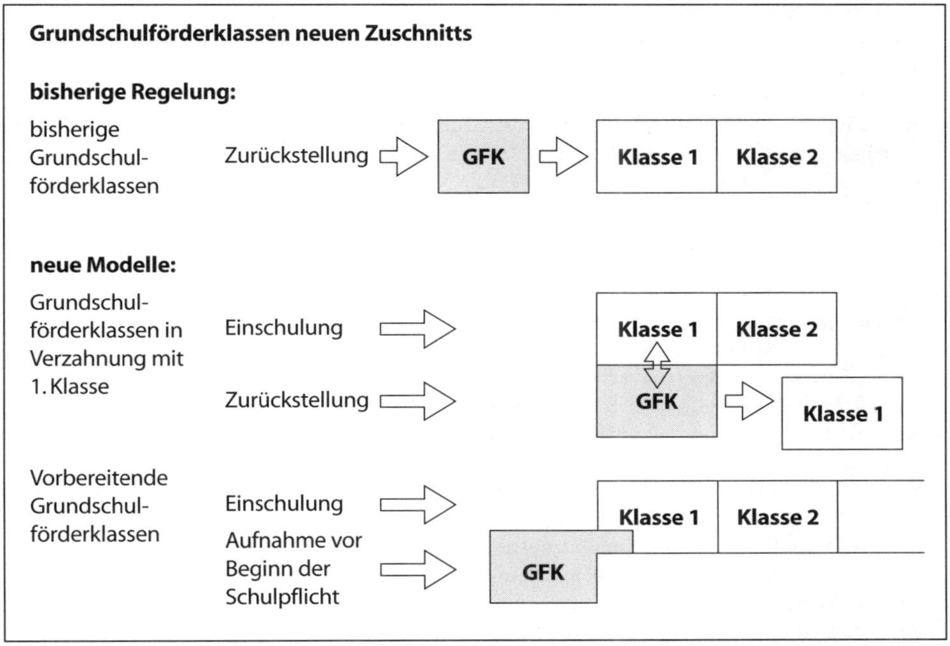

Aufnahme der betreffenden Kinder in die Grundschulförderklasse nicht mehr unbedingt mit einem Jahr Zeitverlust erkauft wird. Zum einen können Kinder bereits ein halbes Jahr vor Beginn der Schulpflicht in die Grundschulförderklasse kommen und dort ein halbes oder ganzes Jahr gefördert werden, um dann zum normalen Einschulungstermin oder bei einjährigem Besuch zu Beginn des zweiten Halbjahrs in die erste Klasse überwechseln. Zum anderen sollen Grundschulförderklassen und erste Klasse zeitlich parallel und evtl. teilintegriert geführt werden. Zumindest soll es zu einer engen Kooperation kommen, etwa durch gemeinsames Erstellen von Förderplänen oder durch Hinzuziehung von pädagogischen Fachkräften. Ziel ist, dass möglichst viele Kinder vor Ende der Grundschulförderklasse voll in die reguläre erste Klasse überwechseln können.

Literaturverzeichnis

Anweiler, O./Boos-Nünning,U./Brinkmann, G. u.a.: Bildungssysteme in Europa, Weinheim [4]1996: Beltz.

Breuer,H./Weuffen, M.: Lernschwierigkeiten am Schulanfang. Schuleingangsdiagnostik zur Früherkennung und Frühförderung. Weinheim und Basel [3]1997: Beltz.

Bühler, Ch.: Kindheit und Jugend. Leipzig 1928: Hirzel.

Burgener Woeffray, A.: Grundlagen der Schuleintrittsdiagnostik. Kritik traditioneller Verfahren und Entwurf eines umfassenden Konzepts. Bern, Stuttgart, Wien 1996: Haupt.

Burk, K.H. u.a.: Die neue Schuleingangsstufe. Lernen und Lehren in entwicklungsheterogenen Gruppen. Weinheim und Basel 1998: Beltz.

Busemann, A.: Die Sprache der Jugend als Ausdruck der Entwicklungsrhythmik. Jena 1925: Fischer.

Busemann, A.: Krisenjahre im Ablauf der menschlichen Jugend. Ratingen 1953: Henn.

Faust-Siehl, G.: Schulfähigkeit, Zurückstellung, Integrativer Schulanfang. In: Die Grundschulzeitschrift, Heft 85, Juni 1995, S. 26–31.

Faust-Siehl, G. u.a.: Die Zukunft beginnt in der Grundschule. Empfehlungen zur Neugestaltung der Primarstufe. Reinbek bei Hamburg 1996: rororo Taschenbuch.

Faust-Siehl,G.: Schulanfang in der »Veränderten Grundschule«. In: Die Grundschulzeitschrift. H. 104, Mai 1997, S. 10–14.

Fröse, S./Mölders, R./Wallrodt, W.: Das Kieler Einschulungsverfahren (KEV). Göttingen, Bern 1999: Hogrefe, Testzentrale (Ersterscheinung 1986).

Helferich, H.: Überblick über die historische Entwicklung der Schulreife-Untersuchungen. In: Hillebrand, M.J. (Hrsg.): Zum Problem der Schulreife. München, Basel [2]1955: Reinhardt, S. 21–26.

Kern, A.: Der Paralleltest zum Grundleistungstest. Koblenz 1969: Krieger Verlag.

Kern, A.: Sitzenbleiberelend und Schulreife. Ein psychologisch-pädagogischer Beitrag zu einer inneren Reform der Grundschule. Freiburg 1951: Herder.

Kormann, A.: Einschulung, Schulfähigkeit. In: Kormann, A. (Hrsg.): Beurteilen und Fördern in der Erziehung. Salzburg 1987: Müller, S. 77–97.

Kornmann, R.: Testbatterie für entwicklungsrückständige Schulanfänger (TES). Weinheim und Basel 1977: Beltz.

Krapp, A./Mandl, H.: Einschulungsdiagnostik. Eine Einführung in Probleme und Methoden der pädagogisch-psychologischen Diagnostik. Weinheim und Basel 1977: Beltz.

Krapp, A./Mandl, H.: Schulreifetests und Schulerfolg. München 1971: Oldenbourg.

Kroh, O.: Die Phasen der Jugendentwicklung. In: Württ. Schulwarte 1926.

Kroh, O.: Entwicklungspsychologie des Grundschulkindes. Langensalza 1929: Beyer.
Lambrich, H.J. unter Mitarbeit von Steuer, A.: Den Schulanfang neu gestalten. Die kindgerechte, flexible Schuleingangsphase (Flex) in Brandenburg. In: Die Grundschulzeitschrift. H. 104, Mai 1997, S. 51–53.
Lienert, G.: Testaufbau und Testanalyse – Weinheim, Basel 1961, S. 12–20: Beltz.
Meinert, R./Komm, K.: Der Schritt ins Leben. Bielefeld 1958: Deutscher Heimatverlag.
Mangelsdorf, M./Schöler, U.: Integration der sozialpädagogischen Arbeit am Schulanfang. In: Die Grundschulzeitschrift. H. 104, Mai 1997, S. 54–57.
Mandl, H./Krapp, A. (Hrsg.): Schuleingangsdiagnose. Göttingen, Toronto, Zürich 1978: Hogrefe.
Mandl, H.: Kompendium deutschsprachiger Schulreifetests. München 1970: Oldenbourg.
Mandl, H.: Zehn Kritikpunkte zur traditionellen Schuleingangsdiagnose. In: Mandl, H./Krapp, A. (Hrsg.): Schuleingangsdiagnose. Göttingen, Toronto, Zürich 1978: Hogrefe. S. 29–42.
Meis, R.: Deutsche Schulreifetests. Vergleiche und neue Forschungsergebnisse. In: Ingenkamp, K.H./Marsolek, Th. (Hrsg.): Möglichkeit und Grenzen der Testanwendung in der Schule. Weinheim und Basel 1968: Beltz, Seite 509–524.
Ministerium für Kultus und Sport Baden-Württemberg (Hrsg.): Grundschule. Handreichungen für die Feststellung der Grundschulfähigkeit. Stuttgart 1990.
Ministerium für Kultus, Jugend und Sport Baden-Württemberg (Hrsg.): Schulanfang auf neuen Wegen. Dokumentation. Stuttgart 1996.
Naegele, I./Haarmann, D. (Hrsg.): Schulanfang heute. Ein Handbuch für Elternhaus, Kindergarten und Schule. Weinheim und Basel 1999: Beltz.
Neumann. K.: Von der Kindertagesstätte in die Grundschule. Der Schulanfang im kindlichen Bildungsprozess. In: Kiper, H./Nauck, J. (Hrsg.): Unterrichten im ersten Schuljahr. Hohengehren 1999: Schneider, S. 12–23.
Nickel, H.: Das Problem der Einschulung aus ökologisch-systematischer Perspektive. In: Psychologie in Erziehung und Unterricht, H. 3, 1990, S. 207–227.
Nickel, H.: Die Einschulung als pädagogisch-psychologische Herausforderung. »Schulreife« aus ökologisch-systemischer Sicht. Kritisches Ereignis oder erfolgreicher Übergang? In: Haarmann, D. (Hrsg.): Handbuch Grundschule. Bd 1. Weinheim und Basel ^{3}1997: Beltz, S. 88–101.
Nickel, H.: Schulreife und Schulversagen. Ein ökopsychologischer Erklärungsansatz und seine praktischen Konsequenzen. In: Psychologie in Erziehung und Unterricht, H. 1, 1981, S. 19–37.
Oerter, R./Montada, L. u.a.: Entwicklungspsychologie. Ein Lehrbuch. München, Wien, Baltimore 1982: Urban und Schwarzenberg.
Portmann, R.: Schulanfang ohne Schulreifetest. In: Grundschule, H. 3, 1986 S. 14–17.
Portmann, R. (Hrsg.): Kinder kommen zur Schule. Hilfen und Hinweise für eine kindorientierte Einschulungspraxis. Frankfurt a.M. 1988: Arbeitskreis Grundschule.
Rüdiger, D./Kormann, A./Peez, H.: Schuleintritt und Schulfähigkeit. München 1976: Ernst Reinhardt.
Seibert, B./Schwab, F./Ingenkamp, K.: Beurteilungsbogen für Erzieherinnen zur Diagnose der Schulfähigkeit (BEDS). Weinheim und Basel 1990: Beltz.
Staatsinstitut für Schulpädagogik und Bildungsforschung München (Hrsg.): Empfehlungen zur Aufnahme des Kindes in die Grundschule. München 1989.
Tumlirz, O.: Einführung in die Jugendkunde. Leipzig 1924: Klinkhardt.
Weigert, H./Weigert, E.: Schuleingangsphase. Hilfen für eine kindgerechte Einschulung. Weinheim und Basel 1989: Beltz.
Zeller, W.: Der erste Gestaltwandel des Kindes. Leipzig 1936: J. A. Barth.

Der erste Schultag

Grundschulen legen den ersten Schultag gerne auf einen Samstag, um möglichst vielen Familienangehörigen eine Teilnahme zu ermöglichen. Allein diese Tatsache unterstreicht die Bedeutung dieses Tages im Leben eines Schulanfängers.

Im Einzelnen lassen hierbei sich drei Teile unterscheiden:

1) der gemeinsame Gottesdienst,
2) die offizielle Schuleintrittsfeier in der Aula oder einem größeren Klassenraum,
3) die erste Schulstunde der neu gebildeten Klasse in ihrem eigenen Klassenzimmer.

Das ist für Sechsjährige ein großes Programm, vor allem, wenn man die Aufregung, die häusliche Vorbereitung, die üblichen Fotos, die Schultüte und das andere »Drum und Dran« mit berücksichtigt. Deshalb liegt es nahe zu versuchen, die drei Programmpunkte zu entzerren: den Gottesdienst am Tag zuvor oder am Vorabend zu feiern; vielleicht auch die offizielle Schuleintrittsfeier von der ersten Schulstunde zu trennen. Dabei spielen freilich die örtlichen Gegebenheiten eine entscheidende Rolle.

Die Schuleintrittsfeier

Die offizielle Schuleintrittsfeier hat meist mehr oder weniger Ritualcharakter und soll es haben. Die Erstklässler und ihre Eltern werden mit einem Lied begrüßt, der Rektor spricht ein paar Worte zu Eltern und Kindern, Schülerinnen und Schüler einer höheren Klasse führen ein kleines Spiel auf. Dann ziehen die Kinder mit ihren neuen Lehrerinnen und Lehrern in das Klassenzimmer.

Rituale sind hilfreiche Begleiter des Menschen an wesentlichen Wendepunkten seines Lebens. Taufe, Schuleintritt, Schulentlassung, Konfirmation, Anfang und Beendigung von Ausbildungsverhältnissen, Berufseintritt, Heirat, Pensionierung, von der Geburt bis hin zum Tod ist unser Leben begleitet von Ritualen. Man kann diese Rituale als Lebenslaufrituale bezeichnen.

Neben den Lebenslaufritualen gibt es zyklische, in bestimmten Abständen wiederkehrende Rituale. Dazu wären das jährlich wiederkehrende Weihnachtsfest, nationale Gedenktage, Sonntage, die Olympiade oder im privaten Bereich Geburtstage zu rechnen.

Lebenslaufrituale tragen an die Betroffenen eine neue, gegenüber dem früheren Lebensabschnitt veränderte Wirklichkeit heran. Sie drängen dazu, diese neue Wirklichkeit zu übernehmen, legen die Betroffenen auf diese fest, helfen aber auch, diese neue Wirklichkeit zu akzeptieren.

Zyklische Rituale »hämmern« in ihrer regelmäßigen Wiederkehr denen, die an ihnen teilnehmen, der Gesellschaft oder gesellschaftlichen Gruppen, wichtige Sachverhalte ein. Das Weihnachtsfest verweist auf den Glauben an die Geburt Christi und in seiner Ausprägung seit dem 19. Jahrhundert auf familiäre Verbundenheit: Weihnachten, das Fest der Familie. Beim privaten Geburtstag versichern die Gratulanten, dass sie das Geburtstagskind schätzen. Wie wichtig eine solche Versicherung ist, merkt man erst dann, wenn niemand an den Geburtstag dachte. Nationale Gedenktage erinnern an ein bestimmtes, national wichtiges Ereignis und wollen das Bewusstsein der nationalen Zugehörigkeit stärken. Die Olympiade beschwört Völkerverbindung, aber – ganz im Sinne des Zeitgeistes des ausgehenden 19. Jahrhunderts, in dem die Olympischen Spiele wieder eingeführt wurden – auch nationale Zugehörigkeit und Nationalstolz. Die Olympiade ist zugleich Feier von Leistung. Prämiert wird der Sieg, die Spitzenleistung. An der Siegerehrung nehmen dabei nicht nur die Sieger, sondern auch die Verlierer und ein nach Millionen zählendes Publikum teil und zollen so der Höchstleistung ihren Tribut – eine einem Gottesdienst vergleichbare Zeremonie zum Lobpreis der Leistung. Insofern ist die Olympiade auch ein typisches Ritual unserer Leistungsgesellschaft.

So weit wir die Kulturgeschichte zurückverfolgen können, immer wieder stoßen wir auf Rituale. Sie sind für die individuelle Entwicklung des Einzelnen wie für die gesamte Gesellschaft von großer Bedeutung. Sie sind eine Hilfe, mit dem Neuen, dem Unausweichlichen, dem Unbegreiflichen, der neuen Situation, den neuen Verpflichtungen umzugehen. Sie stiften das Gefühl der Gemeinsamkeit und Zugehörigkeit zu größeren gesellschaftlichen Gruppierungen.

Durch Rituale können Menschen in besonders nachhaltiger Weise sozialisiert werden. Man denke an Initiationsriten, an Gelöbnisse, Jugendweihen, aber auch an das vergleichsweise harmlose Schuleintrittsritual. Hier liegt auch das Bedenkliche an Ritualen. Sozialisation durch Rituale vollzieht sich nicht primär über den »Kopf«, über kritische Reflexion und Auseinandersetzung. Rituale üben vielmehr einen »Sog« aus. Man kann sich ihnen und ihrer sozialisierenden Macht nur schwer entziehen. Insofern können Rituale auch bedenklich sein. Sie können auf eine Ideologie festlegen, auf einen Führer einschwören, zum Kampf bereitmachen. Das alles ist uns aus unserer geschichtlichen Vergangenheit und von autoritären Staaten sehr wohl bekannt. Insofern ist im Umgang mit Ritualen Vorsicht geboten.

Rituale haben gemeinsame Elemente:

1) Festlegung auf eine bestimmte soziale Identität.
   Rituale stellen den Teilnehmern eine bestimmte soziale Wirklichkeit vor und drängen sie, die mit ihr verbundenen sozialen Erwartungen zu erfüllen.

Sie sinnen den Betroffenen eine bestimmte soziale Identität an oder legen sie darauf fest.

2) Sogcharakter.
Diese soziale Wirklichkeit wird nicht intellektuell expliziert oder diskutiert. Sie wird vielmehr szenisch inszeniert. Durch den szenischen Mitvollzug wird man in diese neue Wirklichkeit unter Umgehung von kritischer Auseinandersetzung gleichsam hineingesogen. Rituale haben »Sogcharakter«. Rituale vermitteln den Charakter der Unausweichlichkeit des Geschehens; es gibt kein Zurück mehr.
3) Anwesenheit von anderen.
Bei Ritualen ist nahezu immer ein Publikum anwesend. Diese anderen bestätigen durch ihre Anwesenheit die im Ritual an die Betroffenen herangetragenen sozialen Erwartungen. Sie üben Druck aus, die soziale Identität zu übernehmen. Über Rituale wird man in Pflicht genommen.
4) Trostfunktion.
Viele Rituale haben eine Trostfunktion. Die neue soziale Wirklichkeit wird »verklärt«, es wird den Betroffenen Hilfe zugesagt, besonders deutlich etwa beim Begräbnis.
5) Symbolische Überhöhung des Geschehens.
In Ritualen wird die soziale Wirklichkeit symbolisch überhöht. Es wird darauf hingewiesen, dass »hinter« der Situation etwas Größeres steht, etwas, das über sie hinausweist: »So ist der Lauf des Lebens.« »So will es Gott.« »So ist der Gang der Natur.«, oder es wird etwa bei nationalen Gedenktagen betont, es handle sich um ein besonderes, geradezu »historisches« Ereignis. Lebenslaufrituale zeigen, wie das ganze Leben und seine einzelnen Etappen in größere Zusammenhänge eingebettet sind, in religiöse Bezüge, die das Leben deuten, in Verpflichtungen gegenüber der Gesellschaft, in den unabänderlichen Lauf des Lebens, also in Horizonte, die über das einzelne Ereignis hinausweisen.
6) Konservative Tendenz.
Rituale bleiben oft auch dann noch lange erhalten, wenn sich die soziale Wirklichkeit, auf die sie einmal bezogen waren, schon längst verändert hat. Viele Rituale wirken irgendwie antiquiert und es dauert lang, bis sich ein Ritual ändert.

Was bedeutet dies im Einzelnen?

(1) Schülern und Eltern wird die neue soziale Identität des Schulanfängers vorgestellt. Jetzt ist das Kind Schüler. Auf diese verweist schon die Tatsache, dass die Aufnahmefeier in der Schule oder in engem Zusammenhang mit ihr stattfindet. Die Schüler tragen den Schulranzen. Der Rektor, Lehrerinnen, Lehrer und andere Schüler sind anwesend. Oft spielen die älteren Schüler ein Theaterstück vor und dokumentieren dadurch, was sie schon können, was sie also in der Schule gelernt haben. Die Teilnahme und Mitwirkung älterer Schüler an der Feier illustriert die neue Identität. Sie sind bereits Schüler. Sie haben sich bereits den schulischen Regeln unterworfen. Seht – so vermittelt das Ritual –, was aus ihnen geworden ist

und was sie schon alles können! Wollt ihr Schulanfänger nicht auch so werden? Wollt ihr Eltern nicht auch so große Kinder haben? Und seht, wie sie sich wohl fühlen! Also: Beugt euch den neuen Erwartungen und übernehmt die neue soziale Identität! Die Teilnahme an der Schulaufnahmefeier vonseiten der älteren Schüler wirkt aber nicht nur auf die Neuankömmlinge und ihre Eltern, sondern auf die älteren Schüler selbst zurück. Durch ihr Mitwirken, durch das »Vorspielen« der Schüleridentität wird diese noch stärker in ihnen psychisch verankert. Auch der Inhalt des Theaterstücks hat nicht selten etwas mit Schule zu tun, indem etwa, als Tiergeschichte verfremdet, das Tierkind von der Wichtigkeit der Schule überzeugt oder zu mehr Fleiß bekehrt wird.

(2) In der Schulaufnahmefeier wird der Übergang von der Familie in die Schule szenisch dargestellt und vollzogen. Die Kinder werden von ihren Eltern gebracht und sind auch oft noch eine Zeit lang mit ihnen zusammen. Zu irgendeinem Zeitpunkt aber werden sie von ihnen räumlich getrennt. Sie sitzen getrennt von den Eltern oder gehen in ihr Klassenzimmer, während die Eltern zurückbleiben. Schule entzieht die Kinder ein Stück weit der Verfügungsmacht der Eltern. Das ist für Eltern schmerzlich, wohl auch für manche Schüler.

(3) Die Bedeutung dieser neuen sozialen Erwartungen wird dadurch unterstrichen, dass im Ritual ein Konsens zwischen Schule und Eltern dargestellt wird. Lehrer und Eltern, Verwandte und Freunde sind damit einverstanden, dass das Kind jetzt in die Schule geht. Das verstärkt den sozialen Druck; es gibt kein Entweichen.

(4) Der möglicherweise entstehende Trennungsschmerz wird gemildert. Den Schülern wird versichert, dass es in der Schule schön sei und dass manche schlimmen Vorstellungen, die über die Schule umgehen, nicht stimmen. Die Schultüte, ursprünglich gefüllt mit Süßigkeiten, im 19. Jahrhundert aus der »Storchentüte« entstanden, soll zumindest den Anfang versüßen und, wie bei der Geburt eines neuen Geschwisterchens, über die ersten Probleme hinweghelfen. Den Eltern wird versichert, dass die Schule sich um die Kinder bemühen werde. Zugleich wird die Zusammenarbeit von Schule und Elternhaus beschworen. Das ändert freilich nichts daran, dass, wie es im Schuleintrittsritual ebenfalls zum Ausdruck kommt, die Kinder jetzt Mitglied einer Institution sind, auf die die Eltern keinen (oder wenig) Einfluss haben. Das Kind muss diese Situation mehr oder weniger allein bestehen und die Eltern müssen sich mit der »Hergabe« des Kindes abfinden.

(5) »Schüler werden« und Schulaufnahmefeier sind allerdings nichts Privates, Örtliches, Beliebiges. Dahinter steckt ein höheres, universelles »Muss«. Dieses höhere Muss, das über die konkrete Situation hinausweist, präsentiert sich hier nicht rechtlich als staatliche Schulpflicht, sondern als unbestreitbare Notwendigkeit des Lebens: Die Kinder werden größer, sie bewegen sich auf das Erwachsenenleben zu, der Ernst des Lebens beginnt. Allen ist es so gegangen und niemand kann dem ausweichen.

(6) Die Schule präsentiert sich in der Schulaufnahmefeier als soziales Gebilde, in dem es Solidarität und soziale Differenz gibt. Rektor, Lehrer, Hausmeister, ältere Schüler ... alle arbeiten zusammen. Aber zugleich wird die soziale Hierarchie präsen-

tiert: Rektor – Lehrer – abgesetzt davon Schüler, zunächst die älteren, endlich die neuen (vgl. Wellendorf 1974).

> Das Eingangsritual »Schulaufnahmefeier« deutet für Schüler und Eltern die neue soziale Situation.
> An Schüler wie Eltern werden die der neuen Situation entsprechenden neuen sozialen Erwartungen herangetragen und zwar in der spezifischen Form eines Rituals. Die neue Situation wird nicht primär verbal vorgestellt und zur Diskussion gestellt, sie wird vielmehr szenisch vollzogen. Die Teilnehmer am Ritual werden dabei gleichsam in den Mitvollzug des Rituals »hineingesogen«. Sie können gar nicht anders als mitzumachen. Insofern hat das Ritual möglicherweise eine stärkere Macht als ein Befehl.
> Mit anderen Worten heißt dies: Den Teilnehmern am Ritual wird eine bestimmte soziale Identität aufgedrängt, die den Erwartungen der Institution Schule und darüber hinaus der Gesellschaft entspricht. Die neue Identität heißt: Schüler sein.

Wahrscheinlich ist das Schuleintrittsritual für die Eltern wichtiger als für die Kinder. Ihnen wäre vielleicht ein Kinderfest lieber als Schülerchorgesang und Ansprache des Rektors. Viele Schulen bemühen sich denn auch mit Erfolg darum, die Schuleintrittsfeier kurz zu halten und die relative Starrheit des Rituals durch viele kindertümliche Elemente wie Kaspertheater, Märchenspiel unter Einbezug der Schulanfänger usw. aufzubrechen.

Als originell, allerdings auch nur einmal anwendbar, fanden wir die Idee, auf die eine Schule kam. Zum Abschluss der Feier wurde ein großes Paket mit roter Schleife auf die Bühne gekarrt als Überraschung und als Geschenk für die Neuankömmlinge. Als die Schleife gelöst und der Karton geöffnet wurde, entstieg ihm – die neue Klassenlehrerin, die dann die Kinder in ihr Klassenzimmer führte. In einer anderen Schule pflanzten Lehrer und Schulanfänger gemeinsam ein Bäumchen, das zusammen mit den Kindern in die Höhe wachsen und diese an das Ereignis des Schuleintritts erinnern sollte, eine nachdenklich stimmende, aber wohl eher der Erwachsenenperspektive entsprechende Aktion. Anderswo endete die Schuleintrittsfeier damit, dass jeder Schulanfänger einen Luftballon fliegen ließ, an dem ein Briefchen hing, das »der Welt« verkündete, Tobias, Christiane oder wer auch immer seien in die Schule gekommen. Es gibt tausend Möglichkeiten und an den Schulen finden sich genügend Lehrer und Elternvertreter mit Einfällen, wie die Schuleintrittsfeier auch zu einem Fest für Kinder werden könnte, an das man sich noch lange erinnert.

Eine Zäsur, aber hoffentlich kein Bruch

Die übliche Organisationsform der einmal jährlichen Einschulung und die ihr entsprechenden Reaktionen des sozialen Umfelds führen dazu, dass Kinder und Eltern den Schuleintritt als tiefen Einschnitt in die Lebensgeschichte des Kindes erleben. Auch die Schuleintrittsfeier trägt hierzu bei. Dieser Einschnitt ist freilich nicht naturgegeben.

1908

Von alten Schulbildern ergreifen die der Schulanfänger am meisten. Hier werden dem Schulmeister die Augen feucht wie alten Frauen, wenn sie ein Brautpaar sehen. – Schulanfänger haben etwas an sich von Kälbern, die man mit saftigen Kräutern zum Schlachter lockt. Nie wird so viel gelogen wie am Tag der Einschulung. Einerseits wird den Kleinen gesagt, wie schön das werden wird in der Schule. Es wird eine Vorfreude erzeugt, die so nicht erfüllt werden kann. Andererseits legen es die Geschwister darauf an, die Kleinen zu ängstigen. Diese Mischung von Freude, die sich nicht traut, und Angst, die nicht aufkommen darf, sehen wir in den Gesichtern.

1932

Der Betrag beginnt schon mit der Schultüte. Bekanntlich entspricht der Umfang keineswegs dem Inhalt. Die Schultüte ist eine Erfindung des ausgehenden 19. Jahrhunderts. Sie hat etwas Symbolisches an sich wie die Grabbeigaben der Alten; Wegzehrung und Trost für die Zurückgebliebenen.

Text und Fotos aus: Kempowskis Archiv (Teil I). Zuerst veröffentlicht in der Zeitschrift »Der Monat« Nr. 2/1980, Beltz Verlag, Weinheim. Nachdruck mit Genehmigung des Autors und des Verlages.

(Auszug aus: Grundschule H. 8, 1981, S. 344.)

Kinder können mit fünf oder sieben Jahren eingeschult werden und das sehen die neuen Regelungen zur Flexibilisierung des Schulanfangs auch vor (vgl. S. 132ff.).

Die durch Verwaltungsmaßnahmen arrangierte Zäsur hat als Einschnitt positive und negative Seiten. Positiv dürfte sein, dass es für die Identitätsentwicklung eines Menschen wichtig ist, seine Lebenszeit nicht als undifferenzierten Strom verrinnender Zeit, sondern als durch Einschnitte strukturierte Einheit zu verstehen. Auch für Schulanfänger und Eltern können solche Zäsuren hilfreich sein.

Problematisch werden solche Zäsuren, wenn sie als Brüche erlebt werden. Das Anknüpfen an die Arbeit im Kindergarten soll dazu führen, dass das Neue in Kontinuität mit dem Bekannten und Vertrauten erlebt wird, dass der Schulanfang trotz äußerer Zäsur zu einem »gleitenden Schulanfang« (Claussen 1981) wird. Problematisch kann diese Zäsur auch dadurch werden, dass sie vorgaukelt, alle Kinder hätten mit dem Schuleintritt einen vergleichbaren Entwicklungsstand erreicht, an dem die Schule anknüpfen könnte.

Die erste Schulstunde

Nach der Schuleintrittsfeier sammeln sich die Schulanfänger um ihre Lehrerin. Wenn mehrere erste Klassen eingerichtet werden, muss man sich überlegen, wie es am leichtesten zu organisieren ist, dass die richtigen Kinder zu der richtigen Lehrerin finden. Abgesprochene Symbole, die die Lehrerinnen an Stäben dann sichtbar in die Höhe halten, sind eine von vielen Möglichkeiten.

Die Eltern werden häufig die Kinder an ihr Klassenzimmer begleiten, vielleicht noch bis ins Klassenzimmer hinein. Aber dann sollten sie sich zurückziehen und Lehrerin bzw. Lehrer und Kinder zum ersten Mal zusammen allein lassen. Räumliche Gegebenheiten, das Fehlen von Sitzgelegenheiten für Erwachsene, Eingriffe der Eltern in die Sitzordnung der Kinder, aber vor allem die Auswirkungen der Anwesenheit der Eltern auf das soziale Verhalten der Kinder legen dies für den letzten Teil des ersten Schultags nahe. Das muss natürlich zuvor abgesprochen werden. Bis die Eltern nach einer knappen Stunde ihr Kind wieder am Klassenzimmer abholen, kann ihnen der Rektor oder ein Vertreter des Gesamtelternbeirats wichtige Informationen über die ersten Schulwochen vermitteln.

Das Klassenzimmer sollte freundlich wirken: Ein Blumenstrauß, ein paar von älteren Schülern gemachte Bilder an den Wänden, Bilderbücher in einer Sitzecke, eine Handpuppe, Spiele, vielleicht auch schon verschiedene Materialien zum Malen, Kneten, Schreiben, Musikinstrumente usw. sollen die Kinder einladen, in diesem Raum zu verweilen, sich umzusehen, sich wohl zu fühlen. Aber das Klassenzimmer sollte nicht »fertig« sein und zur Weitergestaltung auffordern.

Als Sitzordnung schlagen wir, falls die räumlichen Bedingungen dies zulassen, die U-Form vor. So können alle Kinder einander sehen, miteinander kommunizieren und leicht zur Tafel schauen. In der Mitte der U-Form gibt es Platz für einen Sitzkreis und für Spiele. Gruppentische erleichtern zwar die Bildung von Kleingruppen und vielleicht wird durch sie die Integration in die Tischgruppe beschleunigt, dafür aber auch das Kennenlernen aller Kinder und die Integration in die Gesamtklasse erschwert. Gruppenarbeit wird in den ersten Wochen ohnehin nur in Ansätzen möglich sein, und wenn zwei Tische gegeneinander geschoben werden, lassen sich leicht Gruppentische für vier Schüler bilden.

Es ist ratsam, die Kinder sich zunächst nach ihren eigenen Wünschen setzen zu lassen. Dabei spielen in der ersten Stunde sicher auch Zufälle eine Rolle. Bestimmte Plätze, auf die man sich setzen möchte, sind schon belegt, ein persönlich bekanntes Kind hat schon einen anderen Nebensitzer usw. In den folgenden Stunden kann die Sitzordnung nach Wünschen der Kinder und nach pädagogischen Gesichtspunkten verändert werden. Eventuell schon bestehende Freundschaftsgruppen sollten, zumindest zunächst, nicht auseinander gerissen werden. Kinder sollten dann aber ihren »festen Platz« haben, an dem sie heimisch werden können. Durch gelegentliche Veränderungen – etwa eine Stunde oder einen Vormittag lang – sollten jedoch Besitzansprüche auf diesen Platz ausgeschlossen und die Bereitschaft, sich zu anderen Schülern zu setzen, erhalten bleiben. Werden bei einer zwei- oder mehrmaligen Einschulung neue Schüler in die bereits existierende Schülergruppe eingefügt, legt es sich nahe, jedem Neuankömmling einen Tutor aus der Gruppe der bereits mit der Schule vertrauteren Kinder zuzuweisen, ihn zu diesem zu setzen und mit Hilfe- und Schutzfunktionen zu betreuen. Wahrscheinlich wird sich nach einiger Zeit herausstellen, dass es sinnvoll ist, die Sitzordnung wieder zu verändern.

Jetzt beginnt also die erste richtige Unterrichtsstunde. Sie darf nicht zu lang sein, denn die Kinder haben ja bisher schon ein gehöriges Programm absolviert.

Für ihre Gestaltung gibt es viele Möglichkeiten, die teilweise von örtlichen Gegebenheiten, den vorausgegangenen Kontakten mit den Kindern, der Größe von Klasse und Klassenzimmer und von der Lehrerin selbst abhängen. Statt hier die mannigfachen Vorschläge der einschlägigen Literatur und Grundschulzeitschriften zusammenzutragen, die Jahr für Jahr durch weitere Beispiele erweitert werden, scheint es uns sinnvoll zu sein, ein paar wenige Grundelemente zu nennen, die die erste Stunde enthalten sollte. Ihre Zahl ist angesichts der knappen für diese Schulstunde zur Verfügung stehenden Zeit bewusst klein gehalten. Sie ließen sich durch andere ergänzen.

- In der ersten Schulstunde sollte damit begonnen werden, ein soziales Netz zu knüpfen, das die Schulanfänger mit der Lehrerin bzw. dem Lehrer und den Mitschülern verbindet. Später könnte es auf andere Klassen, auf andere Lehrer, den Rektor, den Hausmeister ausgeweitet werden. Wir schlagen vor, dass die Lehrerin jedes Kind mit seinem Namen anspricht und persönlich mit einer netten Bemerkung begrüßt. Die Kinder sollten erleben, dass sie persönlich willkommen sind und dass sich die Lehrerin über jedes anwesende Kind aufrichtig freut (vgl. S. 264f.).

  Die Begrüßung kann sinnvollerweise mit der Überreichung von aufstellbaren Namenskärtchen mit dem Vornamen der Kinder verbunden werden. Nur wenig

Mehrarbeit wird es erfordern, wenn die Namenskärtchen in der Mitte gefaltet und auf beiden angewinkelten Flächen jeweils mit dem Namen beschriftet sind. Die eine Fläche zeigt dann zu dem Kind selbst, das seinen eigenen Namen schon erkennt oder langsam zu entziffern lernt, die andere zur Lehrerin und den anderen Kindern. So kann jedes mit seinem Vornamen angeredet werden und lernt auch langsam, die Namen der anderen Kinder von ihren Namenskärtchen zu lesen.
Kennenlernspiele, Vertauschen von Namenskärtchen und Suche nach dem eigenen machen die Schüler nach und nach miteinander vertraut und sind zudem Anreize und Vorübungen für den Leselernprozess.

- In der ersten Stunde sollten die Kinder die Möglichkeit haben, das Klassenzimmer zu erkunden.
Die Kinder gehen frei im Raum umher, ziehen die Tafel hoch und nieder, schreiben auf sie mit Kreide, wischen sie wieder aus. Sie lernen den Tageslichtprojektor, die Jalousien, eine Arbeitsecke mit Bilderbüchern kennen. Zugleich wird ihnen mitgeteilt, dass sie gemeinsam diesen Raum ausgestalten und noch schöner machen werden.
Die Erkundungen werden sich in späteren Schulstunden auf andere Materialecken des Klassenzimmers, auf den Pausenhof, die Toiletten, das Lehrerzimmer, die Sporthalle, andere Klassenzimmer und das ganze Schulhaus ausdehnen.
- Die Schulanfänger sollten das Gefühl haben, in der ersten Schulstunde schon wirklichen Unterricht gehabt zu haben. Deswegen sollte die erste Schulstunde bei aller Sicherung der Kontinuität zum Kindergarten nicht eine reine Spielstunde werden. Das würde die Kinder enttäuschen. Sicher werden sie zu Hause gefragt werden, ob sie auch schon etwas gelernt hätten. Dann sollten sie mit »Ja« antworten können und das Gelernte vorführen können. Hierzu bietet sich das Schreiben eines ersten Buchstaben, eines Wortes, eine Schwungübung, das Nachzeichnen des ersten Buchstaben des eigenen Namens, evtl. das Schreiben des ganzen Namen und dgl. an. Dies scheint uns wegen der Bedeutung, die Kinder dem Schreiben zumessen, günstiger zu sein als das Malen eines Bildes, wie es die Kinder auch schon vom Kindergarten her gewohnt sind.
- Vielleicht könnte durch das Lesen des Beginns einer Geschichte, die nicht bis zum Ende vorgelesen wird, Freude auf den nächsten Schultag geweckt werden. Ein gemeinsames, vom Kindergarten her bekanntes Lied kann die erste Stunde schließen und durch das gemeinsame Singen die sich anbahnende Zusammengehörigkeit erlebbar machen.
Es wäre schön, wenn jedes Kind einzeln von der Lehrerin an der Tür verabschiedet werden könnte. Es ist eine Binsenweisheit, dass für Erstklässler und noch weit in höhere Schuljahre hinein das sich Wohlfühlen in der Schule Hand in Hand mit dem Empfinden geht, vom Lehrer bzw. der Lehrerin akzeptiert, gelobt und geliebt zu werden. Vor dem Klassenzimmer werden die Schüler dann von den Eltern wieder in Empfang genommen.

Erster und weitere Elternabende

Elternabende scheinen bei Lehrern und Eltern keine Vor-Freude auszulösen. Wie anders lässt sich erklären, dass selten mehr als die gesetzlich vorgeschriebene Anzahl an Elternabenden durchgeführt wird, selten an diesen Abenden persönliche Fragen und Probleme offen vorgetragen werden, selten anregende Gespräche unter den Beteiligten zustande kommen. Vor allem Lehrerinnen eines ersten Schuljahrs sehen dem ersten Elternabend oft mit gemischten Gefühlen entgegen. Einerseits freuen sie sich auf einen Neubeginn mit den Eltern, weil sie annehmen, dass diese für Fragen der Schulanfänger besonders offen sind. Andererseits sind gerade viele Erstklasslehrerinnen unsicher, ob sie den verschiedenen Erwartungen der meist unbekannten Eltern gerecht werden, ob die Eltern ihrem pädagogischen Vorgehen zustimmen werden. Auch die Gefühle von Eltern, vor allem seitens der Mütter – Väter sind bekanntlich selten bei Elternabenden anzutreffen –, sind oft zwiespältig. Hat das Kind eine gute Lehrerin bekommen? Wie wird sie die Kinder behandeln? Wird mein Kind mit ihr zurechtkommen? Ist mein Kind den schulischen Anforderungen gewachsen – oder muss ich viel nachhelfen? Was mache ich, wenn das Wort der Lehrerin plötzlich mehr gilt als das meinige? Wird es meinem Kind schaden, wenn ich beim Elternabend offen meine Meinung sage? Ganz abgesehen von solchen und ähnlichen Fragen spielt natürlich auch die eigene Schulvergangenheit bei vielen Eltern eine große Rolle, die oft nicht mit angenehmen Erinnerungen verknüpft ist.

Was also tun, um den offiziellen Schulbeginn des Kindes auch zu einem erfreulichen Beginn vertrauensvoller Zusammenarbeit zwischen Eltern und Schule werden zu lassen?

Zunächst einmal sollten die Eltern möglichst früh (nicht erst am ersten Schultag bei der Schulaufnahmefeier!) den Namen der Klassenlehrerin kennen lernen. Vielleicht ist bereits am Tag der Schulanmeldung ein erstes, zwangloses Kennenlernen möglich. Aber selbst wenn dies aus organisatorischen Gründen nicht möglich ist, empfehlen wir, die erste offizielle Begegnung zwischen Eltern und Schule einige Tage *vor* dem ersten Schultag durchzuführen.

Wie könnte nun ein erster Elternabend gestaltet sein, um dem Interesse der Eltern nach konkreten Informationen nachzukommen? Zunächst einmal sei der Aufbau einer kleinen Ausstellung im Klassenzimmer empfohlen, bei der alle Bücher und Arbeitsmaterialien zu sehen sind. Hierbei könnte gezeigt werden, was von der Schule dem Kind kostenlos zur Verfügung gestellt wird und welche Dinge von den Eltern anzuschaffen sind. An diese Ausstellung anknüpfend, könnte die Arbeit der ersten Schulwochen vorgestellt werden, also z.B. wesentliche Schritte des Lese- und Schreiblehrgangs oder des Mathematikunterrichts. Ein weiterer wichtiger Aspekt dieses Abends sollten Fragen der Sicherheit auf dem Schulweg sein. Ob die Wahl des Klassenelternbeirats bereits beim ersten Zusammentreffen erfolgen muss, sei offen gelassen. Wenn die Eltern es wünschen, könnten sie Adressen und Telefonnummern austauschen, um leichter Kontakte herstellen zu können. Auf jeden Fall sollte auch genügend Zeit bleiben, um die Eltern zu einem

Gespräch einzuladen, bei dem Probleme ihrer Kinder im Zusammenhang mit dem Schuleintritt zur Sprache kommen.

Einladen würden wir die Eltern mit einem persönlich gehaltenen Brief. Vielleicht ist es auch möglich, die Eltern persönlich zu Beginn des Abends zu begrüßen und ein paar Worte mit ihnen zu wechseln?

Mit Sicherheit ist es günstig, den ersten Elternabend im Klassenzimmer durchzuführen. Eltern haben auch ein natürliches Interesse an dem Raum und dem Schulhaus, in dem ihr Kind die kommenden Vormittage verbringen wird.

Und wie könnte die Zusammenarbeit mit den Eltern weitergehen? Es wäre ratsam, bereits einige Wochen später, zu einem zweiten und dritten Elternabend einzuladen.

Die folgenden Themenfelder könnten vielleicht für den zweiten und weitere Elternabende Anregungen geben. Entscheidend wird sein, dass Elternabende sich nicht in organisatorischen Fragen erschöpfen, sondern zu pädagogischen Gesprächsforen zwischen Lehrern und Eltern werden. Gerade davor schrecken aber nicht selten Lehrerinnen und Lehrer zurück. Mit Recht fürchten sie notorische Besserwisser und Vielredner, die Gespräche über pädagogische Themen (bei denen ja jeder glaubt, ein Experte zu sein) schwer machen. Vielleicht scheuen sie die Gefahr, Widerspruch zu erfahren. Vielleicht haben sie ihre eigene pädagogische Konzeption zu wenig reflektiert, um sie überzeugend begründen zu können, oder sie fürchten Einwände, die vielleicht nicht unberechtigt sind. Da rettet man sich dann vielleicht lieber in organisatorisches Allerlei, verspielt aber damit die Chance gemeinsamen pädagogischen Handelns oder zumindest die der Klärung der Standpunkte.

Aus der speziellen Problematik einer Anfängerklasse könnten sich folgende Themen für Elternabende nahe legen:

- Sollten Eltern mit den Kindern Hausaufgaben machen oder sollten sie diese nur kontrollieren?
- Was ist mit Kindern zu tun, die nur in der Nähe der Mutter Hausaufgaben machen können?
- Wie umfangreich werden die Hausaufgaben sein? Sollen Kinder, die zu Hausaufgaben sehr viel Zeit brauchen, nach einer bestimmten Zeit einfach abbrechen?
- Sollen Eltern mit ihren Kindern zusätzlich üben? Wann erscheint das angebracht, wann ist es gefährlich?
- Die Sitzordnung.
- Mögliche Schuleintrittskrisen, Anzeichen, Ursachen, Hilfen.
- Hänseleien und Streitereien zwischen Kindern.
- Erziehung zu Hilfsbereitschaft, speziell dazu, dass Kinder einander beim Lernen helfen.
- Einführung von »Lesemüttern«, die, vor allem den der deutschen Sprache noch nicht mächtigen Kindern beim Lesenlernen helfen, indem die Kinder nachmittags zu bestimmten Zeiten zu ihnen und evtl. die Lesemütter an bestimmten Tagen zur Unterstützung des Lehrers in die Schule kommen.

- Regeln im Klassenzimmer.
- Förderunterricht für wen und wie?
- Die unterschiedliche Lerngeschwindigkeit der Kinder.
- Fleißzettel, Stempel, Sternchen für gute Arbeiten?
- Überlastungen von Kindern durch zu viel Freizeitaktivitäten.
- Der Montagmorgen nach dem Wochenendstress, ein Problem nicht nur für Erwachsene.
- Wie ist der Lese- und Schreibkurs aufgebaut? Welche Schwierigkeiten können auftauchen?
- Freie Arbeit, was ist das und was lernt man dabei?
- Ein Schuljahr ohne Klassenarbeiten und Noten. Verbalbeurteilung, ihre Vorzüge und Probleme.
- Kinder achten und lieben – unabhängig vom Schulerfolg!

Eine fruchtbare Zusammenarbeit zwischen Eltern und Schule wird aber nicht nur von der Wahl grundsätzlicher und aktueller pädagogischer Themen abhängen, sondern auch von der Bereitschaft der Eltern, ihre Anliegen und Erfahrungen vorzutragen. Vielleicht könnte es mitunter für viele Eltern eine Hilfe sein, wenn sie für kurze Zeit ohne Beisein der Lehrerin ein Problem diskutieren können und so in höherem Maß aufeinander als Gesprächspartner angewiesen sind. Manche Eltern erkennen hierbei dann zum ersten Mal, dass andere Mütter und Väter dieselben Sorgen und Nöte haben und zur eigenen Überraschung ganz ähnlich denken, oder aber, dass diese ganz anderer Ansicht sind.

Literaturverzeichnis

(Siehe auch Literaturangabe zu dem Bereich »Kooperation mit dem Kindergarten«, S. 105f.).

Alberts, W.: Rituale in der Grundschule – Grundschule als Ritual? In: von den Steinen, S. u.a. (Hrsg.): Phänomene des Übergangs im Primarbereich. Hohengehren 1996: Schneider, S. 90–101.

Braun, A.: Erwartungen und Perspektiven von Schulanfängern. Pilotstudie. In: Empirische Pädagogik, 1987, H. 1, S. 53–59.

Claussen, C.: Schulanfang. In: Bartnitzki, H./Christiani, R. (Hrsg.): Handbuch der Grundschulpraxis und Grundschuldidaktik. Stuttgart 1981: Kohlhammer, S. 62–73.

Die Grundschulzeitschrift. Themenheft: Integrativer Schulanfang, H. 104, Mai 1997.

Die Grundschulzeitschrift. Themenheft: Gemeinsam anfangen – gemeinsam lernen, H. 14, April 1988.

Dräger, M. (Hrsg.): Der Anfangsunterricht in Regel- und Integrationsklassen. Wie Unterricht und Lernen im 1. Schuljahr beginnen können. Heinsberg 1997: Dieck.

Grundschule. Themenheft: Die pädagogische Aufgabe des Schulanfangs heute, H. 8, 1984.

Grundschule. Themenheft: Den Schulanfang pädagogisch gestalten, H. 2, 1987.

Grundschule. Themenheft: Schulanfang H. 5, 1987.

Grundschule. Themenheft: Jetzt bin ich ein Schulkind, H. 6, 1990.

Grundschule. Themenheft: Der erste Schultag, H. 4, 1993.

Herbert, M./Meiers, K.: Leben und Lernen im ersten Schuljahr. Stuttgart 21981, S. 9–16: Klett.
Herbert, M./Meiers, K.: Typische Situationen im Anfangsunterricht. Stuttgart [2]1981: Klett.
Herbert, M.: Der erste Schultag: In: Grundschule, H. 7/8, 1984, S. 43–44.
Horn, A.: Brücken zur Einschulung – Kindergarten, Eingangsstufe, Vorklassen. In: Haarmann, D. (Hrsg.): Handbuch Grundschule Bd. 1, Weinheim und Basel [3]1996, S. 88–101.
Kuhlen, H.: Gleitender Schulanfang. In: Die Grundschulzeitschrift, H. 6, Juni 1987, S. 4–5.
Moeller-Andresen, U./de Haen-Schwarz, S.: Das erste Schuljahr. Stuttgart [4]1979: Klett.
Pädagogische Beiträge. Themenheft: Rituale im Schulalltag, H. 7/8, 1987.
Portmann, R. (Hrsg.): Kinder kommen zur Schule. Hilfen und Hinweise für eine kindorientierte Einschulungspraxis. Frankfurt a.M. 1988: Arbeitskreis Grundschule.
Schulanfang: Kinder werden Schüler, b:e, H. 6, 1982, S. 28–33.
Schwarz, H.: Lebens- und Lernort Grundschule. Prinzipien und Formen der Grundschularbeit. Frankfurt a.M. 1994: Cornelsen Scriptor.
Weigert, H./Weigert, E.: Schuleingangsphase. Hilfen für eine kindgerechte Einschulung. Weinheim und Basel 1989: Beltz.
Wellendorf, F.: Schulische Sozialisation und Identität. Weinheim und Basel [2]1974: Beltz.

Schuleintrittskrisen

Bei einigen Kindern ist wenige Tage oder Wochen nach dem Schuleintritt die anfängliche Euphorie einer gewissen stummen Bedrücktheit gewichen. Den Eltern fällt auf, dass die Kinder von der Schule kaum mehr etwas erzählen und Fragen nach ihr eher widerwillig beantworten. Die Kinder wirken unausgeglichen, schlafen unruhig, träumen viel, brauchen wieder ihren Schnuller oder ihr Kuscheltier, haben weniger Appetit, schmiegen sich stärker an die Eltern an oder aber sie wirken abweisend und aggressiv. Vielleicht häufen sich Schwierigkeiten mit den Geschwistern; man hat den Eindruck, es sei schwieriger geworden, mit dem Kind auszukommen. Lehrern fällt auf, dass manche Kinder sich zurückziehen, still, passiv und uninteressiert wirken. Andere suchen ständig die Nähe des Lehrers oder der Lehrerin, wollen auf sich aufmerksam machen, sind aggressiv gegenüber Klassenkameraden oder geben sich betont großtuerisch.

Das geschilderte Verhalten kann mit Anpassungsschwierigkeiten an den neuen sozialen Kontext Schule zusammenhängen, Symptom einer Schuleintrittskrise sein.

Häufig werden solche Krisen sehr still und »äußerlich angepasst« durchgestanden, sodass es kaum auffällt, dass das Kind mit Schwierigkeiten zu kämpfen hat. Die Schwierigkeiten müssen auch nicht in den ersten 14 Tagen auftreten. Die darzustellenden Krisen werden zwar durch die neuen Umweltbedingungen ausgelöst, haben aber ihre eigene Dynamik und ihren eigenen »Zeitplan«.

Manche der aufgeführten Probleme, die zunächst vom Kind noch nicht adäquat bewältigt werden können, lösen sich im Laufe der Zeit anscheinend von selbst. Das Kind hat gelernt, mit der neuen Situation umzugehen. Nicht selten können sich aber auch jahrelang andauernde, sich gegenseitig hochschaukelnde Schwierigkeiten, Teufelskreise von Schulunlust, Schulschwierigkeiten, Störverhalten, sozialer Isolierung und Aggression ergeben oder es kann zu Apathie, Rückzugsverhalten, Überanpassung und dgl. kommen.

Schuleintritt als kritisches Lebensereignis und als Entwicklungsaufgabe

Psychologisch gesehen, lässt sich der Schuleintritt in die Reihe kritischer Lebensereignisse einordnen. Von einem *kritischen Lebensereignis* kann dann gesprochen werden, wenn eine neue Situation mit den bisherigen Routinen nicht mehr bewältigt werden kann und neue Handlungsmuster, evtl. auch tief greifende emotionale Umstellungen erfordert. Der Auszug aus dem Elternhaus, Berufseintritt und Berufswechsel, das Zusammenziehen mit und die Trennung von einem Partner, das erste Kind, Arbeitslosigkeit, eine schwerwiegende Krankheit, Tod des Lebenspartners, Pensionierung und anderes mehr können zu solchen kritischen Lebensereignissen gerechnet werden.

Kritischen Lebensereignissen gemeinsam ist, dass sie sich aus dem üblichen Lebensfluss des Alltags abheben und den Charakter des Außergewöhnlichen haben. Menschliche Entwicklung ist kein kontinuierlicher, gleichförmig verlaufender linearer Prozess, sondern wird immer wieder durch Unvorhergesehenes unterbrochen. Kritische Lebensereignisse stellen zweitens an den Betroffenen neue Anforderungen; sie erfordern eine besondere Bewältigungsarbeit, die gelingen oder misslingen kann. Sie sind drittens von begrenzter Dauer. Sie müssen endlich nicht unbedingt etwas Negatives sein, also mit negativen Konsequenzen und Erfahrungen einhergehen. So können Berufswechsel, die Geburt eines Kindes, auch Schuleintritt durchaus positiv bewertet werden. Oft ist aber zu beobachten, dass selbst bei grundsätzlich positiv bewerteten Veränderungen eine Phase durchlaufen werden muss, die mit Stress und evtl. auch kurzfristig mit negativen Gefühlen verbunden ist.

Aus der Sicht des Symbolischen Interaktionismus[1] (Mead 1934, 1985; Goffman 1967; Krappmann 1975) kann ein kritisches Lebensereignis als Identitätskrise verstanden werden. Das Konzept geht davon aus, dass ein Mensch dann Ichidentität gewinnt, wenn es ihm gelingt, die an ihn herangetragenen sozialen Erwartungen und die eigene persönliche Einmaligkeit, seine soziale und seine persönliche Identität in Einklang zu bringen. Bezogen auf den Schuleintritt bestünde die Identitätskrise dann darin, dass die bisher gefundene Identität durch die neuen sozialen Erwartungen gestört und durch Veränderungen der bisherigen personalen Identität erst wieder ins Gleichgewicht gebracht werden muss.

Was ist nun unter unter dem vieldeutigen Begriff Identität zu verstehen? In dem aus der Tradition von Erik Erikson (1980) stammenden Identitätsbegriff ist Identität eine innere Übereinstimmung mit sich selbst und mit den Erwartungen von andern, im Augenblick und über die Zeit hinweg. Identität ist das Gefühl, »ganz« zu sein, »man selbst« zu sein, in Übereinstimmung mit sich selbst und den andern zu leben. Schuleintritt wäre dann insofern eine Identitätskrise, als das Kind seine bisherige Sicht von sich selbst (etwa als Star, als jemand, der immer im Mittelpunkt steht, als jemand, dem alles abgenommen und dem immer geholfen wird) unter den neuen Bedingungen nicht mehr aufrechterhalten kann oder dass es eine Diskrepanz zwischen seinem Verhalten und den neuen Erwartungen empfindet.

Wird der Begriff Identität (Ichidentität) in der Tradition des Symbolischen Interaktionismus gebraucht, dann meint Identität nichts (relativ) Festes, das man hat und eventuell verlieren kann. Ichidentität muss vielmehr in Interaktionen immer jeweils neu gewonnen werden. Sie ist nichts Bleibendes, kein Persönlichkeitsmerkmal, sondern ist an Interaktionen gebunden. Ichidentität kommt dann zustande, wenn es

1 In der Bezeichnung »Symbolischer Interaktionismus« spiegeln sich die Kernaussagen der Theorie: Identität wird über Interaktionen hergestellt und diese finden hauptsächlich im Medium der Sprache (Sprache als Symbolsystem) statt.

zu befriedigenden sozialen Interaktionen kommt, in denen sämtliche Interaktionspartner auf ihre Rechnung kommen und die Interaktion als befriedigend erleben.

Nach diesem Konzept werden in Interaktionen, etwa in der Interaktion zwischen Lehrerin und Schüler, bestimmte soziale Erwartungen an diesen herangetragen, es wird ihm eine bestimmte soziale Identität angesonnen. Die neue soziale Identität, die dem Kind zugemutet wird, macht es diesem aber nun vielleicht unmöglich, seine Bedürfnisse, seine im bisherigen Lebenslauf gewonnene Einmaligkeit (Identität im Sinne Eriksons) in die Interaktion einzubringen. Zugleich hat die Lehrerin vielleicht eine gewisse Vorstellung von der persönlichen Einmaligkeit des Kindes und trägt diese Vorstellung als persönliche Identität an das Kind heran. Beide Erwartungen muss nun das Kind, wenn es sich selbst treu bleiben will, ein Stück weit zurückweisen, freilich nicht völlig, weil es sonst zu einem Bruch in der Interaktion mit der Lehrerin kommt. Es ist also ein Kompromiss zu finden, der es dem Kind einerseits ermöglicht, seine persönliche Einmaligkeit wenigstens ein Stück weit zu wahren, der es andererseits aber auch möglich macht, mit der Lehrerin befriedigende Sozialbeziehungen aufrechtzuerhalten.

Goffman (1967) und ihm folgend Krappmann (1975) sprechen hier von einer Balance, einer Identitätsbalance. Gelingt diese Balance in der konkreten Interaktion, ist Ichidentität gewonnen worden.

Beide Balancen können misslingen. Es kann sein, dass es dem Kind nicht gelingt, die oft widersprüchlichen Erwartungen von anderen gegeneinander auszubalancieren, es entscheidet sich für *eine* Bezugsperson oder Bezugsgruppe und enttäuscht die anderen. In diesem Fall ist der erste zu leistende Balanceakt nicht geglückt. Das Kind kann zum andern sich den Erwartungen der andern so sehr anpassen, dass es nicht mehr es selbst ist, oder es kann auch an seiner persönlichen Einmaligkeit so kompromisslos festhalten und die sozialen Erwartungen so stark zurückweisen, dass es für die Lehrerin oder die Mitschüler schwierig wird, mit ihm zu interagieren. Hier geht es um den zweiten Balanceakt. Diese zweite Balance kann also durch »Selbstaufgabe« wie durch unflexibles Festhalten an den bisherigen Gewohnheiten und Eigenarten verfehlt werden. In der Schule wird ein Kind dann rasch zum Außenseiter, »Eigenbrötler«, Störenfried, unangepassten Schüler, mit dem man Schwierigkeiten hat.

Um diese balancierende Ichidentität zu finden, sind eine Reihe von Kompetenzen notwendig, die ihrerseits aber auch im Ringen um Ichidentität gelernt werden:

- Rollendistanz: Sie ist die Fähigkeit, sich von seinen eigenen Vorstellungen, von seiner eigenen »Rolle« ein Stück weit distanzieren zu können.
- Empathie: Hier geht es um die Fähigkeit, sich in den anderen hineinversetzen zu können, ausloten zu können, was die Lehrerin erwartet, was sie vielleicht noch tolerieren kann; ausloten zu können, was die Kameraden erwarten und ab welchem Punkt sie »nicht mehr mitmachen«.
- Ambiguitätstoleranz: Sie ist eine Form der Frustrationstoleranz, nämlich die Fähigkeit, in Interaktionen auszuharren, die nicht voll befriedigend sind, in denen nicht alle persönlichen Bedürfnisse befriedigt werden, und die Fähigkeit, widersprüchliche soziale Erwartungen ertragen zu können, auszuhalten, dass man nicht

allen Erwartungen gerecht werden kann. So muss ein Schüler über eine gewisse Ambiguitätstoleranz verfügen, wenn von ihm erwartet wird, am Unterricht teilzunehmen, er aber lieber spielen möchte, oder wenn die Lehrerin erwartet, dass er aufmerksam ist, sein Nebensitzer sich aber mit ihm unterhalten möchte.

- Kommunikative Kompetenz, Fähigkeit zur Ichpräsentation: Hier geht es um die Kompetenz, sich in soziale Interaktionen einzubringen, sein Anliegen anderen klarmachen zu können, sich als Schüler mit bestimmten Ansprüchen und Wünschen glaubhaft präsentieren zu können. Dabei spielt sprachliche Kompetenz eine wichtige Rolle.

Es versteht sich, dass Schulanfänger über diese Kompetenzen nur in bescheidenem Ausmaß verfügen. Die Lehrerin muss deshalb der bisherigen Identität der Schüler ein Stück weit entgegenkommen und kann die neuen sozialen Erwartungen erst im Laufe der Zeit stärker durchsetzen.

Identitätskrisen gibt es nicht nur im Zusammenhang mit Schuleintritt. Vielleicht hat das Kind durch den Eintritt in den Kindergarten bereits Erfahrungen gesammelt, wie man Übergänge in neue soziale Kontexte besser bewältigen kann. Aber man wird sicher noch nicht von Routinen sprechen können und zudem haben Erwartungen des Kindergartens bei weitem nicht diesen Verbindlichkeitsgrad.

Das psychologische Konzept des kritischen Lebensereignisses ist zu ergänzen durch das der *Entwicklungsaufgabe*. Es macht auf die Chancen aufmerksam, die der Schuleintritt einem Kind eröffnet, die ihm aber nicht einfach in den Schoß fallen. Schuleintritt ist eine solche Entwicklungsaufgabe. Er eröffnet Entwicklungschancen in vielen Bereichen, vor allem im kognitiven und sozialen Bereich.

Beide Konzepte, das Konzept des kritischen Lebensereignisses und das der Entwicklungsaufgabe hängen eng miteinander zusammen. Jede Krise ist auch eine Herausforderung. Sie eröffnet Chancen, birgt aber auch Gefahren in sich. Gelingt es, die Krise positiv zu bewältigen, so wächst die Kompetenz; ein Schritt in Richtung größerer psychischer Reife ist gelungen. Misslingt die Lösung der Krise, so bedeutet dies nicht nur Stillstand, vorläufiges Verpassen einer Chance, sondern meist auch Rückschritt, Rückfall in unreife Einstellungen und Verhaltensweisen.

Wir werden im Folgenden verschiedene Krisenfelder, die mit Schuleintritt zusammenhängen, beleuchten. Dabei ist zu bedenken, dass ein Kind nicht selten in mehreren Bereichen gleichzeitig Schwierigkeiten bekommen kann. Das erhöht den psychischen Stress und macht eine progressive Lösung der Problematik noch schwieriger.

Krisen aufgrund einer Reihe äußerer Umstellungen im Leben des Kindes

Ob ein Kind morgens in den Kindergarten geht oder zur Schule – was soll da schon für ein erheblicher Unterschied bestehen? Diese oder ähnliche Ansichten äußern oft Erwachsene und übersehen dabei, welche oft schmerzhaft empfundene Änderungen der Schulbeginn im Leben eines Schulanfängers hervorrufen kann. Erich Kästner

(1969) schreibt in einer Ansprache zum Schuleintritt: » … euch ist bänglich zumute, und man kann nicht sagen, dass euer Instinkt tröge. Eure Stunde X hat geschlagen … Das Leben nach der Uhr beginnt und wird erst mit dem Leben selbst aufhören. Das aus Ziffern und Paragrafen, Rangordnung und Stundenplan eng und enger sich spinnende Netz umgarnt nun auch euch …« (Vgl. S. 73.)

- Veränderungen im Zeiterleben
  Das Leben nach der Uhr beginnt – zunächst sind es oft nur äußere, den Tagesablauf oder den Schulweg betreffende Veränderungen: Das morgendliche Aufstehen kann nicht mehr dem persönlichen Wunsch entsprechend gewählt werden – es muss pünktlich erfolgen, um zur vorgeschriebenen Zeit in der Schule zu sein. Entsprechend kann so mancher Schulanfänger jetzt auch abends nicht mehr so lange aufbleiben – die Eltern legen Wert auf ausreichenden Schlaf. Auch das Frühstück wird nicht mehr mit der gewohnten Ruhe und Gelassenheit eingenommen, wenn der Blick auf die Uhr zusehends in den Mittelpunkt rückt. Kinder, die während der Kindergartenzeit nach dem Frühstück oft noch in Gedanken versunken mit ihren Spielsachen gespielt haben, müssen sich jetzt beeilen.
  Auf dem Schulweg geht das Diktat der Zeit weiter. Die Unterhaltung mit Nachbars Katze muss eingeschränkt werden, zumal der Weg zur Schule in der Regel auch noch weiter ist als der Weg zum Kindergarten. Auch in der Schule wird die Uhr wichtig. Wenn es klingelt, muss ins Klassenzimmer gegangen werden. Die Stunde dauert 45 Minuten lang, auch wenn man schon viel früher aufhören möchte oder noch mitten in einer Sache ist. Das war im Kindergarten zumindest während der Phase des Freien Spiels doch wesentlich anders. So ließe sich fortfahren.
  Dies wird an einem Kind nicht spurlos vorübergehen. Persönliches, inneres Zeiterleben und äußere, objektive zeitliche Anforderungen klaffen auseinander. Wer Kinder beobachtet, wie sie mit ihrer Zeit umgehen, wie sie die äußere Zeit vergessen, wenn sie spielen, etwas untersuchen, auf dem Schulweg trödeln … weiß, was gemeint ist. Noch ganz ungeklärt ist, welche Auswirkungen es hat, wenn das Kind mit seiner eigenen inneren Zeit an die von außen geforderte, gesellschaftlich reglementierte Zeit angepasst wird. Auf jeden Fall ist Schule auch ein Ort der Sozialisation von Zeiterleben, Zeitbedürfnis und Umgang mit der Zeit.
- Veränderungen im Raumerleben
  Im Gegensatz zum gewohnten Kindergarten sind viele Klassenzimmer heute immer noch sehr nüchtern. Sie wirken kühl. Das Materialangebot des durchschnittlichen Klassenzimmers ist gegenüber dem Kindergarten eher bescheiden. Vor allem gibt es kaum mehr die Möglichkeit, sich unbeaufsichtigt in eine Spiel- oder Bauecke zurückzuziehen, um ungesehen und allein zu sein.
  Neu und nicht frei von zusätzlichen Problemen sind auch die Pausen, vor allem die große Vesperpause. Während im Kindergarten in der Regel in Ruhe gemeinsam zunächst das Vesperbrot im Raum verzehrt wurde, um dann je nach Wetter und Laune unterschiedlich lang im Freien spielen und toben zu können, muss jetzt das Klassenzimmer verlassen werden. In den oft wenig einladend gestalteten

Schulhöfen und inmitten des umtriebigen Durcheinanders einer Pause fühlen sich viele Schulanfänger einsam und unsicher.

- Veränderungen im didaktisch-methodischen Arrangement
  Im Kindergarten waren die Kinder gewohnt, zumindest bis zur Vesperpause frei spielen zu können. Die Aktivitäten waren durch momentane Bedürfnisse und Interessen bestimmt. Es gab keine aufgrund eines Lehrplans vorgeschriebenen Inhalte. So konnte sich die Erzieherin weitgehend den Bedürfnissen der Kinder anpassen. Jetzt beginnt das systematische Lernen, fremdbestimmte Arbeit, weitgehend im Gleichschritt mit allen anderen. Alle schlagen gleichzeitig die Fibel auf, alle müssen jetzt schreiben, rechnen, ein Lied singen, und zwar auf Anweisung der Lehrerin.
- Veränderung in den Verhaltensanforderungen und Verpflichtungen
  Eng im Zusammenhang damit steht, dass der Handlungsspielraum der Kinder eingeschränkt wird. Sie müssen sich universalistischen, d.h. für alle geltenden Regeln unterwerfen. Permanent sind die Kinder dem kontrollierenden Blick der Lehrerin ausgesetzt. Rückzugsmöglichkeiten, um unbeachtet zu sein, gibt es kaum mehr. Auch der Nachmittag wird zunehmend von Verpflichtungen überschattet. Hausaufgaben, die meist von den Eltern sorgfältig kontrolliert werden, sind zu erledigen, die frei verfügbare Zeit wird langsam eingeschränkt.
- Veränderung der Sozialbeziehungen
  Zwar ist in vielen Kindergärten die Zahl der Kinder, die zu einer Gruppe gehören, heute ähnlich hoch wie in Grundschulklassen, aber es gibt in der Regel neben der Erzieherin auch noch eine Helferin oder Praktikantin. Die Relation Erwachsene-Kinder war so wesentlich günstiger und entsprechend groß war auch die Möglichkeit einer persönlichen Interaktion mit dem einzelnen Kind, zumal man auch noch am Nachmittag beieinander war und es keinen Druck vom Lehrplan aus gab. Der Kampf um die Zuwendung der geliebten Bezugsperson wird nun härter, die Enttäuschung, weil man vielleicht zu wenig beachtet wurde, größer. Vielleicht kommt man mit der neuen und nun einzigen Bezugsperson nicht so zurecht. Hinzu kommen neue Normen für die Interaktion zwischen Lehrerin und Schülern (vgl. S. 160ff.).
  Auch die Beziehung zu den anderen Kindern ist verändert. In den meisten Kindergärten sind die Gruppen altersheterogen zusammengesetzt. Da konnte man vielleicht in die Rolle des Älteren, Überlegenen schlüpfen oder die Rolle des Kleinen genießen. Jetzt, in der Jahrgangsklasse sind, zumindest auf dem Papier, alle gleich. Damit sind Rivalitäten vorstrukturiert.

Schwierigkeiten mit anderen Kindern

Von Erwachsenen vielfach unbeachtet oder als Bagatelle abgetan sind Probleme, die Schulanfänger mit Klassenkameraden und älteren Schülern auf dem Schulweg oder in der großen Pause haben. In der Untersuchung von Bettina Paetzold (1988) nannten die befragten Mütter von Schulanfängern diese Probleme an erster Stelle. Es kommt zu Streitigkeiten, Hänseleien, Rempeleien. Auch der Streit um Schulmaterialien scheint für die Kinder belastend zu sein.

Die sozialen Auseinandersetzungen zwischen den Schülern hängen möglicherweise damit zusammen, dass sich viele Kinder zu Beginn der Schulzeit noch nicht kennen, durch die Klassenbildung bestehende Kindergruppen teilweise auseinander gerissen werden, neue Schüler dazukommen und die neu gebildeten sozialen Systeme sich erst einspielen müssen. Dabei spielen nach einer Untersuchung von Petillon (1991) in der Schulanfangszeit bei den Jungen vor allem Rangkämpfe, bei den Mädchen Probleme der Zugehörigkeit zu einer Gruppe oder Clique bzw. sozialer Ausschluss die entscheidende Rolle. Jungen tragen ihre Streitereien eher in körperlicher Aggression aus, Mädchen in Worten. Dabei scheinen sich körperliche und verbale Aggressionen und sozialer Ausschluss auf einzelne Kinder zu verdichten, sodass die Gefahr besteht, dass schon recht früh Schlägerrollen, Opferrollen und Außenseiterrollen festgeschrieben werden. Überraschend ist, dass auch bei der zweiten Befragung Paetzolds gegen Ende des ersten Schuljahres die Aggressionen vonseiten der Mitschüler nach den Schilderungen der Mütter Problem Nr. 1 bleiben und gegenüber dem Schuljahrsbeginn nicht geringer geworden sind. Auch nach Petillon sind in der Perspektive der Schüler des ersten und zweiten Schuljahrs Konflikte mit anderen des zentrale Thema, das auch deutlich Vorrang hat vor der Beziehung zum Lehrer.

Sicher spielen hier auch die generellen Veränderungen der Kontaktstrukturen der Kinder (vgl. S. 41ff.) eine Rolle. Während früher Kinder lernen mussten, sich gegenüber den durch die Nachbarschaft vorgegebenen Kinderkameraden beim Spielen auf der Straße durchzusetzen, werden heute die Freunde, die zu einem passen, ausgesucht und nach Hause eingeladen. In der Schule trifft man aber, wie früher beim Spielen auf der Straße, alle Kinder und muss sich mit ihnen arrangieren. Hinzu kommt, dass es manchen älteren Schülern Spaß macht, die jüngeren zu ärgern, zumal sie ihnen gegenüber auch leicht ihre körperliche Überlegenheit ausspielen können. Lehrerinnen und Lehrer sollten diesen gern übersehenen Problemen besondere Beachtung schenken.

Krisen aufgrund neuer Regeln für die sozialen Beziehungen in der Schule

In der Familie und der Schule gelten unterschiedliche Regelungen für den sozialen Umgang miteinander. Die normativen Grundstrukturen der Sozialbeziehungen unterscheiden sich. Das hat einerseits eine wichtige sozialisatorische Bedeutung, auf die vor allem der amerikanische Soziologe Talcott Parsons (1902–1979), einer der bedeutendsten Soziologen unseres Jahrhunderts und zugleich der wichtigste Vertreter des sog. Strukturfunktionalismus, hingewiesen hat. Andererseits können die neuen Regeln die Eingewöhnung in die Schule erschweren, zu Missverständnissen führen und Krisen auslösen.

Beginnen wir mit der sozialisatorischen Bedeutung. Das Grundthema des Ansatzes von Talcott Parsons (1967, 1968) ist die Frage, wie soziale Ordnung trotz des Zusammenlebens einer Vielzahl ganz unterschiedlicher Menschen erklärt werden kann. Hierfür sind nach Parsons vor allem die in den Institutionen ablaufenden Sozialisationsprozesse verantwortlich.

Sozialisation hat zwei Perspektiven. Zum einen geht es um die Aufrechterhaltung von gesellschaftlichen Ordnung. Dies ist insofern ein Problem, als jedes Jahr Menschen, die zum Funktionieren der bestehenden Gesellschaft beigetragen haben, sterben und neue, noch nicht sozialisierte Gesellschaftsmitglieder hinzukommen. Die Frage, wie es gelingt, die bestehende Gesellschaft in ihren Grundstrukturen zu reproduzieren, ist eher einer soziologischen Sichtweise zuzuordnen. In der zweiten Perspektive geht es darum, wie es der Gesellschaft gelingt, die nachwachsenden Gesellschaftsmitglieder so zu beeinflussen, dass sie sich in der gegebenen Gesellschaft zurechtfinden können. Diese zweite Sichtweise fokussiert eher die individuelle und psychologische Seite von Sozialisationsprozessen.

Das entscheidende Bindeglied zwischen dem Einzelnen und der Gesellschaft sind nach Parsons Rollenerwartungen. Rollen sind gesellschaftliche Erwartungen an Inhaber sozialer Positionen (z. B. Mutter sein, Schüler sein, Lehrer sein), wobei diese Erwartungen einen unterschiedlichen Verbindlichkeitsgrad haben. Die Erfüllung einiger Rollenerwartungen wird von der Gesellschaft geradezu erzwungen (Muss-Erwartungen), bei anderen Rollenerwartungen zieht deren Nichterfüllung soziale Kritik und Verachtung nach sich (Soll-Erwartungen), wieder andere Erwartungen werden, wenn man sie befolgt, mit Anerkennung belohnt, ohne dass Nichterfüllung Sanktionen nach sich ziehen würden. Durch die Übernahme gesellschaftlicher Rollenerwartungen wird einerseits die bestehende Gesellschaft stabil gehalten, andererseits ermöglicht rollenkonformes Verhalten dem Einzelnen, in dieser Gesellschaft zu leben. Beide Aspekte, der eher auf die Gesellschaft und der eher auf das Individuum bezogene, sind also eng miteinander verzahnt.

Schon vom Ansatz her ist der parsonssche Ansatz eher an der Erklärung der Stabilität bestehender Ordnungen als an der Frage des sozialen Wandels interessiert, obwohl auch solche Fragestellungen nicht völlig fehlen. Der Begriff der »Strukturfunktionalität« weist in die Hauptrichtung, in die gedacht wird. Es geht um die Frage, welche Beiträge die verschiedenen gesellschaftlichen Institutionen für die Aufrechterhaltung des Gesamtsystems leisten, inwiefern sie funktional sind für die Aufrechterhaltung übergeordneter Strukturen. Ohne auf den schwierigen Begriff »Struktur« und die unterschiedlichen Bestimmungen von Strukturfunktionalität hier näher einzugehen, geht es beispielsweise um die Frage, inwiefern die Sozialisationsleistungen der gesellschaftlichen Subsysteme Familie und Schule funktional sind für die Aufrechterhaltung gesamtgesellschaftlicher Wert- und Verhaltenssysteme. Nach dem strukturfunktionalen Ansatz betreiben gesellschaftliche Subsysteme also das Geschäft der »Zurichtung« der individuellen Person, sodass diese in den übergeordneten Systemen möglichst reibungslos »funktionieren« kann und damit zu dessen Stabilisierung beiträgt.

Eine wesentliche Hilfe für die Erklärung der Aufrechterhaltung bestehender sozialer Ordnungen war für Parsons die Rezeption der psychoanalytischen Theorie, näherhin das freudsche Konzept des Überichs. Danach werden soziale Regeln nicht primär durch äußeren Zwang aufrechterhalten, sondern über Internalisierungsprozesse zu einem Teil der eigenen Persönlichkeit. Die Folge ist, dass die Gesellschaftsmitglieder bestehende Ordnungen nicht aus Angst vor Bestrafung, sondern von sich aus bejahen, befolgen und verteidigen. Parsons geht dabei noch ein Stück über Freud hinaus. Während Freud annahm, das ES des Menschen, die Triebimpulse, seien biologisch vorgegeben und unveränderbar und eine Beeinflussung könne nur durch Gegenspieler des ES, durch das ICH und das ÜBERICH geschehen, glaubt Parsons, dass selbst das ES plastisch sei und durch Sozialisationsprozesse in gewissem Umfang beeinflusst werden könne. So wäre auch zu erklären, warum Menschen das, was sie objektiv tun *müssen*, subjektiv gern und freiwillig tun. Für Parsons ist der Mensch ein völlig sozialisierbarer Mensch. Das hat ihm den Vorwurf eines »übersozialisierten Menschenbildes« eingetragen.

In diesem Sozialisationsprozess hat nach Parsons (1968) die Grundschule eine überragende Bedeutung. Sie hat eine doppelte Funktion: Sie schafft bei den Schülern Bereitschaft und Fähigkeit, den Anforderungen vieler ihrer späteren Erwachsenenrollen zu genügen, und hat zudem Allokationsfunktion.

Beginnen wir mit dieser zweiten Funktion. Die Grundschule weist nach Parsons die Schüler unterschiedlichen Bildungslaufbahnen zu. Sie nimmt damit eine Grobsortierung der Schüler für spätere Berufe vor. Dieser sehr folgenreiche Prozess geschieht nach einem Kriterium, das von allen akzeptiert und als gerecht anerkannt wird, dem Kriterium der Leistung. Im Verlauf der Grundschule findet danach ein für die Gesellschaft wie für den Einzelnen entscheidender Differenzierungsprozess statt, der sich nicht nach sozialer oder ethnischer Herkunft, Religion, Geschlecht, Aussehen oder anderen, nicht durch eigenes Zutun erworbenen Merkmalen, sondern einzig nach dem Kriterium der Leistung vollzieht. Dieser Differenzierungsprozess, der unter einer bestimmten Perspektive auch als Selektion bezeichnet werden kann, wird von den Betroffenen deshalb akzeptiert, weil Bedingungen gegeben sind, die ihn als fair erscheinen lassen: Am Anfang, zu Beginn der Schulzeit, sind alle Schüler, was ihre Chancen anbelangt, gleich. Sie erhalten gleiche Aufgaben und die erbrachten Leistungen werden nach einem für alle gleichen Maßstab bewertet. Über die Noten wird den Schülern systematisch ein auf Leistung beruhender Status zugewiesen. Die Bedeutung der Leistung wird noch dadurch unterstrichen, dass sie auch vonseiten der Eltern hoch bewertet wird. Diese Differenzierung der anfänglich Gleichen aufgrund ihrer erbrachten Leistungen wird von allen Beteiligten, auch den Verlierern, als fair erachtet. Die psychischen Kosten des Verlierens werden zudem dadurch abgefedert, dass die Schüler von ihren Lehrern nicht nur aufgrund ihrer erbrachten Leistungen Anerkennung erhalten und dass die Freundschaftsbeziehungen in der Peergroup ebenfalls eine gewisse Unabhängigkeit vom Leistungsstatus haben. Der selektive Prozess vollzieht sich also innerhalb eines Rahmens institutionalisierter Solidarität.

Die andere Funktion der Grundschulklasse besteht darin, bei den Schülern die Bereitschaft und Fähigkeit zu entwickeln, ihre späteren Erwachsenenrollen zu übernehmen. Diese Aufgabe kann in der Familie nur sehr begrenzt geleistet werden, weil die in der Familie geltenden Rollen und die ihnen zugrunde liegenden Orientierungen weitgehend anders sind als die, die in der späteren Erwachsenengesellschaft gelten. Hier springt nun die Schule ein und zwar bereits die Grundschule.

Parsons glaubte, die normativen Grundstrukturen sämtlicher sozialer Lebensräume, seien es Familie, Schule, Militär oder ein Betrieb, mithilfe eines fünfdimensionalen Rasters beschreiben zu können. Die fünf Grunddimensionen sind als Kontinuen mit jeweils zwei Polen zu verstehen. Auf diesen Kontinuen sind die Ausprägungen der normativen Grundstrukturen der verschiedenen sozialen Lebensräume unterschiedlich zu verorten. Sie sind die Grundlagen der in diesen Lebensräumen geltenden Rollen. Insgesamt ergibt die Kombination der Ausprägungen in den verschiedenen Dimensionen ein für den entsprechenden Lebensbereich spezifisches Muster (pattern). Daher der von Parsons gewählte Terminus »Pattern Variables«.

Die Ausprägungen dieser Variablen beziehen sich sowohl auf soziale Grundregeln für die Interaktion in den verschiedenen Lebensbereichen wie auf innere Orientierungen des Individuums, die das Verhalten in diesen Feldern steuern. Es handelt sich also gleichzeitig um soziologische wie um psychologische Größen. Die Orientierungen sind die Grundlagen der in den verschiedenen sozialen Bereichen geltenden Rollen. Wenn nun schon nicht die fertigen Rollenmuster in vorausgehenden Sozialisationsprozessen erlernt werden können, so ist es doch zumindest notwendig, dass die Heranwachsenden mit den, den verschiedenen Rollen zugrunde liegenden Normen vertraut werden und dass sie lernen, Interaktionen nach diesen Normen zu gestalten. Das geschieht vor allem in der Schule.

Wie bereits erwähnt, sind nach Parsons für das Leben in modernen hoch entwickelten industriellen Gesellschaften Orientierungen notwendig, die in der Familie nicht erworben werden können. Die Interaktionen in der Familie sind in der Regel affektiv, diffus, partikularistisch und orientieren sich eher an Qualitätsmerkmalen als an Leistung. Das heißt konkret: Eltern nehmen ihr Kind in den Arm, zeigen ihm offen ihre Gefühle und ähnlich verhält sich auch das Kind (Affektivität). Die Eltern interessieren sich für alles, was das Kind betrifft, nicht nur für einzelne Bereiche seines Lebens (Diffusität). In einer Reihe von Bereichen gelten für jedes Familienmitglied unterschiedliche Normen, etwa entsprechend dem Alter (Partikularismus). Die Eltern lieben und schätzen ihr Kind nicht primär aufgrund von Leistungen, sondern weil es ihr Kind ist (Qualität). In vielen außerfamiliären gesellschaftlichen Bereichen sind dagegen eher affektive Neutralität, Spezifität (also lediglich die Beachtung bestimmter Aspekte der Persönlichkeit, wie z. B. Können, Pünktlichkeit und Gewissenhaftigkeit bei der Aufgabenerfüllung) gefragt. Andere Orientierungen würden zu Störungen im Arbeitsablauf, etwa in einem Betrieb oder einem Großraumbüro führen. In egalitären Gesellschaften gelten für alle die gleichen Regeln (Universalismus) und das einzige Kriterium der Wertschätzung in vielen Institutionen ist die Leistung. Das soll nicht heißen, dass generell sämtliche Lebensbereiche derart strukturiert seien. Freundschafts- und Liebesbeziehungen, der familiäre Kontext und etwa Beziehungen in verschiedenen Vereinen sind durch hohe Affektivität bestimmt, diffus und partikularistisch. Menschen werden dort um ihrer selbst willen und nicht aufgrund ihrer Leis-

Normative Grundstruktur der Sozialbeziehungen in der Familie und in der Schule. Analyse an Hand der Parsonsschen Pattern Variables

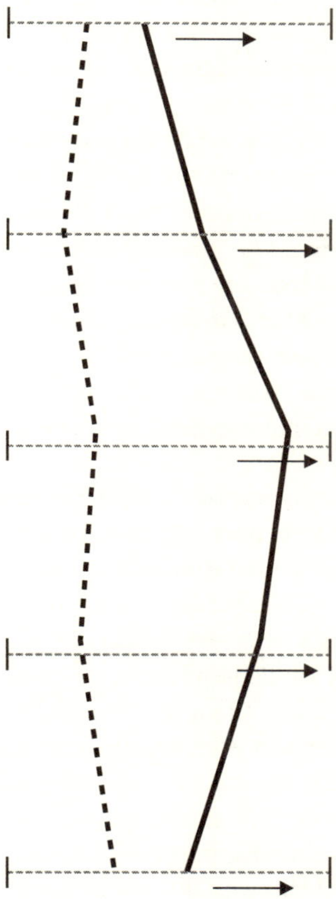

Affektivität
Der Handelnde kann seine affektiven Reaktionen (Zuneigung, Zorn, Enttäuschung, ...) voll in die Interaktion einbringen

Affektive Neutralität
Der Handelnde unterdrückt affektive Impulse.

Diffusität
Die Interaktion umfaßt sämtliche Bereiche der Persönlichkeit.

Spezifität
Die Interaktion wird beschränkt auf spezifische Bereiche.

Partikularismus
Normen und Maßstäbe werden auf die einzelnen Interaktionspartner abgestimmt.

Universalismus
Für alle gelten die gleichen Normen.

Zuschreibung, Qualität
Der Handelnde wird beurteilt aufgrund von Qualitätsmerkmalen (z.B. soziale Herkunft, Zuneigung), die er nicht durch eigene Leistung erworben hat.

Leistung
Der Handelnde wird ausschließlich beurteilt nach seiner Leistung.

Kollektivorientierung
Private Interessen werden den Interessen der Gemeinschaft untergeordnet (Gemeinschaftsbewußtsein).

Selbstorientierung
Eigene Interessen haben Vorrang.

Für die in dieser Spalte stehenden Orientierungen gebraucht Parsons auch den Oberbegriff »partikularistisch«.

Für diese 5 Orientierungen verwendet Parsons den Oberbegriff »universalistisch«.

Die eingezeichneten Profile (Familie gepünktelt, Schule durchgezogene Linie) stellen die idealtypische normative Grundstruktur der beiden sozialen Kontexte dar.
Die Pfeile sollen andeuten, in welche Richtung sich die Werte in den höheren Klassen verschieben werden.

tung geschätzt. Aber es ist notwendig, dass Kinder, die diese Orientierungen weitgehend schon in ihrer Familie gelernt haben, die neuen Orientierungen hinzulernen, um mit den verschiedensten sozialen Anforderungen zurechtkommen zu können. Dies geschieht in der Grundschule dadurch,

- dass in ihr die sozialen Beziehungen gegenüber den Beziehungen in der Familie eher affektiv neutral sind,
- dass in der Schule nicht die ganze Schülerpersönlichkeit interessiert, sondern nur bestimmte Aspekte des Verhaltens wie Lernen und Disziplin (»Das gehört nicht hierher«, sagen Lehrer häufig, wenn Schüler die Interaktion »diffus« gestalten wollen, etwa von ihrer Oma oder von ihrem Goldhamster erzählen …),
- dass für alle Schüler der Klasse die gleichen Regeln gelten und alle nach dem gleichen Maßstab bewertet werden (Universalismus),
- dass Anerkennung und Belohnungen, wie etwa Noten, nicht aufgrund bestimmter unverdienter Eigenschaften (soziale Herkunft, Geschlecht, Sympathie), sondern ausschließlich nach dem Kriterium der Leistung vergeben werden.

Dabei kann die Grundschule in gewissem Ausmaß an Lernprozessen im Kindergarten anknüpfen, wenngleich dort die normativen Grundlagen der Interaktionen denen in der Familie noch sehr ähnlich sind. Grundschullehrer und -lehrerinnen bemühen sich zudem, allzu große Brüche zu vermeiden. Von besonderer Bedeutung ist dabei nach Parsons die Tatsache, dass die meisten Lehrkräfte in der Grundschule Frauen sind. Damit ist eine Brücke zur Familie geschlagen. Es ist den Kindern relativ leicht möglich, sich mit der Lehrerin zu identifizieren, weil vieles an ihr an die eigene Mutter erinnert. Die Interaktionen der Lehrerin mit ihren Schülern stehen zudem in einer gewissen Kontinuität mit denen der Mutter. Aber sie sind gleichzeitig auch anders, weil sie sich bereits den besonderen Interaktionsregeln, die für die Schule gelten, annähern und nicht mehr auf ein einzelnes Kind, sondern die ganze Klasse bezogen sind. Durch die Identifizierung mit der Lehrerin fällt es den Kindern leichter, die neuen sozialen Regeln zu übernehmen und zu internalisieren. Sie werden zudem nur langsam eingeführt und über eine längere Zeit bestehen die beiden Regelsysteme mehr oder weniger nebeneinander. Je länger aber Kinder in die Schule gehen, umso mehr werden sich die geltenden Regeln in Richtung affektiv-neutraler, spezifischer, universalistischer und an Leistung orientierter Interaktionen verschieben.

Parsons hat in erster Linie das Funktionieren der Gesellschaft im Auge und analysiert den Beitrag, den die Grundschule für das übergeordnete System der Gesellschaft erbringt. Die Schüler selbst, vor allem ihr Widerstand gegen und ihr Leiden an den neuen Regelungen stehen im Hintergrund. Er betont zwar, dass das Erlernen der neuen Orientierungen in der Grundschule schonend geschehe. Aber die psychischen Kosten, die dieser Prozess verursacht, sind nur am Rand Gegenstand seines Interesses. Gerade diese Perspektive ist aber für unseren Zusammenhang wichtig. Auch wenn die Grundschullehrerin den Schulanfängern in hohem Maß entgegenkommt, auch wenn der soziale Umgang durch hohe Affektivität und durch eine gewisse Diffusität gekennzeichnet ist, auch wenn sie die Wertschätzung der Schülerinnen und Schüler nicht nur von Leistung abhängig macht (vgl. die pädagogischen Prinzipien für den Anfangsunterricht, S. 263ff.) und etwa im Rahmen von Freier Arbeit (S. 231ff.) universalistische Regelungen zugunsten eher partikularistischer aufgelockert sind, es ist unverkennbar, dass mehr und mehr Affektivität zurückgenommen werden muss, dass die soziale Interaktion sich wesentlich als unterrichtliches Geschehen darstellt und damit eher spezifisch ist, dass Regeln und Bewertungsmaßstäbe für alle gelten müssen (Universalismus) und dass sich, zumindest im Bewusstsein der Schüler, die Leistung als Grundlage von Anerkennung im Lauf der Schuljahre mehr und mehr in den Vordergrund schiebt. Schüler können das als schmerzlich erleben. Sie haben das Empfinden, die Lehrerin bringe ihnen zu wenig Liebe entgegen, habe zu wenig Interesse an ihnen. Sie fühlen sich durch universalistische Regeln eingeengt. Das erzeugt ein diffuses Unbehagen, das die Schüler nicht adäquat benennen und dessen Gründe sie nicht so ohne weiteres identifizieren können. Unlustgefühle, Vorbehalte gegen Schule bauen sich auf, zumal wenn andere Schwierigkeiten noch hinzukommen.

Hierzu ein Beispiel, wie ein Schüler auf die Zurückweisung des Wunsches nach einer »diffusen« Interaktion, bei der sein außerschulisches Können gebührend Beachtung findet, reagieren kann.

> *»Rudolf, siebenjähriger Sohn einer kinderreichen Bauernfamilie, die auf einem Einödhof im nördlichen Bodenseehinterland lebt, bringt seiner Lehrerin an einem der ersten Schultage als Geschenk und Zeichen seiner besonderen Zuneigung ein Vogelhäuschen mit. Er hat es, so berichtet er stolz und selbstbewusst, ganz ohne fremde Hilfe gebaut. Er versteht nicht nur, geschickt mit Hammer und Säge umzugehen, sondern ist bereits in einer Reihe bäuerlicher Tätigkeiten erfahren. Seine Eltern loben ihn überhaupt als recht anstellig, verlässlich und selbstständig bei der Ausführung alltäglicher Verrichtungen. …*
> *So macht Rudolf für die Lehrerin ein Vogelhaus als Zeichen seiner hochgespannten sozialen Erwartungen in die künftige Beziehung zu ihr und an das neue Lebensfeld Schule. Rudolfs Geschenk wird wohl angenommen, es findet seinen Platz bei anderen »Anschauungsmaterialien«. …*
> *Aus dem selbstbewussten, hilfsbereiten und verständigen Kind wird nach wenigen Schulwochen ein stummer, »gering motivierter« Schüler, der seine aufgestauten vitalen Bedürfnisse und Ansprüche nur noch an den Randzonen des Feldes, im Pausenhof und auf dem Schulweg, einbringen kann. Er wird zum Rowdy, zum streitsüchtigen Angeber. Die Lehrerin diagnostiziert überdies ›Legasthenie‹ …* (Maurer 1976, S. 56f.).

Wie kann die Grundschullehrerin – unbeschadet der von Parsons charakterisierten wichtigen Sozialisationsaufgaben der Schule – in den ersten Klassen den Kindern einen möglichst problemlosen Übergang von den familiären Interaktionsmustern zu denen, die später in der Erwachsenengesellschaft gelten und die auch in der Schule mehr und mehr an Bedeutung gewinnen werden, ermöglichen? Welche Möglichkeiten hat sie, affektive Zuwendung zu zeigen, auf das Bestreben der Kinder nach diffusen Interaktionen einzugehen, partikularistische Regelungen zu dulden und das Kriterium der Wertschätzung aufgrund von Leistung aufzulockern?

Folgende Möglichkeiten bieten sich an:

- Einen ungekünstelten, herzlichen Umgang mit den Kindern pflegen (Sprache, Tonfall, Mimik, Körperkontakt)
- Montagmorgenkreis und Abschlusskreis am Freitag
  Dabei können persönliche Erlebnisse erzählt, eine Geschichte vorgelesen, gemeinsame Vorhaben besprochen werden.
- Kleine, gemeinsam vorbereitete Feste
- »Gedenkminute« an ein krankes Kind
  Wenn ein Kind krank ist, denken z.B. immer um 10 Uhr Schüler und die Lehrerin an die nicht anwesende Miriam und wünschen ihr still, dass sie bald wieder gesund wird.
- Ausstellungstisch im Klassenzimmer
  Hier können die Kinder ihnen wichtige Gegenstände eine Zeit lang auslegen.
- Mitbringen und Vorstellen eines Buches, Lieblingsspielzeugs
- Einrichtung eines »Briefkastens«
  Hier können »Briefe« an einen Mitschüler oder die Lehrerin eingeworfen werden. Der Briefkasten wird dann regelmäßig an einem bestimmten Tag geleert.
- Geburtstagskalender und »Geburtstagsritual«
  Zum Beispiel Geburtstagsrakete, Vorlesen einer Geschichte, das Geburtstagskind darf sich zur Musik auf ein Schwungtuch legen, das die Kinder sanft zum Rhythmus der Musik schwingen.
- Anlegen eines Ich-Heftes.
  In das Ich-Heft schreibt das Kind Dinge, die es persönlich bewegen, die es interessieren, über die es etwas schreiben möchte, z.B. etwas über den Wellensittich zu Hause, den Besuch beim Opa, den letzten Sonntagsausflug. So lange die Kinder noch nicht schreiben können, diktiert das Kind der Lehrerin und diese schreibt das Erzählte für das Kind in dessen Ich-Heft.
- In bestimmten Zeitabständen gemeinsames Vesper/Frühstück im Klassenzimmer.
- Feiern eines Buchstabenfestes, wenn alle Schüler der Klasse alle Buchstaben lesen und schreiben können.
  Hier geht es zwar um Leistung, aber nicht um die eigene, die mit der von anderen verglichen wird, sondern um die Leistung aller.
- Offener Unterrichtsbeginn im Zusammenhang mit Freier Arbeit.

Den genannten Aktivitäten liegen in unterschiedlicher Akzentuierung affektive, diffuse, partikularistische, auf individuelle Qualität statt auf Leistung bezogenen Orientierungen zugrunde.

Schuleintritt als Selbstbildkrise und Krise des Selbstwertgefühls

Die meisten Kinder kommen mit einer sehr hohen Selbsteinschätzung ihres Könnens in die Schule.

Eltern reagieren schon auf das Verhalten von Säuglingen mit überschwänglicher Zustimmung und Bewunderung. Was immer das Baby tut, die Mutter bzw. der Vater lächeln es an, bewundern es, stimmen ihm zu, vermitteln ihm, dass es »in Ordnung« ist. Das bekannte Wort des amerikanischen Psychologen Winnicott (1974), wonach das Auge der Mutter der Spiegel ist, in dem das Kind sich selbst sieht und sich hierbei als wertvoll oder »nicht in Ordnung« erlebt, zeigt, wie wichtig diese zustimmenden Reaktionen für das »Selbstwertgefühl« des kleinen Kindes, aber auch des späteren Erwachsenen sind. Jeder Mensch trägt neben dem realen Bild der eigenen Person in sich ein diffuses, kaum bewusstes Idealbild seiner selbst, welches ihm die Gewissheit gibt, bei allen Fehlern letztlich doch »in Ordnung« zu sein. Dieses Ideal-Selbst, dessen Wurzeln in der frühen Mutter-Kind-Beziehung liegen, kann als eine Art »Puffer« wirken, um Tiefschläge abzufangen. Freilich verfügen nicht alle Menschen in gleichem Maß über eine derartige Pufferung (Henseler 1976).

Die elterliche Zustimmung und Bewunderung setzt sich bei älteren Kindern fort: Die ersten kindlichen Tätigkeiten, Krabbeln, Laufen, die ersten Worte, das sich Anziehen- und Ausziehenkönnen, die Fahrt mit dem Dreirad und erst recht mit dem Kinderfahrrad, der Sprung in das Becken im Schwimmbad, alles ist in der Regel Gegenstand der Bewunderung seitens der Eltern. Kinder brauchen diese Bewunderung, erleben sie doch auch immer wieder, wie klein und ohnmächtig sie sind, wie viel ihnen die Erwachsenen voraushaben (vgl. S. 193).

Aus dieser mehr oder weniger pauschalen elterlichen Zustimmung und Bewunderung resultiert bei den meisten Kindern ein überhöhtes positives Selbstbild. So kann es leicht auch zu einer überhöhten Selbsteinschätzung des Könnens hinsichtlich des noch unbekannten Bereichs Schule kommen.

Das gilt für die meisten, aber nicht für alle Kinder. Manche kommen mit wenig Selbstvertrauen und einem sehr niederen Selbstbild in die Schule. Sie können kaum glauben, dass sie etwas zuwege bringen (vgl. das Fallbeispiel »Martin« auf S. 175f.). Das kann daher rühren, dass ihnen die Eltern alles abgenommen haben und sie zu wenig die Erfahrung eigenen Könnens machen konnten. Dabei darf nicht übersehen werden, dass heutige Kinder durch die weitgehende Technisierung der Haushalte und die Ersetzung überschaubarer Einkaufsläden durch Supermärkte möglicherweise weniger Felder haben, ihre Kompetenzen zu entwickeln, um dadurch zu einer positiven Selbsteinschätzung zu gelangen. Es können aber auch für das Kind ungünstig ausgefallene Vergleiche mit Geschwistern oder Abwertungen vonseiten der Eltern die Ursache sein. Manche Eltern halten ihr psychisches Gleichgewicht dadurch aufrecht, dass sie ihre Kinder abwerten, indem sie negative Aspekte ihres eigenen Selbst auf diese projizieren und an ihnen das kritisieren, was sie an sich selbst nicht sehen wollen oder sehen können.

Die hohe Selbsteinschätzung zu Beginn der ersten Klasse ist durch eine Reihe empirischer Untersuchungen belegt. Sie erhält aber einen deutlichen Knick nach unten im dritten oder auch schon in der zweiten Hälfte des zweiten Schuljahrs. Dabei handelt es sich allerdings um Mittelwerte. So ist nicht auszuschließen, dass für einzelne Kinder Prozesse der Selbstabwertung schon viel früher beginnen. Die auf S. 174ff. geschilderten Fallbeispiele stammen aus der ersten Klasse.

Wegen der großen Bedeutung der Selbsteinschätzung eines Kindes für seine Persönlichkeits- und Leistungsentwicklung sollten Lehrerinnen und Lehrer schon von Schulbeginn dem Selbstbild eines Kindes besondere Aufmerksamkeit schenken.

Hierzu sollen zunächst einige psychologische Sachverhalte geklärt werden.

Selbstbild und Selbstwertgefühl

Ein Mensch nimmt nicht nur die Umwelt wahr, er nimmt auch sich selbst wahr. Nach Newcomb (1969) ist das Selbst (= Selbstkonzept) das, was das Individuum von sich selbst wahrnimmt, nach Helmke (1997) eine interne kognitive Repräsentation des Wissens über sich selbst. Rogers (1973) versteht darunter eine veränderliche und doch konstante Struktur gegliederter Erfahrungen über die Eigenheiten des Ichs und die Beziehungen des Ichs.

Man kann das Selbstbild als eines der vielen kognitiven Schemata (Piaget 1964) verstehen, über die ein Mensch verfügt, mittels derer er Erfahrungen speichert, neue Informationen verarbeitet und die sein Handeln lenken. Das kognitive Schema Selbstbild – besser wäre es, von einem Gefüge verschiedener Schemata zu sprechen – bezieht sich dabei auf die eigene Person.

Vereinfacht können wir das Selbstkonzept als eine naive (weil nicht genügend geprüfte) »Theorie« des Menschen über sich selbst bezeichnen. Mithilfe des Selbstkonzepts beantwortet er die Frage: Wer bin ich?

Rosenberg (1965) versteht unter Selbstkonzept die Einstellung eines Menschen gegenüber sich selbst. In dieser Definition kommt zum Ausdruck, dass Aspekte der eigenen Person nicht nur wahrgenommen, sondern auch zugleich bewertet werden (Einstellungen implizieren immer auch einen bewertenden Aspekt). Auf das eigene Selbst bezogene Vorstellungen gehen häufig mit Bewertungen einher; man ist mit sich zufrieden oder nicht. Je nach Bereich können solche Vorstellungen von sich selbst sehr »ich-nah« und deswegen Ursache von Glück, aber auch von Verzweiflung sein. Das Selbstbild wird so zur Grundlage des Selbstwertgefühls. Unter dem Selbstwertgefühl verstehen wir deshalb die bewertende, affektiv getönte Einstellung sich selbst gegenüber. Es ist Ausdruck davon, in welchem Ausmaß sich eine Person als wertvoll und liebenswert empfindet. Dabei können ganz unterschiedliche Bereiche den Kern dieses Selbstwertgefühls ausmachen: Schönheit, Intelligenz, Leistung, Reichtum, moralische Integrität und anderes mehr.

Inhaltliche Dimensionen des Selbstkonzepts

Grundsätzlich kann ein Mensch hinsichtlich aller Bereiche, die etwas mit ihm zu tun haben, ein Selbstbild aufbauen. Aber nicht alles ist uns bedeutsam. Was thematisiert wird, hängt in hohem Ausmaß von soziokulturellen Bedingungen ab. Ob man ein guter Spurenleser ist oder nicht, ist in unserer Gesellschaft kaum Teil des Selbstbildes. Ob man sich als Sünder fühlt oder nicht, war für das Selbsterleben der Menschen früher zentral; heute gilt das nur noch für wenige. Anders ist es mit Intelligenz, Aussehen, körperlicher Kraft, Fitness, Gesundheit, Alter, verschiedenen Bereichen des Könnens, der Wirkung auf andere, sozialer Beliebtheit und sozialer Kompetenz. Für einen Schüler dürfte vor allem seine schulische Leistungsfähigkeit und sein Ansehen bei den Klassenkameraden im Selbstbild repräsentiert sein.

Das Selbstbild ist keine einheitliche Größe. Es muss vielmehr als differenziertes, vielschichtiges und teilweise hierarchisch geordnetes System begriffen werden (Krapp 1997). Deswegen sollte man besser von den Selbstbildern als vom Selbstbild eines Menschen sprechen. Dies gilt auch für die verschiedenen schulischen Bereiche. Schüler, die sich für gute Rechner halten, schätzen sich nicht automatisch auch in Deutsch oder Sport als gut ein.

Nach Allport (1970) lassen sich drei Dimensionen des Selbstbildes unterscheiden:
1) innen – außen, zentrales Selbst – Randselbst,
2) privates Selbst – Präsentationsselbst,
3) reales Selbst – ideales Selbst.

Zu 1): Welche Selbstbildinhalte bei einem Menschen zum Randselbst und welche zum zentralen Selbst gehören, steht nicht von vornherein fest. Zum »zentralen Selbst« kann beim einen die Einschätzung seiner Intelligenz, zum Randselbst seine sportliche Kompetenz gehören. Bei einem andern ist es gerade umgekehrt. Hier spielt das individuelle Wertsystem eine entscheidende Rolle. Je zentraler, oder wie oben formuliert wurde, je ich-naher der im Selbstbild repräsentierte Aspekt der Persönlichkeit, umso größer seine Relevanz für das Selbstwertgefühl.

Zu 2): Jemand mag sich nach außen als »strahlender Könner« präsentieren, der alles im Griff hat (Präsentationsselbst), innerlich aber fühlt er sich eher unsicher und überfordert (privates Selbst).

Zu 3): Neben dem realen Selbst, der Einschätzung, wie sie wirklich sind, haben Menschen auch ein ideales Selbst, Wunsch- und Zielvorstellungen, an denen sie sich messen. Eine zu hohe Diskrepanz zwischen realem und idealem Selbst ist häufig eine Quelle von persönlichem Leid und kann zu einem neurotisierenden Faktor werden.

Das Selbstbild von Grundschülern

Kinder verfügen bereits über ein Selbstbild, wenn sie in die Schule kommen. Die bisher vorliegenden Ergebnisse empirischer Forschung (vgl. Geppert 1997) weisen aber darauf hin, dass sie noch nicht in der Lage sind, sich adäquat einzuschätzen. Gründe hierfür könnten sein,

- dass sie Wunsch und Realität verwechseln,
- dass ihr Denken von der Vorstellung geprägt ist, »wenn ich will, kann ich auch«,
- dass sie »ich kann nicht« als »ich kann *noch* nicht« interpretieren,
- dass soziale Vergleichsprozesse mit anderen noch wenig durchgeführt werden. Systematische Vergleichsprozesse mit anderen Schülern finden erst ab dem siebten oder achten Lebensjahr statt. Hierfür bietet die Schulklasse dann allerdings genügend Möglichkeiten, vor allem, wenn Ziffernnoten leichte Vergleichsprozesse ermöglichen oder solche vom Lehrer forciert werden.

Die inadäquate Selbsteinschätzung ist mit ein Grund für den vor allem im ersten Schuljahr anzutreffenden Überoptimismus. Erst ab dem zweiten Schuljahr kommt es zu signifikanten Korrelationen zwischen Selbsteinschätzung des Schülers und objektiven Leistungen, die dann in höheren Klassen weiter ansteigen (Helmke 1991, 1997). Der Zusammenhang zwischen Selbsteinschätzung und tatsächlicher Leistung ist aber von Klasse zu Klasse sehr unterschiedlich.

Hinsichtlich der Frage, wie Kinder Erfolg und Misserfolg bei ihren Leistungen erklären, liegen erst spärliche Erkenntnisse vor.

Vorschulkinder können noch kaum zwischen Aufgabenschwierigkeit und Tüchtigkeit unterscheiden. Erst mit sieben bis neun Jahren führen Kinder Misserfolg bei sehr schweren und Erfolg bei leichten Aufgaben nicht mehr auf ihr Können, sondern auf die Aufgabenschwierigkeit zurück. Fast über die ganze Grundschulzeit hinweg suchen die Schüler aber die Gründe für ihren Erfolg und ihr Versagen bei sich selbst. Schlechte Leistungen werden in den ersten Klassen vor allem darauf zurückgeführt, dass man nicht aufgepasst und nicht zugehört hat. Wahrscheinlich haben die Schüler das auch immer wieder von ihren Eltern und Lehrern gehört.

In späteren Klassen kommen andere Anstrengungsfaktoren hinzu, so etwa das Lernen zu Hause. Der entscheidende Ursachenfaktor für gute oder schlechte Leistungen wird also in der Anstrengung gesehen (Ries 1991; Faust-Siehl/Schweitzer 1992). In den oberen Grundschulklassen wird auch der Faktor Zufall genannt.

Nach Heckhausen (1983, 1984) gliedert sich erst allmählich aus dem globalen Konzept von »Tüchtigkeit« auch der Faktor Fähigkeit im Sinne von Begabung aus. Dabei nehmen nach Heckhausen die Kinder in einem Übergangsstadium an, dass mehr Anstrengung auch mit mehr Begabung verbunden ist. Heckhausen sieht darin eine gewisse Schutzfunktion gegenüber deprimierenden Rückschlüssen auf eigene Tüchtigkeitsmängel. »Je mehr es (das Kind) sich selbst bei sehr leichten Aufgaben anstrengt, um noch ein bescheidenes Ergebnis zu erreichen, umso tüchtiger (fähiger) muss es sich nach dem Kopplungsschema erleben«. (Heckhausen 1983, S. 76) Das würde allerdings voraussetzen, dass die Kinder zwischen Begabung und Anstrengung unterscheiden. Wahrscheinlicher ist, dass die beiden Konzepte noch gar nicht unterschieden werden.

Dieser Vorstellung eines hochstabilen Glaubens an die eigene Begabung widersprechen allerdings die Erfahrungen vieler Lehrer, dass Schüler, wenn sie wiederholt ihr eigenes Versagen erleben, durchaus Zeichen der Entmutigung zeigen. Viele haben ja auch erlebt, dass sie sich angestrengt haben und trotzdem keinen Erfolg hatten. Möglicherweise macht es einen gravierenden Unterschied, ob Schüler mit der eher abstrakten Frage, worauf sie ihre Leistungen zurückführen, konfrontiert werden, oder ob sie konkret dieses Versagen erleben. Möglicherweise fehlen ihnen auch noch die Begriffe für eine zutreffende Erklärung. Das Gefühl der Ohnmacht, trotz Anstrengung nichts zu erreichen, kann viel früher schon ausgebildet sein.

In der vierten Grundschulklasse ist durchaus auch schon das bekannte Kausalattribuierungsmuster der Erfolgs- und Misserfolgsorientierten nachzuweisen (vgl. S. 240ff.).

Was die Entwicklung der schulischen Selbsteinschätzung (unabhängig davon, auf welche Faktoren dies zurückgeführt wird) bei Grundschülern anbelangt, verweisen die meisten, wenn auch nicht alle (vgl. Helmke 1991; Rosenfeld/Valtin 1997) empirischen Befunde auf einen linearen Abfall im Verlauf der Grundschulzeit. So ergab die von Weinert u. Helmke (1997) durchgeführte groß angelegte bayerische Grundschuluntersuchung (Scholastikuntersuchung) zumindest für den Bereich von Mathematik und Deutsch eine Abnahme der Höhe der Selbsteinschätzung ab dem zweiten Schuljahr und vor allem deutlich beim Wechsel von der zweiten in die dritte Klasse. Dieser Trend war bei unterdurchschnittlich intelligenten Schülern wesentlich stärker ausgeprägt als bei durchschnittlich und überdurchschnittlich Begabten. Gleichzeitig sank die Lernfreude in diesen Fächern.

Unklar sind die Gründe, die zu diesem Abfall in der Selbsteinschätzung in der dritten Klasse führen. Ist es die zunehmende kognitive Kompetenz, die eine adäquatere Selbsteinschätzung ermöglicht? Spielen soziale Vergleichsprozesse eine zunehmende Rolle? Ist es die beginnende Bewertung mit Ziffernnoten? Spielen der nach der zweiten Klasse in vielen Schulen übliche Lehrerwechsel, der damit einhergehende veränderte Unterricht und die veränderte Lehrer-Schüler-Beziehung eine Rolle oder macht sich der zunehmende Leistungsdruck wegen des baldigen Übergangs auf weiterführende Schulen bemerkbar? Erste Hinweise, dass auch unterrichtliche Faktoren die Selbstbildentwicklung und die Lernfreude beeinflussen, liefert die genannte Grundschuluntersuchung zumindest für das Fach Mathematik. Danach wirken sich ein effizientes Klassenmanagement (Zeitnutzung, Klassenführung), ein klarer, gut strukturierter, gut verständlicher Unterricht, individuelle Unterstützung und Passung von Anforderungen und bisherigem Kenntnisstand positiv auf das Fähigkeitsselbstbild[1] in

1 Wenn hier vom Fähigkeitsselbstbild gesprochen wird, so wird dies allgemein verstanden als Selbsteinschätzung des eigenen Könnens. Offen bleibt dabei, worauf die Schüler ihre Tüchtigkeit zurückführen, auf Anstrengung oder Fähigkeit im Sinne von Begabung.

Mathematik aus. Für das Fähigkeitsselbstbild in Deutsch konnten keine eindeutigen Zusammenhänge festgestellt werden. Für die Lernfreude in Deutsch *und* Mathematik spielen zusätzlich zu den genannten Faktoren das soziale Klima und die Motivierungsqualität des Unterrichts eine Rolle (vgl. Helmke 1997).

Sicher dürften für die Höhe der individuellen Selbsteinschätzung auch die Bezugsgruppe und das Ausmaß, in dem ein Lehrer soziale Vergleichsprozesse fördert, relevant sein (Helmke 1991).

Selbsteinschätzung und Leistung

Für den Zusammenhang zwischen der Selbsteinschätzung und der erzielten Leistung lassen sich zwei Kausalrichtungen denken. Der sog. Skill-Development-Ansatz geht davon aus, dass die wahrgenommene Leistung das Selbstbild beeinflusst. Der Self-Enhancement-Ansatz betont die umgekehrte Richtung. Danach beeinflusst das Fähigkeitsselbstbild die Leistung. Es ist anzunehmen, dass beide Einflussrichtungen eine wichtige Rolle spielen. Das konnte in der zitierten Scholastikstudie von Weinert u. Helmke (1997) in den Fächern Mathematik und Deutsch für die erste und zweite Klasse auch nachgewiesen werden. In Klasse 3 und 4 sprechen die Ergebnisse eher für den Skill-Development-Ansatz, nach dem Selbsteinschätzung vor allem das Ergebnis der wahrgenommenen Leistung ist. Es wäre aber falsch, aus diesem Ergebnis zu schließen, dass in den späteren Klassen die Selbsteinschätzung für die Leistung unerheblich sei. Dem würden nahezu sämtliche Ergebnisse der Lernmotivationsforschung widersprechen (vgl. Heckhausen 1977, ^{2}1987; Helmke 1992; zusammenfassend Rheinberg 1995). Auch der bekannte Pygmalioneffekt (vgl. S. 177ff.) weist darauf hin, dass Lehrererwartungen, wohl über ihre Beeinflussung der Fähigkeitsselbsteinschätzung der Schüler, Auswirkungen auf Leistung haben können. Einmal ist bei den genannten empirischen Ergebnissen mit einem statistischen Artefakt zu rechnen (hohe Stabilität der Rangreihen der Schüler in Leistung und Selbsteinschätzung in den Klassen). Vor allem aber ist zu bedenken, dass vor jeder Leistung die Motivation steht, und für diese spielen die Selbsteinschätzung und die daraus abgeleiteten Chancen für einen Erfolg eine erhebliche Rolle. Die zwischen Fähigkeitsselbsteinschätzung und Leistung vermittelnden Variablen sind Anstrengungsinitiierung, Anstrengungsintensität und die auch affektive Komponenten einschließende Variable Leistungsangst (vgl. Helmke 1993). Nur wer sich Erfolgschancen ausrechnen kann, wird bereit sein, mit der Arbeit zu beginnen und sich anzustrengen. Und wer ständig durch die mit Leistungsangst verbundenen ablenkenden Gedanken gestört wird, wird auch in seinen Leistungsergebnissen beeinträchtigt sein. Als kognitive Zwischenprozesse innerhalb der anderen Einflussrichtung, der Beeinflussung des Selbstbildes durch Leistung, wären die vom Lehrer favorisierte Bezugsnorm (vgl. S. 199f.), die subjektive Ursachenerklärung von Erfolg und Misserfolg (vgl. S. 240ff.) und die angenommene Wichtigkeit des Leistungsergebnisses zu nennen.

Determinanten des Selbstbildes

Welche Informationen legen Menschen der Konstruktion ihres Selbstbildes zugrunde? Nach Filipp (1979) lassen sich folgende Quellen unterscheiden:

- Direkte Fremddefinition durch andere
  So sagt etwa ein Lehrer zu einem Schüler: »Du bist aber klug«, oder der Vater zu seinem Sohn: »Das ist deine Stärke«. Die besondere Bedeutung der elterlichen Fremddefinition zeigt sich darin, dass Kinder, bevor sie »Ich« sagen lernen, von sich so reden, wie sie es von ihren Eltern hören. Sie sagen etwa: »Peter ist groß«, bevor sie sagen: »Ich bin groß«.
  Nun lässt sich ein Mensch nicht ohne weiteres »von außen«, durch andere, in seinem Selbstbild bestimmen. Wir übernehmen nicht einfach das Selbst, das andere uns nahe legen oder aufdrängen. G.H. Mead (1968) macht auf die aktive Auseinandersetzung des Individuums mit solchen Fremddefinitionen aufmerksam, wenn er zwischen »Me« und »I« unterscheidet. Das »Me« ist die Selbstwahrnehmung aus der Perspektive des andern, das von anderen übernommene Bild von uns selbst. Aber dem setzen wir unsere eigene Sicht von uns selbst gegenüber, in der Terminologie von Mead, auf das »Me« antworten wir als »I«. Das Individuum lässt sich also nicht einfach von außen definieren. Man muss allerdings davon ausgehen, dass bei Kindern die Macht der Fremddefinition übergroß sein. Wichtige Variablen hinsichtlich der Übernahme von Fremddefinitionen sind die Übereinstimmung der »etikettierenden« Personen (Meinen alle Lehrer, ich sei dumm, oder sagt das nur der Mathematiklehrer?), die vermutete Kompetenz des Definierenden (Sagt es der Lehrer oder der kleine Bruder) und ob in diesem Bereich bereits ein Selbstbild aufgebaut wurde und wie sicher die Selbsteinschätzung ist.
- Indirekte Fremddefinition
  Ebenso wichtig und vielleicht noch wirksamer als direkte sind indirekte Fremddefinitionen. Sie laufen versteckt ab, werden aber von den Betroffenen erschlossen. Ein Lehrer gibt etwa dem einen Schüler nur leichte Fragen, dem anderen hauptsächlich schwierige. Damit gibt er indirekt auch eine Stellungnahme darüber ab, wem er die Beantwortung schwerer Fragen zutraut und von wem er richtige Antworten nur bei leichten Fragen erwartet, wen er für begabt hält und wen nicht. Oder ein Lehrer wiederholt seine Frage, wenn ein bestimmter Schüler nicht gleich antwortet, stellt Zusatzfragen, gibt Hilfen; bei einem anderen aber ruft er gleich den Nächsten auf. Damit gibt er zu erkennen, von welchem Schüler er noch eine Antwort erwartet, von welchem nicht. Das kann eine versteckte Begabungseinschätzung sein. Auch übertriebenes Lob (bei einfachen Leistungen), Tadel (von dir hätte ich mehr erwartet!) oder Mitleid können als indirekte Information über die Fremdeinschätzung verwendet werden.
- Sozialer Vergleich
  Menschen nehmen vor allem dann einen sozialen Vergleich vor, wenn die Kriterien für die Bewertung der eigenen Handlungen und Meinungen vage, mehrdeu-

tig, unsicher sind (Festinger 1954). So wird ein Schüler, dem eindeutige Maßstäbe dafür fehlen, wie er sich einzuschätzen hat, diese Unsicherheit vielleicht durch einen sozialen Vergleich zu beheben versuchen. Wir haben bereits darauf hingewiesen, dass in den ersten beiden Klassen Grundschüler anscheinend nur in Grenzen dazu fähig sind.

- Selbstbeobachtung
  Bei einer Reihe von Leistungen, bei denen die Kriterien für die Beurteilung eindeutig sind, wie etwa beim Radfahren oder Schwimmen, kann die Selbstbeobachtung zur Selbsteinschätzung herangezogen werden. Überhöhte Selbsteinschätzungen werden dadurch abgebaut werden, dass man sehr hautnah und eindeutig mit seinen Grenzen konfrontiert wird.
- Rekonstruktion vergangener Selbsterfahrung und ideale Setzungen (Wunschselbstbilder)
  Gespeicherte Informationen über sich selbst lassen sich abrufen und gegen neue Erfahrungen oder den Druck von Fremddefinitionen stellen. Das Selbstbild eines Menschen kann aber auch massiv durch Wunschvorstellungen und ideale Vorstellungen von sich selbst beeinflusst sein.

Funktionen des Selbstbildes

Unsere Selbsteinschätzung hat zwei wichtige Funktionen:

- Es reduziert Unsicherheit und trägt dazu bei, dass wir neue Situationen adäquat meistern. Alle Schemata, die ein Mensch erworben hat oder die ihm angeboren sind, dienen dazu, in ökonomischer Weise neue Situationen zu meistern. Das gilt auch für das kognitive Schema »Selbstbild«. Mithilfe der Selbsteinschätzung sind Vorhersagen über Erfolg und Misserfolg möglich. Man kann Situationen aus dem Weg gehen, in denen Misserfolg befürchtet, und solche aufsuchen, in denen mit Erfolg gerechnet wird.
- Das Selbstbild sichert das Gefühl von Kontinuität. Menschen haben das Bedürfnis, das eigene Verhalten als stimmig, vernünftig, einsichtig zu verstehen. Hierbei kommt dem Selbstbild eine erhebliche Bedeutung zu. Viele Verhaltensweisen erscheinen nur auf dem Hintergrund eines bestimmten Selbstbildes als schlüssig.
  Mithilfe des Selbstbildes ist es zudem möglich, sich über den Fluss wechselnder Ereignisse hinweg als der Gleiche, als identisch zu erleben. Das Selbstbild spielt eine entscheidende Rolle, wenn wir uns die Frage beantworten, wer wir sind.

Beide Funktionen weisen darauf hin, dass ein Selbstbild nicht einfach von außen aufdiktiert wird. Wenn das Selbstbild eine derartige zentrale Bedeutung für die Reduktion von Verhaltensunsicherheit sowie für die Sicherung der persönlichen Identität hat, wird verständlich, warum Menschen bestrebt sind, ein einmal etabliertes Selbstbild möglichst lange aufrechtzuerhalten und warum es zu Selbstbildkrisen kommen kann, wenn dies nicht mehr gelingt.

Der Wunsch nach einem positiven Selbstbild und die Tendenz, das momentane Selbstbild aufrechtzuerhalten

Menschen haben im Regelfall den Wunsch, positiv über sich denken zu können. Dies kann mit dem von Maslow (1954) postulierten angeborenen Bedürfnis nach Selbstachtung in Zusammenhang gebracht werden. Sie versuchen deshalb, ein positives Bild von sich selbst zu gewinnen und dieses aufrechtzuerhalten.

Daneben gibt es eine zweite Tendenz, die auf die Beibehaltung eines einmal etablierten Selbstbildes gerichtet ist. Diese zweite Tendenz hängt mit dem bereits erwähnten Bedürfnis nach Sicherheit und dem Bestreben, eine innere Konsistenz zu wahren, zusammen. Ein einmal etabliertes Selbstbild wird also nur zögerlich umdefiniert. Das gilt auch für ein ungünstiges.

Beide Tendenzen können so in Widerspruch zueinander geraten, so etwa, wenn neue Erfahrungen es nahe legen, das alte, eher ungünstige Selbstbild nach oben zu korrigieren.

Es gibt mancherlei Taktiken, sich Umdefinitionen seines Selbstbildes zu widersetzen:

- Man wählt sich Interaktionspartner oder Situationen aus, die einen im eigenen Selbstbild bestätigen, geht also Situationen aus dem Weg, die eine Uminterpretation nahe legen könnten.
- Man filtert die erhaltenen Informationen: Was dem bisherigen Selbstbild entspricht wird wahrgenommen, dem Selbstbild widersprechende Informationen werden weggefiltert.
- Man interpretiert die Informationen um, sodass sie mit dem Selbstbild wieder übereinstimmen.

Dies geschieht vor allem durch die subjektive Erklärung der Ursachen von Erfolg und Misserfolg (Kausalattribuierung, vgl. S. 240ff.). Hat man ein positives Selbstbild aufgebaut, ist es selbstwertdienlich, Misserfolge auf Zufall oder mangelnde Anstrengung zurückzuführen. Man könnte, wenn man nur wollte! Viele Menschen schaffen es aber auch nicht, ein einmal etabliertes negatives Selbstbild durch ein günstigeres zu ersetzen, auch wenn eine Reihe positiver Leistungsergebnisse dies nahe legen würde. Erfolge werden als zufallsbedingt uminterpretiert. So bleiben sie bei ihrer ungünstigen Selbsteinschätzung. Der Grund könnte eine Art Selbstschutz sein. Die Angst, sich evtl. doch wieder abwerten zu müssen, ist zu groß.

Schule als Korrektur der bisherigen Selbsteinschätzung

Früher oder später wird für alle Kinder die Schule zur Prüfstelle ihrer Leistungsfähigkeit. Für Grundschüler ist es nicht leicht, lesen, schreiben und rechnen zu lernen. Misserfolge sind unausbleiblich und man kann, im Gegensatz etwa zur vorschulischen Zeit, Aufgaben, die nicht gleich gelingen wollen, nicht mehr ausweichen. Dazu kommen soziale Vergleichsprozesse. Auch wenn es noch keine Noten gibt und die Lehrerin den personbezogenen Bewertungsmaßstab (vgl. S. 199f.) favorisiert, die Kinder vergleichen sich mit anderen. Nicht selten kommt etwa das verschiedentlich praktizierte ganzheitlich-analytische Leseverfahren eine Zeit lang einer positiven Selbstbildtendenz entgegen. Aufgrund der Kenntnis einzelner Wortbilder werden Wörter oder gar ein ganzer Satz erraten. Die Kinder meinen, bereits lesen zu können. Die Krise bricht aus, wenn diese Taktik nicht mehr verfängt.

Viele Kinder müssen, wie schon gesagt, ein überhöhtes Selbstbild schmerzhaft nach unten korrigieren. Aber es gibt auch Kinder, die mit einem sehr niederen Fähigkeitsselbstbild bereits in die Schule kommen. Sie haben Schwierigkeiten, überhaupt zu glauben, dass sie etwas gelernt haben und etwas können. Für beide Fälle ein Beispiel.

»Christian, der zu ungeduldig nach dem Sinn fragte.
Christian lernte sehr spät lesen, er hatte sich überhastet. Aus lauter Gier nach Lesenkönnen kam er nicht dazu, sich rasch eine sichere Technik anzueignen. Er war wohl auch nicht gewöhnt, sich bescheiden um etwas zu bemühen, das nicht besonders lockte, weil das Ziel zu mühsam war.
Christian steckte voller uneingestandener Ängste, die er mit Wutausbrüchen und Schimpftiraden zu verdecken suchte. Vielleicht spielte auch beim Lesenlernen seine Angst eine Rolle.
... Wenn Christian die ersten Buchstaben eines Wortes erfasst hatte, platzte er sofort mit dem Wort heraus, das meistens aber falsch war. Wenn das ein paar Mal geschehen war, verließ ihn der Lesemut für den Rest des Tages. Bald gab er das Lesenlernen ganz auf.
Es könnte auch sein, dass er unter den Belastungen des Lernenmüssens ... auf eine psychische Stufe zurückfiel, auf der das Simulieren von Tätigkeiten der Erwachsenen ihm genügt hatte. Er spielte ›Lesen‹, weil er es de facto nicht konnte und das für ihn unerträglich war. Dass es neben ihm Kinder gab, die zweifellos zu lesen verstanden, vergrößerte seine Angst. Der Druck, sich von seinen kindlichen Allmachtsfantasien verabschieden zu müssen, wurde fast unerträglich, die Schule für Christian, das verwöhnte, sensible Einzelkind, zur Qual.
Vielleicht griff er deshalb gleichsam zu einem Trick, den Kinder gerne anwenden, wenn sie ihre Identität durch eine mögliche Niederlage bedroht sehen: Er versuchte es einfach nicht mehr, Lesen zu lernen, und redete sich ein, es nicht mehr lernen zu wollen. Denn wenn man das gar nicht will, kann man auch nicht daran scheitern. Trotzdem erreichte ihn der Stolz der anderen Kinder, die lesen konnten und dies bei jeder Gelegenheit zeigten.
Christian begann daraufhin durch sein Gesamtverhalten die Kinder mehr und mehr zu tyrannisieren. Vier Monate lang musste ich ihn vor der Rache der Mitschüler schützen, ihre Geduld und Mitarbeit erbitten. Sie durften sich nicht provozieren lassen, Christian auszustoßen, zum Sündenbock zu machen, seine Sehnsucht nach einer

besonderen Rolle mit der Zuschreibung des ›Bösewichts‹ befriedigen. Unmerklich zuerst, aber schließlich für alle erkennbar, veränderte Christian sein Verhalten. Im Januar stellte Benni fest: ›Der Christian ist eigentlich viel netter als früher.‹ Ich baute meinen Schutz ab, nahm nicht mehr so oft seine Partei. Er musste lernen, dass er sich nicht alles erlauben konnte. Es gibt zwar immer noch Wutausbrüche, Aggressionen. Aber sie sind keine ernsthafte Gefahr mehr: Die anderen Kinder haben sich daran gewöhnt, gelassen zu bleiben. Und Christian findet immer schneller ›zu sich selbst‹ zurück, weil er aus Erfahrung weiß, dass die Klasse ihn trotz schlimmer Launen nicht ausstößt. Im März konnte Christian lesen. Er hatte es mit seiner Mutter geübt, bereitwillig jeden Tag. Er hatte Lesen gelernt. Sie hatte gelernt, etwas von ihm zu verlangen. Weil ihr das immer so schwer gefallen war, hatte er vor Beginn der Schulzeit nicht lernen können, sich auch dort einmal anzustrengen, wo es ihn nicht selbst dazu drängte. Er hatte keine angemessene Frustrationstoleranz entwickeln können.
Christian meldete sich zum Vorlesen, obwohl es noch sehr langsam und stockend ging. Er musste jetzt nicht mehr unbedingt der Größte sein. Nun weiß er aus vielen Gesprächen, die wir in der Klasse über die besonderen Probleme einzelner Kinder geführt haben, dass jede Anstrengung anerkannt wird und dass alle sich mitfreuen, wenn ein Kind, das etwas lang nicht konnte, es dann doch geschafft hat. Er weiß auch, dass wir seine klugen Gedanken im Sachunterricht schätzen. Da kann er glänzen.« (Moeller-Andresen 1977, S. 13)

»Martin, der lesen konnte und es selbst nicht glauben wollte.
Martin konnte nach vier Wochen im ersten Schuljahr lesen. Er zog die Buchstaben richtig zusammen. Er erkannte auch das Wort. Aber er glaubte nicht, es richtig getroffen zu haben. Er kam immer wieder zu mir, zögernd von der Seite, hielt mir ein Wort vor und fragte: ›Heißt das etwa Wind?‹ Ich sagte: ›Ja, das heißt Wind.‹ Bald kam er wieder ›Heißt das etwa Regen?‹ Wieder wurde er bestätigt, wieder und wieder. ›Du kannst lesen, Martin!‹ Aber er wollte es nicht glauben. Er war unsicher und wich aus in die bei ihm stets auf der Lauer liegende Überzeugung: ›Ich bin zu dumm dazu.‹
Schließlich setzte ich Renate neben ihn, die konnte eindeutig lesen. Sie sagte ihm nach jedem Wort, das er zusammenbrachte: ›Ja, das ist richtig.‹ Und sie hatte gar keine Gelegenheit, einmal ›nein‹ zu sagen. So blieb es an zwei Tagen in der Lesestunde. Dann war Martin überzeugt: ›Ich kann lesen. Ich, Martin!‹ Es war, als fiele ein Krampf von ihm ab.
Später habe ich mit ihm darüber gesprochen, habe es ihm auch einmal geschrieben, dass er sich häufig viel zu wenig zutraue, dass er auch bei schwierigen Dingen an den Punkt kommen könne, wo er unbezweifelbar wisse: Das kann ich. So wie beim Lesenlernen. Und immer, wenn er jetzt vor neuen Schwierigkeiten verzagen will, erinnere ich ihn an diese frühe Erfahrung. Für ihn ist mit der Zeit das Lesenlernen zum Modell für alle Lernsituationen geworden, in denen sein Selbstbewusstsein ihn im Stich zu lassen droht. Wenn er sich daran erinnert, fasst er Mut auch gegenüber großen Schwierigkeiten …

Ohne diese persönliche Erfahrung mit Martin hätte man ihn vielleicht nach einiger Zeit des Versagens bei den nächsten Schritten des Leselehrgangs als ›unbegabt‹ abqualifiziert. Dann hätte sich mit der Zeit solche Prophezeiung nicht nur verstärkt, sie hätte sich selbst erfüllt und die ›Schulschwäche‹ vorprogrammiert. Doch ›Begabung‹ wird meist zu früh und zu global zu- oder abgesprochen. Dabei sind an ihr viele unterschiedliche Faktoren wirksam, die gesondert betrachtet und gepflegt werden müssen; einer der wichtigsten unter ihnen ist das Selbstvertrauen, das Kinder in die Schule mitbringen oder bereits verloren haben. Kinder mit geringem Selbstvertrauen wirken unbegabt. Wird ihr Selbstvertrauen gestärkt, dann wächst auch die ›Begabung‹.
Manche Kinder haben vor der Schule zu wenig Gelegenheit gehabt, Selbstvertrauen zu entwickeln. Aber auch andere mit kräftigem Selbstvertrauen und an sich guter Begabung fühlen sich in der Schule so fremd, dass sie sich von ihr abwenden und »unbegabt« erscheinen. Wieder andere haben ein so schwaches Selbstvertrauen, dass es unter den Belastungen in der Schule zerbröckelt.
Es gehört ganz offenbar zu den überlieferten, (aber revisionsbedürftigen) gesellschaftlichen Aufgaben der Schule, Unbegabte namhaft zu machen, damit feststeht, wer später die wenig angesehenen und schlecht bezahlten Arbeiten erledigen soll. Sie kann darum kein Interesse daran haben, möglichst allen Kindern Selbstvertrauen und ›Begabung‹ einzuflößen. Lehrer, die das versuchen, liegen quer zum System.« (Moeller-Andresen 1977, S. 13).

Es ist für Kinder schwierig, ein hohes Fähigkeitsselbstbild aufzugeben, so schwer wie für uns Erwachsene. Es gilt, vom »Paradies« der Selbstüberschätzung und eigenen Größenfantasien Abschied zu nehmen.

So ist es verständlich, wenn manche Schüler Schwierigkeiten haben, die Erkenntnis zu verarbeiten, dass sie etwas nicht können. Statt sich dies einzugestehen, ignorieren sie die Defizite oder sie machen sich und anderen etwas vor, eine Taktik, der allerdings nur kurzfristig Erfolg beschert sein wird. Andere Kinder werten den Bereich, in dem die »Kränkung« geschah, ab: Sie sagen etwa: »Ich will gar nicht lesen und schreiben lernen«, oder: »Die Schule ist blöd!« Wieder andere versuchen die Selbstabwertung dadurch zu kompensieren, dass sie jene persönlichen Seiten hervorkehren, in denen sie sich stark fühlen und mit denen sie Aufmerksamkeit erregen können, etwa indem sie den Klassenclown spielen oder ihre körperliche Stärke demonstrieren. Die Selbstabwertung kann »narzisstische Wut« auslösen, die sich in Selbst- und Fremdaggressionen entlädt. Die Kinder können endlich in geheime Größenfantasien ausweichen und sich in ihren Träumen als groß und überlegen vorstellen.

Lehrer und Lehrerinnen sollten diese oft sehr unangenehmen Verhaltensweisen als Hilferufe erkennen und sich davor hüten, das Kind noch weiter zu »demütigen«. Vor allem sollten sie sich davor hüten, dem Kind das Gefühl zu geben, fallen gelassen, abgeschrieben worden zu sein. Die Schule lässt im Regelfall ihre Versager mit ihren psychischen Problemen allein. Dabei gehört es wohl zu den schwierigsten Aufgaben eines Menschen, sich auch mit seinen Schwächen akzeptieren zu können. Die pädagogische Aufgabe, hierbei zu helfen, wird oft kaum gesehen.

Was Lehrerinnen und Lehrer beachten sollten

Das Selbstbild von Schulanfängern ist in hohem Maß beeinflussbar. Die Lehrerin ist für die Kinder eine unbestreitbare Autorität, deren Meinung weitgehend kritiklos übernommen wird. Zudem sind die Kinder in ihrer Fähigkeitsselbsteinschätzung noch äußerst unsicher, sodass mit erheblichen Auswirkungen des Lehrerurteils gerechnet werden muss.

- Lehrerinnen und Lehrer sollten darauf hinwirken, dass Leistungsfortschritte bei jedem Kind, unabhängig vom Vergleich mit anderen, registriert und mit Freude akzeptiert werden, von dem betroffenen Kind selbst und von den anderen. Ein solches pädagogisches Klima zu schaffen ist eine der wichtigsten pädagogischen Aufgaben. Schule sollte als Ort erfahren werden, an dem Fehler machen keine Schande ist und an dem das Vertrauen wächst, etwas zu können.
- Eventuell sollte der Lehrer oder die Lehrerin eine Zeit lang und ein Stück weit dem Kind in seiner Selbstüberschätzung folgen. Wenn es das Empfinden hat, vom Lehrer als wertvoll eingeschätzt und beachtet zu werden, ist es ihm vielleicht eher möglich, seine Grenzen anzuerkennen und sich realistischer zu sehen.
- Lehrer sollten den Schülern signalisieren, dass sie ihre Fähigkeiten hoch einschätzen, sie durch überhöhte Erwartungen aber auch nicht überfordern.
  Dass Erwartungen von Lehrern eine Auswirkung auf die Leistungen und wohl auch auf das Selbstbild von Schülern haben, zeigt die Pygmalionstudie[1] (Rosenthal/Jakobson 1971)

Die beiden Autoren führten 1964 an Schulanfängern und an Schülern der höheren Klassen einer Grundschule (in Amerika umfasst die Grundschule sechs Klassen) in San Francisco eine Untersuchung durch, die, wenngleich nicht unumstritten, ein weltweites Echo auslöste. In der dortigen Oak School wurden die Grundschüler in drei Züge aufgeteilt, einen A-, B- und C-Kurs. Kriterium für die Zuweisung war die Lesefertigkeit. 100 der insgesamt 650 Schüler waren mexikanischer Abstammung. Diese mexikanischen Schüler galten als weniger leistungsstark und viele von ihnen befanden sich im C-Kurs. Die Schüler wurden von 18 Lehrerinnen und zwei Lehrern unterrichtet. Rosenthal und Jacobson führten nun 1964 bei allen Kindern, auch bei denen, die erst im Jahr darauf in die Schule kamen, einen wenig bekannten Intelligenztest durch, behaupteten aber gegenüber den Lehrern, dies sei ein neuartiger Test, der Aufschlüsse darüber gebe, welche Kinder in den nächsten Jahren in kognitiver Hinsicht große Fortschritte machen und regelrecht »aufblühen« würden. Dann wurden

1 Der Name Pygmalion geht auf eine antike Sage zurück, wonach ein griechischer König namens Pygmalion auf Zypern die Marmorstatue eines hübschen Mädchens, in die er sich verliebt hatte, durch seine Liebe zum Leben erweckte. Das Motiv war Vorbild für eine Novelle Bernhard Shaws und das Musical »My fair lady«.
In der Sozialwissenschaft bezeichnet man unter einem Pygmalioneffekt eine allein aufgrund einer Erwartung ausgelöste Verhaltensänderung.

Lehrerinnen und Lehrern Kinder genannt, die sich laut der Testergebnisse besonders gut entwickeln würden, etwa 20% der Schüler jeder Klasse. In Wirklichkeit wurden die Kinder nach Zufall (und nicht nach Testergebnissen) ausgesucht.

Bei diesen nach Zufall ausgewählten Kindern, konnten im Vergleich zu den anderen Schülern der Klasse, die als Kontrollgruppe fungierten, bei einer im Jahr darauf durchgeführten Untersuchung deutliche Steigerungen des IQ und der Leseleistungen festgestellt werden. Die Kinder wurden darüber hinaus von den Lehrern als intellektuell aufgeschlossener, glücklicher und weniger abhängig von sozialer Anerkennung eingeschätzt. Die Effekte wurden vor allem in der ersten und zweiten Klasse erzielt; ab der dritten Klassenstufe waren zunächst so gut wie keine Unterschiede bemerkbar. Dabei waren die Steigerungen bei Schülern des mittleren Leistungskurses am ausgeprägtesten. Es ergaben sich aber einige Besonderheiten: Je größer der IQ-Anstieg bei den Kindern des obersten Zugs war, umso vorteilhafter wurden sie von ihren Lehrern eingestuft. Genau umgekehrt war es bei den Aufblühern des C-Kurses. Dort wurden die Kinder umso ungünstiger beurteilt, je größer ihr IQ-Anstieg war. Eine Besonderheit ergab sich auch bei den mexikanischen Kindern. Je mehr diese ein mexikanisches Aussehen hatten, umso größer die Steigerungen, wenn sie zu den als »Aufblüher« bezeichneten Kindern gezählt wurden. Dies galt vor allem für die Jungen. Obwohl diese mexikanischen Jungen die deutlichsten Steigerungen erzielten, wurden sie gleichwohl von den Lehrerinnen und Lehrern nicht als intellektuell neugieriger beurteilt.

Da die Schüler nicht erfahren hatten, wer als vermeintlicher »Aufblüher« ausgesucht worden war, ist anzunehmen, dass die Steigerungen über Lehrererwartungen vermittelt wurden. Irgendwie brachten die Lehrer den ausgewählten Schülern gegenüber zum Ausdruck, dass sie von ihnen besonders viel erwarteten und ihre Fähigkeiten besonders hoch einschätzten. Auf Schülerseite dürfte dabei die Selbsteinschätzung eine besondere Rolle gespielt haben. Dass die Effekte nur bei Schülern der ersten beiden Klassen nachweisbar waren, ist leicht dadurch zu erklären, dass die Lehrer noch keine festen Vorstellungen bezüglich der Leistungsfähigkeit dieser Schülergruppe hatten, also den vermeintlichen Testprognosen für diese Schüler eher glaubten als denen für die Schüler in höheren Klassen, deren Leistungsfähigkeit sie bereits kannten. Vielleicht waren diese jüngeren Schüler auch eher bereit, die über die Erwartungen vermittelten Suggestionen zu übernehmen. Die besonderen Effekte bei den Kindern mit mexikanischem Aussehen erklären sich dadurch, dass diese Gruppe von Einwandererkindern bei den Lehrern als wenig leistungsstark galt und die positiven Erwartungen deshalb bei dieser Gruppe (im Vergleich zu den anderen, nicht ausgewählten mexikanischen Kindern) besonders wirksam waren. Dass Schüler des mittleren Leistungszugs besonders profitierten, könnte damit erklärt werden, dass bei diesen Kindern (im Unterschied zu denen im unteren Zug) noch nicht ausgeschöpfte Entwicklungspotenziale vorhanden waren.

Nachfolgeuntersuchungen zeigten, dass die Vorspünge, die die »Aufblüher« gegenüber der Kontrollgruppe erzielen konnten, ein Jahr später wieder verloren gingen. Die Kinder der oberen Klassen aber, die zunächst von den Erwartungen nicht profitiert hatten, zeigten in den folgenden Jahren einen zunehmenden Leistungsvorteil.

Die leichter beeinflussbaren jüngeren Kinder hätten vielleicht länger der Motivierung durch die positive Erwartungshaltung der Lehrer bedurft; bei den älteren Schülern mussten evtl. erst Lücken aufgefüllt werden, bis sich die durch die Erwartungen ausgelöste verbesserte Lernhaltung in sichtbaren Ergebnissen niederschlug.

Die Ergebnisse der Pygamlionstudie sind wegen des methodischen Vorgehens der beiden Forscher nicht unumstritten (vgl. Elashoff/Snow 1972). Sie konnten in anderen amerikanischen Untersuchungen auch nicht oder nur teilweise repliziert werden; allerdings gelang dies in einer deutschen Untersuchung. Dumke (1977) konnte bei Schülern der ersten Klasse ebenfalls IQ-Steigerungen bei jenen Schülern feststellen, die den Lehrern als Aufblüher genannt worden waren, aber nur, wenn dies gleich zu Beginn des ersten Schuljahrs geschah. Erfolgten die Mitteilungen erst nach dem ersten Halbjahr der ersten Klasse, hatten sie (wohl weil die Lehrer sich in der Zwischenzeit schon ein bestimmtes Bild von den Schülern gemacht hatten) keine Auswirkungen mehr. Das Gleiche gilt für Schüler des fünften Schuljahrs, die ebenfalls in die Untersuchung einbezogen wurden.

Im Anschluss an die Pygmalionstudie und auf der Basis eigener Untersuchungen glaubten Brophy u. Good (1976) drei Sorten von Lehrern unterscheiden zu können: *proaktive* Lehrer, die sich von schlechten Leistungen und der Passivität leistungsschwächerer Schüler nicht entmutigen lassen und sich bemühen, diese nicht »abzuhängen«, *reaktive* Lehrer, deren Verhalten einzelnen Schülern gegenüber einfach eine Reaktion auf das Schülerverhalten ist, und *überreaktive* Lehrer, die die Erwartungen gegenüber Schülern, die ihnen als leistungsstark erscheinen, erhöhen, gegenüber den leistungsschwächeren aber senken. Lehrerinnen der Anfangsklassen sollten nicht vergessen, allen, oder gezielt einzelnen Schülern zu signalisieren, dass sie ihnen etwas zutrauen und von ihrem Können überzeugt sind. Sie sollten sie immer wieder darauf hinweisen, was sie in den letzten Wochen alles gelernt haben. Vor allem sollten sie im Sinne des von Brophy u. Good (1976) als proaktiv bezeichneten Lehrerverhaltens um jeden einzelnen Schüler »kämpfen« und trotz Enttäuschungen keinen aufgeben. Darüber sollte freilich nicht vergessen werden, dass Überforderungen den Kindern zwangsläufig die Erfahrung des Versagens vermitteln, negative Selbsteinschätzungen auslösen und ein bereits vorhandenes negatives Fähigkeitsselbstbild erst recht bestätigen können.

- In ganz besonderer Weise sollten Lehrerinnen und Lehrer kontrollieren, ob von ihrem Verhalten nicht auf einzelne Schüler entmutigende Einflüsse ausgehen. Auch wenn wir annehmen, dass es der Vergangenheit angehört, dass Schüler offen als »dumm« etikettiert werden, muss damit gerechnet werden, dass unbeabsichtigt über indirekte Fremddefinitionen (vgl. S. 171) gelegentlich niedere Fähigkeitseinschätzungen vermittelt werden. Dabei stecken die Lehrer in einem schwierigen Dilemma: Sie wollen einen sich ungünstig einschätzenden Schüler ermutigen, sich etwas zuzutrauen, und versuchen ihn durch die Bemerkung zu ermuntern, die Frage oder Aufgabe sei leicht. Gerade dadurch können sie aber ungewollt diesen Schüler auch in seiner negativen Selbsteinschätzung bestätigen. Sie wollen einem

Schüler, der eine Frage nicht gleich beantworten kann, das beschämende Gefühl des Nichtkönnens ersparen und rufen rasch einen anderen auf. Aber gerade dadurch vermitteln sie auch, dass bei ihm ein längeres Warten auf die Antwort keinen Sinn hätte.

- Der Lehrer bzw. die Lehrerin sollte die starken Seiten des Kindes betonen, um mit ihm Ausweichmöglichkeiten für eine positive Selbsteinschätzung zu schaffen. Kein Mensch kann auf die Dauer mit ständiger Bedrohung seines Selbstwertgefühls oder mit einem generalisierten negativen Selbstbild leben.
- Pädagogisches Fernziel für ältere Schüler müsste sein, dass sie sich einigermaßen realistisch einschätzen und sich auch noch akzeptieren können, wenn die Selbsteinschätzung nicht so günstig ausfällt. Das ist allerdings auch für Erwachsene nicht so ganz einfach. Ein Lehrer darf aus pädagogischen Gründen einen Schüler mit seinen schlechten Leistungen nicht allein lassen. Vor allem sollten diese Schüler angehalten werden, die Flinte nicht ins Korn zu werfen, sondern ihr Potenzial durch entsprechende Anstrengung auszuschöpfen und zu erweitern.

Schulphobie, Ausdruck eines Mutterablösungskonflikts

Manche Schulanfänger brechen in der Schule plötzlich in Tränen aus. Sie sind durch nichts zu beruhigen und wollen nach Hause. Einsichtige Gründe dafür können sie nicht angeben. Die oft dramatischen Reaktionen und die Unzugänglichkeit der Kinder für Trost und gutes Zureden machen Lehrerinnen und Lehrer oft ratlos.

Formen der Schulphobie

Was hier dargestellt wurde, können Symptome einer offenen, akuten Schulphobie sein. Charakteristische Kennzeichen sind, dass die Kinder panikartig zu weinen beginnen, untröstbar sind, dabei keine plausiblen Gründe für ihr Verhalten angeben können, heimgehen oder morgens nicht in die Schule gehen möchten. Häufig werden die schulphobischen Verhaltensweisen von leichteren körperlichen Beschwerden wie Halsweh, erhöhter Temperatur, Bauchweh usw. begleitet, was Eltern und Hausärzte leicht dazu veranlassen kann, dem Kind körperliche Unpässlichkeiten zu attestieren. Damit kommen sie dem Wunsch des Kindes, Schule zu meiden, entgegen.

Schulphobien sind relativ selten und eine Schulphobie muss auch nicht gleich am ersten Schultag auftreten; sie können mitten im Schuljahr, evtl. auch erst in der zweiten Klasse, anscheinend wie »aus heiterem Himmel« ausbrechen.

Neben der offenen Schulphobie gibt es eine verdeckte (maskierte, larvierte) Schulphobie. Sie fällt weniger auf und es kommt nicht zu spektakulären Auffälligkeiten. Sie ist eher eingebettet in ein generelles schulbezogenes Depressionssyndrom, das sich in Schulunlust, diffuser Schulangst, gedrückter Stimmung, maskenhafter Unlebendigkeit, Antriebsmangel, Interessenlosigkeit und Leistungsabfall äußert.

Schulphobie und Schulangst

Schulphobie heißt auf Deutsch Schulangst. Es handelt sich aber nicht eigentlich um Angst bzw. Furcht vor der Schule – und insofern ist die Bezeichnung irreführend. Die Angst ist vielmehr Ergebnis eines unbewussten inneren Konflikts, bei dem die Ablösung von der Mutter eine zentrale Rolle spielt. Als Grund für ihre Angst geben die Kinder – wenn sie überhaupt etwas sagen – an, die Mutter sei nicht da, sie komme vielleicht nicht wieder, es könne ihr etwas passiert sein usw.

Schulphobie darf deswegen auch nicht verwechselt werden mit dem, was wir üblicherweise mit »Schulangst« bezeichnen. Die übliche Schulangst bezieht sich auf Klassenarbeiten, Prüfungen, Bloßgestelltwerden vor der Klasse, auf bestimmte Lehrer oder Klassenkameraden, vor denen man sich fürchtet. Sie bezieht sich also auf schulische Ereignisse und Situationen, die dem Schüler bedrohlich erscheinen und die er nicht bewältigen zu können glaubt. Diese Schulangst hat einen rationalen Kern, sie ist begründet, wenn auch die Anlässe, die die Angst auslösen, von außen als übertrieben erscheinen mögen. Die Schulphobie dagegen ist wie alle Phobien irrational. Sie kann deswegen auch durch Argumente nicht ausgeräumt werden.

Gelegentlich kommt es vor, dass schulphobische Kinder von der Schule weglaufen. Das hat aber nichts mit Schulschwänzen zu tun. Schulschwänzer sträunen herum, schulphobische Kinder gehen nach Hause. Schulschwänzen ist, wenn es exzessiv geschieht, eher ein Verwahrlosungssymptom, Schulphobie dagegen weist auf Überbehütung und auf starke Bindung an die Mutter, evtl. auch an den Vater, hin.

Schulphobie und familiäre Situation

Eine Schulphobie entwickeln Kinder, die um den Zerfall oder die Zerstörung ihrer engen Bindung an die Mutter fürchten. Empirische Untersuchungen zeigen, dass die Ursachen für die Trennungsängste häufig innerfamiliäre Abhängigkeitsbeziehungen sind, die dem Kind wenig Chancen lassen, sich von den Eltern zu lösen.

Strian (1983) fasste Untersuchungsbefunde zu charakteristischen Merkmalen von Familien und Müttern schulphobischer und schulverweigernder Kinder zusammen:

- Die Familien erscheinen oft als enge, geschlossene Einheiten mit wenig Kontakt nach außen.
- Die Kinder haben in ihnen einen hohen Stellenwert.
- Die Beziehung der Eltern untereinander scheint überwiegend gut zu sein. Eltern schulphobischer Kinder sind seltener geschieden als Eltern von anderen verhaltensauffälligen Kindern.
- In der Familie wird das Austragen von Konflikten vermieden.
- Die Eltern von Kindern mit Schulphobie leiden häufig selbst unter psychischen Störungen.
- Die Mütter neigen zu Depression und Ängstlichkeit.

- Sie sind meist nicht berufstätig (hatten nie einen Beruf oder gaben diesen für die Kinder auf).
- Sie tendieren zu großer Nachgiebigkeit gegenüber Kindern und zu einer verwöhnenden Haltung. Sie wollen ihnen schmerzliche Erfahrungen ersparen und sie vor Unangenehmem schützen.
- Sie haben oft ein idealisiertes Bild von der Mutterrolle, wollen diese perfektionistisch ausfüllen und leiden oft unter dem Gefühl, ihrer Aufgabe als Mutter nicht gerecht geworden zu sein.
- Sie benötigen sehr oft die Kinder und deren Nähe für die Erfüllung eigener Bedürfnisse oder als Schutz vor eigenen Ängsten.
- Sie sind sich zwar der starken Abhängigkeit und geringen Selbstständigkeit ihrer Kinder häufig bewusst, versuchen jedoch nicht, diese selbstständiger zu machen.
- Während die betroffenen Kinder in der Schule überwiegend passiv und »brav« wirken, sind sie zu Hause nicht selten recht aufsässig, anspruchsvoll und neigen dazu, ihre Mutter herumzukommandieren.

Zur psychischen Dynamik der Schulphobie

Eine Schulphobie lässt sich lernpsychologisch und psychoanalytisch erklären.

Lernpsychologisch wird in der Schulphobie ein Vermeidungsverhalten gesehen. Dieses kam möglicherweise dadurch zustande, dass in einer früheren Situation, etwa durch oder bei Abwesenheit der Mutter, beim Kind Angst ausgelöst wurde. Über Konditionierungsprozesse und Generalisierungen entsteht diese Angst als konditionierte Reaktion nun auch in anderen, vergleichweise harmlosen Situationen.

Die konditionierten Reize lösen Angst aus, die ihrerseits durch Flucht oder Vermeidungsverhalten reduziert wird. Nicht in die Schule gehen bzw. sie verlassen ist somit einmal eine Verstärkung des Meidungsverhaltens, weil die Angst reduziert wird. Es wird also, wenn möglich, beibehalten. Zugleich wird verhindert, dass das Kind lernt, dass es in der Schule nichts zu fürchten gibt und es zu seiner Mutter zurückkommen wird.

Bei der Therapie von Schulphobie geht es dann darum, umzulernen, d.h., die falschen Konditionierungen durch wirkliche Erfahrungen mit der Schulsituation aufzubrechen. Das Kind muss lernen, dass die Abwesenheit der Mutter, so lange es in der Schule ist, nicht die Gefahr der endgültigen Trennung heraufbeschwört, sondern dass es zur Mutter zurückkehren wird. Dies geschieht entweder auf dem Weg der sukzessiven Annäherung an den Angst auslösenden Reiz, etwa durch einen gemeinsamen Gang mit der Mutter zur Schule, dann in den Schulhof, in ein Klassenzimmer, schließlich allein, oder durch kontrollierte Konfrontation mit dem Angst auslösenden Reiz, verbunden mit entsprechender Belohnung des erwünschten Verhaltens. Die ursprüngliche Situation, die zu Vermeidungsverhalten führte, ist dabei für die verhaltenstherapeutische Sichtweise nicht von Bedeutung.

Versucht man die Schulphobie psychoanalytisch zu erklären, so ist sie als eine Neurose zu klassifizieren.

Phänomenologisch gesehen, ist eine Neurose ein Bündel »abnormer« Verhaltensweisen, die von »abnormen« Erlebnissen und Erlebnisverarbeitungen begleitet sind. Der Terminus »abnorm« kennzeichnet die Abweichung von der (problematischen) statistischen Norm. Von der psychoanalytischen Theorie her gesehen ist eine Neurose Ausdruck eines intrapsychischen Konflikts, näherhin eines Konflikts zwischen den Triebwünschen des ES und den Abwehrmechanismen des ICH (eventuell unterstützt vom Überich). Mittels der Abwehrmechanismen versucht das ICH, die aus dem ES anstürmenden Triebimpulse abzuwehren. Bei der Neurose wird dieser Konflikt aber nur unzulänglich bewältigt. Das neurotische Verhalten kann als Kompromiss der Kräftedynamik von Triebimpuls und Triebabwehr verstanden werden. Der Triebimpuls bricht nicht voll durch, allerdings meldet er sich in »maskierter« Form. Die Abwehr der Triebimpulse gelingt nur um den Preis zwanghafter Erlebnisformen und Verhaltensweisen.

Freud (1974) unterschied drei Grundformen von Neurosen: Hysterien, Zwangsneurosen und Phobien. Zur letzteren Gruppe gehört die Schulphobie. Eine andere Phobie wäre etwa die Herzphobie (panische, unbegründete Angst, das Herz könnte versagen), Spinnenphobien, Wespenphobien, Klaustrophobien (Angst, in Aufzügen oder anderen kleinen geschlossenen Räumen eingeschlossen zu werden), Agoraphobien (Angst, offene Plätze zu überqueren), Fahrphobien, Flugphobien, Phobien, das Haus zu verlassen usw. Grundsätzlich können alle Verhaltensweisen phobisch besetzt werden.

Der Schulphobie liegt nach psychoanalytischer Auffassung ein unbewusster Ambivalenzkonflikt des Kindes zugrunde, zu dem häufig komplementär ein Ambivalenzkonflikt der Mutter hinzukommt. In beiden Fällen geht es um symbiotische Bindung und Lösung (vgl. Bowlby 1976; Gordon/Lizardi 1986).

Einerseits will das Kind die Nähe zu seiner Mutter nicht verlieren, zumal es von ihr meist verwöhnt wird und sich ihr gegenüber in seinen Ansprüchen leicht durchsetzen kann. Andererseits möchte es mehr Unabhängigkeit von der Mutter, was sich nicht selten in aggressivem Verhalten ihr gegenüber äußert. Deswegen sind diese Kinder zu Hause oft sehr anspruchsvoll, neigen dazu, die Mutter herumzukommandieren und sind gelegentlich recht unfreundlich.

Ein komplementärer Ambivalenzkonflikt kann seitens der Mutter vorliegen. Einerseits braucht sie zu ihrer psychischen Stabilisierung, dass das Kind klein und an sie gebunden bleibt. Andererseits sind die oft maßlosen Ansprüche des Kindes für sie auch belastend und lösen den Wunsch aus, davon frei zu werden. Diesen Wunsch können die betroffenen Mütter sich in der Regel aber nicht eingestehen. Er wird durch gesteigerte Fürsorge für das Kind abgewehrt.

Die interpsychische Balance zwischen Mutter und Kind und die intraindividuelle intrapsychische Balance im Kind bzw. in der Mutter lässt sich schematisch wie folgt darstellen:

		Interindividuelle Balance	
		Kind	Mutter
		Ich will immer bei dir sein. Da geht es mir so gut. Du erfüllst mir meine Wünsche. Du nimmst mir ab, was mir schwer fällt.	Ich sorge so gern für dich. Ich möchte dir eine gute Mutter sein. Bleib immer bei mir. Es ist schön, wenn du mich so brauchst. Ich brauche dich auch, wozu lebe ich sonst?
Intraindividuelle Balance	bewusst	Erfülle gefälligst auch alle meine Wünsche, vollständig und sofort!	Du bis ja ganz nett aufreibend und anspruchsvoll! So sind halt Kinder! Es ist ja auch richtig, wenn ich als Mutter zurücktrete und alles für meine Kinder tue.
	unbewusst	Hör doch endlich mit deiner Bemutterung auf! Ich will von dir nicht abhängig sein. Ich bin groß und auch ohne dich stark. Lass mich los!	Wenn du doch endlich dich nicht mehr so an mich klammern würdest! Ich habe außer dir ja auch noch andere Interessen.

Auf der bewussten Ebene passen Mutter und Kind gut zusammen. Deswegen ist die Mutter des schulphobischen Kindes auch so leicht bereit, das Kind zu Hause zu lassen, kleine Anzeichen psychisch bedingten Halswehs, Bauchwehs usw. als Krankheit zu werten, um es dann entsprechend bemuttern zu können. Interindivduell ist das System Mutter–Kind also gut eingespielt.

Intraindividuell, in ihrer eigenen Person also, haben aber beide mit für sie nicht akzeptablen Triebimpulsen zu kämpfen. Die Abwehr gelingt nicht vollständig; es kommt nicht zu einer völligen Verdrängung der aggressiven Impulse. Sie werden andererseits auch nicht durch bewusste Auseinandersetzung »aufgearbeitet«. Die intrapsychische Balance ist also auf beiden Seiten sehr labil, vor allem aufseiten des Kindes. Schule (es muss nicht der Schulanfang sein) kann nun diese intraindividuelle Balance gehörig ins Wanken bringen. Schule ist für das Kind eine Chance, die überstarke, einengende Bindung zu lockern. Schule bedeutet andererseits auch, Leistungsforderungen und anderen Problemen ausgesetzt zu sein, angesichts derer man sich nicht zur Mutter zurückflüchten kann. Für die Mutter bedeutet Schule, wenigstens für ein paar Stunden das Kind loszuhaben. Wenn das Kind nicht da ist, wird ihr andererseits bewusst, dass sie das Kind vermisst.

Die Entwicklung einer Schulphobie ist für das Kind nun ein nicht sachgemäßer Versuch, die Problematik durch Regression, d.h. durch Rückfall in das frühere, unreifere Abhängigkeitsverhältnis zu lösen. Durch das Sich-Festklammern an der Mutter wird der aggressive Triebimpuls ihr gegenüber abgewehrt.

Durch die Schulphobie gewinnt das Kind die Wiederherstellung der alten Situation, nämlich erneute übergroße Zuwendung seitens der Mutter. Zugleich spielt es wieder seine Macht über die Mutter aus: Es versetzt sie in Sorge, es erzwingt Zuwendung. Die Sorge, die der Mutter durch die Aversion des Kindes gegenüber der Schule bereitet wird, lässt sich möglicherweise sogar als unbewusste Aggression der Mutter gegenüber interpretieren.

Auch die Mutter gewinnt durch die Schulphobie des Kindes die erneute Möglichkeit, sich dem Kind wie gewohnt zuwenden zu können, und damit die Möglichkeit, ihre aggressiven Impulse dem Kind gegenüber abzuwehren.

Schulphobie lässt sich zusammenfassend als Mischung von Trennungsängsten, Selbstständigkeitswünschen und Kränkungsängsten (Angst, den neuen Anforderungen nicht gewachsen zu sein) verstehen.

Es mag verwunderlich erscheinen, dass bei manchen Kindern die Einschulung problemlos verläuft und eine Schulphobie erst im zweiten oder dritten Schuljahr auftritt. Dies wird aber erklärlich, wenn man die psychische Dynamik der Schulphobie bedenkt. Erst wenn sich der innere Ambivalenzkonflikt entsprechend zugespitzt hat, kann die Phobie ausbrechen; das kann auch erst mit acht oder neun Jahren sein, vielleicht aber auch schon vor Schuleintritt im Zusammenhang mit dem Besuch des Kindergartens.

Pädagogische Hilfen

Verständlicherweise sind die Möglichkeiten des Lehrers, einem Kind mit einer Schulphobie zu helfen, sehr begrenzt. Wenn sich die Schulphobie nicht rasch legt, muss auf jeden Fall psychologische Hilfe in Anspruch genommen werden. Um grobe Fehler zu vermeiden und wenigstens einige Hilfestellungen geben zu können, ein paar Hinweise:

- Jeder Zwang, jedes »harte Anpacken« oder gar Lächerlichmachen des Kindes treibt dieses nur noch mehr in seine schwierige Situation hinein. Dahinter steckt beim Lehrer häufig eine Unterschätzung des Ausmaßes der Angst der Kinder. Aufseiten der Mutter könnte eine gewisse Festigkeit durchaus wünschenswert sein.
- Rationalisierende Gespräche mit dem Kind, dass es in der Schule doch nichts gäbe, vor dem man Angst zu haben brauche, treffen das Problem nicht. Schule ist nur ein Kristallisationspunkt, an dem sich die tiefer sitzende Angst festmacht. Diese Feststellung darf andererseits aber nicht dazu verführen, nicht auch im schulischen Kontext, bei sich, beim Unterrichtsarrangement, bei der Stellung des Kindes in der Klasse, bei Pausenproblemen, Teilursachen für die Problematik des Kindes zu suchen.
- Für manche Kinder ist es vielleicht hilfreich, wenn sie die Möglichkeit eingeräumt bekommen, von der Schule aus zu Hause anrufen zu können, jederzeit nach Hause gehen zu können, die Mutter in der Pause zu sehen u. dgl. Dass derartige Arrangements natürlich der Absprache mit dem Rektor und den Eltern bedürfen, liegt auf der Hand. Vor allem ist darauf zu achten, dass die Stellung des Kindes durch derartige Sonderregelungen bei den Klassenkameraden nicht noch prekärer wird.

- Es ist bereits darauf hingewiesen worden, dass die psychische Problematik nicht selten psychogen bedingte körperliche Beschwerden oder leichtere Erkrankungen im Gefolge hat und die Mütter vielleicht zu rasch geneigt sind, das Kind zu Hause zu lassen. Dadurch entstehen Sekundärprobleme: Die anderen Schüler haben sich schon etwas eingewöhnt, Freundschaften geschlossen und das eine oder andere gelernt. Für schulphobische Kinder kann jetzt die Schule zusätzlich einen bedrohlichen Charakter gewinnen.
  In Elterngesprächen sollte auf diese Zusammenhänge hingewiesen werden. Dem Kind bekannte Mitschüler können vielleicht den Kontakt zur Schule aufrechterhalten, vielleicht versuchen, das Kind am nächsten Morgen abzuholen.
- Lehrerinnen und Lehrer können vielleicht behutsam erste Schritte des Kindes in Richtung Mutterablösung und größerer Eigenständigkeit fördern. Vielleicht kann die eine oder andere Lehrerin sogar in die Rolle einer Art Ersatzmutter hineinwachsen. Die Bindung an sie hilft, die Bindung an die eigene Mutter etwas zu lockern, ohne dass sie je so intensiv wird wie die Primärbindung.

Schulphobien treten glücklicherweise selten auf. Den meisten Kindern gelingt es nach einiger Zeit, selbstständig die innerpsychische Problematik in Richtung eines Durchbruches zu größerer Unabhängigkeit von der Mutter zu lösen. In vereinzelten Fällen kann die Schulphobie aber so groß sein, dass trotz psychotherapeutischer Hilfe ein Kind jahrelang nicht bewegt werden kann, zur Schule zu gehen.

Interessanterweise wird in der Literatur Schulphobie als Mutterablösungs- nicht auch als Vaterablösungskonflikt dargestellt. Ein solcher wurde aber in leichter Ausprägung für ein paar Tage von einem der Verfasser des Buches an seinem Sohn beobachtet, mit allen Ambivalenzen des Hin und Her, allerdings im Zusammenhang mit dessen Kindergartenbesuch.

Schuleintritt als Trübung der Eltern-Kind-Beziehung

Zunächst mag es verwunderlich erscheinen, dass der Schuleintritt auch zu einer Verschlechterung der Eltern-Kind-Beziehung führen kann. Es ist aber zu bedenken, dass bei nicht wenigen Kindern der Schuleintritt einhergeht mit Wiederaufnahme der Berufstätigkeit der Mutter. Das kann bei Kindern zu einem Gefühl der »Mutterentbehrung« führen, die zweifach verursacht ist: durch die Abwesenheit von der Mutter während der Schulzeit, aber auch durch die eingeschränkten und veränderten Kontakte mit der (nun doppelt belasteten) Mutter zu Hause.

Zu Schwierigkeiten im Verhältnis zwischen Eltern und Kindern kann es vor allem auch durch die mit dem Schuleintritt einsetzende stärkere Kontrolle und den beginnenden Leistungsdruck seitens der Eltern kommen. Die Eltern drängen auf Erledigung der Hausaufgaben. Sie beginnen, mit den Kindern zusätzlich zu üben (vgl. S. 37). Diese Nachhilfesituation ist aber für Eltern nicht ganz einfach. Sehr schnell mischen sich Ärger, Enttäuschung, Aggressionen in die Eltern-Kind-Interaktion. Dies kann nicht nur die Eltern-Kind-Beziehung belasten, sondern ist sowohl für die Leistungen der Kinder wie längerfristig für ihre Motivausprägung eher ungünstig.

Trudewind und Husarek (1979) sehen in der Hausaufgabensituation eine ökologische Schlüsselsituation bei der Formierung des kindlichen Leistungsmotivs.

So fanden die beiden Autoren in einer kombinierten Befragungs- und Beobachtungsstudie, dass die Entwicklung von Erfolgszuversicht und Misserfolgsorientierung entscheidend von der Mutter-Kind-Interaktion in der Hausaufgabensituation abhängt. Jungen, die sich zu Beginn der ersten Klasse hinsichtlich ihrer Motivausprägung nicht unterschieden, zeigten am Ende des ersten Schuljahrs deutliche Unterschiede hinsichtlich der Erfolgsorientierung, obwohl ihre Leistungen gleich blieben. Die Gruppe der Jungen, die während des ersten Schuljahrs zunehmend misserfolgsängstlich wurden, hatten Mütter, die, verglichen mit den Müttern, deren Jungen im Lauf des Schuljahrs immer erfolgszuversichtlicher wurden, bei der Hausaufgabenbetreuung dem Kind wenig Spielraum ließen, direkt in die Hausaufgabensituation eingriffen, das Kind häufiger mit anderen verglichen, Misserfolg häufiger auf mangelnde Begabung zurückführten und das Kind bei guten Leistungen weniger häufig lobten. Diese Zusammenhänge konnten nur bei Jungen festgestellt werden.

In einer von Trudewind u.a. durchgeführten Längsschnittuntersuchung aller Schüler der Stadt Bochum, die 1974 eingeschult wurden, zeigte sich, dass jene Schüler, deren Eltern bereits vor Schuleintritt angaben, sie würden ihr Kind bei der Hausaufgabenerledigung beaufsichtigen und kontrollieren, am Ende des zweiten Schuljahrs schlechtere Schulleistungen erzielten und dies unabhängig vom festgestellten Grad der Schulfähigkeit. Schüler, die während des ersten Schuljahrs bei der Hausaufgabenerledigung ständig beaufsichtigt wurden, waren in der Mitte des vierten Schuljahrs misserfolgsängstlicher als Schüler, bei denen die Hausaufgabenbetreuung gering war, und dies vor allem bei jenen Müttern, die mit den kindlichen Leistungen unzufrieden waren. »Der Verlauf der Entwicklung des Misserfolgsmotivs zeigt deutlich, dass längerfristige Motiveffekte einer intensiven Beaufsichtigung vor allem dann auftreten, wenn die Hausaufgabensituation durch eine negative emotionale Atmosphäre charakterisiert ist.« (Trudewind/Windel, 1991, S. 146) Zusätzlich konnte gezeigt werden, »dass mit zunehmender Intensität der Betreuung der Hausaufgaben im 1. Schuljahr, der zunehmenden Kontrolle der fertigen Hausaufgaben und der Intensivierung der Hilfen die Schulleistungen der Kinder im zweiten Schuljahr im Durchschnitt schlechter wurden« (S. 140).

Das Mutter-Kind-Verhältnis kann nicht nur durch Ärger und Vorwürfe im Zusammenhang mit der Hausaufgabenbetreuung getrübt werden. Auch die seitens der Mutter erlebte affektive Nähe dem Kind gegenüber kann eine Einbuße erleiden, wenn sie mit den Schulleistungen nicht zufrieden ist.

So konnte Stöckli (1989, 1991) bei Schweizer Müttern von Erstklässlern zeigen, dass Mütter, die schon vor dem ersten Schuljahr damit rechneten, dass ihr Kind ihre idealen Erwartungen hinsichtlich seiner Leistungsentwicklung enttäuschen würden, ihrem Kind emotional distanzierter gegenüberstanden, als wenn sie mit einer Leistungsentwicklung gemäß ihren Erwartungen rechneten (vgl. S. 225ff.).

Beide Untersuchungen zeigen, wie die mit dem Schuleintritt aktualisierten Leistungserwartungen der Eltern ihre Beziehung zum Kind beeinflussen und möglicherweise zu Belastungen des Kindes führen können. Dies gilt umso mehr, als das Hausaufgabenengagement der Eltern als sehr hoch, wenn nicht überzogen eingeschätzt werden muss.

So ergeben Interviews, die Bettina Paetzold mit 100 Müttern von Erstklässlern durchführte, dass zu Beginn des ersten Schuljahrs 81% der Mütter und gegen Ende gar 90% zusätzlich zu den Hausaufgaben übten, und zwar unabhängig vom Leistungsstand des Kindes. Die hohe emotionale Beteiligung zeigt sich darin, dass die Mütter zu Beginn des ersten Schuljahrs 35%, gegen Ende des ersten Schuljahrs 51% ihrer Ärgeranlässe mit dem schulischen Lernen des Kindes in Zusammenhang brachten. Der Anteil der lernbezogenen Situationen, in denen sich die Mütter über ihr Kind freuten, war zu Beginn des ersten Schuljahrs mit 61% bereits sehr hoch, steigerte sich aber bis zum Ende sogar auf 81% (Paetzold 1988).

Der Arbeitskreis für Schulentwicklungsforschung ermittelte, dass 50% der Eltern von Grundschülern mehr als eine halbe Stunde pro Tag ihren Kindern beim Lernen helfen, 18% sogar mehr als eine Stunde (Rolff u.a. 1988, S. 35).

Literaturverzeichnis

Allport, G.: Gestalt und Wachstum der Persönlichkeit. Meisenheim 1970: A. Hain (Amerikanische Erstausgabe 1961).

Bowlby, J.: Trennung. München 1976: Kindler.

Brophy, J./Good, T.: Die Lehrer-Schüler-Interaktion. München 1976: Urban und Schwarzenberg.

Degen, R.: Panik vor dem Schulbesuch. Wenn Kinder lieber zu Hause bleiben. Deutscher Forschungsdienst Nr. 15, April 1982.

Dumke, D.: Die Auswirkungen von Lehrererwartungen auf Intelligenz und Schulleistungen. In: Psychologie in Erziehung und Unterricht, H. 2, 1977, S. 93–108.

Elashoff, J./Snow, R.: Pygmalion auf dem Prüfstand. München 1972: Kösel.

Erikson, E.: Identität und Lebenszyklus. Frankfurt a.M.: 1966, [16]1980: Suhrkamp TB.

Faust-Siehl, G./Schweitzer, F.: Anstrengung ist alles! Wie Kinder schulische Leistungen verstehen. In: Barnitzky, H./Portmann, R.: Leistung der Schule – Leistung der Kinder. Frankfurt a.M. 1992: Arbeitskreis Grundschule, S. 50–60.

Festinger, L.: A Theory of Social Comparison Processes. In: Human Relations, H. 7, 1954, S. 117–140.

Filipp, S./Frey, D.: Das Selbst. In: Deutsches Institut für Fernstudien (DIFF) (Hrsg.): Funkkolleg Psychobiologie, Studienbegleitbrief 8. Weinheim und Basel 1987: Beltz, S. 11–56.

Fölling-Albers, M.: Der Schulanfang und die Identität des Kindes. Strukturelle Bedingungen und deren Auswirkungen auf die Persönlichkeitsentwicklung des Kindes beim Übergang vom Kindergarten in die Grundschule. In: Borgmeier, C. u.a.: Situation Schulanfang. Stuttgart 1980: Kohlhammer, S. 9–33.

Frey, H./Hausser, K. (Hrsg.): Identität. Stuttgart 1987: Enke.

Freud, S.: Hemmung, Symptom und Angst. Frankfurt a.M. 1974: S. Fischer (Studienausgabe) (Erstveröffentlichung 1926).

Geppert, U.: Entwicklung lern- und leistungsbezogener Motive und Einstellungen: Literaturüberblick. In: Weinert, F./Helmke, A. (Hrsg.): Entwicklung im Grundschulalter. Weinheim 1997: Psychologische Verlagsunion, S. 45–58.
Goffman, E.: Stigma. Über Techniken der Bewältigung beschädigter Identitäten. Frankfurt a.M. 1967: Suhrkamp (Amerikanisches Original 1963).
Goffman, E.: Wir alle spielen Theater. Die Selbstdarstellung im Alltag. München 1969: Piper (Amerikanisches Original 1959).
Gordon, L./Lizardi, A.: The school phobic child. In: Golden, L./Capuzzi, D. (Hrsg.): Helping families help children. Family intervention with school-related problems. Springfield 1989: Thomas.
Heckhausen, H.: Motivation: Kognitionspsychologische Aufspaltung eines summarischen Konstrukts. In: Psychologische Rundschau, Heft 13, 1977, S. 175–189.
Heckhausen, H.: Motivation und Handeln. Berlin [2]1987: Springer.
Heckhausen, H.: Entwicklungsschritte in der Kausalattribution von Handlungsergebnissen. In: Görlitz, D. (Hrsg.): Kindliche Erklärungsmuster. Entwicklungspsychologische Beiträge zur Attributionsforschung. Weinheim und Basel 1983: Beltz, S. 49–85.
Heckhausen H.: Attributionsmuster für Leistungsergebnisse – Individuelle Unterschiede, mögliche Arten und deren Genese. In: Weinert, F./Kluwe, R. (Hrsg.): Metakognition, Motivation und Lernen. Stuttgart 1984: Kohlhammer, S. 133–163.
Helmke, A.: Selbstvertrauen und schulische Leistungen. Göttingen 1992: Hogrefe.
Helmke, A.: Entwicklung des Fähigkeitsselbstbildes vom Kindergarten bis zur dritten Klasse. In: Pekrun, R./Fend, H. (Hrsg.): Schule und Persönlichkeitsentwicklung. Stuttgart 1991: Enke, S. 83–99.
Helmke, A.: Motivation und Schulleistung: Trends, Sackgassen und Perspektiven der Forschung. In: Montada, L. (Hrsg.): Bericht über den 38. Kongress der Deutschen Gesellschaft für Psychologie in Trier 1992. Bd. 2. Göttingen 1993: Hogrefe, S. 588–595.
Helmke, A.: Entwicklung lern- und leistungsbezogener Motive und Einstellungen: Ergebnisse aus dem Scholastik-Projekt. In: Weinert, F./Helmke, A. (Hrsg.): Entwicklung im Grundschulalter. Weinheim 1997: Psychologische Verlagsunion, S. 59–76.
Henseler, H.: Die Theorie des Narzissmus. In Lexikon der Psychologie des 20. Jahrhunderts, Bd. 2, Zürich 1976: Kindler, S. 459–476.
Hüttenmoser, M.: Sozialisation und Einschulung. Frankfurt a. M. 1981: Diesterweg.
Kästner, E.: Gesammelte Schriften für Erwachsene. Bd. 7: Vermischte Beiträge II. Zürich 1969: Atrium, S. 180–183.
Krapp, A.: Selbstkonzept und Leistung – Dynamik eines Zusammenspiels. Literaturüberblick. In: Weinert, F./Helmke, A. (Hrsg.): Entwicklung im Grundschulalter. Weinheim 1997: Psychologische Verlagsunion, S. 325–340.
Krappmann, L.: Soziologische Dimensionen der Identität. Stuttgart [4]1975: Klett.
Krohne, W.: Theorien der Angst. Stuttgart 1976: Kohlhammer.
Lichtenstein-Rother, I.: Die Bedeutung der ersten Schulerfahrung. In: Portmann, R. (Hrsg.): Kinder kommen zur Schule. Frankfurt a.M. 1988: Arbeitskreis Grundschule, S. 196–204.
Maslow, A.: Motivation and Personality. New York 1970: Harper and Row.
Mattejat, F.: Schulphobie, Klinik und Therapie. In: Praxis der Kinderpsychologie, H. 8, 1981, S. 292–298.
Maurer, F.: Schulanfang und Anfangslernen. In: Halbfass, H./Maurer, F./Popp (Hrsg.): Neuorientierung des Primarbereichs. Bd 6. Stuttgart 1976: Klett, S. 53–77.
Mead, G.H.: Geist, Identität und Gesellschaft. Frankfurt a.M. 1985: Suhrkamp TB (Amerikanische Erstausgabe: Mind, Self and Society 1934).
Moeller-Andresen, U.: Die ersten Schuljahre – Anfang oder Ende der »Schulschwäche«? In: Grundschule, H. 1, 1977, S. 12–16.

Neubauer, W.: Selbstkonzept und Identität im Kindes- und Jugendalter. Beihefte der Zeitschrift Psychologie in Erziehung und Unterricht, H. 73, München, Basel 1973: Ernst Reinhardt.
Newcomb, T.: Sozialpsychologie. Meisenheim 1969: A. Hain (Amerikanische Erstauflage 1950).
Paetzold, B.: Familie und Schulanfang. Bad Heilbrunn 1988: Klinkhardt.
Parsons, T.: Einige Grundzüge der allgemeinen Theorie des Handelns. In: Hartmann, H. (Hrsg.): Moderne amerikanische Soziologie. Stuttgart 1967: Enke, S. 216–244. (Amerikanische Erstveröffentlichung 1958).
Parsons, T.: Sozialstruktur und Persönlichkeit. Frankfurt a.M. 1968: Europäische Verlagsanstalt (Amerikanische Erstveröffentlichung 1964).
Parsons, T.: Die Schulklasse als soziales System: Einige Funktionen in der amerikanischen Gesellschaft. In: Graumann, C./Heckhausen, H. (Hrsg.): Pädag. Psychologie, Reader zum Funkkolleg Bd. 1, Frankfurt a.M. 1973: Fischer TB, S. 348–375 (Erstveröffentlichung in Harvard Educational Review, 28, 4, 1959, S. 297–318.
Parsons, T.: Einige grundlegende Kategorien in einer Handlungstheorie. In: Mühlfeld, C./Schmid, M. (Hrsg.) Soziologische Theorie. Hamburg 1974: Hoffmann u. Campe, S. 94–120.
Petillon, H.: Soziale Erfahrungen in der Schulanfangszeit. In: Pekrun, R./Fend, H.: Schule und Persönlichkeitsentwicklung. Stuttgart 1991: Enke, S. 183–200.
Piaget, J.: Psychologie der Intelligenz. Zürich 1964: Rascher.
Plake, K.: Familie und Schulanpassung. Düsseldorf 1974: Schwann.
Plake, K.: Diskontinuität und struktureller Sozialisationskonflikt. In: Zeitschrift für Pädagogik, H. 4, 1976, S. 559–570.
Rheinberg, F.: Motivation. Stuttgart 1995: Kohlhammer.
Ries, G.: Die Entwicklung von kausalen Erklärungsmustern für Schulleistungen. In: Schmidt-Denter, U./Manz, W. (Hrsg.): Entwicklung und Erziehung im öko-psychologischen Kontext. München 1991: E. Reinhardt, S. 56–67.
Rogers, C.: Die klientbezogene Gesprächstherapie. München 1973: Kindler (Amerikanische Erstausgabe 1953).
Rolff, H./Klemm, K./Tillmann, K. (Hrsg.): Jahrbuch der Schulentwicklung, Bd. 3, Weinheim und Basel 1988: Beltz.
Rosenfeld, H./Valtin, R.: Zur Entwicklung schulbezogener Persönlichkeitsmerkmale bei Kindern im Grundschulalter. Erste Ergebnisse aus dem Projekt Novara. In: Unterrichtswissenschaft, H. 4, 1997, S. 316–330.
Rosenberg, M.: Society and the Adolescent Self Image. Princeton, New Jersey 1965.
Rosenthal, R./Jacobson, L.: Pygmalion im Unterricht. Lehrererwartungen und Intelligenzentwicklung der Schüler. Weinheim und Basel 1971: Beltz.
Stöckli, G.: Vom Kind zum Schüler. Bad Heilbrunn 1989: Klinkhardt.
Stöckli, G.: Nicht erreichte Schullaufbahn – enttäuschte Lebenspläne. In: Pekrun, R./Fend, H.: Schule und Persönlichkeitsentwicklung. Stuttgart 1991: Enke, S. 149–163.
Specht, F.: Schulphobisches Verhalten – unüberwindliche Angst vor der Schule. In: Universität Göttingen. Informationen Juni/Juli 1984, S. 15–17.
Strian, A.: Angst. Grundlagen und Klinik. Ein Handbuch zur Psychiatrie und medizinischen Psychologie. Berlin 1983: Springer.
Trudewind, C./Husarek, B.: Mutter-Kind-Interaktion bei der Hausaufgabenanfertigung und die Leistungsentwicklung im Grundschulalter – Analyse einer ökologischen Schlüsselsituation. In: Walter, H./Oerter, R. (Hrsg.): Ökologie und Entwicklung. Donauwörth 1979: Auer, S. 229–246.
Trudewind, C./Windel, A.: Elterliche Einflussnahme auf kindliche Kompetenzentwicklung. In: Pekrun, R./Fend, H. (Hrsg.): Schule und Persönlichkeitsentwicklung. Stuttgart 1991: Enke, S. 131–148.
Weinert, F./Helmke, A. (Hrsg.): Entwicklung im Grundschulalter. Weinheim 1997: Psychologische Verlagsunion.

Wellendorf, F.: Probleme der biografischen Organisation von Identität im spezifischen Arrangement der Schule. In: Wellendorf, F.: Schulische Sozialisation und Identität. Weinheim und Basel 1975: Beltz, S. 179–264.

Wellendorf, F.: Schule und Identität. Thesen zur schulischen Sozialisation. In: Hurrelmann, K. (Hrsg.): Soziologie der Erziehung. Weinheim und Basel 1974: Beltz, S. 343–361.

Winnicott, D.: Die Theorie der Beziehung zwischen Mutter und Kind. In: Winnicott, D. (Hrsg.): Reifungsprozesse und fördernde Umwelt. München 1974: Kindler.

Zeiher, H.: Über den Umgang mit der Zeit bei Kindern. In: Fölling-Albers, M. (Hrsg.): Veränderte Kindheit – Veränderte Grundschule. Frankfurt a.M. 1989: Arbeitskreis Grundschule, S. 103–113.

Schüler fordern, Schüler fördern – Zum Problem der Leistung in der Grundschule

Viele Kinder freuen sich auf den Beginn der Schulzeit. Man lernt lesen, schreiben, rechnen, ist nicht mehr so häufig auf die Hilfe der Erwachsenen angewiesen, gehört endlich zu den »Großen«. Aber bei all der Freude schwingt auch die Sorge mit, ob man den neuen Anforderungen gewachsen ist, ob man die Buchstaben nicht ständig verwechselt, ob man das Schreiben genauso schnell lernt wie das Nachbarkind.

Wie könnte die Freude auf die Schule und die damit verbundene Lernbereitschaft vieler Schulanfänger gefördert werden? Wie könnte es gelingen, jedes Kind durch erreichbare Ziele zu neuen Lernanstrengungen anzuregen und nicht durch ständige Vergleiche mit anderen zu entmutigen?

Diese Fragen einer kindgemäßen Leistungserziehung stehen im Folgenden im Mittelpunkt.

Leistung in der Grundschule

Lernen und Leistung

In die Schule gehen heißt nicht nur lernen. Es heißt auch »gemessen werden«, mit anderen verglichen, beurteilt, bewertet werden. Das löst Unsicherheit aus. Wird man den Ansprüchen genügen können? Wird man so gut sein wie die anderen? Werden Eltern und Lehrer, wird man mit sich selbst zufrieden sein? Je nach bisheriger Lerngeschichte wird diese Unsicherheit begleitet von Gefühlen der Zuversicht oder der Furcht, von »Hoffnung auf Erfolg« oder »Furcht vor Misserfolg«. Schulisches Lernen ist so auch eine Art von Selbstbewährung, bei der man erfolgreich sein, aber auch scheitern kann. Zufriedenheit, Stolz, aber auch Selbstzweifel und Selbstabwertung stehen am Ende solcher Selbst- und Fremdbewertungsprozesse. Das Leiden an der Schule hängt zu einem großen Teil mit dieser ständigen Bewertung zusammen.

Andererseits *wollen* Menschen sich bewähren, sie wollen etwas leisten. Leistung ist für viele Menschen eine zentrale Quelle ihres Selbstwertgefühls.

Das hängt mit internalisierten gesellschaftlichen Normen zusammen. Leistung hat aber auch jenseits von gesellschaftlichen Bedingungen eine anthropologische Dimension.

So weist Erich Fromm (1985, S. 245–301) im Anschluss an Helmuth Plessners (1928, 1975) Konzept der exzentrischen Positionalität darauf hin, dass der Evolutionssprung der Menschwerdung mit einer tiefen Verunsicherung erkauft wurde.

Mensch sein heißt nicht nur denken können, es heißt auch, über sich selbst nachdenken, sich selbst zum Gegenstand des eigenen Nachdenkens machen können. Nachdenkend über uns selbst, erkennen wir aber die Zufälligkeit unseres Lebens; wir erkennen, dass wir unausweichlich einmal werden sterben müssen; wir erkennen unsere Bedeutungslosigkeit und Ohnmacht, unser Abgespaltensein von der Natur, unser tiefes Alleinsein. Das löst eine tiefe Verunsicherung aus. Diese Verunsicherung muss bewältigt werden. Zugleich ist sie aber auch eine Chance, muss sie doch als Aufforderung verstanden werden, dem Leben einen Sinn zu geben, den Entwurf von Menschsein durch den eigenen Lebensvollzug einzuholen. Das Bedürfnis, sich in dieser Welt orientieren zu können, in ihr etwas zu bewirken, etwas zu leisten, kann als einer von vielerlei Versuchen verstanden werden, diese existenzielle Verunsicherung ein Stück weit auszubalancieren und produktiv zu bewältigen (vgl. Funk 1978).

Ähnlich sieht Maslow (1954, 1985) das Leistungsstreben als einen Teil des angeborenen Bedürfnisses nach Selbstachtung und des Selbstverwirklichungsstrebens.

Auch Alfred Adler (1870–1937) verankert das Leistungsstreben des Menschen anthropologisch. Jeder Mensch erlebt nach Adler in seiner Kindheit notwendigerweise Unterlegenheit, »Minderwertigkeit« gegenüber den Erwachsenen. Ungünstige Bedingungen wie demütigendes Elternverhalten, Geschwisterrivalität oder körperliche Handicaps können dieses Erleben noch verschärfen. Nach Adler besteht die Grundmotivation menschlichen Handelns in dem Versuch, dieses »Minderwertigkeitsgefühl« zu kompensieren. Dazu entwickelt er einen mehr oder weniger offenen, ihm selbst nur teilweise bewussten Lebensplan, der sich schon weitgehend in der Kindheit herausbildet. Er besteht in einem besonderen Stil des individuellen Verhaltens, des Umgangs mit anderen, des Umgangs mit Aufgaben, der Selbstpräsentation. Die Art der Kompensation des Minderwertigkeitsgefühls beeinflusst so maßgeblich die weitere persönliche Entwicklung. Diese Kompensation kann in einer produktiven und in einer unproduktiven Weise geschehen. Unproduktiv wäre die breite Palette gemeinschaftswidrigen Verhaltens, etwa das Bemühen, andere immer übertreffen zu müssen, das Bemühen, über andere Macht zu gewinnen, die vielfältigen Möglichkeiten Aufmerksamkeit zu erregen und sich in den Mittelpunkt zu spielen. Produktiv dagegen wäre der Einsatz für die Gemeinschaft, aber auch die persönliche Leistung. Nach Adler ist dieser Kompensationsversuch zugleich Triebkraft gesellschaftlichen und kulturellen Fortschritts überhaupt (vgl. Adler 1965; Ansbacher 1972).

Auf die schicksalhafte Bedeutung des Leistungswillens und der Leistungsfähigkeit ihrer Mitglieder für die Prosperität einer Gesellschaft muss nicht eigens hingewiesen werden (vgl. Mc Clelland 1986).

Diese Überlegungen sollen freilich nicht vergessen lassen, dass Leistungsstreben auch zur Quelle von Leid, Selbstentfremdung und sozial schädlichem Verhalten werden kann (Harten-Flitner 1978).

Kinder wollen etwas leisten, Kinder müssen etwas leisten und sie müssen zur Leistung erzogen werden. Kinder dürfen andererseits an Leistungsanforderungen keinen Schaden nehmen oder gar daran zerbrechen. So stellte der Deutsche Bildungsrat programmatisch fest: »Das Leistungsprinzip, wie es im gesellschaftlichen Wettbewerb gilt, kann nicht auf den Bildungsprozess der Jugendlichen oder gar des Kindes übertragen werden. Der Wettbewerb muss vielmehr in Formen eingeübt werden, die dem Alter entsprechen und frei sind von der Drohung lebenslanger Nachteile oder sozialer Deklassierung.« (Deutscher Bildungsrat 1970, S. 35)

Zum Thema Lernen und Leisten heißt es im Bildungsplan 1994für die Grundschule in Baden-Württemberg: Die Schule hat zu »Leistungswillen« und »Eigenverantwortung« zu erziehen. Im Erziehungs- und Bildungsauftrag für die Grundschule steht aber auch: »Grundschulkinder wollen sich bewähren und Leistungen erbringen, aber sie können ihre Leistung noch kaum objektiv einschätzen. Sie brauchen daher ein hohes Maß an Anerkennung ihrer Arbeit und Leistung durch andere. Die Leistungsbewertung in der Grundschule soll die Leistungsbereitschaft und Leistungsfähigkeit der Kinder erhalten und stärken, Interesse und Lernfreude fördern, das Vertrauen in die eigenen Fähigkeiten steigern und allmählich zur besseren Einschätzung des eigenen Leistungsvermögens führen. Dauernde Misserfolge sind damit ebenso unvereinbar wie übersteigerte Anforderungen. Sie belasten nicht nur die Beziehungen der Kinder untereinander, sondern können zum Ausgangspunkt für schwerwiegende persönliche Störungen werden.« (Ministerium für Kultus und Sport BW 1994)

In den Richtlinien und Lehrplänen für die Grundschule in Nordrhein-Westfalen (1985) heißt es: »… Die Grundschule muss bei allen Kindern die Bereitschaft und die Fähigkeit entwickeln, Leistungen zu erbringen …« (S. 13) Auf derselben Seite steht aber auch: »Kinder können nicht alle zum gleichen Zeitpunkt und im gleichen Zeitraum gleiche Leistungen erbringen. Gleiche Aufgabenstellungen für alle Kinder sehen von der Individualität der einzelnen Kinder und ihrer bisherigen Lernentwicklung ab … Deshalb müssen sich die Aufgabenstellungen an den unterschiedlichen Lernmöglichkeiten orientieren … Besonders in den ersten beiden Klassen der Grundschule ist dabei auch der individuelle Lernfortschritt der Kinder zu berücksichtigen …« (KM des Landes NRW 1985:

Der Lehrplan von Thüringen (1993) fordert, »das Kind in seiner Ganzheit zu fördern sowie seine Lernbereitschaft und Lernfreude zu entwickeln« (S. 4) … »Leistungsfeststellung und -beurteilung dienen vor allem dazu, dem Kind individuelle Hilfen anbieten zu können, um seinen Leistungswillen zu wecken, Erfolge zu ermöglichen und das Vertrauen in die eigene Leistungsfähigkeit zu sichern.« (S. 6). (vgl.Thüringer Kultusministerium 1993).

Im Lehrplan von Hessen kann man lesen: »Insgesamt gilt es, auch unter sich verändernden Lebensbedingungen das Selbst- und Umweltvertrauen der Kinder zu erhalten, ihre Lebens- und Lernfreude, ihre Leistungs- und Anstrengungsbereitschaft zu unterstützen.« (S. 8) (vgl. Hessisches Kultusministerium 1995).

Die Spannung zwischen Leistungsforderung und Sorge, dass Schüler in ihrer Entwicklung durch falsche oder überzogene Leistungsforderungen gestört werden könnten, kommt in dieser oder jener Akzentuierung in den Grundschulrichtlinien aller Bundesländer zum Ausdruck. Ebenso unbestritten ist aber auch, dass die Leistungsbereitschaft der Schüler gefördert werden muss.

War das Thema »Leistung« in den 70er-Jahren vor allem ein Kampfthema, mit dem gegen die »Verstümmelung« des Menschen durch die kapitalistische Leistungsgesellschaft und der auf sie vorbereitenden Schule zu Feld gezogen wurde, so hat dieses Thema in den letzten Jahren eine weniger spektakuläre Renaissance erlebt, allerdings mit verändertem Vorzeichen. Nicht wenige Eltern und andere gesellschaftliche Gruppierungen werfen der Schule vor, sie verlange zu wenig Leistung. Auch bereits Eltern von Grundschülern ermahnen nicht selten die Lehrer, von den Kindern mehr zu fordern, sie auf das Gymnasium und das Leben in der Leistungsgesellschaft schlechthin besser vorzubereiten.

Der am 9. 4. 1983 in der FAZ erschienene Beitrag von Konrad Adam kann, nicht zuletzt wegen seiner provozierenden Einseitigkeit, zum Nachdenken über dieses Thema anregen.

Leistungsglück statt Leistungsangst

Bis heute gilt Albert Einstein als Musterfall des Genies, das von der Schule verkannt wurde. Dass er ein schlechter Schüler gewesen sei mit schlechten Noten, erwähnt ein bekannter deutscher Bildungsforscher als eine Tatsache, von der »wir alle wissen«. Der Bildungsforscher irrte sich, denn Einstein war ein vorzüglicher Schüler. Jahrelang war er der Klassenbeste, seine Zeugnisse werden in zeitgenössischen Dokumenten als glänzend beschrieben.

Die Legende, die das Gegenteil behauptet, ist mehr als falsch; sie ist verräterisch. Nicht zufrieden damit, den Schulversager anstelle des erfolgreichen Schülers zum exklusiven Gegenstand ihres Interesses und ihrer Sympathie gemacht zu haben, hat die Pädagogik den Kreis der Gescheiterten mit absichtsvoller Fantasie noch um solche Namen erweitert, die Zeugen der Gegenseite sind. Zwischen Schulleistung und Lebensleistung durfte allenfalls ein negativer Zusammenhang bestehen und je glänzender sich ein Mensch bewährt hatte, desto gründlicher musste er von seinen Lehrern gedemütigt worden sein.

Der Zweck der Konstruktion ist durchsichtig. Wenn die Schule so schlecht war, wie sie gemacht wurde, dann waren die radikalen Reformer im Recht. Im Recht vor allem mit ihrem Angriff auf den Kern des Schulwesens, den Leistungsgedanken. Ohne pejorative Anhängsel wie »-druck« und »-stress« und »-angst« und »-terror« oder herabsetzende Attribute wie ruinös, lebensfeindlich und menschenverachtend ist dieser Leitbegriff der Erziehung in der neueren Literatur kaum noch zu finden. Zusammen mit ihm wurden Ehrgeiz und Wettstreit, Rang und Auslese sprachlich gebannt und die Leistungsverweigerung fand »als ein positives Signal alternativer Wertvorstellungen« den gemessenen Beifall der Wissenschaft.

Übermäßig erfolgreich war der Versuch, die Leistung unter Generalverdacht zu stellen, offenbar nicht. Anders sind die zähen und vielfältigen Bemühungen kaum zu erklären, ihr Resultat, die Leistungsbewertung, abzuschaffen. Hier erwies sich die Pädagogik als überaus einfallsreich: Lernerfolgsberichte sollten die Zeugnisse möglichst vollständig ersetzen, die allen vertraute Zensurenskala wurde willkürlich verengt oder maßlos erweitert, für Arbeiter- oder Randgruppenkinder waren Notengutschriften vorgesehen, die Gruppenarbeit bot schließlich das ersehnte Alibi, den individuellen Leistungsanteil und damit auch den individuellen Leistungsstand unkenntlich zu machen.

Die eigene Leistung, so verkündet ein progressiver Lehrer, »dürfen die Kinder nicht definieren lernen durch ihren Rangplatz in der Leistungshierarchie der Klasse, sondern durch ihren persönlichen Lernfortschritt«. Da niemand an sich selbst Maß nehmen kann und der Leistungsvergleich einen überindividuellen Vergleichspunkt zwingend voraussetzt, ist diese Forderung ebenso sinnlos wie konsequent leistungsfeindlich. Eine gute Leistung ist nun einmal nur so lange gut, als es auch schlechte Leistungen gibt; wo der Kontrast fehlt oder nicht mehr erkennbar ist, verschwindet mit der schlechten auch die gute Leistung und damit Leistung überhaupt. Dies ist das Ziel der Forderung, »den Wert und Sinn von Leistungen vom Einzelnen her zu begründen«, einer Forderung, die in Nordrhein-Westfalen zum offiziösen Grundsatz der Schulpolitik geworden ist.

Der Platz, von dem die Leistung verdrängt wurde, ist von allerlei neuartigen Eigenschaften besetzt worden. An der Spitze des reformierten Tugendkatalogs stehen Zufriedenheit, Selbstvertrauen und Freiheit von Angst, von Schulangst jedenfalls, denn alle anderen Ängste gelten der Pädagogik als unveräußerliche Kennzeichen des guten Menschen. Die neuen Werte, so will es das Dogma, sind nur demjenigen zugänglich, der sich gereinigt hat vom verwerflichen Streben nach Leistung. Zumal die Gesamtschulindustrie hat den Gegensatz von Himmel und Hölle, zwischen fachlicher und nichtfachlicher Leistung als wissenschaftliches Glaubensbekenntnis weit verbreitet. Wo immer ihre Schützlinge zurückfielen, da wurde ihr hohes Wohlbefinden mit einem Eifer vorgezeigt, der die Gesamtschule nicht nur für ihre Gegner dem Verdacht aussetzte, die Kinder »dumm, aber glücklich« zu machen.

Der Gegensatz ist ein Schein-Gegensatz. Diese Erkenntnis, dem hausbackenen Verstande seit je geläufig, mit den niederen Weihen der Wissenschaft versehen zu haben, ist vielleicht das Einzige, mit Sicherheit jedoch das größte Verdienst jener umfangreichen Studie, deren kürzliches Erscheinen den Wettstreit zwischen herkömmlichen und Gesamtschulen vorläufig zum Abschluss gebracht hat. Die Gegenüberstellung von Leistung und Wohlbefinden »beruht auf einem Irrtum«, resümiert der Psychologe Heinrich Wottawa und fährt fort: »In allen Schulsystemen beziehungsweise Schultypen sind jene Klassen, die besonders gute durchschnittliche Leistungen erbracht haben, auch eher jene, die in den affektiven Variablen besonders gut abschneiden – und umgekehrt.«

Der Schluss ist nicht viel mehr, aber auch nicht viel weniger als die Wiederentdeckung einer anthropologischen Grundbedingung. Nicht das Geschenkte, sondern das Erworbene macht Freude, »die bestandene Probe, die überwundene Schwierigkeit«, wie es außerhalb der Erziehungswissenschaft fast allgemein bekannt ist. Glück und Leistung sind weder unabhängig voneinander, noch herrscht zwischen ihnen naturnotwendig ein Verhältnis von Spannung oder Gegensatz, vielmehr ergänzen sie sich zu dem, was man treffend das Leistungsglück genannt hat.

Übergeht man die unqualifizierte Polemik Adams gegen »radikale Reformer« und »progressive Lehrer«, so lassen sich folgende zentrale Thesen seines Artikels herauskristallisieren.

1) Der Leistungsgedanke ist der Kern des Schulwesens.
2) Pädagogen haben in den letzten Jahren diesen Leistungsgedanken in vielfältiger Weise angegriffen. Leistung wurde überwiegend als menschenverachtend und lebensfeindlich abqualifiziert. Wenn von Leistung gesprochen wurde, dann im Zusammenhang mit Leistungsdruck, Stress und Leistungsangst.
3) Die Pädagogen haben darüber hinaus durch Abschaffung der traditionellen Notenskala, durch willkürlich verengte und maßlos erweiterte Punkteskalen oder durch Lernerfolgsberichte, durch Verteilung von Pluspunkten für benachteiligte Schülergruppen, den Leistungsgedanken unterhöhlt. Dies geschah auch durch die Favorisierung von Gruppenleistungen, weil hierbei die persönliche Leistung der Einzelnen eingeebnet wurde.
4) Leistung kann nur definiert werden über einen Platz in der Leistungshierarchie. Gute Leistung wird nur durch den Vergleich mit einer schlechteren Leistung zur guten Leistung. »Wo der Kontrast fehlt oder nicht mehr erkennbar ist, verschwindet mit der schlechten auch die gute Leistung und damit Leistung überhaupt.«
5) Glück und Leistung hängen miteinander zusammen. Zwischen ihnen besteht kein naturnotwendiges Spannungsverhältnis. Sie ergänzen sich vielmehr zu dem, was man »Leistungsglück« nennt.

Eine differenzierte Auseinandersetzung mit dieser neokonservativen Einstellung, soweit sie in diesen Thesen zum Ausdruck kommt, erscheint uns notwendig. Deshalb einige Fragen zum Nachdenken.

Zu 1: Stimmt es, dass der Leistungsgedanke den Kern des Schulwesens ausmacht? Ist die zentrale Idee von Schule nicht das Lernen? Lernen ist aber nicht einfach mit Leistung identisch, wenn auch vielfältig mit dem Leistungsgedanken verwoben.

Schon ein flüchtiger Blick in die Geschichte des Schulzeugnisses belehrt darüber, dass die *Bewertung* der Lernergebnisse nicht immer derart im Mittelpunkt stand, wie dies heute der Fall ist.

Jahrhundertelang gab es in der Schule keine Zeugnisse, sieht man von den universitären Abschlüssen des Baccalaureats, des Magisters und des Doktors ab. Mit einem schulischen Abschluss – das war die Kehrseite – war allerdings auch kaum etwas anzufangen. Berufliche Positionen wurden nach Stand und Empfehlung vergeben. Allerdings kannte die Schule einen Vorläufer, das Benefizienzeugnis, eine schulische Empfehlung an einen Patron oder Gönner, einem fleißigen Lateinschüler ein Stipendium zukommen zu lassen. Zudem entwickelten die Schulen ein teilweise ausgeklügeltes und wenig pädagogisches System von Wettkämpfen, schulinternen Belohnungen und Beschämungen (Sitzordnung nach Leistung, Ehrenbänder, Orden, Tugendnägel, Sitzen auf einer Schmachbank, Aufsetzen eines Eselskopfes), um Schüler zu motivieren.

Die eigentliche Einführung eines Leistungszeugnisses geht auf die Einführung des Abiturs in Preußen im Jahr 1788 zurück. Dieses Abitur hatte zunächst noch keine Notenstufen. Im Gegensatz zu heute hatte es nicht die Funktion, den Zugang zu den Universitäten zu regeln, eröffnete vielmehr den Zugang zur höheren Beamtenlaufbahn in Preußen. Im Zuge des Aufbaus einer modernen Verwaltung sollten die Beamtenstellen nicht mehr einfach an teilweise unfähige Adlige vergeben werden, sondern auf der Basis von Leistung. Die Einführung des Abiturs war also eine demokratische Errungenschaft, auch wenn davon zunächst nur eine schmale bürgerliche Schicht profitierte. 1812 wurde das Abitur in drei Notenstufen spezifiziert, war aber weiterhin nicht Voraussetzung für einen Universitätsbesuch. Der Zugang zur Universität wurde durch ein teilweise sehr locker gehandhabtes Kolloquium seitens der Professoren geregelt, bei dem adlige Herkunft (Hörergelder!) weiterhin eine überragende Bedeutung hatte. Dem Abitur folgte 1822 das »Einjährige«, eine Zugangsberechtigung für die nichtakademische Beamtenlaufbahn und eine Berechtigung für einen verkürzten Wehrdienst. Erst 1834 wurde das Abitur Voraussetzung für den Zugang zur Universität, nicht aber um ein entsprechendes Niveau zu sichern, sondern um politisch unliebsame Gymnasiasten (Studentenunruhen an Universitäten im Zuge der restaurativen Maßnahmen durch den Wiener Kongress (1815) und die Karlsbader Beschlüsse (1819) durch entsprechende Vermerke (Kopfnoten) von den Universitäten abzuhalten.

Das alles berührte die unteren Klassen des Gymnasiums nur wenig. Erst langsam weitete sich die Benotung von den Abschlussklassen auch auf die anderen Klassen aus.

Da Volksschülern keine privilegierten Laufbahnen offen standen, erhielten diese überhaupt keine Zeugnisse. Erst kurz vor dem Ersten Weltkrieg wurden auch für diese Abschlusszeugnisse und nach einiger Zeit Jahreszeugnisse am Ende jedes Schuljahrs eingeführt (vgl. Breitschuh 1979).

Die zunehmende Bedeutung, die Noten und Bewertungen in der Schule erhalten haben, ist zwiespältig einzuschätzen. Einerseits – und das darf nicht vergessen werden – geht sie einher mit dem Abbau von Standesprivilegien und eröffnete allen, unabhängig von ihrer Herkunft, entsprechende berufliche Chancen nach dem universalistischen Kriterium der Leistung. Andererseits hat das Notenwesen wie ein Krebsgeschwür fast das ganze schulische Lernen überwuchert. Keine Woche ohne Klassenarbeit, keine Schüleräußerung ohne mündliche Bewertung, keine Schülerantwort ohne Schielen auf das Notenbuch des Lehrers, keine Lernanstrengung ohne die sofortige Frage, ob sich das auch in einer entsprechenden Note auszahle. Nicht die Inhalte interessieren, sondern die Noten, und dies umso mehr, je höher die Klassenstufe ist.

Eine zu schnelle Gleichsetzung von Lernen und Leistung verhindert die pädagogische Reflexion darüber, wie zentral das »Vermessen« der Lernergebnisse für das Lernen ist und sein muss, wer messen und welcher Art der Maßstab sein soll.

Zu 2: In welchem Zusammenhang stehen Leistung und Entfaltung des Menschen zu einer reifen Persönlichkeit? Wann verhindern von außen kommende oder internalisierte Leistungsansprüche die menschliche Entwicklung, wann fördern sie diese? Auf diese und die folgenden Fragen 3 und 4 werden wir auf den Seiten 201ff. und 205ff. ausführlich eingehen.

Zu 3: Untergraben »pädagogische Noten« den Leistungswillen oder erhalten und stimulieren sie ihn? Sind Verbalbeurteilungen den gewohnten Ziffernnoten der sechsstufigen Notenskala unterlegen und tragen auch sie zum Leistungsabbau bei?

Zu 4: Gibt es als Maßstab für die Beurteilung eines Lernergebnisses nur den Vergleich mit anderen? Brauchen gute Schüler die schlechten, um sich als gute Schüler fühlen zu können? Strengen sich Schüler nur oder hauptsächlich deswegen an, um besser zu sein als die anderen?

Und was ist mit den Verlierern? Braucht man die Verlierer, damit die Gewinner »glücklich« sein können und zur Leistung motiviert bleiben? Ist eine derartige Perspektive, die nur von den Gewinnern ausgeht, nicht schlicht sozialdarwinistisch?

Zu 5: Immer wieder erleben Menschen und natürlich auch schon Grundschüler das Glück, etwas fertig gebracht zu haben, einem Ziel näher gekommen zu sein, Widerstände überwunden, etwas geleistet zu haben. Zweifelsohne gibt es das Leistungsglück. Es darf aber nicht vergessen werden, dass Glück sich nicht nur einstellt, wenn man eine gute Leistung erbracht hat, sondern auch, wenn man einem anderen geholfen, ihm eine Freude gemacht, ihn beschenkt, seine Pflicht getan hat, wenn man geliebt wird und selber liebt, einen guten Freund hat, im Genießen von Natur und Kunst. Glück kann man nicht auf Leistungsglück reduzieren. Das ist auch für die Schule zu bedenken. In welchem Verhältnis braucht ein Mensch leistungsthematisch strukturierte und leistungsfreie Räume, um glücklich sein zu können? Ist nicht die Zahl »leistungsfreier Räume« in der Schule auf ein Minimum geschrumpft. Früher war die Rute das Symbol der Schule. Heute ist daraus das Notenheft des Lehrers geworden? Können wir das pädagogisch wollen?

Der psychologische Leistungsbegriff

Im technisch-physikalischen Bereich wird Leistung definiert als Arbeit, die durch eine Krafteinwirkung in einer bestimmten Zeit verrichtet wird. Wann kann man aber davon sprechen, dass ein Mensch etwas geleistet hat? Diese Frage versuchte Heckhausen (1974) mit der Aufstellung eines psychologischen Leistungsbegriffs zu klären. Danach müssen fünf Bedingungen gegeben sein:

1) Es muss ein objektivierbares Handlungsergebnis erzielt worden sein. Tätigkeiten ohne Anfang und ohne Abschluss können nicht als Leistung bezeichnet werden.
2) Das Handlungsergebnis bzw. die Kraftaufwendung, die zu dem Ergebnis führte, muss gemessen und nach einem Gütekriterium beurteilt werden können.
   Dabei lassen sich unterschiedliche Maßstäbe unterscheiden:

Bei einem *sachbezogenen* Gütemaßstab entscheidet die der Aufgabe immanente Qualitätsnorm, wie die Leistung zu beurteilen ist. Ein derartiger sachbezogener Maßstab ist immer dann leicht anzuwenden, wenn eindeutig feststellbar ist, dass die Lösung der vorgenommenen Aufgabe gelungen ist. Dies gilt etwa für das Reparieren eines Fahrrads, für das Hinaufklettern auf einen Baum, das Durchschwimmen eines Sees, das Lösen einer Mathematikaufgabe. Schwieriger wird es, wenn ein Kunstwerk, eine Schülerzeichnung, ein Aufsatz beurteilt werden sollen. Erst recht bereitet es Schwierigkeiten, wenn eine Aufgabe nur annähernd fehlerfrei gelöst wurde. Wie sollen fünf Fehler in einem Diktat, drei richtige Aufgaben von insgesamt sechs zu lösenden in einer Mathematikarbeit nach einem sachbezogenen Maßstab beurteilt werden?[1]

Wegen der genannten Schwierigigkeiten wird zur Beurteilung einer Leistung häufig der *sozialbezogene* Maßstab herangezogen. Jetzt wird die Leistung verglichen mit der von anderen, wobei diese »anderen« die Klassenkameraden, ein Klassendurchschnitt, die Zufallsverteilung (gaußsche Normalverteilungskurve) oder auch nur ein einzelner anderer, ein Spitzenschüler oder der eigene Bruder sein können.

Auf diesen Maßstab greifen nicht nur Lehrer zurück, sondern auch Schüler, wenn sie ihrer Leistung unsicher sind. Durch den Vergleich mit anderen suchen sie mehr Sicherheit zu gewinnen. Dieser Maßstab ist freilich aus zwei Gründen äußerst problematisch: Einmal, weil der Vergleichspunkt, an dem gemessen wird, relativ zufällig ist. In einer guten Klasse liegt ein bestimmter Schüler vielleicht im Durchschnitt, in einer schlechteren würde er zu den guten Schülern gehören. Er ist zum andern deswegen problematisch, weil echte Leistungssteigerungen eines Schülers möglicherweise gar nicht honoriert werden, wenn er im Vergleich zur Leistung der anderen seinen Rangplatz beibehält.

Der dritte Maßstab ist der *personbezogene*. Bei ihm wird das erzielte Ergebnis an den Ergebnissen gemessen, die diese Person bei vergleichbaren Aufgaben früher erzielt hat. Man ist dann gegenüber früher besser oder schlechter geworden.

3) Um von Leistung sprechen zu können, müssen die Handlungen überhaupt gelingen oder misslingen können. Die Aufgaben müssen vom Schwierigkeitsgrad her also angesiedelt sein zwischen den Extremen des zu Leichten und zu Schweren.
4) Der Maßstab, an dem die Anstrengung oder das Handlungsergebnis gemessen wird, muss vom Handelnden als verbindlich akzeptiert werden.
5) Das Handlungsergebnis muss vom Handelnden selbst verursacht sein. Handlungsergebnisse, die sich unbeabsichtigt ergeben haben, die durch Zufall, mithilfe anderer oder durch äußere Behinderung zustande kamen, gelten nicht als Leistung im eigentlichen Sinn.

1 Die amtliche Notendefinition von »sehr gut«, »gut« usw. gaukelt zwar einen solchen sachbezogenen Maßstab vor. Da aber die Definitionen viel Beurteilungsspielraum lassen (z. B. 3 ›befriedigend‹, wenn die Leistung den Anforderungen im Allgemeinen entspricht oder 4, ›ausreichend‹, wenn die Leistung zwar Mängel hat, aber im Allgemeinen den Anforderungen entspricht), liegt es nahe, die mangelnde Eindeutigkeit durch Heranziehen eines anderen Maßstabs zu beheben.

Der psychologische Leistungsbegriff nennt die Bedingungen, die gegeben sein müssen, damit ein Mensch ein Handlungsergebnis als seine Leistung bezeichnen kann. Die genannten Bedingungen sind für schulische Lernergebnisse nicht immer gegeben. So kann beispielsweise eine Aufgabe für einen Schüler zu leicht oder zu schwer sein, sodass sie nicht misslingen oder nicht gelingen kann. Trotzdem wird sie vom Lehrer bewertet. Oder das Ergebnis einer Leistung kann auf Zufall beruhen. Trotzdem erhält der Schüler hierfür eine Note, weil der Lehrer die Ursachen des Ergebnisses nicht genau feststellen kann. Darüber hinaus müsste ein pädagogischer Leistungsbegriff eine Reihe weiterer Sachverhalte berücksichtigen.

Pädagogisierung von Leistungsanforderungen und pädagogischer Leistungsbegriff

Schulen legen fest, welche Leistungen Schüler innerhalb einer bestimmten Lernzeit zu erbringen haben. Derartige Normen lassen sich nur zum Teil aus Sachzusammenhängen ableiten. In sie gehen unreflektierte Traditionen, implizite Vorstellungen von Bildung, Erwartungen von abnehmenden Systemen wie Betrieben oder Universitäten und neuerdings auch Ergebnisse internationaler Vergleichsuntersuchungen ein. Aber was Betriebe oder Hochschulen von Schulabgängern erwarten, ist nur in Ausnahmefällen solide begründbar und auch der der TIMSS-Studie (vgl. Baumert u.a. 1997) entnommene Hinweis, Deutschland liege im internationalen mathematisch-naturwissenschaftlichen Leistungsbereich nur im Mittelfeld, kann nicht begründen, was ein Schüler eines bestimmten Alters können muss. »Früher verlangte die Schule mehr«, hört man vielfach sagen, »das Abitur in Bayern ist schwerer als das in Nordrhein-Westfalen«, »die Prüfungen sind viel zu schwer« usw. Leistungserwartungen unterliegen Schwankungen und Konjunkturen. Kultusministerien schrauben Leistungsnormen hoch oder senken sie. Man kann sich des Eindrucks einer gewissen Beliebigkeit nicht erwehren.

Pädagogen dürfen derartige gesellschaftliche Ansprüche nicht blindlings übernehmen. Schon vor über zwei Generationen sah Hermann Nohl im Wohl des Edukanden und nicht in den Ansprüchen der »Mächte« das entscheidende pädagogische Kriterium.

> »... *In dieser Einstellung auf das subjektive Leben des Zöglings liegt das pädagogische Kriterium. Was immer an Ansprüchen aus der objektiven Kultur und den sozialen Bezügen an das Kind herantreten mag, es muss sich eine Umformung gefallen lassen, die aus der Frage hervorgeht: Welchen Sinn bekommt diese Forderung im Zusammenhang des Lebens dieses Kindes für seinen Aufbau und die Steigerung seiner Kräfte und welche Mittel hat dieses Kind, um sie zu bewältigen?*« (Hermann Nohl, 1949, S. 127)

Lehrer dürfen demnach nicht zu Handlangern des Staates, gesellschaftlicher Gruppierungen, der Eltern werden. Sie sind zuerst dem Kind verpflichtet. Das heißt freilich nicht, dass sie sich leichtfertig über deren Ansprüche hinwegsetzen könnten. Lehrer sind nicht nur Anwalt des Kindes, sondern auch Repräsentanten der Gesellschaft. Ihre pädagogische Aufgabe besteht in der Vermittlung beider Ansprüche, auf der einen Seite des Anspruchs des Kindes auf sein subjektives Leben, auf der anderen Seite des Anspruchs der objektiven Mächte, des Staates, der Gesellschaft, der Eltern auf das Kind. In der Person des Lehrers wird das Anliegen der Gesellschaft präsent, aber zugleich auch »gebrochen« und modifiziert im Blick auf das Recht des Kindes auf Autonomie und Selbstentfaltung.

Auch die von außen kommenden Leistungsforderungen bedürfen einer solchen Vermittlung. Der pädagogische Leistungsbegriff versucht dies. Ohne die Pädagogisierung der Leistungserwartungen können Kinder zerbrechen, ohne Konfrontation der Schüler mit den gesellschaftlichen Leistungsansprüchen wird der Lehrer seinem gesellschaftlichen Auftrag nicht gerecht und die Schüler werden später Schwierigkeiten haben, in dieser Gesellschaft zurechtzukommen.

Ein pädagogischer Leistungsbegriff müsste folgende Elemente enthalten:

- Leistungsansprüche müssen als das Ergebnis der oben dargestellten Vermittlung gesehen werden. Ein Kind muss sich den von außen kommenden Ansprüchen stellen; es darf daran aber auch nicht zerbrechen.
- Pädagogisches Ziel ist, dass an die Stelle des von außen kommenden Anspruchs der Selbstanspruch im Sinne eines Geöffnetseins für sachliche Ansprüche tritt.
- Für das pädagogische Leistungsverständnis ist nicht nur das Endprodukt, das direkt abfragbare Wissen wichtig, sondern auch der Prozess, der Weg zu dem Ergebnis.
- Um dem Schüler das Glück der Könnenserfahrung zu vermitteln, darf nicht von jedem das Gleiche verlangt werden.
- Der sachbezogene und personbezogene Gütemaßstab hat gegenüber dem sozialen pädagogische Vorteile.

  Das heißt nicht, dass auf den sozialen Gütemaßstab völlig verzichtet werden könnte. Vor allem ältere Schüler müssen in der Lage sein, ihr Können im Vergleich zu dem der andern einzuschätzen. Sie müssen akeptieren können, dass andere vielleicht mehr können, ohne neidisch zu werden. Sie müssen ihre Überlegenheit sehen können, ohne auf andere herabzublicken. Die Beurteilung nach einem sozialbezogenen Maßstab ist desgleichen wichtig, um berufliche Fehlentscheidungen zu vermeiden.

  Zumindest für die Grundschüler hat der personbezogene Maßstab aber deutliche pädagogische Vorteile. Es ist entmutigend, wenn ein Schüler trotz Anstrengung und objektivem Fortschritt schlechte Noten erhält, weil er im sozialen Vergleich den besseren Lernern immer hinterherhinkt. Bei einem personbezogenen Maßstab kann man sich über jeden individuellen Fortschritt freuen. Andererseits darf nicht verschwiegen werden, dass die Bewertung einer Schülerleistung nach dem personbezogenen Maßstab zu erheblichen Konflikten mit den üblichen Gerechtigkeitsvorstellungen führen kann. Es ist schwer zu vermitteln, dass fünf Fehler beim einen Schüler mit einer 2, beim andern nur einer 3 bewertet werden sollen.

- Pädagogisierung von Leistung heißt Änderung der Funktion der Leistungsbeurteilung: Statt eines Urteils über einen Schüler müsste sie zunehmend die Funktion der Information für den Schüler erhalten. Die Rolle des Beurteilenden wandelt sich dabei von der des »Richters« zu der des »Helfers«, der Antwort gibt auf die Fragen: »Was fehlt mir noch?«, »Woran liegt es, dass ich nicht weiterkomme?«, »Wer kann mir helfen?«
- Das in der Schule vorherrschende Leistungsverständnis ist individualistisch und konkurrenzorientiert.
  Pädagogisierung von Leistung heißt Vermeidung von Konkurrenzlernen. Durch Konkurrenzlernen wird das Verhältnis zur Sache, zur eigenen Person und zur Gruppe gestört (Klafki 1975): *zur Sache*, weil diese gegenüber dem »Besser sein wollen als die andern« in den Hintergrund tritt; *zur Person*, insofern vor allem Kinder, die mit dem Lernen Schwierigkeiten haben, dauerhaft entmutigt werden können und die »Sieger« sich vielleicht überschätzen, *zur Gruppe*, insofern Neid und Missgunst das soziale Klima vergiften können.
  Das an Konkurrenz orientierte Leistungsverständnis müsste ersetzt oder zumindest ergänzt werden durch ein Verständnis von Leistung, das am Prinzip der Solidarität mit der gemeinsam an einer Aufgabe arbeitenden Gruppe orientiert ist. Die individuelle Leistung sollte stärker als bisher an ihrem Beitrag zur Lösung gemeinsamer Aufgaben gemessen werden. Dies gilt zumal für unsere heutige Gesellschaft, in der die Leistung des Teams gegenüber der des Einzelnen immer mehr an Bedeutung gewinnt (vgl. Klafki 1975, 1985; Schwartz 1976).
  Für eine solche Leistung werden aber eine Reihe von Kompetenzen wichtig, die für die individuelle Leistung keine Rolle spielen: Die eigene Arbeit muss mit der der andern koordiniert werden. Man muss der Versuchung widerstehen, die andern für sich arbeiten zu lassen, und den Mut haben, Schmarotzer zu kritisieren. Man muss helfen können, ohne die andern zu demütigen, und Hilfe annehmen können, ohne sich gedemütigt zu fühlen. Derartige soziale Leistungen werden bislang für die Beurteilung von Schülern noch kaum herangezogen.
- Pädagogisierung von Leistung heißt auch Vermittlung der Erfahrung, dass man schon etwas kann. Schulische Leistungsanforderungen zeichnen sich häufig dadurch aus, dass immer dann, wenn eine Sache beherrscht wird, etwas Neues kommt. Schüler kommen zu wenig dazu, sich ihres bereits erworbenen Könnens richtig freuen zu können.
- Leistungsforderungen sind nur dann pädagogisch, wenn sie innerhalb eines Sinnzusammenhangs ausgewiesen werden können. Leistung um der Leistung willen ist eine neurotische Ausprägung der Leistungsmotivation. Eine den Sinn außer Acht lassende Leistungsbereitschaft ist zudem leicht missbrauchbar. Wie ein Kampfhund beißt sie sich überall dort fest, wohin sie gehetzt wird. Hitlers minuziös durchorganisierte Konzentrationslager waren im pädagogischen Sinn eben keine Leistung. Ob etwas als Leistung angesehen werden kann, entscheidet sich auch an ethischen Normen.

Schulanfängern ist der Sinn ihrer Lernarbeit im Allgemeinen unmittelbar evident: Man kann selbst ein Buch lesen, anderen etwas schreiben und die Mitteilungen anderer lesen. Wer rechnen kann, kommt auch im Kinderalltag leichter zurecht, und der Sachunterricht hilft dazu, dass man sich in der Welt besser auskennt. Später sehen Schüler den Sinn mancher Leistungen, die sie in der Schule zu erbringen haben, nicht mehr unmittelbar ein? Die Erschließung ihres Sinns ist jedoch eine eminent wichtige pädagogische Aufgabe. Nur dann werden Lerninhalte zu Bildung.

Pädagogisierung von Leistung in der Grundschule

Was Pädagogisierung von Leistung für die Grundschule bedeutet, kann folgende Grafik verdeutlichen:

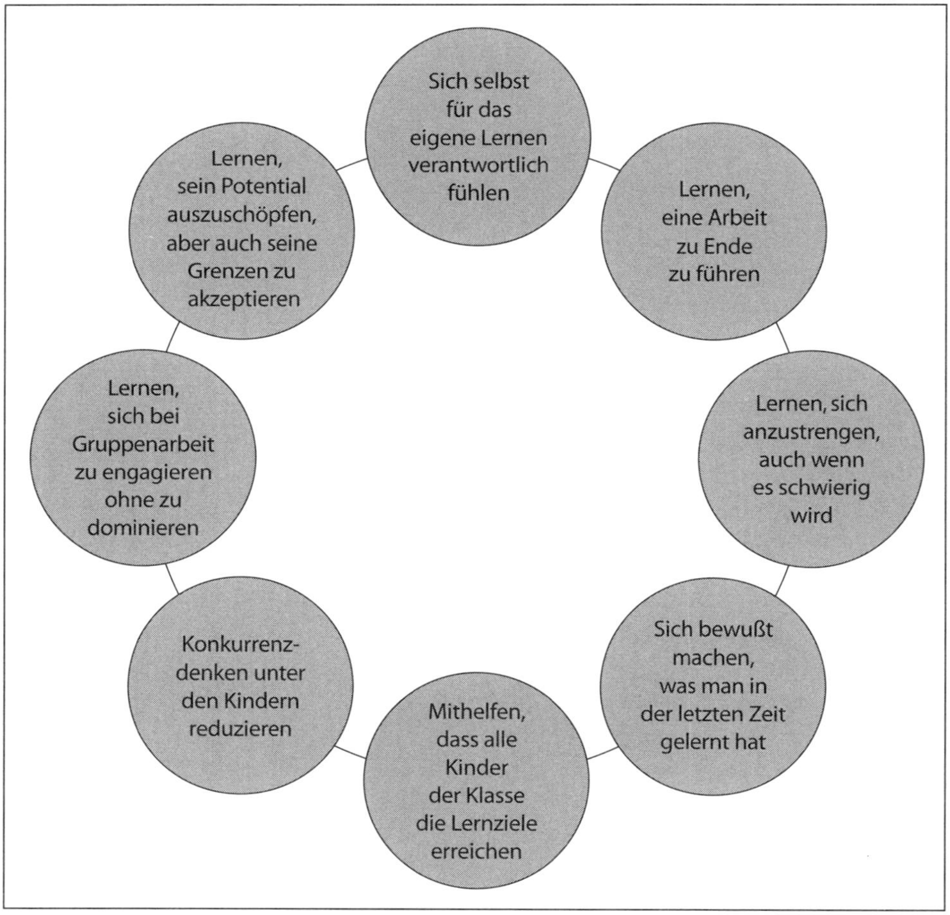

Die hier genannten Elemente sind auch wesentlicher Teil der pädagogischen Prinzipien für den Anfangsunterricht. Wir haben hierzu vor allem auf S. 270ff. eine Anzahl konkreter unterrichtlicher Maßnahmen zusammengestellt.

Die Verbalbeurteilung

1970 beschloss die Kultusministerkonferenz der Länder in ihren »Empfehlungen zur Arbeit in der Grundschule«, auf Zensuren für die Klasse 1 und 2 zu verzichten.

> *»In der 1. und 2. Klasse ist eine allgemeine Aussage über die Leistungen des Kindes im Hinblick auf das Ziel dieser Schulstufe bedeutsamer als die vorgeblich genaue Benotung der Leistungen in den einzelnen Teilgebieten des Unterrichts. In diesen beiden Klassen ist daher jeweils am Ende eines Schuljahres eine allgemeine Beurteilung des Kindes in freier Form im Zeugnis zu erteilen. Neben der Begutachtung des Sozial- und Arbeitsverhaltens sind Hinweise auf Interessen, besondere Fähigkeiten und Schwächen zu geben.«*[1]

Zu einer über die ersten beiden Jahre hinausgehenden Empfehlung konnten sich die Kultusminister aber nicht durchringen. Bei aller grundsätzlichen Zustimmung zur Pädagogisierung von Leistung waren die Meinungen, was darunter im Einzelnen zu verstehen sei und wie weit diese zu gehen habe, zu kontrovers.

In der Tat haben sich an der Frage der Verbalbeurteilung bildungspolitische Kontroversen entzündet, die an den Streit um die Gesamtschule erinnern. Hinter der Frage, wie die Leistung von Schülern bewertet werden soll, steckt freilich auch mehr als verschiedene Meinungen über unterschiedliche Bewertungsformen. Es geht um das grundsätzliche Verständnis von Schule. Soll Schule primär auf die Leistungsforderungen der Gesellschaft vorbereiten oder dem jungen Menschen Spielräume zur Selbstentfaltung geben? Sollen Leistungsanforderungen eher am einzelnen Kind ausgerichtet sein oder am Vergleich mit anderen? Soll die Schule eher Rennstrecke sein, auf der es gilt, möglichst schnell zu laufen, oder soll sie ein Ort der Bildung, des gründlichen Verstehens und der Persönlichkeitsbildung sein? Soll das Zeugnis primär Lernhilfe sein und der Ermutigung dienen oder hat es vor allem Selektionsfunktion? Braucht der Schüler zur Steigerung seiner Lernbereitschaft eher Ermutigung oder Druck? Soll sich die Beurteilung eines Schülers auf das relativ leicht Messbare und eindeutig Formulierbare, also auf Noten für einzelne Leistungen beschränken, oder soll sie sich auf das dornige Feld eines Entwicklungsberichts, in dem über die Leistung hinausgehend zentrale Bereiche der Persönlichkeit erfasst werden, vorwagen? Und wenn »bescheiden« nur das Erste angestrebt wird, besteht dann nicht die Gefahr, dass auch der

1 Empfehlungen zur Arbeit in der Grundschule. Beschluss der Ständigen Konferenz der Kultusminister der Länder in der Bundesrepublik Deutschland vom 2. Juli 1970. In: Kultus und Unterricht, Amtsblatt des Kultusministeriums Baden-Württemberg, 1970, Sondernummer 2, S. 752.

Unterricht auf das Messbare heruntergeschraubt wird, dass das gelehrt wird, was eben leicht abprüfbar und dann objektiv formulierbar ist? Sollen Eltern bezüglich der Schule, z. B. bei der Entscheidung, welche Beurteilungsform sie wünschen, ein Mitsprache- oder Entscheidungsrecht haben oder soll dies staatlich geregelt werden?

Natürlich lassen sich die aufgeführten Alternativen trefflich mit einem Sowohl-als-auch« beantworten und für beide Positionen Argumente ins Feld führen. Aber dann werden die grundsätzlichen Meinungsverschiedenheiten über bildungspolitische Positionen und Vorstellungen von Schule nur verkleistert.

Parteipolitisch laufen die Fronten im Groben entlang den großen Parteien CDU und SPD. Dort wo CDU-Regierungen längere Zeit die Bildungspolitik bestimmten, ist eine große Zurückhaltung gegen eine Ausweitung der Verbalbeurteilung über die beiden ersten Klassen hinaus festzustellen. Die SPD tritt im Prinzip für eine Veränderung der Beurteilung ein, taktiert aber entsprechend der Mehrheitsverhältnisse eher zurückhaltend. Nur die Grünen fordern, dem Beispiel anderer Länder folgend, die Abschaffung der Noten weit hinein in die Sekundarstufe (vgl. Barnitzky 1996).

Wie heftig umstritten die Frage ist, zeigen Kostproben aus dem Wahlkampf in Nordrhein-Westfalen aus dem Jahr 1995. Als der damalige Kultusminister Schwier ankündigte, den Schulen freizustellen, ob sie in Klasse 3 Noten erteilen oder eine Verbalbeurteilung ausstellen wollten, reagierte die CDU mit Flugblättern, die die Überschrift trugen »Schule ohne Noten ist wie Coca ohne Cola!« Die Abschaffung der Noten wurde als »verhängnisvoller Irrweg zulasten unserer Kinder« bezeichnet. »Wer Kindern in der Grundschule komplett die Noten vorenthält«, so wurde argumentiert, »verhindert, dass diese mit Erfolgen und vor allem mit Misserfolgen umzugehen lernen.« Der SPD-Kultusminister wiegelte ab: »Im vierten Schuljahr wird es immer Noten geben!«

Als in Schleswig-Holstein 1991 von der SPD-Regierung die Noten in Klasse 3 und 4 abgeschafft wurden, musste dies nach heftigen Auseinandersetzungen für die Klasse 4 wieder rückgängig gemacht werden. Die Antwort auf die Frage, warum gerade Ziffernnoten den Kindern eher die Möglichkeit böten, mit Erfolgen und Misserfolgen umzugehen und warum derartige Regelungen zumindest vor der vierten Klasse Halt zu machen hätten (die Übergangsempfehlungen für weiterführende Schulen nach der vierten Klasse haben in den meisten Bundesländern ohnehin nur empfehlenden Charakter und solche Empfehlungen werden wohl besser verbal formuliert), wurde nicht gegeben.

Auch Bundespräsident Roman Herzog setzte sich in einer viel beachteten Rede zur Bildungspolitik am 5. November 1997 in Berlin mit dieser Frage auseinander. »Es gibt keine Bildung ohne Anstrengung. Wer die Noten aus den Schulen verbannt, schafft Kuschelecken, aber keine Bildungseinrichtungen, die auf das nächste Jahrtausend vorbereiten.«

Demgegenüber vertritt der Erziehungswissenschaftler H. Rumpf die These, dass Noten etwas Blutsaugerisches an sich haben. Schule sollte alles unternehmen, diesen

Blutsaugereffekt zu vermindern. Seine Begründung: »Die Inhalte scheinen in ihrer Brisanz unter die Räder zu kommen. Das Interesse an den Noten hat ihnen sozusagen das Blut abgesaugt.« (Rumpf 1992, S. 5)

1996, also über 25 Jahre nach der Kultusministerempfehlung, auf Zensuren in den Klassen 1 und 2 zu verzichten, ist dies, wenn auch mit Einschränkungen, in allen Bundesländern verwirklicht. In Baden-Württemberg, Bayern, im Saarland sowie in den neuen Bundesländern Mecklenburg-Vorpommern, Sachsen-Anhalt und Thüringen wird die ziffernfreie Beurteilung aber nicht einmal für die beiden ersten Jahre durchgehalten; bereits am Ende des zweiten Schuljahrs erhalten die Schüler zusätzlich zur Verbalbeurteilung ein Ziffernzeugnis in den Fächern Deutsch und Mathematik. Ab dem dritten Schuljahr gibt es in Baden-Württemberg, Bayern und Rheinland-Pfalz nur noch Ziffernzeugnisse. In Sachsen wird über die ganze Grundschulzeit hinweg auf Ziffernnoten verzichtet. In Berlin, Brandenburg, Bremen, Hamburg, Hessen, Nordrhein-Westfalen und im Saarland bestimmen die Klassenkonferenz, die Schulkonferenz oder die Erziehungsberechtigten, ob es in den Klassen 3 und 4 Ziffernzeugnisse oder Verbalberichte geben soll; in Schleswig Holstein haben sie zumindest bis zur dritten Klasse die Wahl. In den übrigen Bundesländern werden für die Klassen 3 oder auch noch 4 Kombinationen aus Ziffernzeugnis und Verbalbeurteilung erstellt.

Der Stand aus dem Jahr 1996 kann im Überblick aus der nachstehenden Grafik (siehe S. 208) entnommen werden.

Verbalbeurteilung und Zensuren – Gesetzliche Regelungen in den Bundesländern zum Beurteilungsverfahren in der Grundschule

Versuchen wir, das verwirrende Bild in Form von Trends zu vereinfachen:

- Je niederer die Klassenstufe ist, umso wahrscheinlicher sind Verbalberichte. In der Klasse 1 gibt es in allen Bundesländern nur Verbalberichte, in Klasse 2 in vielen, in einigen tritt am Ende der zweiten Klasse zum Verbalbericht eine Ziffernnote in Deutsch und Mathematik.
- Für die höheren Klassen hat sich zunehmend der Trend durchgesetzt, die Wahl des Zeugnistyps vom Votum der Eltern, der Klassenkonferenz oder Schulkonferenz abhängig zu machen.
- Wenn die Eltern mitreden können, lässt sich eine wachsende Akzeptanz der Verbalbeurteilung feststellen.[1]
- Die klassischen CDU-regierten Länder sind gegenüber Verbalberichten eher zurückhaltend. Die parteipolitischen Unterschiede scheinen sich aber aufzuweichen (vgl. neue Bundesländer).

1 Schönsiegel (1998) berichtet von einer Schule, in der die Schulkonferenz dem knappen Mehrheitsbeschluss (17:15) gegen Noten gefolgt ist. Am Ende des dritten Schuljahrs, zwei Wochen nach Erhalt der Zeugnisse, sprachen sich in einer anonymen schriftlichen Elternbefragung 78% der Eltern für diese Form aus. Das spricht sicher auch für die Qualität der erteilten Zeugnisse.

Bundesland	Halbjz. Klasse 1	Schlussz. Klasse 1	Halbjz. Klasse 2	Schlussz. Klasse 2	Klasse 3	Klasse 4
Baden-Württemberg	–	V	V	V+Z	Z	Z
Bayern	V	V	V	V+Z	Z	Z
Berlin	–	V	V	Wahl	Wahl	Wahl
Brandenburg	V	V	V	V	Wahl	Wahl
Bremen	V	V	V	V	Wahl	Wahl
Hamburg	V	V	V	V	Wahl	Wahl
Hessen	–	V	V	V	Wahl	Wahl
Mecklb.-Vorpommern	V	V	V	Z+V	Z+V	Z+V
Niedersachsen	–	V	V	V	Z+V	Z+V
Nordrh.-Westfalen	–	V	V	V	Wahl	Z
Rheinland-Pfalz	–	V	V	V	Z	Z
Saarland	Beratg.	V	V	V+Z	Wahl	Wahl
Sachsen	Inform.	V	V	V	V	V
Sachsen-Anhalt	V	V	V	V+Z	V+Z	V+Z*
Schleswig Holstein	V	V	V	V	V	Z+V
Thüringen	V	V	V	Z+V	Z+V	Z+V

Wahl Die Entscheidung, ob ein Verbalbericht (Saarland Entwicklungsbericht) erstellt oder ein Ziffernzeugnis erteilt werden soll, treffen die Klassenkonferenz, in Hessen die Schulkonferenz, in Hamburg die Erziehungsberechtigten bei Stimmengleichheit die Klassenkonferenz.
V+Z: Erstellt wird eine Verbalbeurteilung und in Deutsch und Mathematik zusätzlich ein Ziffernzeugnis.
Z+V: Ziffernzeugnis, ergänzt durch Verbalbeurteilungen.
* Ziffernnote nur für das Fach Deutsch; Beratung: Beratungsgespräch mit den Eltern; Information: schriftliche Information an Eltern.
(Daten aus Grundschule 2/1996, S. 12, 14; grafische Darstellung durch die Verfasser)

Ein Blick in die Beurteilungspraxis in anderen europäischen Ländern zeigt, dass zumindest in einer Reihe von Ländern die Verbalbeurteilung bis weit hinein in die Sekundarstufe 1 praktiziert wird. So gibt es in Dänemark, den Niederlanden, in Schweden, Norwegen und Italien weit über das vierte Schuljahr hinaus nur Verbalberichte. Erst mit dem Übergang in den beruflichen Sektor und in höhere Klassen werden Ziffernnoten ausgestellt.

In Dänemark bekommen die Schüler bis einschließlich der siebten Klasse keine Noten. Die Lehrer sind allerdings verpflichtet, die Schüler und ihre Eltern mindestens zweimal im Jahr über die Leistungsfortschritte zu unterrichten. In Norwegen erhalten die Schüler bis einschließlich der sechsten Klasse kein Ziffernzeugnis. Auch hier muss der Klassenlehrer die Eltern mindestens zweimal im Jahr über Leistungsfortschritte benachrichtigen – entweder schriftlich oder in einem persönlichen Gespräch. In Schweden bekommen die Schüler erst ab der achten Klasse Zeugnisse; zuvor werden Eltern und Schüler in Gesprächen über Fortschritte und Schwierigkeiten der Kinder unterrichtet. Auch in Italien gibt es während der fünfjährigen Grundschulzeit kein Ziffernzeugnis mehr. Jeder Schüler bekommt seine persönliche Karte (»scheda«), in die der Lehrer regelmäßig seine Beobachtungen einträgt. Auf der Basis dieser Eintragungen verfasst der Klassenlehrer eine Beurteilung über den Lernfortschritt des Kindes für die Eltern. Auch in den Niederlanden erhält jeder Schüler während der achtjährigen basis-school regelmäßig einen Beurteilungsbogen, in dem seine Fortschritte festgehalten werden (Amsbeck 1999).

Aber wir müssen notenfreie Schulen gar nicht im Ausland suchen. Auch bei uns erhalten Schüler von Waldorfschulen mit Ausnahme der Klasse, in der sie die Schule verlassen (achte oder zehnte Klasse) kein Ziffernzeugnis; in den Abschlussklassen wird das Zeugnis in beiden Formen ausgestellt.

Wie sieht nun ein solcher Verbalbericht aus? Im Folgenden präsentieren wir ein Beispiel für einen Schulbericht am Ende des ersten Schuljahrs. Es handelt sich um einen wirklichen Bericht mit allen in der Praxis üblichen Stärken und Schwächen.

Verhalten: Jürgen hat sein Verhalten besser dem Geschehen in der Klasse anpassen können, sodass er weniger vom Lehrer ermahnt werden muss. Er muss aber noch weiter lernen, sich im Unterricht und auch in den Pausen besser zu kontrollieren. In Gesprächen zeigt Jürgen sich einsichtig, er kann seine guten Vorsätze aber noch nicht über längere Zeit aufrechterhalten.
Arbeiten: Jürgen zeigt sich dem Unterricht gegenüber recht interessiert, seine Mitarbeit und sein Arbeitseinsatz sind aber noch zu sprunghaft und zu wenig zielstrebig. Er verweilt noch nicht lange an einer Arbeit und lenkt sich und seine Umgebung noch zu oft ab. Einfache Aufgaben kann Jürgen bereits selbstständig lösen, allerdings ist die Ausführung oft noch zu flüchtig. Jürgen muss seine Handgeschicklichkeit noch weiter entwickeln, damit ihm schriftliche und gestalterische Arbeiten leichter von der Hand gehen.
Lernen: Jürgen fällt es noch schwer, sachlich klar und zusammenhängend zu erzählen. Beim Lesenlernen hat Jürgen gute Erfolge erzielt, geübte Texte gelingen recht fließend, ungeübte Texte geraten noch stockend und wenig sinngestaltend. Als Linkshänder hatte Jürgen beim Schreibenlernen erhebliche Mühen zu bestehen, aber mit anerkennungswertem Fleiß und viel Übung findet er sich nun in der vorgegebenen Lineatur einigermaßen zurecht. Die formgetreue und fließende Gestaltung der Buchstaben muss er weiterhin üben. Einfache Aufgabenstellungen im Mathematikunterricht kann er schon selbstständig lösen. In den anderen Fächern muss er noch mehr Interesse zeigen, sich konsequenter und zielbewusster mit den gestellten Aufgaben beschäftigen. Auch in Religion sollte er noch mehr zum Unterricht beitragen.

Was sagt nun eine derartige Verbalbeurteilung aus?
Sicher ist zunächst einmal, dass die Erstellung einer Verbalbeurteilung um ein Vielfaches aufwendiger ist als das Ausstellen eines Ziffernzeugnisses. Sicher ist auch, dass ein solcher Verbalbericht wesentlich stärker der Kritik unterzogen werden kann als eine Ziffernnote. Über Formulierungen lässt sich streiten, es lassen sich Alternativen denken, verbale Formulierungen sind individuell gefärbt. Werden Ziffernnoten erteilt, muss um Formulierungen nicht gerungen werden, es lässt sich höchstens darüber streiten, ob die Note gerecht ist. Zudem erwecken Ziffernnoten durch den Rückgriff auf Zahlen den Eindruck einer größeren Objektivität, Messgenauigkeit und Validität, ohne dass dies tatsächlich der Fall ist.

Welche pädagogischen Hoffnungen verbinden sich nun mit dem wesentlich zeitaufwendigeren und angreifbaren Verfahren des Verbalberichts?

- Verbalbeurteilungen haben einen höheren Informationsgehalt als Noten. Sie ermöglichen eine differenziertere Beschreibung der Stärken und Schwächen eines Kindes als dies eine Ziffer zum Ausdruck bringen könnte. Das gilt zunächst für den engeren Bereich der fachlichen Leistungen. Hier können besondere Stärken oder Teilschwächen genannt und Hinweise für gezielte Fördermöglichkeiten gegeben werden. Hinzu kommt, dass der Leistungsbegriff nicht auf Fachleistungen eingeschränkt ist. So können auch Stärken und Schwächen im Arbeitsverhalten, im Sozialverhalten oder besondere Fähigkeiten wie Kreativität oder sprachliche Kompetenz angesprochen werden.
- Im Verbalbericht kann der Prozess des Lernens, sein Gelingen und die mit ihm verbundenen Schwierigkeiten, nicht nur das fertige Resultat Berücksichtigung finden.
- Durch die stärkere Beachtung des personbezogenen Gütemaßstabs bei der Beurteilung kann das Zeugnis auch für schwächere Schüler eher den Charakter einer Ermutigung erhalten. Die Gefahr, dass aus der Beurteilung eine Verurteilung wird, die das Gefühl von Ohnmacht hinterlässt, ist geringer.[1]
- Ziffernnoten fordern in höherem Maß zu sozialen Vergleichen heraus und fördern dadurch das Konkurrenzdenken. Eine Verbalbeurteilung richtet den Blick auf die Sache (sachbezogener Maßstab) und den eigenen Fortschritt (personbezogener Maßstab).
- Verbalbeurteilungen legen Schüler nicht so fest, möglicherweise im Sinne einer Stigmatisierung, wie dies bei Ziffernnoten der Fall sein kann. Es kann vorsichtiger und hypothetischer formuliert werden.

1 Ob das in der Münchener Scholastikstudie festgestellte Absinken des Fähigkeitsselbstbildes und die Abnahme der Lernfreude in den Fächern Deutsch und Mathematik mit der Erteilung einer Ziffernnote ab Ende der zweiten Klasse in Zusammenhang zu bringen ist, muss dahingestellt bleiben (vgl. Helmke 1996). Dass in der sog. NOVARA-Studie (Rosenfeld/Valtin 1997) eine Auswirkung von Ziffernnoten auf die Selbsteinschätzung der Schüler nicht festgestellt werden konnte, verwundert nicht, da hier die Gruppen mit und ohne Verbalbeurteilung nicht sauber voneinander getrennt waren.

- Die individuelle Gesamtentwicklung eines Schülers, momentane Krisensituationen, trendmäßige Verbesserungen, aber auch die Gefahr des »Nachlassens« können in Verbalbeurteilungen deutlicher zur Sprache gebracht werden. Diese Berücksichtigung der Entwicklungsdynamik wird der Wirklichkeit des Kindes eher gerecht als ein Zustandsbild, wie es eine Ziffernnote ausdrückt.
- Die Verbalbeurteilung hat gegenüber dem Ziffernzeugnis für die Eltern einen stärkeren Anreiz, mit der Lehrerin ein Gespräch über das Kind zu suchen. Eine Verbalbeurteilung sollte Aufforderung und Unterlage für ein qualifiziertes Elterngespräch sein. Nur so kann wohl auch der Gefahr der subjektiven und vielleicht fehlerhaften Interpretation des Berichts begegnet werden.
- Verbalbeurteilungen zwingen die Lehrer mehr als Ziffernzeugnisse, über jedes einzelne Kind nachzudenken. Das kann positive Rückwirkungen auf das Lehrerverhalten haben. Um einen qualifizierten Verbalbericht erstellen zu können, muss der Lehrer den Schüler individueller und vor allem längerfristig beobachten. Aus dem Zeugnis kann ein Entwicklungsbericht werden. Diese längerfristige und individualisierte Beobachtung kann dazu führen, dass Lehrer rechtzeitig pädagogisch eingreifen, auf individuelle Lernstörungen aber auch Leistungsspitzen angemessen reagieren, der Unterricht im Sinne einer Differenzierung also mehr auf das jeweilige Kind zugeschnitten wird.

Den Chancen steht aber auch eine Reihe von Risiken und Problemen gegenüber, die nicht verschwiegen werden sollen:

- Trotz der prinzipiellen Möglichkeit, in einem Verbalbericht umfassender als in einer Ziffernnote informieren zu können, erscheint vielen Eltern der Informationsgehalt eines Verbalberichts eher niedriger zu sein. Dies hängt damit zusammen, dass ihnen der vertraute Bezugsrahmen fehlt, innerhalb dessen sie die Information bewerten können. Deswegen fragen sie nicht selten, ob diese Aussage nun eine 2 oder eine 3 bedeute. Bei einer 2 wissen sie beispielsweise, dass es darüber nur noch *eine* bessere, darunter aber vier schlechtere Noten gibt. Bei einer verbalen Formulierung ist der Bezugsrahmen nicht so eindeutig.
- Häufig werden in Verbalberichten Standardformulierungen benutzt, die schablonenhaft und floskelhaft wirken.
  Untersuchungen (Benner/Ramseger 1985) haben gezeigt, dass Lehrer, denen die von ihnen selbst geschriebenen Verbalbeurteilungen ohne Namen der Schüler gegeben wurden, diese nicht mehr den betreffenden Schülern zuordnen konnten bzw. sie falsch zuordneten – ein etwas blamabler Sachverhalt, wenn man bedenkt, wie aufmerksam von den Schülern und Eltern die Lehrerurteile beachtet werden. Es wäre allerdings noch zu überprüfen, ob eine solche Zuordnung bei Ziffernnoten besser gelingt.
- Verbalberichte haben nicht selten eine beschönigende Tendenz. Schließlich lässt sich über jedes Kind auch etwas Positives sagen. Aus dem pädagogisch richtigen Ratschlag, nicht zu entmutigen, wird oft eine beschönigende, Defizite ver-

schleiernde Tendenz. Die häufig gehörte Aussage, im Verbalbericht dürfe nichts »Negatives« stehen, ist in dieser verkürzenden Formulierung unhaltbar und trägt ungewollt dazu bei, dass Eltern mit Verbalberichten unzufrieden sind und wieder die Einführung des alten Ziffernzeugnisses wünschen. Sinnvolle Kritik muss nicht entmutigend sein. Eltern fallen häufig aus allen Wolken, wenn sie (wie z. B. in Baden-Württemberg vorgeschrieben) am Ende des zweiten Schuljahrs zusätzlich zur Verbalbeurteilung auch eine Ziffernnote sehen.

- Verbalbeurteilungen sind, weil der Blick der beurteilenden Lehrerin über konkrete Einzelleistungen hinausgeht, stärker als Ziffernnoten anfällig für Voreingenommenheiten und Beurteilungsfehler. In Verbalberichte können sich besonders leicht Haloeffekte, logische Fehler, unreflektierte implizite Persönlichkeitstheorien, Vorurteile und Stereotype einschleichen. Die Schulung der Lehrer für exakte Beobachtung wird damit zu einer vordringlichen Aufgabe.
- Vor allem ältere Schüler können sich durch eine Verbalbeurteilung in ihrer Persönlichkeit mehr verletzt fühlen als durch ein Ziffernnote. Eine Ziffernnote wahrt eine gewisse Distanz. Die Verbalbeurteilung ist persönlicher und kann so auch leichter verletzen.

Es dürfte klar geworden sein: Ein Schulbericht, der sich nicht auf präzise, über das ganze Jahr erstreckende Beobachtungen und entsprechende Notizen stützt, sondern unter Zeitdruck schnell vor dem Zeugnistermin angefertigt wurde, wird niemanden befriedigen, weder die Eltern noch die Schüler noch den Lehrer selbst.

Benner u. Ramseger haben 1980/81 im Auftrag des Kultusministeriums des Landes Nordrhein-Westfalen 450 Grundschulzeugnisse aus drei Schulen einer inhaltsanalytischen Untersuchung unterzogen. Dabei gelang es ihnen, vier Idealtypen von Verbalbeurteilungen zu identifizieren. Die Autoren sprechen von einem normativen Zeugnis, einem schönen Zeugnis, einem deskriptiven Zeugnis und einem Zeugnis auf dem Weg zum pädagogischen Entwicklungsbericht. Sie betonen aber, dass es sich um Idealtypen handelt. Von den untersuchten Zeugnissen enthielt jedes normative *und* deskriptive und für den Fall eines schwachen Schülers auch beschönigende Passagen. Die tatsächlichen Zeugnisse lassen sich also nicht linear einem einzigen Typ zuordnen. Viel wichtiger als eine solche Zuordnung ist, »auf substanzielle Probleme hinzuweisen, die sich mit jedem Zeugnis verbinden, die jedoch von den Lehrern, je nachdem, welchem Modell sie vorrangig folgen, unterschiedlich eingeschätzt werden« (Benner 1985, S. 155).

Die idealtypische Beschreibung der einzelnen Zeugnistypen kann vielleicht Lehrerinnen und Lehrern die Augen dafür öffnen, von welchen impliziten Modellvorstellungen sie vorwiegend ausgehen, wenn sie ihre Verbalberichte verfassen.

- *Das normative Zeugnis*
  Jedes Zeugnis hat normative Strukturen, denn in jeden Beurteilungsvorgang fließen Normen ein. Typisch für das normative Zeugnis aber ist, dass die Normen *von außen* an das zu beurteilende Kind herangetragen werden. In diesem

Punkt unterscheidet sich die normative Verbalbeurteilung nicht vom Zifferndzeugnis. Die Normen werden aus den Lernzielen des Bildungsplans und den üblichen Erwartungen über Schülerverhalten abgeleitet. So ist dann etwa die Rede davon, dass ein Kind im Zahlenraum 1–20 sicher rechnen kann, dass es fleißig ist, aber leicht mutlos wird, mit seinen Klassenkameraden gut zurechtkommt und Anordnungen des Lehrers willig Folge leistet. Ideale Norm ist das freundliche, sich an die Spielregeln haltende, aufmerksame und lernbereite Kind, das die Lernziele des Bildungsplans erreicht. Eine Ursachenanalyse, wenn diese idealen Normen nicht erreicht werden, fehlt. Die Ratschläge, die in diesem Fall gegeben werden, führen zudem meist nicht weiter, weil sie tautologisch sind. Das nicht so aufmerksame Kind soll eben in Zukunft aufmerksamer sein und das wenig selbstbewusste Kind sich mehr zutrauen. Wie das Kind dorthin gelangen soll, wie ein Unterricht aussehen könnte, der diesem Kind dazu verhilft, sich dieser Norm anzunähern, wird nicht gesagt. Einem solchen Zeugnis liegt nach Benner als Grundtendenz eine rigide Fremdbeurteilung zugrunde, meist freilich abgemildert durch eine beschönigende Tendenz.
Die Sprachform des normativen Zeugnisses ist meist das Präsens. Der oben zitierte Verbalbericht ist ganz überwiegend diesem Typ zuzurechnen.

- *Das schöne Zeugnis*
  Auch das beschönigende Zeugnis hat normative Züge. Aber der Beurteilung des Kindes werden pluralistische Normen zugrunde gelegt. So kann für jedes Kind auch etwas Positives gefunden werden. Defizite werden häufig verschwiegen oder sie werden so verklausuliert, dass sie kaum ins Bewusstsein treten. So ist dann etwa die Rede davon, dass das Kind Fortschritte erzielt habe, dass es mit den schulischen Anforderungen schon besser zurechtkomme, dass es gern mitarbeite oder dass seine Schrift sich verbessert habe.
  Für diese beschönigenden Zeugnisse gilt der oben erwähnte Befund, dass sie von den Lehrern nach einiger Zeit nicht mehr ohne weiteres den Schülern zugeordnet werden konnten, denen sie ausgestellt wurden.
  Das beschönigende Zeugnis geht von der falschen, aus Lehrerköpfen aber nur schwer auszutreibenden Maxime aus, dass aus Gründen der Ermutigung im Verbalbericht nichts Negatives stehen dürfe. Das schöne Zeugnis weicht den Konflikten aus, welche das normative Zeugnis gelegentlich heraufbeschwört. Durch ein derartiges beschönigendes Zeugnis werden die Eltern aber getäuscht.
  Auch das beschönigende Zeugnis ist überwiegend im Präsens abgefasst.

- *Das deskriptive Zeugnis*
  Das deskriptive Zeugnis ist eine nüchterne Beschreibung des augenblicklichen Iststandes. Seine Grundlage sind die schulischen Normen. Die Defizite werden deutlich benannt. So ist dann etwa davon die Rede, dass ein Kind stockend las, sich schwer konzentrieren konnte, sich im Unterricht zurückhielt oder beim Rechnen

viele Fehler machte. Die Frage, woher die Defizite rühren, bleibt offen. Es werden keine Ratschläge gegeben und keine Prognosen gemacht.
Sprachlich verwendet dieses Zeugnis meist die Vergangenheitsform.

- *Das Zeugnis auf dem Weg zum pädagogischen Entwicklungsbericht*
  Bei diesem Typ des Verbalberichts treten die normativen Elemente zugunsten des Aufzeigens von Entwicklungen zurück. Das Verhalten des Kindes wird aus seiner bisherigen Entwicklung und aus den gegebenen Lernbedingungen erklärt. Es werden Prozesse geschildert, nicht lediglich Resultate festgehalten. So ist dann etwa davon die Rede, dass sich ein Kind zunächst zurückhielt, dann aber immer mehr Zutrauen zu sich entwickelte, dass es mit zunehmendem Selbstvertrauen sich stärker am Unterricht beteiligte und dass nach fleißigem Üben es jetzt kurze zusammenhängende Texte fehlerfrei vorlesen kann. Eine solche, sich einem Entwicklungsbericht annähernde Verbalbeurteilung, verliert den Zeugnischarakter. Sie ist nur möglich, wenn sich ein Lehrer intensiv mit einem Kind auseinander gesetzt hat. Sie zwingt den Lehrer beim Schreiben des Zeugnisses zudem zur Auseinandersetzung mit seinem eigenen pädagogischen Tun und legt eine individualisierende Unterrichtsplanung nahe.

Wir haben bereits darauf hingewiesen, dass die vier Arten von Verbalberichten idealisierende Typisierungen darstellen und in Reinform so nicht vorkommen. Wir möchten nochmals darauf hinweisen, dass zu jedem Zeugnis normative Elemente gehören: Leistung muss gemessen und nach einem Maßstab beurteilt werden (vgl. S. 199f.). Wir wollen auch nicht verkennen, dass die Anfertigung eines pädagogischen Entwicklungsberichts an einen Lehrer sehr hohe Anforderungen stellt. Er setzt eine kontinuierliche und systematische Beobachtung jedes einzelnen Kindes voraus.[1] Dennoch scheinen uns die pädagogischen Möglichkeiten einer Verbalbeurteilung erst bei diesem Zeugnistyp ausgeschöpft zu sein.

Wir möchten dies an zwei Beispielen dokumentieren, die wir den Ausführungen von Benner entnommen haben. Da heißt es in einem Schulbericht am Ende des ersten Schuljahrs:

1 In einer empirischen Untersuchung an 102 Lehrerinnen und Lehrern aus 32 Grundschulen stellte Jürgens (1998) fest, daß 20% der LehrerInnen ein pädagogisches Tagebuch führen und ca. 16% ihre Beobachtungen in Zettelkästen, Beobachtungsbögen und Karteikastensystemen festhalten. 59% berufen sich auf Klassenarbeiten und die mündliche Beurteilung der Schüler. 61% der LehrerInnen gab an, die Kinder systematisch zu beobachten, hatten dafür aber keine genau festgelegten Kriterien. Erfreulich ist, daß 94% mit der Einführung von Verbalbeurteilungen zufrieden sind, 43% sich für eine Ausweitung auf die dritte Klasse und 10% auf die Sekundarstufe I aussprechen.

Erstes Beispiel:

> *»Arbeits- und Sozialverhalten*
> *Frank schien zunächst nicht auf soziale Kontakte angewiesen zu sein. Er ruhte in sich selbst, beschäftigte sich mit sich selbst und mit Dingen seiner Umgebung. Er forschte, baute, arbeitete mit Werkzeug. Bei den Kindern war er bald als Sachverständiger anerkannt und gefragt. Bereitwillig informierte er seine Mitschüler über Steine, ließ sie durch sein Mikroskop sehen oder brachte ihnen das Schnitzen bei. Seine Kontakte begann er in der letzten Zeit zu intensivieren. Er schloss sich Spielgruppen an. Eine Freundschaft mit Ria bahnte sich an. Auch mit Susi und Hasko war er in der letzten Zeit häufig zusammen. In Widerspruch zu seinem selbstbewussten Verhalten, seiner konzentrierten Beteiligung, seiner Initiative bei Sachfragen stand seine vorsichtige Zurückhaltung bei Arbeiten in den Lernbereichen. Aufgabenstellungen unterzog er sich zwar willig, wartete aber meist auf eine Aufforderung oder Ansprache. Von sich aus wurde er dann aktiv, wenn er Schreiben oder Lesen für ein Spiel oder seine Sachauseinandersetzung benötigte (Ausweise und Schilder drucken oder auf der Schreibmaschine schreiben).*
>
> *Hinweise zu den Lernbereichen*
> *Sein anfängliches Ausweichverhalten baute er langsam ab, als er kleine Sätze erlesen konnte und seine Lesefähigkeit im Spiel und bei der Klärung von Sachfragen anwenden lernte. Er ist jetzt in der Lage, kurze zusammenhängende Texte zu erlesen und zu verstehen. Frank entwickelte seinen Schreibstil langsam, vorsichtig und manchmal etwas verkrampft. Bald aber konnte er Buchstaben formen, und Wortverbindungen gelangen ihm fast fehlerfrei. Die an ihn gestellten Anforderungen bewältigte er ohne nennenswerte Hilfe. Frank arbeitete konzentriert und ließ sich selten ablenken. Obwohl Frank Plus- und Minusgleichungen im Zahlenraum bis 10 lösen, Vergleiche mit entsprechenden Zeichen darstellen und Mengenoperationen richtig durchführen kann, braucht er häufig Zuspruch von Erwachsenen, um gestellte Aufgaben zu beginnen und zügig durchzuführen. Franks große Stärke ist sein Informationsvorsprung in allen Bereichen des Sachunterrichts, seine Gründlichkeit, Zusammenhänge zu erkunden, und seine Neugier, mit der er seine Umnwelt betrachtet. Über sein Sachinteresse sollte noch bewusster versucht werden, ihm die so genannten Kulturtechniken anzubieten als einen Weg, weitere Informationen einzuholen.« (Benner 1985, S. 167)*

Als besonders hilfreich empfinden wir, wenn ein solches für die Eltern bestimmtes Zeugnis durch einen Brief an das einzelne Kind ergänzt wird. So heißt es dann in einem solchen Brief zu dem oben aufgeführten Zeugnis:

> *» Lieber Frank! Fast ein Jahr ist es her, dass du in die Schule gekommen bist. Wir haben viel erlebt und gelernt. Lass uns zusammen nachdenken, wie es dir in diesem Jahr ergangen ist. Lesen, Schreiben, Rechnen kann man zum Forschen und Entdecken sehr gut gebrauchen. Willst du zum Beispiel wissen, wie ein Stein heißt, musst du im Lexikon nachsehen und schwere Wörter lesen können. Für Experimente musst du die Kos-*

ten ausrechnen und wissen, wie viel Material du brauchst. Schließlich musst du Lösungen aufschreiben, damit du sie nicht vergisst. Nutze die Zeit zum Üben gut aus! Hab keine Angst, Fehler zu machen! Glaubst du, wir haben keine Fehler gemacht? Deine Lehrerin.«

Zweites Beispiel:

»Arbeits- und Sozialverhalten
Monika ging gleich in den ersten Schultagen auf Tina und Susi zu und erwählte sie zu ihren Freundinnen, mit denen sie fast ausschließlich die freie Zeit verbrachte, mit denen sie spielte, mit denen sie das Lesen lernten. Monika nahm in dieser Gruppe eine bestimmende Rolle ein. Das führte zu Beginn zu Spannungen und Eifersüchteleien. Erst als sich die Gruppe für Karin öffnete, war Monika auch bereit zu anderen Kontakten (z. B. zu Arnulf). Monika lehnte einige Kinder sehr deutlich ab, obwohl ihr einsichtig ist – und sie verbalisiert das auch –, dass diese Form der Kommunikation nicht richtig ist. Zwischen dem, was sie mit dem Verstand begreift, und dem, was sie im Zusammenleben praktiziert, besteht eine Diskrepanz, die sie noch nicht zu bewältigen lernte. Zu offenen Konflikten kam es allerdings sehr selten, weil sich die anderen Kinder ihrer Führung beugten. Monika zeigte sich sehr lernbegierig, widmete sich Aufgaben ausdauernd und konzentriert. Sie gewöhnte sich daran, Lösungen problemlos zu finden, sodass sie fast verzweifelt schien, als sie sich wenige Male durch eine Aufgabenstellung überfordert fühlte. In Klassengespräche brachte sich Monika mit vielen Anregungen ein. Durch ihre spontane Art, sich zu äußern, vergaß sie dabei oftmals, Rücksicht auf langsamer denkende Kinder zu nehmen. Anregungen nahm sie gern, aber nicht unkritisch auf.

Hinweise zu den Lernbereichen
Vom Lesen zeigte sich Monika von Anfang an fasziniert und nutzte jede Gelegenheit, sich Informationen zu holen. Mit Susis Hilfe lernte sie das Lesen außerordentlich schnell und ist jetzt in der Lage, auch umfangreiche Texte sinnerfassend zu lesen. Beim Vorlesen klingt ihre Sprache noch ein wenig hölzern. Monika hat sich ziemlich schnell einen guten Schreibfluss und eine leserliche Schrift angeeignet. Abgesehen von einigen Flüchtigkeitsfehlern schreibt sie bekannte und unbekannte Texte sicher und zügig. Sie ist in der Lage, Schrift als Ausdrucksform einzusetzen. Sonderaufgaben mit zusätzlichem Schwierigkeitsgrad konnte Monika ebenfalls ohne viel Hilfe bewältigen. Bei mathematischen Lernspielen und bei Sachaufgaben im Zahlenraum bis 20 zeigte Monika immer wieder, wie gut sie mit Zahlen umgehen kann. Ob bei Plus- oder bei Minusgleichungen oder in der Mengenlehre, immer durchschaute sie sofort das Prinzip einer Aufgabenstellung. Zur Lösung schwieriger Aufgaben, die etwas mehr Mühe forderten, musste sich Monika durchringen. In den offenen Phasen beschäftigte sich Monika sehr mit Malen und Basteln. Hier wirkten sich die Kontakte in der Mädchengruppe sehr positiv aus. Ihre Bilder wurden immer liebevoller gestaltet, die Basteleien immer seltener flüchtig.«

Hilfen für schwächere Schüler

Wie hilft die Schule Schülern, die in einem oder mehreren Fächern Schwierigkeiten haben? Lange Zeit kannte sie nur zwei Antworten: das pauschale Wiederholen einer Klasse oder als letzte Möglichkeit die Umschulung in eine Schulform, die in ihren Anforderungen und Förderungsmöglichkeiten dem Leistungsniveau des betroffenen Schülers eher entsprach. Vor allem diese zweite Maßnahme wurde von den betroffenen Eltern und Schülern als besonders schmerzlich empfunden. Alle anderen Hilfen, wie etwa Nachhilfeunterricht, waren privater Initiative überlassen. In den Empfehlungen des Deutschen Bildungsrats zur Einrichtung von Schulversuchen mit Gesamtschulen 1969 wurde ein pauschales Sitzenbleiben infrage gestellt und Förderkurse zum Ausgleich bestimmter Leistungsschwächen empfohlen. Seitdem ist die Förderung einzelner Schülergruppen aus den Schulen nicht mehr wegzudenken. Dabei werden ganz unterschiedliche Fördermaßnahmen angeboten: Sprachkurse für Kinder mit ungenügenden Deutschkenntnissen, Förderkurse für Legastheniker, gelegentlich auch für Kinder mit Dyskalkulie, Stützunterricht in einzelnen Fächern bei kurz- oder längerfristigen Leistungsproblemen, Fördermaßnahmen wie Flötenunterricht oder eine Theater AG.

Die offiziellen Sprachregelungen schwanken. Es ist von Stützunterricht oder Förderunterricht die Rede. Gelegentlich wird Förderunterricht nur im Sinne eines zusätzlichen inhaltlichen Angebots (etwa Flöten-AG) gebraucht, gelegentlich ist damit nur die Hilfe für schwächere Schüler gemeint.

Es geht uns im Folgenden nur um solche schulischen Fördermaßnahmen, die Schülern zugute kommen sollen, die mit dem Lernstoff Schwierigkeiten haben. Wir bezeichnen sie mit dem umfassenden Begriff »Förderunterricht«.

In fast sämtlichen Lehrplänen wird die Notwendigkeit des Förderunterrichts hervorgehoben. So heißt es z.B. im Bildungsplan von Baden-Württemberg: »Kinder mit Lernschwierigkeiten erhalten gezielte Förderung, Kinder mit Verhaltensauffälligkeiten pädagogische Hilfen« (MKS Baden-Württemberg 1994, S. 12).

Leider können an vielen Schulen aufgrund der Sparmaßnahmen diese Förderstunden oft nicht mehr realisiert werden.

Für die beiden ersten Klassen der Grundschule werden für Stütz- und Fördermaßnahmen in Baden-Württemberg insgesamt pro Klasse zwei Lehrerdeputatsstunden ausgewiesen, für Klasse 3 und 4 jeweils drei. Es bleibt aber der einzelnen Schule überlassen, wie viele Stunden tatsächlich für zusätzlichen Unterricht für schwächere Schüler eingesetzt werden. Sehr oft ist das nur eine Wochenstunde, oft keine einzige, da die zugewiesenen Lehrerdeputatsstunden nach freiem Ermessen des Schulleiters etwa auch zur Teilung einer großen Klasse in zwei kleinere, für Arbeitsgemeinschaften (Chor, Flöten-AG, Theater-AG), Deutschförderstunden für aus dem Ausland kommende Schüler usw. eingesetzt werden können. Wird in einer größeren Grundschule eine große Klasse, deren Stärke vielleicht knapp unter der amtlich vorgesehenen Zahl liegt, ab der die Klasse geteilt werden muss, aufgrund einer schulinternen Entscheidung geteilt, dann werden dafür die Förderunterrichtsstunden für viele Klassen verbraucht. Eine Klasse und deren Lehrer hat so den Vorteil der geringeren Schülerzahl. Fördermaßnahmen für schwächere Schüler in eigenen Förderstunden fallen dann aber für viele Klassen aus.

Grundsätzlich gilt: Förderunterricht ist Unterricht, der sich nicht an der ganzen Klasse orientiert, sondern am einzelnen Schüler. Diesem einzelnen Kind soll individuell geholfen werden. Das grundlegende Prinzip ist also das Individualitätsprinzip. Insofern hat Förderunterricht viel mit differenzierendem Unterricht gemeinsam und kann möglicherweise in diesen integriert werden. Das soll freilich keine Alibi dafür sein, ihn einfach zu streichen.

Zur äußeren Organisation des Förderunterrichts

- Förderunterricht ist jener Unterricht, der erfahrungsgemäß in einer Schule am häufigsten ausfällt oder gleich gar nicht erteilt wird. Bei Erkrankungen von Lehrern, beim Anfallen anderer Aufgaben, beim Einsparen von Lehrern fällt meist zuerst der Förderunterricht aus. Das löst im Allgemeinen auch weniger Elternproteste aus als genereller Unterrichtsausfall. Es geht aber auf Kosten der Kinder, die am ehesten Hilfe bräuchten.
- Förderunterricht sollte nicht (nur) in die »müden« Stunden zwischen 11.30 Uhr und 13.00 Uhr verlegt werden. Da sind Schüler und Lehrer erschöpft. Natürlich bieten sich aus organisatorischen Gründen vor allem die Eckstunden für den Förderunterricht an. Aber es gibt nicht nur Eckstunden am Ende, sondern auch zu Beginn des Unterrichts.
- Um dem Individualitätsprinzip Rechnung zu tragen, müssen die Gruppen klein gehalten werden. Es hat wenig Sinn, wenn für vier Wochen die eine Hälfte der Klasse und in den nächsten vier Wochen die andere den Förderunterricht besucht, auch wenn sich in der kleineren Schülergruppe der Lehrer dann gezielter einzelner Kinder annehmen kann und die Gefahr der Stigmatisierung einzelner Kinder vermieden wird.
- Die Zuweisung eines einzelnen Schülers zum Förderunterricht sollten in der Regel eine kurzfristige Maßnahme sein: für acht Wochen, für vier Wochen oder vielleicht auch nur für zwei Stunden. Die Zusammensetzung der Schüler sollte also in kurzen Zeitabständen flexibel wechseln. Manche Schüler werden freilich den Förderunterricht für lange Zeit brauchen.
- Der Förderunterricht sollte von jenem Lehrer und jener Lehrerin erteilt werden, der auch das Fach, in dem der Schüler Schwierigkeiten hat, unterrichtet. In der Grundschule wird dies in der Regel die Klassenlehrerin sein. Nur sie kennt die einzelnen Schüler genügend, um ihnen gezielt zu helfen, nur sie kann ihre weitere Entwicklung im Klassenunterricht beobachten. Das Argument, ein Kind könne mit seinem Lehrer Schwierigkeiten haben und mit einem anderen »unbelasteten« Lehrer besser zurechtkommen, hat wohl nur für Einzelfälle seine Gültigkeit.

Förderunterricht darf nicht zur Manövriermasse von Deputatsauffüllung werden und an irgendeinen Lehrer vergeben werden.

- Wichtig ist ein hohes Maß an Kooperation sämtlicher Lehrer, mit denen der Schüler zu tun hat. Gerade auch über die Maßnahmen im Förderunterricht müsste ein Austausch stattfinden.

Zur inneren Organisation des Förderunterrichts

- Oberstes Gebot auch für den relativ kleinen Förderkurs ist die innere Differenzierung. Zumindest phasenweise sollten die Schüler ihrem Lernstand entsprechend individuelle Aufgaben erhalten. Dazu bedarf es neben der Kenntnis der Lernlücken des einzelnen Schülers auch der gründlichen Vorbereitung seitens des Lehrers. Die innere Differenzierung ermöglicht dem Lehrer, sich ab und zu ganz individuell mit einem einzelnen Kind zu beschäftigen. Häufig wird er nur auf diese Weise herausbekommen, wo die spezifischen Denkfehler sind, die dem Kind unterlaufen, welche Strategien nicht beherrscht werden usw. Für die Fehleranalyse kann es hilfreich sein, wenn ein Lehrer den Schüler bittet, den Denk- und Arbeitsprozess zu kommentieren, die einzelnen Schritte zu begründen, die Gedanken zu äußern, die sein Verhalten steuern. Die bereits erwähnte Differenzierungsprobe von Breuer/Weuffen oder die Hamburger Leseprobe können hier wertvolle Hilfen bieten (vgl. S. 272).
  Die innere Differenzierung macht es auch möglich, dass das eine Kind Mathematikaufgaben, das andere Deutschaufgaben bearbeitet. Wenn möglich sollte jedes Kind sein eigenes, spezifisches Lernmodul erhalten.
- Es ist ratsam, für alle Schüler, die wegen Schwierigkeiten auffallen, eine Lerndiagnose-Karteikarte anzulegen, auf der spezifische Schwierigkeiten, Fortschritte, Rückschläge festgehalten werden. Förderunterricht sollte im Zusammenhang mit dieser individuellen Diagnosekarte gestaltet werden.
- Der Förderunterricht müsste, falls nicht ohnehin die Schüler mit Freiarbeitsmaterialien individuell arbeiten, besonders abwechslungsreich sein und in kurze Phasen gegliedert werden. Die infrage kommenden Schüler haben meist besondere Schwierigkeiten, länger an einer Sache zu verweilen. Dazu kommt, dass der Druck, aufmerksam zu sein und mitzuarbeiten, in einer kleinen Schülergruppe viel größer ist als in der Gesamtklasse, in der man leichter »abschalten« kann. Deswegen sollte die Stunde durch Arbeits- und Entspannungsphasen rhythmisiert sein.
  Die Abwechslung sollte sich auch auf Sozialformen und die Benutzung des Raums (geschrieben wird an den Tischen, gelesen evtl. hockend oder liegend in der Leseecke …) beziehen. Für den Förderunterricht sind Klassenzimmer mit verschiedenen Lernecken und einer Lese-Ruhe-Zone besonders hilfreich.
- Um eine Stigmatisierung zu verhindern und um den Kindern mehr Selbstvertrauen zu geben, sollte im Förderunterricht gelegentlich etwas für den normalen Unterricht vorbereitet werden: etwa ein Lesestück, das dann die Kinder besonders

ausdrucksvoll am nächsten Tag der Klasse vorlesen können, eine Rechenart, die sie dann besonders gut beherrschen.

- Es wäre zu überprüfen, ob man nicht auch gegebenenfalls ein paar bessere Schüler als »Paten« hinzuziehen könnte, die dann mit ihrem Schützling gelegentlich auch nachmittags Hausaufgaben machen. Um Überforderungen zu vermeiden, sollten solche Patenschaften aber zeitlich auf 14 Tage oder vier Wochen begrenzt werden. Sie könnten ja dann neu zugeteilt werden.
- In diesem Zusammenhang ist auf das vielfach praktizierte Modell der »Lesemütter« zu verweisen. Mütter von Schülern werden im Rahmen eines Elternabends oder durch persönliche Ansprache gebeten, sich einem Kind, das mit dem Lesen besondere Schwierigkeiten hat, als Lesemutter zur Verfügung zu stellen. Hierzu müssen die Frauen aber durch den Lehrer gediegen unterwiesen werden. Solche Lesemütter könnten mit Zustimmung des Rektors zunächst am Förderunterricht oder regulären Leseunterricht teilnehmen und dann an einigen Nachmittagen in der Woche bei ihnen zu Hause ihren »Schützling« betreuen.
- Im Förderunterricht sollten auch Lerntechniken eingeübt und die Organisation des Lernens besprochen werden: Wie notiere ich Hausaufgaben in ein Hausaufgabenheft, dass sie nicht vergessen werden? Was kann ich tun, dass ich nicht immer das Mathematikbuch vergesse? Wie kann ich überprüfen, ob ich auch alles gemacht habe? Wie liest man ein Diktat nochmals durch? Wann macht man am Nachmittag am besten die Hausaufgaben und wo? Wie kann ich mir etwas einprägen, das ich gar nicht behalten kann usw.
- Im Förderunterricht kann es nicht nur darum gehen, Lernlücken zu schließen. Oft haben die betreffenden Kinder auch eine Reihe motivationaler und emotionaler Schwierigkeiten: Sie sind schüchtern oder aggressiv, sie können nicht durchhalten und sind lustlos, sie sind Außenseiter und haben Schwierigkeiten mit dem Lehrer usw. Vor allem wird es wichtig sein, den Kindern zu helfen, ihr meist sehr ungünstiges Fähigkeitsselbstbild zu verbessern. Dieses Fähigkeitsselbstbild hat für die Lernmotivation eine zentrale Bedeutung. Es bestimmt, ob man sich Aufgaben zutraut oder ihnen aus dem Weg geht, ob man meint, Anstrengung lohne sich oder nicht, ob der Lernvorgang von dem quälenden Gefühl begleitet wird »du machst ja doch wieder alles falsch« oder von Zuversicht, ob ein erzielter Erfolg auf Zufall oder auf Anstrengung, ein Misserfolg auf mangelnde Anstrengung oder auf mangelnde Begabung zurückzuführen ist (Kausalattribuierung, vgl. S. 240ff.). Der Förderunterricht sollte den Kindern helfen, ihr Begabungspotenzial besser auszuschöpfen. Das bedarf meist der persönlichen Ermutigung: »Wir wollen einmal sehen, ob du das nicht in zwei Wochen kannst.«… »Jetzt hast du es geschafft.« So könnten diese Kinder ein gerade für sie sehr wichtiges persönliches Verhältnis zu ihrem Lehrer oder ihrer Lehrerin aufbauen.
- Es versteht sich von selbst, dass für einzelne Schüler im Förderunterricht Lernprogramme eingesetzt werden können oder in Form von Freier Arbeit mit Materialien gearbeitet wird, die ein individuelles Lerntempo, Selbstkontrolle und, falls das Kind es wünscht, Wiederholungen ermöglichen.

Förderkurs und Lehrerengagement

Förderunterricht ist keine bequeme Deputatsauffüllung. Er bedarf der gezielten Vorbereitung wegen der notwendigen Individualisierung und der Zusammenstellung geeigneter Lernmaterialien. Die Vorbereitung einer Förderstunde ist relativ zeitintensiv.

Förderunterricht ist zudem Anlass dazu, persönliche Kontakte zu den Kindern, die evtl. auch über den Unterricht hinausgehen, zu knüpfen. Eventuell geben sie Anlass für eine gezielte Elternarbeit.

Im Förderunterricht haben Lehrer jene Kinder vor sich, die am meisten Hilfe brauchen, für die Schule besonders schwierig und frustrierend ist, die am leichtesten in Schulunlust hineinschlittern, die sich am ehesten aufgeben, die am meisten allein sind und oft am wenigsten Liebe erfahren.

Eventuell hilft der Förderunterricht dem Lehrer, eine Analyse seines regulären Unterrichts vorzunehmen. Aus den Schwierigkeiten der Kinder, mit denen er im Förderunterricht konfrontiert wird, kann er evtl. lernen, was er im regulären Unterricht besser machen könnte.

Handelnder Unterricht

Schwächeren Schülern kann aber nicht nur im Rahmen des geschilderten zusätzlichen Förderunterrichts geholfen werden. Die Hilfen müssen abgestützt werden durch Maßnahmen innerer Differenzierung im regulären Unterricht, durch gezielte Hilfen im Rahmen der Freien Arbeit oder durch ein Konzept, das Iris Mann teilweise an als schwachsinnig bezeichneten Kindern mit großem Erfolg erprobt hat und das sie als »Handelnden Unterricht« bezeichnet.[1]

»Schlechte Schüler gibt es nicht, wenn die Lehrer lernen, von den Lernstufen, auf denen sich die Schüler gerade befinden, auszugehen« – diese These ist das didaktische Leitprinzip von Iris Mann (1990, S. 7).

Iris Mann (1977, 1979, 1990) baut ihre Praxis der Förderung behinderter und lernschwacher Kinder auf erkenntnistheoretischen und lernpsychologischen Annahmen der russischen Psychologen Leontjew und Galperin (Leontjew 1972; Galperin/Leontjew 1974) auf. Die entscheidende lernpsychologische Annahme ist, dass Lernen sich nicht linear vollzieht, sondern in qualitativen Sprüngen, gleichsam von einer Lernstufe auf die nächst höhere. Lernen beginnt mit Erfahrungen auf der handelnden Ebene. Auf der zweiten Stufe müssen die Handlungen sprachlich begleitet werden. Erst danach, auf der dritten Stufe, kann rein gedanklich gelernt werden. Dabei werden jeweils unterschiedliche funktionelle Systeme des Gehirns beansprucht, die aufeinander aufbauen. Wenn ein Kind nun z. B. Schwierigkeiten beim Lernen auf der gedankli-

1 Barbara Rohr (1980) hat, aufbauend auf den gleichen theoretischen Grundlagen, den Entwurf einer Lernbehindertendidaktik vorgelegt, deren unterrichtlicher Kern dieser Handelnde Unterricht ist.

chen Ebene hat, hilft es nichts, wenn auf dieser Ebene weiter geübt wird. Die Förderung des Kindes muss zunächst an der darunter liegenden Stufe, auf der das Kind Sicherheit hat, ansetzen und von dort auf die »Zone der nächsten Entwicklung« (Wygotski 1974) ausgreifen.

Entwicklungspsychologisch beginnt der Prozess der »Aneignung der Welt« nach Leontjew (1972) zunächst auf handelnder Ebene. Hier folgt er Piaget (1969, 1974, 1975). Das Kind betastet, greift, steckt in den Mund. Der materielle Handlungsvollzug ist verbunden mit sinnlichen Erfahrungen, mit Fühlen, Sehen, Hören usw. Auf dieser ersten Stufe wird der Lerngegenstand also materiell-sinnlich erfahren, entweder direkt oder aber in Form von Modellen und Bildern.[1] Auf der zweiten Stufe kommt die Sprache hinzu. Damit eröffnet sich die Möglichkeit, einen Sachverhalt nur über sprachliche Vermittlung, also ohne sinnliche Erfahrung zu lernen. Die Aneignung der Welt vollzieht sich auf einem abstrakteren Niveau. Jetzt kann schneller, gefahrloser, unabhängig von eigener Erfahrung, aus Belehrung und kulturellen Traditionen gelernt werden. Auf der dritten Stufe geschieht die Aneignung von Welt über Denken, über »verinnerlichte Sprache«.

Der Erwerb der verschiedenen Aneignungsformen kann gestört werden, wenn in den »sensiblen Phasen« ihres Auftretens physiologische Störungen vorliegen, das Kind besonders psychisch belastet ist oder einfach Übungsmöglichkeiten fehlen, um die neue Aneignungsform zum sicheren Besitz werden zu lassen.

Im Handelnden Unterricht soll versucht werden, Störungen in den Aneignungsprozessen zu überwinden und durch die Rückbindung sprachlicher und gedanklicher Aneignungsformen an sinnliche Erfahrungen *allen* Kindern zu einer fundierten (weil auf dem sinnlichen Fundament handelnden Umgangs aufbauenden) Aneignung von Welt zu verhelfen.

Was bedeutet dies bei Iris Mann nun z. B. für den *Rechtschreibunterricht*? Hier muss die Lehrerin zunächst vor dem Diktieren des Textes überprüfen, ob dem Kind alle Begriffe bekannt sind und es den Inhalt der einzelnen Sätze und des Gesamttextes verstanden hat.

Wenn z. B. im Text der Satz steht »Für den Hin- und Rückweg brauchte er eine halbe Stunde« und das Kind bereits beim sprachlichen Wiederholen Schwierigkeiten hat, empfiehlt Iris Mann (1977, [3]1981, S. 188), zunächst auf der handelnden Ebene zu beginnen. Im Klassenzimmer wird der Begriff Hin- und Rückweg konkret durchgespielt und erarbeitet: Die Wandtafel stellt die Schule dar, ein Tisch das Haus, in dem der Junge wohnt, auf dem Fußboden wird der Weg mit Kreide gezeichnet (Während des »Abgehens« des Weges wird gesprochen: »Das ist der Hinweg …«). Danach erfolgt eine einfache bildhafte Darstellung an der Wandtafel. Und erst dann, nach der handelnden Übung und der zeichnerischen Darstellung, schreibt das Kind den Satz.

Auch beim *Lesenlernen* ist dieser handelnde Umgang und die damit verbundene sinnliche Erfahrung für manche Kinder von entscheidender Bedeutung. Die Kinder

1 Bei Piaget stellt die Erfassung der Welt über Bilder bereits die zweite Stufe dar (ikonische Aneignung).

eignen sich die abstrakten Symbole der Buchstaben dadurch an, dass sie Sandpapierbuchstaben betasten, essbare Buchstaben mit der Zunge befühlen, auf den Boden gezeichnete Buchstaben ablaufen oder – dem motorischen Schreibvorgang näher – die Buchstaben in großen Schwungübungen in die Luft malen – Verfahren, die Grundschulpädagogen altbekannt sind. Aber auch beim Lesenlernen einfacher Wörter brauchen nach Iris Mann schwächere Schüler diese handelnde Übung und nicht nur die zeichnerische Darstellung, die häufig in Fibeln anzutreffen ist. Das bedeutet z. B. beim Lesenlernen des Wortes »Rose«, dass das Kind nach Möglichkeit eine echte Rose sehen, an ihr riechen, sie vorsichtig betasten kann. Erst danach erfolgt der Einsatz bildhafter Darstellungen und dann endlich das geschriebene Wort (Mann 1990, S. 102).

Entsprechend ist nach Iris Mann auch beim *Aufsatzschreiben* vorzugehen. Zunächst sollte das Thema aus dem Lebenszusammenhang der Kinder stammen und sie sollten nach Möglichkeit gemeinsam sinnliche Erfahrungen zu diesem Thema machen können. Das heißt, dass z. B. bei dem Thema »Wir braten Würste am Feuer« die Lehrerin zunächst mit den Kindern bei einem Wandertag tatsächlich auch Würstchen brät sowie anschließend im Klassenzimmer die wichtigsten Stationen der Vorbereitung und Durchführung bildhaft darstellt. Die Abfolge der Szenen wird in Form einer Bildergeschichte in eine Reihenfolge gebracht und dem formalen Aufsatzschema entsprechend in »Einleitung«, »Hauptteil« und »Schluss« gegliedert. Zentrale sinnliche Erfahrungen werden rekapituliert und verbalisiert, z. B. »die Flammen flackern«, »unter der grauen Asche glimmt rötliche Glut«, »der Rauch beißt in den Augen«, »die Würste werden goldbraun« usw. Dann erst wird der Aufsatz geschrieben.

Auch für den *Mathematikunterricht* bietet das Konzept des Handelnden Unterrichts wertvolle Hilfen an. Grundschullehrern ist hier eher das ähnliche Konzept des amerikanischen Psychologen J. Bruner (1971, 1972) bekannt.

Bruners herausfordernde These ist, dass jedem Kind auf jeder Entwicklungsstufe jeder Lehrgegenstand in einer intellektuell ehrlichen Form erfolgreich gelehrt werden könne (Bruner 1972). Dazu muss man freilich die für die Entwicklungsstufe des Kindes charakteristische Art der Weltbetrachtung berücksichtigen. Anknüpfend an Überlegungen zur kognitiven Entwicklung des Kindes von Piaget (1969, 1974, 1975) unterscheidet Bruner drei Repräsentationsformen von Sachverhalten und ordnet diese kognitiven Entwicklungsstufen des Kindes zu: die enaktive, die an handelnden Umgang geknüpft ist – sie ist für das Kleinkind die typische Form der Weltaneignung –, die ikonische (bildhafte), die einer späteren kognitiven Entwicklungsstufe des Kindes entspricht, und endlich die symbolische in Sprache oder Zahlen. Bruner ist wie Leontjew der Ansicht, dass diese Aneignungsformen sich nie vollständig voneinander lösen, sodass es sinnvoll ist, bei der Wahl der Repräsentationsformen, in denen ein Sachverhalt im Unterricht dargestellt wird, immer wieder die symbolische Darstellung mit der ikonischen oder der enaktiven zu verbinden.

Bruner und Leontjew gehen aber von unterschiedlichen Annahmen über das Wesen menschlicher Erkenntnis aus. Leontjew bezeichnet seinen Ansatz als materialistisch. Denken ist für ihn Widerspiegelung äußeren Handelns mit konkreten materiellen

Objekten. Lernen ist Aneignung der objektiven, historisch-gesellschaftlich bedingten Wirklichkeit. Dabei ist die Aneignung eines Erkenntnisobjekts erst abgeschlossen, wenn es gelingt, diese Erkenntnis wieder in die Praxis umzusetzen. Lernen ist somit individuelle Aneignung gesellschaftlicher Erfahrungen, Denken ist Widerspiegelung (nicht einfach Abbildung!) menschlicher Tätigkeit zugleich auch Voraussetzung künftiger Praxis. Dabei wird mit der Aneignung eines Gegenstandes auch dessen sprachliche Bedeutung erlernt, wobei die Sprache die gesellschaftlich erschlossene Bedeutung des Gegenstandes darstellt.
Bei Bruner ist Denken nicht in diesem Ausmaß abhängig von gesellschaftlichen Bedingungen. Aber auch Bruner bezeichnet Denken als verinnerlichte Sprache und auch für ihn hat Begreifen mit Greifen zu tun.

Für den Mathematikunterricht bedeutet Handelnder Unterricht, dass mathematische Sachverhalte immer wieder in allen drei Repräsentationsformen den Kindern nahe gebracht werden sollten und von einer Repräsentationsform auf die andere gewechselt werden müsste (Intermodaler Transfer). Hat z. B. ein Schüler Schwierigkeiten bei der Aufgabe 7 + 8, so kann er zunächst auf der handelnden Ebene mit Steckwürfeln, Cuisenaire-Stäbchen, einer Rechenwaage oder ähnlichen Materialien die Lösung suchen. Dies gilt vor allem für Textaufgaben. Ein Beispiel: Silke möchte ein Videospiel für 39 DM und eine Märchenkassette für 9 DM kaufen. Sie hat 50 DM gespart. Reicht das Geld? Hat sie vielleicht noch etwas übrig? Nach dem Konzept des Handelnden Unterrichts müsste zunächst dieser Sachverhalt im Klassenzimmer nachgespielt werden. Erst dann könnte auf der symbolischen Stufe gerechnet werden.

Bei Bruner und Leontjew werden die Repräsentationsformen und die ihnen entsprechenden individuellen Aneignungsformen unterschiedlich eingeteilt. Sachlich ergeben sich keine Unterschiede.

Bruner	Leontjew
1. Enaktiv, handelnd 2. Ikonisch	1. Handelnde Stufe Der Lerngegenstand wird sinnlich handelnd erfahren, entweder direkt durch konkrete, unmittelbare Erfahrung oder indirekt durch *bildliche Darstellungen* (»materialisierte Handlung«; (Abbilder, formale bildliche Darstellungen etwa in Form von Modellen).
3. Symbolisch	2. Sprachlich-symbolische Stufe 3. Gedankliche Stufe (Denken als verinnerlichte Sprache)

Hinsichtlich entwicklungspsychologischer Annahmen und der Konsequenzen für den Unterricht herrscht weitgehend Übereinstimmung.

Handelnder Unterricht ist eine wichtige Hilfe für Kinder, deren Aneignungsprozesse gestört sind oder deren kognitive Entwicklung noch nicht genügend weit vorangeschritten ist. Er ist aber auch von Vorteil für alle Kinder. Leontjew und Bruner betonen gleichermaßen, dass nie ein Aneignungssystem vom anderen völlig abgelöst wird. Ein wichtiges Prinzip für den Grundschulunterricht wird sein, immer wieder den Zusammenhang zwischen handelndem Umgang, sinnlicher Erfahrung, Sprechen und Denken herzustellen.

Der Leistungsdruck der Eltern

1983/84 befragte Bettina Paetzold (1988) etwa 100 Mütter von Erstklässlern mittels halbstündiger Interviews zu Beginn und gegen Ende des ersten Schuljahrs. Die Mütter wurden nach Zufall von Schülern aus 13 Klassen in zehn Schulen in Mainz, Ludwigshafen, Worms, Frankenthal, Germersheim und Schifferstadt ausgewählt. Es wurden nur deutsche Mütter befragt. Alle Klassen wurden von einer Lehrerin geführt. Paetzold ging folgenden Fragen nach:

1) Was wissen Mütter aus den Erzählungen der Erstklässler über das schulische Befinden ihrer Kinder?
2) Welche Probleme werden von den Kindern genannt und wie reagieren die Mütter darauf?
3) Üben Mütter mit den Kindern zusätzlich zu den Hausaufgaben?
4) Welchen Einfluss hat die Schule auf das Familienleben?
5) Welche Veränderungen ergeben sich in den Berichten der Mütter im Laufe des ersten Schuljahrs?

Wir verfolgen hier nur die Fragen 3 bis 5.

Nach der Untersuchung von Paetzold übten 81% der Mütter mit ihren Kindern *zusätzlich* zu den Hausaufgaben. Als Gründe gab etwa die Hälfte der Mütter an, sie wollten ihren Kindern durch das zusätzliche Lernen noch mehr Sicherheit geben. 23% der Mütter meinten, das zusätzliche Üben diene dazu, Leistungsschwierigkeiten zu beheben. 19% der Mütter sagten, das Kind habe ein Bedürfnis danach, 6%, ihr Kind müsse noch besser werden, und 3% glaubten irrtümlich, das zusätzliche Üben sei eine Forderung der Lehrerin. Zwei wörtliche Elternäußerungen: »Ich bin der Meinung, dass es nicht genügt, was sie in der Schule schreiben, das ist zu wenig, viel zu wenig.« »Die Hausaufgaben allein reichen niemals aus.« Diese »Übungswut« geht quer durch alle Sozialschichten hindurch. Am Ende des Schuljahres hatte sich der Prozentsatz der zusätzliche Übungen machenden Mütter noch weiter erhöht und lag jetzt bei knapp über 90%. Dabei konnten Schwierigkeiten in der Schule kein objektiver Grund sein, denn das zusätzliche Üben stand in keinem Zusammenhang mit den objektiven Leistungen der einzelnen Schüler.

Die elterliche Hilfe bei Hausaufgaben ist häufig eine Quelle von Ärger. Paetzold befragte die Mütter nach den im Alltag auftretenden Situationen, in denen sie sich über ihr Kind geärgert hatten und gruppierte diese nach Inhalten. Zu Beginn des Schuljahrs drehten sich 35% aller »Ärgersituationen« um Hausaufgaben; gegen Ende waren es 51%. Der mütterliche Ärger über die Hausaufgaben war für die Kinder zusätzlich mit Schimpfen oder auch Körperstrafen verbunden. Dabei waren es etwas häufiger Eltern der Unterschicht, die sich über die Hausaufgabenerledigung ihrer Kinder ärgerten, zusätzlich Mütter, die der Leistungsfähigkeit ihrer Kinder gegenüber eher negative Erwartungen hatten ($r = .38$). Der Ärger über die beanstandete Hausaufgabenerledigung stand dabei in keinem Zusammenhang mit dem Schulerfolg der Kinder. 59% der sich ärgernden Mütter hatten sogar Kinder mit gutem oder sehr gutem Schulerfolg.

Der Ärger hinsichtlich der Hausaufgabenerledigung nahm also zwischen erstem und zweitem Befragungspunkt zu. Die Freude der Mütter aber nahm ab. Auch sie war eng mit Schule verbunden. 61% der von den Müttern geschilderten »Freudesituationen« hingen zu Beginn des ersten Schuljahrs mit dem Leistungsverhalten des Kindes zusammen. Am Ende des ersten Schuljahrs waren es gar 82% aller Freudesituationen, die die Mütter nach ihren Angaben mit ihrem Kind erlebten. Freudige Ereignisse verbanden sich bei den Müttern offenbar vorrangig mit schulischen Leistungen, während andere Aspekte, wie z. B. die zunehmende Selbstständigkeit des Kindes oder seine guten Kontakte zu den Mitschülern, nur ganz vereinzelt erwähnt wurden.

Die Mütter sahen ihr Erziehungsverhalten als überwiegend unterstützend an. Sie gaben gute Ratschläge und griffen zu konstruktiven Lösungsversuchen. Das änderte sich schlagartig in »Ärgersituationen«. Jetzt gaben 50% der Mütter an, sie würden schimpfen, Vorhaltungen machen, strafen. Jetzt wurden auch seltener gute Ratschläge gegeben (19% statt der 36% außerhalb von Ärgersituationen) und häufiger Erziehungsmittel eingesetzt, die nichts mit Förderung von Einsicht zu tun hatten (26% statt 42%).

Die Ergebnisse erschrecken und man ist zunächst geneigt, sie als übertrieben abzutun. Aber auch eine Untersuchung des Arbeitskreises Schulentwicklungsforschung der Universität Dortmund (vgl. Rolff/Klemm/Tillmann 1988) kam für 1983 hinsichtlich elterlicher Mithilfe zu dem Ergebnis, dass 90% der Eltern von Grundschulkindern bei den Hausaufgaben helfen. Bei 50% der Eltern nahm nach dieser Untersuchung die Hilfe täglich mehr als eine halbe Stunde in Anspruch.

Vergleicht man die Ergebnisse mit denen früherer Untersuchungen, so hat es den Anschein, dass Eltern in zunehmendem Ausmaß mit den Kindern üben, die Hausaufgaben überwachen und an den schulischen Leistungen ihrer Kinder Anteil nehmen. Maßgeblich hierfür dürften Sorgen der Eltern um die Schullaufbahn ihrer Kinder sein. Diese Sorge beginnt schon in der ersten Grundschulklasse.

Für die Kinder hat dies vielerlei Folgen:

- Die Hausaufgabenerledigung wird zu einem der wichtigsten Konfliktfelder in der Eltern-Kind-Beziehung. Ältere Schüler gaben in Befragungen an, dass daran ihr gutes Verhältnis zu den Eltern in die Brüche ging. Auch nach Paetzold machen ja gegen Ende des ersten Schuljahrs die Auseinandersetzungen um die Hausaufgabenerledigung die Hälfte aller erlebten Ärgersituationen mit dem Kind aus.
- Die Hausaufgaben werden von vielen Eltern als nicht ausreichend angesehen. Deswegen wird zusätzlich mit den Kindern geübt, und zwar unabhängig vom schulischen Leistungsstand und der Sozialschicht.
- Meist erleben die Kinder die Eltern als verlängerten Arm der Schule. Wenn der Lehrer lobt, loben die Eltern zusätzlich, wenn er tadelt, wird das Kind zu Hause

nochmals getadelt. Eine schlechte Note wiegt doppelt. Das schulische Ereignis wird auch zum familiären.

- Häufig stellen Eltern informelle Richtlinien auf, welche Noten, welche Leistungen sie noch akzeptieren. Diese Richtlinien sind anders als die Bewertungen der schulischen Notenskala. Häufig ist schon eine 3 nicht mehr akzeptabel, und wenn Kinder eine 2 erzielen, hören sie, dass es ja auch noch die 1 gäbe.
- Die Ergebnisse machen nicht nur deutlich, welch dominante Rolle schulische Leistungen im Familienalltag spielen. Sie zeigen auch, wie sehr Eltern durch sie emotional betroffen sind.
  So konnte Stöckli (1989) an einer Untersuchung von 178 Eltern Schweizer Schulanfänger zeigen, dass die erlebte affektive Nähe zum Kind[1] von der Zufriedenheit der Eltern mit den Schulleistungen abhängt. Entsprachen die Kinder am Ende des ersten Schuljahrs nicht den Erwartungen, die Eltern ihnen gegenüber beim Schuleintritt hegten, so kam es bei Müttern zu einer gewissen affektiven Entfremdung gegenüber ihren Söhnen. Desgleichen wurde das Kind in seinem Verhalten als weniger erfreulich wahrgenommen.[2] Bei den Vätern trat dieser Effekt nicht auf.

Stöckli (1991) gelang es, die motivationale Investition der Mütter beim Beobachten des Kindes in einer schul- bzw. hausaufgabenähnlichen Situation auch anhand physiologischer Reaktionen (Hautwiderstand) zu messen. An der Untersuchung nahmen 34 Mütter mit ihrem einschulungspflichtigen Kind teil. Die Kinder hatten Aufgaben aus verschiedenen Intelligenztests zu lösen, die Mütter sollten ihre Kinder dabei beobachten. Die Aktivierung der Mütter zeigte einen klaren Zusammenhang mit der Einschätzung der Schullaufbahn ihres Sohnes. Mütter, die vermuteten, ihre Söhne würden nicht ihren idealen Schullaufbahnerwartungen entsprechen, waren bei der Beobachtung ihres Kindes mehr erregt als Mütter, die damit rechneten, dass ihr Sohn sich in der Schule gemäß ihren idealen Erwartungen entwickeln würde. Auch bei diesem Experiment konnten die Zusammenhänge nur für die Söhne festgestellt werden.

Die Enttäuschung führt zu einem Rückgang der erlebten affektiven Nähe zum Kind. Einsetzender elterlicher Druck und Vorwürfe bewirken dann, dass die Kinder aufsässiger werden. So haben die Eltern jetzt auch eine »Rechtfertigung« dafür, ihr Kind nicht mehr so sehr zu »mögen«. Dass hier ein Teufelskreis in Gang gesetzt werden kann, liegt auf der Hand.

Und aufseiten des Kindes ist es ähnlich. Die erlebte Entfremdung von den Eltern und der elterliche Druck können zu Rückzugsverhalten, zu erhöhter Aggressivität, zu inadäquaten Formen des Kampfes um die Zuwendung der Eltern führen. Dann fällt

1 Affektive Nähe zum Kind wurde in der Fragebogenuntersuchung erhoben über Items wie: … habe Freude an meinem Kind, … bin stolz auf …, bin enttäuscht …, ärgere mich …, bin erleichtert, wenn das Kind nicht andauernd meine Nähe sucht, … habe das Gefühl, dass das Kind die Gutmütigkeit der Eltern ausnutzt usw.

2 Entsprechende Items waren: Das Kind neigt zu Wutausbrüchen, … schneidet auf, … ist neidisch auf andere, … ist böse auf Eltern, … ist selbstsüchtig, … ist vorlaut, … versucht Aufmerksamkeit zu erregen, … ist stark erregt, wenn ihm etwas gegen den Strich geht usw.

es den Eltern noch schwerer, ihr Kind spontan und herzlich zu lieben. Kinder, die den elterlichen Erwartungen nicht entsprechen, haben also zu den Schulschwierigkeiten noch mit tief greifenden Beziehungsproblemen zu ihren Eltern zu kämpfen.

Die hohe affektive Beteiligung der Eltern am Schulerfolg der Kinder, verbunden mit dem heute im Allgemeinen emotional warmen Beziehungsklima zwischen Eltern und Kindern, macht es sehr wahrscheinlich, dass Kinder die Leistungserwartungen ihrer Eltern internalisieren und es so zu einer engen Ankopplung des Selbstwertgefühls der Kinder an ihren Erfolg in der Schule kommt (vgl. Jopt 1987). Dann kann auch eine mittlere Note in einem Wörterdiktat weit über ihre objektive Bedeutung hinaus als persönliche Katastrophe erlebt werden.

Und der Erfolg der elterlichen Bemühungen?

Verschiedene Untersuchungen zeigen, dass elterliche Nachhilfe sich meist nicht auszahlt. Die Noten werden nicht besser (Garbe/Lukesch/Straßer 1981; Trudewind/Wegge 1989), sondern längerfristig eher schlechter. Das gilt für gute und für weniger gute Schüler. Wir verweisen auf die bereits dargestellte Untersuchung von Trudewind u. Husarek (1979) S. 187.

Eltern sind häufig keine guten Nachhilfelehrer. Zu leicht kippt guter elterlicher Wille um in Ungeduld, Vorwürfe, Abwertungen des Kindes, wenn dieses den Bemühungen der Eltern Widerstand entgegensetzt. Dort, wo es wünschenswert wäre, dass Eltern mit ihren Kindern üben, müssten viele Eltern dies in Trainingsseminaren eigens lernen.

Grundschullehrerinnen und -lehrer müssen also damit rechnen, dass entgegen ihren Intentionen viele Eltern auf ihre Kinder erheblichen Leistungsdruck ausüben.

Die aufgeführten Trends basieren auf Mittelwerten. Mittelwerte ebnen ein. Nicht alle Eltern werden auf Enttäuschungen hinsichtlich der schulischen Leistung ihres Kindes mit affektiver Entfremdung reagieren. Und es gibt sicher auch Fälle, bei denen Lehrerinnen und Lehrer froh wären, wenn Eltern die schulischen Bemühungen etwas unterstützen würden. Trotzdem ist anzunehmen, dass Leistungsdruck in der Grundschule heute eher von den Eltern als von der Schule ausgeht. Wir sind der Meinung, dass diese Thematik ausgiebig in Elternabenden besprochen werden müsste (vgl. S. 147ff.).

Literaturverzeichnis

Adler, A.: Praxis und Theorie der Individualpsychologie. Frankfurt a.M. 1965: Fischer Taschenbuch.

Amsbeck, U.: Leistungsbeurteilung ohne Noten im europäischen Ausland. In: Grundschule, H. 1, 1999, S. 24–26.

Ansbacher, A./Ansbacher, R.: Alfred Adlers Individualpsychologie. München 1972: Ernst Reinhardt.

Barnitzky, H.: Grundschule ohne Noten. In: Grundschule, H. 5, 1985, S. 20–21.

Barnitzky, H./Christiani, R.: Zeugnis ohne Zensuren. Düsseldorf 1977: Bagel.

Barnitzky, H.: Leistung und Leistungsbeurteilung – Leistung der Kinder? Leistung der Schule. In:

Haarmann, D. (Hrsg.): Handbuch Grundschule, Bd. 1, Weinheim, Basel [3]1996: Beltz, S. 114–128.
Barnitzky, H.: Ohne Noten oder mit Noten. In: Friedrich Jahresheft 1996: Prüfen und Beurteilen, S. 130–135.
Baumert, J./Lehmann, R. u.a.: TIMSS. Mathematisch-naturwissenschaftlicher Unterricht im internationalen Vergleich. Opladen 1997: Leske und Budrich.
Benner, D./Ramseger, J.: Zwischen Ziffernzensur und pädagogischem Entwicklungsbericht: Zeugnisse ohne Noten in der Grundschule. In: Zeitschrift für Pädagogik, H. 2, 1985, S. 151–174. Wiederabdruck in: Benner, D.: Zwischen Ziffernzensur und pädagogischem Entwicklungsbericht. Zeugnisse ohne Noten in der Grundschule (gemeinsam mit Jörg Ramseger). In: Benner, D.: Studien zur Didaktik. Weinheim, München 1995: Juventa, S. 205–236.
Bolscho, D./Burk, K./Haarmann, D. (Hrsg.): Grundschule ohne Noten. Frankfurt a.M. 1979: Arbeitskreis Grundschule.
Breitschuh, G.: Zur Geschichte des Schulzeugnisses. In: Bolscho, D./Burk, K./Haarmann, D. (Hrsg.): Grundschule ohne Noten. Neue Zeugnisse in der Diskussion. Frankfurt a.M. 1979: Arbeitskreis Grundschule, S. 35–63.
Bruner, J.S.: Studien zur kognitiven Entwicklung. Stuttgart 1971: Klett.
Bruner, J.S.: Der Prozess der Erziehung. Berlin 1972: Berlin Verlag.
Der Kultusminister des Landes Nordrhein-Westfalen (Hrsg.): Richtlinien und Lehrpläne für die Grundschule. Heft 2002, Sachunterricht. Düsseldorf 1985: Greven.
Deutscher Bildungsrat: Strukturplan für das Bildungswesen. Stuttgart 1970: Klett.
Fromm, E.: Anatomie der menschlichen Destruktivität. Reinbek b. Hamburg 1985: rororo Sachbuch.
Funk, R.: Mut zum Menschen. Stuttgart 1978: Deutsche Verlagsanstalt.
Galperin, P./Leontjew, A.: Probleme der Lerntheorie. Berlin (DDR) 1974: Volk und Wissen.
Garbe, U./Lukesch, H./Straßer, E.: Die Beziehung zwischen Schulnoten, leistungsbezogenen Merkmalen der Schülerpersönlichkeit und mütterlichen Erziehungsmaßnahmen am Ende der Grundschulzeit. In: Psychologie in Erziehung und Unterricht, H. 2, 1981, S. 65–71.
Harten-Flitner, E.: Leistungsmotivation und soziales Verhalten. Weinheim und Basel 1978: Beltz.
Heckhausen, H.: Leistung und Chancengleichheit. Göttingen 1974: Hogrefe.
Helmke, H.: Entwicklung lern- und leistungsbezogener Motive und Einstellungen. Ergebnisse aus dem Scholastik-Projekt. In: Weinert, F./Helmke, A. (Hrsg.): Entwicklung im Grundschulalter. Weinheim und Basel 1997: Beltz, S. 59–76 und S. 496.
Hessisches Kultusministerium (Hrsg.): Rahmenplan Grundschule. Wiesbaaden 1995: Diesterweg.
Jopt, U.: Schulische Tüchtigkeitserziehung und Identitätsentwicklung – eine Gratwanderung. In: Frey, H.P./Haußer, K. (Hrsg.): Identität. Stuttgart 1987: Enke, S. 58–70.
Jürgens, E.: Blickpunkt Verbalbeurteilung. Schulische Praxis, Problemfelder, Lösungsmöglichkeiten. In: Grundschule, H. 3, 1998, S. 53–55.
Klafki, W.: Probleme der Leistung in ihrer Bedeutung für die Reform der Grundschule. In: Die Grundschule, H. 10, 1975, S. 527–543.
Klafki, W.: Sinn und Unsinn des Leistungsprinzips in der Erziehung. In: Klafki, W.: Neue Studien zur Bildungstheorie und Didaktik. Weinheim und Basel 1985: Beltz, S. 155–193.
Leontjew, A.: Probleme der Entwicklung des Psychischen. Frankfurt a.M. 1972: Fischer Athenäum.
Lichtenstein-Rother, J./Röbe, W.: Grundschule. Der pädagogische Raum für Grundlegung der Bildung. München, Wien, Baltimore 1982: Urban und Schwarzenberg.
Mann, J.: Schlechte Schüler gibt es nicht. München, Wien, Baltimore 1977, [3]1981: Urban und Schwarzenberg.
Mann, J.: Lernen durch Handeln. München, Wien, Baltimore [2]1977: Urban und Schwarzenberg.
Mann, J.: Lernprobleme. München, Wien, Baltimore 1979: Urban und Schwarzenberg.
Mann, J.: Lernen können ja alle Leute. Weinheim und Basel 1990: Beltz.

Maslow, A.: Motivation and Personality. New York, Evanston, London 1954, ²1970: Harper and Row.
Maslow, A.: Psychologie des Seins. Ein Entwurf. Frankfurt a.M. 1985: Fischer Taschenbuch.
Mc Clelland, D.: Die Leistungsgesellschaft. Stuttgart, Berlin, Köln 1986: Kohlhammer.
Ministerium für Kultus und Sport Baden-Württemberg, Bildungsplan für die Grundschule Villingen 1994: Neckar Verlag.
Nohl, H.: Die pädagogische Bewegung in Deutschland und ihre Theorie. Frankfurt a.M. 1935: Pallach, Frankfurt a.M. ⁶1963: Schulte-Buhmke.
Paetzold, B.: Familie und Schulanfang. Bad Heilbrunn 1988: Klinkhardt.
Piaget, J.: Das Erwachen der Intelligenz beim Kinde. Stuttgart 1969: Klett (Studienausgabe 1975).
Piaget, J.: Der Aufbau der Wirklichkeit beim Kinde. Stuttgart 1974: Klett.
Piaget, J.: Die Entwicklung des Erkennens III. Stuttgart 1975: Klett.
Plessner, H.: Die Stufen des Organischen und der Mensch. Einführung in die philosophische Anthropologie. Berlin, New York 1975: de Gruyter (Ersterscheinungsjahr 1928).
Preuß, E.: Leistungserziehung, Leistungsbeurteilung und innere Differenzierung in der Grundschule. Bad Heilbrunn 1994: Klinkhardt.
Rheinberg, F.: Leistungsbewertung und Lernmotivation. Göttingen 1980: Hogrefe.
Rolff, H./Klemm, K./Tillmann, K. (Hrsg.): Jahrbuch der Schulentwicklung, Daten, Beispiele, Perspektiven, Bd. 3. Weinheim und Basel 1974: Beltz.
Rosenfeld, H./Valtin, R.: Zur Entwicklung schulbezogener Persönlichkeitsmerkmale im Grundschulalter. Erste Ergebnisse aus dem Projekt NOVARA. Unterrichtswissenschaft, H. 4, 1997, S. 316–330.
Rosenthal, R./Jacobson, L.: Pygmalion im Unterricht. Weinheim und Basel 1971: Beltz.
Rumpf, H.: Blutsaugerisch? Über die Wirkung von Noten. In: Pädagogik Extra, H. 10, 1992, S. 5–6.
Sandfuchs, U. (Hrsg.): Förderunterricht konkret. Bad Heilbrunn 1990: Klinkhardt.
Sass, J./Holzmüller, H.: Bildungsverhalten und Belastungen in Familien mit schulpflichtigen Kindern. Ergebnisse der empirischen Befragung »Familie und Platzierung 1977«. München 1982: Deutsches Jugendinstitut.
Schmack, E.: Gundula Niemands erstes Zeugnis. Castellaun 1977: Henn.
Schmidt, H.: Grundschulzeugnisse unter der Lupe. In: Die Deutsche Schule, H. 7/8, 1981, S. 486–496.
Schönsiegel, U.: Eltern mit Argumenten überzeugen. In: Grundschule, H. 10, 1998, S. 16–18.
Schwark, W./Regelein, S.: Beurteilen und Benoten in der Grundschule. München 1986: Ehrenwirth.
Schwartz, E.: Leistung, Leistungsmessung und Grundschulreform. In: Die Grundschule, H. 4, 1976, S. 173–182.
Simons, R.: Lernen, selbständig zu lernen – ein Rahmenmodell. In: Mandl, H./Friedrich F. (Hrsg.): Lern- und Denkstrategien. Göttingen 1992: Hogrefe, S. 251–264.
Stöckli, G.: Vom Kind zum Schüler. Bad Heilbrunn 1989: Klinkhardt.
Stöckli, G.: Nicht erreichte Schullaufbahn – enttäuschte Lebenspläne. In: Pekrun, R./Fend, H.: Schule und Persönlichkeitsentwicklung. Stuttgart 1991: Enke, S. 149–163.
Thüringer Kultusministerium (Hrsg.): Vorläufiger Lehrplan Grundschule. Erfurt 1993: Verlag u. Druckerei Fortschritt.
Trudewind, C./Husarek, B.: Mutter-Kind-Interaktion bei der Hausaufgabenanfertigung und die Leistungsmotiventwicklung im Grundschulalter – Analyse einer ökologischen Schlüsselsituation. In: Walter, H./Oerter, R. (Hrsg.): Ökologie und Entwicklung. Donauwörth 1979: Auer, S. 229–246.
Trudewind, C./Wegge, J.: Anregung – Instruktion – Kontrolle: Die verschiedenen Rollen der Eltern als Lehrer. Unterrichtswissenschaft, H. 2, 1989, S. 133–155.
Ulich, K.: Schule als Familienproblem. Frankfurt a.M. 1989: Athenäum.
Ulich, K.: Eltern und Schüler. Die Schule als Problem in der Familienerziehung. In: Unterrichtswissenschaft, H. 2, 1989, S. 179–194.
Wygotski, L.: Denken und Sprache. Frankfurt a.M. 1974: Fischer.

Heute unverzichtbar: Freie Arbeit

Bei der Frage nach der inneren Gestaltung einer zukünftigen Schule kann man unter Lehrplankommissionen, Bildungspolitikern und Pädagogen einen breiten Konsens darüber feststellen, dass die traditionelle lehrerzentrierte Vorgehensweise durch Unterrichtsformen zu ergänzen sei, bei denen die Schüler zu eigenständigem Lernen angeleitet werden.

So heißt es zum Beispiel im Lehrplan Thüringen (vgl. Thüringer Kultusministerium 1993). »Selbstverantwortetes und selbstständiges Lernen wird besonders in Phasen freier Arbeit gefördert. Die Freiarbeit bietet den Kindern die Möglichkeit, in einzelner oder gemeinsamer Arbeit eigene Ziele zu setzen, Kenntnisse zu vertiefen oder einen eigenen Lernbereich entdeckend zu erweitern.« Der Lehrplan von Hessen (vgl. Hessisches Kultusministerium 1995) formuliert dieses Anliegen so: »Freie Arbeit gründet sich auf den Begriff des aktiv-handelnden Lernens. Demnach verlaufen Lernprozesse erfolgreich, wenn Kinder selbstständig, entdeckend, handelnd und unter Beteiligung möglichst vieler Sinne mit und von anderen Kindern lernen. Entsprechend gibt Freie Arbeit den Kindern die Möglichkeit, sich selbst Arbeitsziele und -schwerpunkte zu setzen, das eigene Können zu entfalten sowie schließlich damit die Lernfreude und Leistungsfähigkeit zu steigern.« Im Lehrplan von Schleswig-Holstein (vgl. Ministerium für Bildung, Wissenschaft, Forschung und Kultur des Landes Schleswig-Holstein 1997) heißt es: »Die Grundschule geht bei der Formulierung ihrer Erziehungs- und Lernaufgaben von den unterschiedlichen Lernvoraussetzungen der Schülerinnen und Schüler aus. Lernen als eigenaktiver Vorgang, Binnendifferenzierung im Bezugsrahmen integrativer Pädagogik und zielgleiche, aber niveaudifferenzierende Förderung bestimmen die didaktische Planung des Unterrichts.«

Ähnlich lauten die Forderungen H. v. Hentigs (^{3}1994), wenn er schreibt: »In der neuen Schule wird ein großer Teil des Lernens tatsächlich einzeln vor sich gehen. Jedes Kind hat seine Aufgabe und sucht den Lehrer auf, wenn es Hilfe braucht, oder der Lehrer geht zu ihm. Zur Verselbstständigung wie zum Unterschiede-machen-und-Bejahen gehört, dass man seine Aufgaben aus einem wohl bedachten Angebot von Aufgaben selber wählt, wenigstens mitbestimmt, wann man was erledigt.«

Das mit Freier Arbeit verfolgte Anliegen geht dabei weit über die Frage nach geeigneten Unterrichtsmethoden hinaus. Es geht um die Einlösung des Anspruchs auf Selbst- und Mitbestimmung, um ein Stück Demokratie in der Schule.

So fordert der Arbeitskreis Grundschule: »Die Grundschule ist daher gehalten, Mitwirkungsmöglichkeiten der Kinder an der Gestaltung des Unterrichts, des Schullebens und der in der Schule gepflegten Umgangsformen vom ersten Tag an aufzugreifen, auszuschöpfen und durch angemessene Beteiligungsformen weiterzuentwickeln.« (Faust-Siehl u.a. 1996, S. 15). Auch die Bildungskommission NRW (1995, S. XII) betont die Bedeutung von Möglichkeiten, die eine Hilfe bei dem Anspruch auf Selbstbestimmung und der Entwicklung eigener Lebens-Sinnbestimmungen sein können. Im Folgenden sei dieses Konzept näher dargestellt.

Was versteht man unter Freier Arbeit?

Auszug aus einem Bericht über Freie Arbeit in einer 2. Klasse

Es ist Montagmorgen. Die Schüler haben im Morgenkreis von ihren Erlebnissen am Wochenende erzählt und erhalten gerade den Wochenplan ausgeteilt. Auf diesem Plan (siehe S. 247) sind neben den Aufgaben, die jeder Schüler im Laufe der Woche bearbeiten muss, auch Wahlaufgaben und spezielle Anregungen für einzelne Schüler aufgeführt. Während sich der Morgenkreis auflöst, holen sich Ralf und Eva die Personenwaage, um ihr Gewicht in die Klassenliste eintragen zu können. Miriam und Bernd entnehmen aus einem Seitenregal das Kästchen mit der Aufschrift »Pilze«, klemmen sich noch eine der drei etwa 1 m mal 1,5 m großen Teppichrollen (diese Rollen hat die Lehrerin erstmals in einer Montessori-Schule gesehen) unter den Arm und ziehen sich in eine Ecke des Klassenzimmers zurück, rollen den Teppich auf dem Boden aus, legen ihre Materialien darauf und setzen sich dazu. Es hätte auch ein anderes Material sein können: das Dudenspiel, die Lebenskette, ein Zahlenstrahl, das Rechtschreib-Bingo und wie sie alle heißen. Eines haben alle diese in offenen Seitenregalen frei ausliegenden Materialien, gemeinsam: Sie beinhalten weitgehend eine Selbstkontrolle durch die Schüler, d.h., die Kinder erkennen am Ende selbst, ob die Aufgabe richtig gelöst ist; sie sind nicht auf eine Kontrolle durch die Lehrerin angewiesen.

Als Beispiel sei das Arbeitsmaterial »Pilze«, das sich Bernd und Miriam ausgesucht haben, näher vorgestellt. Es besteht aus drei Teilen: 16 Pilzbildern mit Namen und Kennzeichen, denselben 16 Pilzbilder noch einmal (jedoch ohne Namen und Kennzeichen) und 16 Streifen mit dem Namen der Pilze. Miriam und Bernd legen zunächst die 16 Bild-Text-Karten auf dem Teppich aus und decken dann diese Karten mit den nicht beschrifteten Bildkarten passend ab. Nun beginnt der schwierigste Teil der Arbeit: das richtige Zuordnen der Streifen mit dem Namen. »Grüner Knollenblätterpilz«, murmelt Bernd vor sich hin und mustert konzentriert die Bildkarten. Dieser könnte es sein, scheint er zu denken, hält aber zur Vorsicht die Bildkarte hoch und kann so den Namen auf der unteren Karte lesen. »Richtig«, flüstert er vor sich hin und schaut neugierig zu Miriam, die gerade das Bild des Maronenröhrlings sucht.

> Kinder und Uhren dürfen nicht ständig aufgezogen werden.
> Man muss sie auch gehen lassen.
>
> Jean Paul

Neben dieser Möglichkeit der Selbstkontrolle dürfte aber noch etwas anderes für das konzentrierte und zugleich gelassene Arbeiten der Kinder verantwortlich sein. Jedes Kind kann selbst entscheiden, wie lange es an dieser Aufgabe arbeiten möchte. Miriam und Bernd können sich also Zeit lassen. Die Schüler müssen zwar die vorgegebenen Pflichtaufgaben bearbeiten, aber darüber hinaus gibt es noch genügend Zeit, etwa um sich mit Aufgaben der eigenen Wahl zu beschäftigen. So finden die Kinder leichter ihren eigenen Lern- und Arbeitsrhythmus. Zudem ist jedes Material bewusst nur einmal vorhanden. Miriam und Bernd müssen also keine Sorge haben, dass ein Mitschüler früher fertig ist.

Fast unbemerkt sitzt währenddessen Silvia in der Ecke des Klassenzimmers vor einer Schreibmaschine und tippt im Zwei-Finger-System einen kleinen Text. Philipp geht zielstrebig auf den Zeichentisch zu. Hier legt die Lehrerin in unregelmäßigen Abständen einen Gegenstand aus mit der Auftragskarte, ihn als Vorlage für ein selbst gemaltes Bild zu wählen. Das Schneckenhaus gefällt dem Jungen, er holt sich Papier und Stifte und beginnt mit dem Zeichnen. Inzwischen entwickelt sich in der Leseecke ein heftiges Gespräch. Klaus, Elke und Mario können sich anscheinend nicht einigen, wer als Erster das neue Märchenbuch lesen darf. Doch bevor die anderen Kinder darauf aufmerksam werden, wenden sich Klaus und Mario der Lehrerin zu, die Gerwin beim Lösen einer Rechenaufgabe hilft. Sie holen ihr Rechenheft und setzen sich zu dieser Tischgruppe. Etwa zehn Minuten vor Ende der Stunde bittet die Lehrerin, die Arbeiten allmählich abzuschließen, sie im Wochenplan festzuhalten und das Material aufzuräumen.

Aber noch ein weiteres Merkmal ist für diese Klasse kennzeichnend: Wenn Marco zum Beispiel morgens den Schulhof betritt, gilt sein erster Blick einer runden Pappscheibe an einem Fenster seines Klassenzimmers: Zeigt sie rot, dann weiß er, das Klassenzimmer ist noch geschlossen, zeigt sie aber grün, dann ist das für ihn ein sicheres Zeichen, dass er nicht bis zum Läuten im Schulhof warten muss, sondern sofort in das Zimmer gehen kann. Heute will er, bevor noch die meisten anderen Kinder da sind, ein Arbeitsmaterial anschauen, das seine Aufmerksamkeit besonders erregt hat. Vielleicht kann er die Aufgabe lösen. Zudem kann er seine Lehrerin fragen, ob ihr sein neuer Haarschnitt gefällt. Solche persönliche Mitteilungen lassen sich am besten austauschen, wenn nicht alle Kinder im Zimmer sind und der Schulalltag noch nicht begonnen hat.

Merkmale von Freier Arbeit

Sind die Kinder dieser Klasse während solcher Stunden nun wirklich frei? Oder ist der Ausdruck »Freie Arbeit« ein Etikettenschwindel? Frei bedeutet hier nicht, dass die Kinder grundsätzlich tun und lassen können, was sie wollen. Das wäre auch ein grundsätzliches Missverständnis von Freiheit. Frei bedeutet hier vielmehr, dass die Schüler aus einem Angebot unterschiedlicher Aufgaben und Tätigkeiten selbst wählen können. Sie sind also frei in der Entscheidung, was, wie, wie lange, womit, mit wem sie arbeiten und lernen möchten.

Aber damit beginnt auch schon die Schwierigkeit. Wie hoch soll der Grad an Freiheit sein? Wie Jürgens (1997) feststellt, gibt es hierüber geradezu eine verwirrende Vielfalt von Auffassungen. Sie reichen von Freier Arbeit ohne jegliche Vorschriften, welche Themen zu bearbeiten sind, bis zu einer inhaltlich stark reglementierten, am Lehrplan orientierten »Wochenplanarbeit«. Auch hinsichtlich der Zahl der den Kindern zur Verfügung stehenden Freiarbeitsstunden, gibt es unterschiedliche Meinungen und Praktiken: Sie reichen von nur einer wöchentlichen Freiarbeitsstunde bis zu mehr als der Hälfte der wöchentlichen Unterrichtszeit.

Jedenfalls wird Freie Arbeit an keiner Grundschulklasse die einzige Unterrichtsform sein. Sie ersetzt nicht eine systematische, lehrerzentrierte Erarbeitung von bestimmten Lerninhalten, sie erübrigt nicht den Lerngang, bei dem Schüler sich Sachverhalte aus der konkreten Lebenswirklichkeit erarbeiten, sie macht weder das gemeinsame Unterrichtsgespräch noch eine Expertenbefragung oder Rollen- bzw. Theaterspiele überflüssig. Freie Arbeit ist *eine* von mehreren Unterrichtsformen, die eine Reihe spezifischer Vorteile bietet, auf die wir noch zu sprechen kommen werden.

Im Einzelnen sind folgende Merkmale für Freie Arbeit kennzeichnend:

- Die Kinder suchen sich selbst ihre Tätigkeit aus oder bestimmen zumindest die Reihenfolge der zu erledigenden Aufgaben. Verschiedene Kinder arbeiten zu derselben Zeit an unterschiedlichen Aufgaben: die einen verfassen einen Text, die andern lösen eine Rechenaufgabe, lassen sich ein Diktat diktieren, malen ein Bild, lösen Rätsel, informieren sich über Pilze. Hierzu werden eigens Materialien bereitgestellt.
- Die Arbeitsmaterialien, die an den Seitenwänden und in als Raumteilern verwendeten Regalen für alle frei zugänglich ausliegen, laden dazu ein, in die Hand genommen zu werden. Nicht die Lehrerin, sondern das bereitliegende Material fordert im Idealfall die Kinder zur Arbeit auf. Dabei werden ganz unterschiedliche Materialien angeboten. Da sind solche, die gekauft oder von der Lehrerin oft mit Unterstützung der Eltern hergestellt wurden. Es gibt aber auch ganz einfache, deren Herstellung keinen großen finanziellen oder zeitlichen Aufwand erfordert: eine Blume oder ein durchgeschnittener Apfel, die als Vorlage für eine genaue Beschreibung oder ein eigenes Bild dienen sollen, ein Gedichtbuch, aus dem ein Gedicht ausgesucht und in Schönschrift abgeschrieben werden soll, Rechenaufgaben, ein Diktattext, den man sich von einem Mitschüler diktieren lassen kann, Kataloge, aus denen Wörter mit bestimmten Buchstaben auszuschneiden sind, ein interessantes Bild, zu dem eine Geschichte geschrieben werden soll usw.
- Die meisten Materialien bieten die Möglichkeit der Selbstkontrolle. Hierzu bieten sich verschiedene Möglichkeiten an.

  Bei dem auf S. 232 erwähnten Material Pilze gilt folgende Anweisung: Lege alle Bildkarten mit Namen aus! Decke sie passend mit den Bildkarten ohne Namen ab!

Ordne die Namenskärtchen richtig zu! Der Schüler kann durch Hochheben der zweiten Bildkarte die Arbeit überprüfen. Bei dem Material Dosendiktat gilt folgende Anweisung: Lies den zu übenden Text sorgfältig durch! Ordne die hierzu passenden Satzteile in der richtigen Reihenfolge an! Lies den ersten Satzteil, präge ihn dir ein, wirf den Streifen in die Dose! Schreibe den Text auf! Die Selbstkontrolle besteht darin, dass der Schüler den Streifen nochmals aus der Dose holen und mit dem Geschriebenen vergleichen kann. Bei einem Tangram mit Einmaleinsaufgaben sind in jeder Schachtel eine bestimmte Anzahl geometrischer Figuren. Auf jeder Figur steht mindestens an einer Seite eine Rechenaufgabe oder eine Lösungszahl. Die Anweisung lautet: Lies eine Aufgabe! Suche nach dem Kärtchen, auf dem die hierzu passende Lösungszahl steht! Lege es an das Aufgabenkärtchen an! Die Kontrolle besteht darin, dass die Schüler nach dem Anlegen aller Teile eine große geometrische Figur erkennen können. Sie können zudem noch in einem Kontrollheft nachschauen, in dem alle Lösungen abgebildet sind. Zu einem Sachbuch (z. B. Lucht, I.: Die Baum Uhr. München 81985) heißt die Anweisung: Lies sorgfältig den Text einer Doppelseite ! Lies die hierzu passenden Fragen auf dem großen Karton! Suche aus den kleinen Kärtchen die passende Antwort und lege es auf das entsprechende Feld! Die Selbstkontrolle besteht darin, dass der Schüler nach dem richtigen Legen aller Kärtchen und dem Umdrehen derselben ein in sich stimmiges Bild erkennt. Bei sog. Loch- oder Stöpselkarten (z. B. zur Förderung der optischen Differenzierungsfähigkeit) sind zu jedem Buchstaben auf einem Karton zehn Bilder und darunter jeweils drei Löcher zu sehen. Die Anweisung lautet: Suche dir eine Karte aus! Überlege bei jedem Wort, ob der angegebene Buchstabe als Anfangs-, Innen- oder Endlaut zu hören ist! Stecke einen Stöpsel in das passende Loch! Wenn der Schüler die Karte umdreht, erkennt er an einem farbigen Ring, ob er den Stöpsel in das richtige Loch gesteckt hat. Bei Loch- oder Stöpselkarten kann die Selbstkontrolle auch auf eine andere Art erfolgen: Zu einer Serie von Rechenaufgaben, die in einem Kästchen liegen, steht auf jeder Karte eine Aufgabe mit fünf möglichen Lösungen. Die Anweisung lautet wiederum: Überlege, welche Lösung richtig ist! Stecke einen Stöpsel in das Loch! Nur bei richtiger Lösung kann der Schüler die bearbeitete Karte aus dem Kästchen ziehen, um die nächste Aufgabe lösen zu können. Bei dem Lesematerial »Geheime Botschaften« lautet die Anweisung: Suche dir einen Briefumschlag aus, öffne ihn und lies die Botschaft! Ein Beispiel: Gehe auf den Zehenspitzen zu der Tür! Öffne und schließe sie, so leise du kannst! Die Selbstkontrolle besteht darin, dass der Schüler anschließend anhand der zuvor gelesenen Anweisung überprüft, ob der Auftrag richtig ausgeführt wird. Bei sog. Steckbrettern können die Schüler auf einer Holzplatte an die passende Stelle kleine Fähnchen mit der richtigen Bezeichnung stecken. Anhand eines Kontrollblattes wird die Lösung überprüft.

> Der Erzieher tritt zurück und bei diesem Zurücktreten sieht er das Kind.
> H. Helming (1992)

Die Möglichkeit der Selbstkontrolle macht die Schüler relativ unabhängig von der Lehrerin, ohne auszuschließen, dass sie, wenn sie wollen, ihr Werk der Lehrerin zeigen können, um die für sie notwendige Bestätigung zu erhalten. Die Möglichkeit der Selbstkontrolle erhöht desgleichen die Motivation, wenn etwas nicht gelingt, gleich nach dem Fehler zu suchen und diesen zu korrigieren. Sie macht zudem von außen kommende Kritik überflüssig und reduziert soziale Vergleiche.

- Freie Arbeit ersetzt nicht die Lehrerin; diese wird weder nebensächlich noch überflüssig. Freie Arbeit schafft ihr vielmehr Raum für die zentrale Aufgabe, die Schüler zu beobachten und im geeigneten Augenblick dem einzelnen Kind bei auftretenden Problemen beratend und helfend zur Seite zu stehen. Viele Kinder werden ihr trotz Selbstkontrolle ihre fertigen Lösungen zeigen wollen. Selbstverständlich wird sie loben, wenn die Aufgabe richtig gelöst wurde, einzelne Kinder ermutigen, auch schwierigere Aufgaben in Angriff zu nehmen, entscheidungsschwachen Kindern Vorschläge für die Materialauswahl machen oder sich zu Kindern setzen, die Schwierigkeiten haben, eine Aufgabe zu Ende zu führen. Die Präsenz der Lehrerin bleibt von hoher Bedeutung. Aber die Art der Präsenz ändert sich.
  Die Lehrerin hat zudem die Aufgabe, den Schülern durch die Bereitstellung eines vielseitigen und breit gefächerten Materialangebots unterschiedliche Lernmöglichkeiten anzubieten.
- Freie Arbeit ist nicht möglich ohne gemeinsame Absprachen, Regeln und Rituale. Eine der wichtigsten Regeln ist, dass Schüler ihr Material selbst holen und am Ende der Stunde wieder an den richtigen Platz zurückstellen. Wenn ein Schüler an einem Material weiterarbeiten will und dieses deshalb liegen lässt, muss er dies durch Dazulegen seines Namenskärtchens signalisieren.
  Wenn es der Lehrerin oder einem Schüler zu laut wird, kann er das dadurch kundgeben, dass er mit einem bereitgestellten Glöckchen läutet. Das ist für die anderen ein Zeichen, leiser zu sein.
  Häufig wird ein Fähnchen mit der Aufschrift »Bitte warten« von der Lehrerin auf den Tisch gestellt, wenn sie einem Kind etwas erklären und dabei von anderen nicht gestört werden möchte.
  Solche Regeln müssen mit den Kindern vereinbart, geübt, aber auch immer wieder hinsichtlich ihrer Brauchbarkeit überprüft werden.
- Lehrer und Schüler müssen den Überblick darüber behalten, was in den Freiarbeitsstunden geleistet wurde. Hierbei bietet sich für die älteren Schüler die Möglichkeit eines Freiarbeitsheftchens an. Hier trägt der Schüler ein, was er während dieser Stunde gemacht hat, und kann dann selbst in seinem persönlichen Arbeitstagebuch nachlesen, was er schon alles geleistet hat. Eine andere Möglichkeit ist eine Liste an der Innentüre eines Materialschranks. Auf ihr sind in den Zeilen die verschiedenen Materialien, in den Spalten die Namen der Kinder aufgeführt. Jedes Kind, das ein Arbeitsmaterial bearbeitet hat, macht in das entsprechende Kästchen ein Zeichen. So kann der Lehrer auch sehen, welche Materialien besonders gern bearbeitet werden, welche Schüler um welche Materialien am liebsten einen Bogen

machen, welche Schüler sich schwierige Arbeiten zutrauen, welche vielleicht ermutigt werden müssen. Und für den einzelnen Schüler kann es eine Genugtuung sein, wenn er sieht, wie unter seinem Namen die Zahl der Zeichen für »erledigt« immer größer wird. Niemand hat aber auch etwas dagegen, wenn ein Kind mit einem Material zweimal oder dreimal arbeitet und genießt, dass diese Aufgaben schon so gut beherrscht werden.

Historische Wurzeln

Freie Arbeit ist keine moderne Konzeption, auch wenn sie bei uns erst seit einigen Jahren in größerem Umfang praktiziert wird. Im Konzept der Freien Arbeit bündeln sich verschiedene Zielsetzungen der Reformpädagogik: das Ziel der Selbsttätigkeit (die Schüler müssen ihre Aufgaben selbstständig auswählen und bearbeiten), der Kindgemäßheit (Berücksichtigung individueller Interessen und Arbeitsrhythmen), das Ziel des ganzheitlichen Lernens (viele Aufgaben sind nicht nur Papier-Bleistift-Aufgaben), das Ziel, Gemeinschaftsgefühl und Zusammenarbeit zu stärken (die Schüler können viele Aufgaben gemeinsam lösen, zudem wird das Konkurrenzlernen reduziert). Entscheidend ist, dass Schüler sich in zunehmend größer werdender Eigenverantwortung für ihr Lernen selbst verantwortlich fühlen. Aus passiven Schülern, denen der Lehrer im Gleichschritt des Gesamtklassenunterrichts Lerninhalte, Lernschritte und Lernzeiten vorgibt, sollen Schüler werden, die nach individuellen Möglichkeiten und Bedürfnissen selbstverantwortlich ihre Lernvorgänge steuern.

Vier Reformpädagogen seien namentlich erwähnt (siehe auch Knörzer/Grass 1998):

Maria Montessori (1870–1952) stellte die Eigengesetzlichkeit des Kindes in den Mittelpunkt ihrer Pädagogik. Nach ihr entwickelt sich jedes Kind nach einem eigenen, individuellen Bauplan und verfügt über die Fähigkeit, selbstständig seine Persönlichkeit aufzubauen. Fruchtbares Lernen muss in Übereinstimmung mit diesem individuellen Bauplan erfolgen. Hierzu bedarf es der Bereitstellung einer »Vorbereiteten Umgebung«, in der das Kind selbst tätig werden kann. Montessori geht davon aus, dass ein Kind, das sich frei in einer Vorbereiteten Umgebung für eine Arbeit entscheidet, zu einer Konzentration kommen kann, in der es sich, unbehelligt von möglichen Ablenkungen, ganz in die Arbeit versunken, seiner Tätigkeit hingibt. Sie nannte dieses Phänomen Polarisation der Aufmerksamkeit. Durch diese Konzentration auf die Arbeit kommt es zu einer tief greifenden Veränderung des Kindes, einer inneren Ordnung seiner bislang ungeordneten Vorstellungen, zu dem Erlebnis, einen Sachverhalt zu durchschauen, eine Aufgabe lösen zu können. Diese innere Ordnung geht über das Kompetenzerleben hinaus. Sie macht das Kind zufrieden, ausgeglichen, und freundlich gegenüber den andern. Maria Montessori spricht von »Normalisierung« des Kindes durch Polarisation der Aufmerksamkeit.

Damit es aber dazu kommen kann, muss die Vorbereitete Umgebung dem Kind angepasst, geordnet und überschaubar sein. Bei den angebotenen Materialien wird am Material von allem abstrahiert, was das Kind ablenken oder in eine andere Richtung führen könnte (materialisierte Abstraktion). Dadurch soll erreicht werden, dass sich die Konzentration des Kindes auf die eine wesentliche Sache richten kann. Erst danach folgt die Übertragung auf die Wirklichkeit. So wird etwa mit gleich großen und gleichfarbigen (goldenen) Perlen gerechnet und nicht mit Nüssen. In der biologischen Kommode befinden sich gleichfarbige, stilisierte Blätter aus Sperrholz, nicht wirkliche Blätter von Bäumen.

Die Aufgabe der Lehrerin besteht neben der Bereitstellung der »Vorbereiteten Umgebung« darin, dass sie die Kinder beobachtet und sie zum richtigen Zeitpunkt mit dem von ihnen gewünschten Material vertraut macht, um sich dann wieder zurückzuziehen und das Kind selbstständig arbeiten zu lassen. Das Kind wählt seine Aufgabe frei und kann sich beliebig lang mit seinem Material beschäftigen. So kann es sein, dass ein Schüler einer Montessori-Schule an einem bestimmten Themengebiet über mehrere Tage, mitunter sogar Wochen arbeitet.

In Montessori-Schulen sind die Klassen jahrgangsübergreifend zusammengesetzt. Dies begünstigt das soziale Lernen. Das am Prinzip der Individualisierung des Lernens orientierte didaktische Konzept ermöglicht, dass Kinder mit ganz unterschiedlichen Lernvoraussetzungen gemeinsam unterrichtet werden können. Darauf setzen auch die heutigen Überlegungen zur Reform der schulischen Eingangsstufe (vgl. S. 132ff.).

Auch **Peter Petersen** (1884–1952) hat die Jahrgangsklasse zugunsten altersheterogener Gruppierungen abgeschafft. Ein Sitzenbleiben gibt es nicht. Der Unterricht wird organisiert in Form von *Kursen* (Kurse für Schüler, die neu in eine sog. Stammgruppe eintreten, Übungskurse zur Sicherung von Mindestwissen, Niveaukurse – etwa in Englisch, nachdem die Schüler vier bis fünf Monate gemeinsam unterrichtet wurden –, Wahlkurse mit besonderen Themen), in Form von *Gruppenunterricht* (Ausgangspunkt sind hier die Tischgruppen), *Freier Arbeit* (wenn die Elementargrammatik eines Fachs beherrscht wird) und *Arbeit im Kreis* (für all das, was gemeinsam betrieben werden muss, z. B. Einführung in grundlegende Aspekte eines Fachs, gemeinsame Planungen, Singen usw). Oft findet ein Übergang der Arbeit im Kreis in Gruppenunterricht oder Freie Arbeit statt.

Zentrale Elemente der Schule von **Célestin Freinet** (1896–1966) waren die Schuldruckerei, die Klassenkorrespondenz und das Verfassen freier Texte. Schüler wählen ein Thema aus ihrer Lebenswelt, das sie niederschreiben oder anderen mitteilen wollen. Der entsprechende Text wird vom Schüler selbst verfasst, der Lehrer bleibt im Hintergrund. Er verbessert Schreibfehler, greift aber nicht in die Gestaltung des Textes ein, um die Originalität des kindlichen Ausdrucks nicht zu zerstören. Die Schüler entscheiden, welcher Text gedruckt und evtl. einer anderen Klasse geschickt werden soll. Andere Klassen antworten, auf diese Weise entsteht eine Klassenkorrespondenz, die den Schülern der kleinen Landgemeinde einen Spalt weit die Tür zur weiten Welt öffnet. Lesen, Schreiben, Grammatik und Orthographie werden hierbei gleichermaßen geübt wie der freie sprachliche Ausdruck, aber auch Genauigkeit, Ausdauer sowie Zusammenarbeit und das Einhalten demokratischer Spielregeln. Das Verfassen der Texte ist in Form Freier Arbeit organisiert. Kein Schüler wird dazu gezwungen. Die Arbeit kann allein oder mit anderen erledigt werden. Die Themen werden nicht vorgegeben, sondern von den Schülern gewählt.

Ein weiteres wichtiges Merkmal der Unterrichtskonzeption Freinets ist selbstständiges Lernen in Form Freier Arbeit anhand von Arbeitsmaterialien aus der Umwelt des Kindes (die Montessori-Materialien lehnt er als zu künstlich ab) oder anhand der Klassenbibliothek bzw. der aufliegenden Arbeitskarten oder Arbeitshefte (Bibliothèque de Travail). Um hierfür die entsprechenden Rahmenbedingungen zu schaffen, hat Freinet das Klassenzimmer in einzelne Arbeitszonen (Ateliers) aufgeteilt. Der Stundenplan wird durch Tages- und Wochenpläne ersetzt. Den damaligen Schulbüchern warf Freinet vor, dass sie die Kinder verdummen, entmündigen, ihre Eigeninitiativen lähmen und so letztlich die politische Funktion des Niederhaltens der unteren Sozialschichten haben.

Helen Parkhurst (1887–1973), beeinflusst von J. Dewey und M. Montessori, hat mit ihrem 1922 vorgestelltem Daltonplan[1] das Schulwesen vor allem in Amerika, in England und den Niederlanden beeinflusst. Für Parkhurst ist Freiheit die zentrale Leitidee ihrer Pädagogik. Freiheit ist aber unlöslich mit Verantwortung verbunden und gilt gleichermaßen für Schüler und Lehrer. Der Schüler muss sich entscheiden, welches Themengebiet, mit welchen Hilfsmitteln, mit wem, in welchem Zeitraum er bearbeiten möchte. Der Lehrer bzw. das Kollegium muss entscheiden, welche Pensen bearbeitet, wie viele »Dalton-Stunden« pro Woche angeboten, welche Hilfsmittel eingesetzt, ob jahrgangsübergreifende Gruppierungen gebildet werden sollen. Die Schüler arbeiten nach verpflichtend angenommenen Arbeitsanleitungen, sog. »assignments«. In der Regel ist jedes Wochen- oder Monatsassignment nochmals in fünf oder 20 »units« unterteilt. Die Anleitungen selbst reichen von knappen Aufgabenlisten bis zu sehr ausführlichen »Studienbriefen«, die den Schülern eine umfassende Anleitung zu einem Selbststudium bieten. Der Lehrer hält Lernstand und Arbeitsverhalten der einzelnen Schüler in den verschiedenen Fächern und bei den einzelnen »units« in einer entsprechenden Tabelle fest (Instructor's Laboratory Graph). Des Weiteren führt jeder Schüler eine Schülerkarte, in der er seine Arbeit eines ganzen Monats dokumentiert (Pupil's Contract Graph). Sobald eine »unit« erfolgreich bearbeitet ist, trägt der Schüler den entsprechenden Arbeitstag ein. Schüler und Lehrer haben somit einen Überblick über das individuelle Arbeitsverhalten während der einzelnen Tage.

Schließlich sei daran erinnert, dass vor allem **angelsächsische Grundschulen** (siehe Belser/Roeder/Thomas 1972; Kasper/Piechorowski 1978; Kasper [3]1997) bereits Ende der 60er-Jahre die oben skizzierten Ansätze von Montessori, Petersen und Freinet aufgegriffen und verschiedene Möglichkeiten für einen sog. offenen Unterricht entwickelt haben. Der 1967 veröffentlichte Plowden Report war eine Bestandsaufnahme des in englischen Grundschulen praktizierten Unterrichts und dokumentierte die weite Verbreitung offener Unterrichtsformen. Er hatte aber auch programmatische Bedeutung. Plädiert wurde für einen flexiblen, an den Interessen der Kinder orientierten Unter-

1 Der Daltonplan ist für den Sekundarbereich konzipiert. Trotzdem wird er hier wegen seiner grundsätzlichen Bedeutung kurz erläutert.

richt. Nicht die Ausrichtung am Lehrplan, sondern die spontane Aufnahme von Interessen der Kinder sollten im Mittelpunkt stehen. Nicht der Lehrplan und nicht der Lehrer, sondern das Kind wurde als der wichtigste Agent seines Lernens angesehen. Das in England damals dezentralisierte Schulwesen ermöglichte die verschiedensten Formen »Offenen« Unterrichts, eröffnete große Freiheitsspielräume, räumte aber auch persönlichen Vorlieben und Einseitigkeiten einzelner Lehrer einen breiten Raum ein.

Wesentliche Anstöße für Freie Arbeit in Deutschland gingen von England aus. Offener Unterricht setzte sich hier vor allem in Form Freier Arbeit durch. Viele Lehrerinnen und Lehrer sahen darin ein Konzept, das der Eigenart vieler heutiger Kinder entgegenkommt und das auch ihren eigenen Vorstellungen von Unterricht entsprach. Bei der in den 60er-Jahren einsetzenden, von der Basis, also den Lehrern, ausgehenden Bewegung handelt es sich zudem um eine Gegenbewegung zu dem damals propagierten Konzept des lernzielorientierten Unterrichts mit weitgehend geschlossenen und streng an vorgegebenen operationalisierten Lernzielen ausgerichteten Curricula (vgl. Knörzer/Grass 1998). Bemerkenswert ist, dass diese Freie Arbeit nicht von oben angeordnet wurde, sondern sich als eine »Bewegung von unten« – Jürgens (1996) nennt sie »Bewegung Offener Unterricht« – ausbreitete.

Durch die Einbettung Freier Arbeit in die geltenden Lehrpläne und die Beschränkung auf nur einen Teil des Unterrichts wurden im Unterschied zu England problematische Ausuferungen und leistungsmindernde Auswirkungen dieses Konzepts verhindert (siehe S. 252f.).

Pädagogische Hoffnungen, Probleme und Schwierigkeiten

Mit dem Konzept der Freien Arbeit verbinden sich mehrere, miteinander verwobene pädagogische Hoffnungen:

- Durch Freie Arbeit wird das Selbstvertrauen der Kinder in besonderer Weise gestärkt. Wenn sie eine Aufgabe öfters wiederholen können (ohne dem ständigen Vergleich mit den Mitschülern ausgesetzt zu sein), bietet sich die Chance, dass sie zu der Überzeugung kommen: »Ich kann es!« Freie Arbeit bietet somit die Möglichkeit, das eigene Fähigkeitsselbstbild zu verbessern und ein günstiges Kausalattribuierungsmuster zu erwerben.
  Wegen seiner überragenden Bedeutung für die Lernmotivation sei dieses Konzept näher vorgestellt.
  Wenn Menschen ein Handlungsergebnis erzielt haben, versuchen sie, dieses zu erklären. Das gilt vor allem, wenn der Handlungsausgang unerwartet ist oder es zu Misserfolgen kam. Sie suchen nach Ursachen (Kausalattribuierung = Ursachenzuweisung). Dabei können sie sich täuschen. Sie führen vielleicht einen Erfolg auf ihre Fähigkeit zurück, dabei war er durch Zufall bedingt. Oder sie machen für einen Misserfolg ihre mangelnde Fähigkeit verantwortlich, dabei haben sie sich nur nicht genügend angestrengt. Trotz solcher Fehleinschätzungen ist diese subjektive

Erklärung von großer Bedeutung. Sie entscheidet, ob man sich über das Ergebnis freuen kann oder ob es deprimiert. Aus der Erklärung des Handlungsergebnisses lassen sich Rückschlüsse auf die eigenen Fähigkeiten ziehen. Die Kausalattribuierung beeinflusst zudem ihr zukünftiges Verhalten.
Weiner u.a. (1975) haben die Erklärungsfaktoren nach den Dimensionen »Personabhängigkeit« und »zeitliche Stabilität« geordnet.

	Personabhängige Faktoren	
	internal	external
Zeitlich relativ stabile Faktoren	Begabung	Schwierigkeit des Faches
Zeitlich relativ instabile Faktoren	Anstrengung	Zufall

In vielen Untersuchungen (Meyer 1973; Weiner 1975, 1984) ließ sich feststellen, dass Schüler relativ feste Attribuierungsmuster der Beurteilung ihrer Leistung zugrunde legen. Dabei lassen sich zwei Schülertypen unterscheiden:
Erfolgsorientierte Schüler führen ihre Erfolge überwiegend auf Begabung zurück, ihre Misserfolge auf Pech oder mangelnde Anstrengung. Bei Erfolgen wird so das positive Selbstbild bestätigt, bei Misserfolgen wird dieses nicht sonderlich beeinträchtigt, da die Ursachen des Misserfolgs ja in relativ instabilen Faktoren vermutet werden: Pech hat man nicht immer und die Anstrengung kann man erhöhen, wenn man will. Ein Misserfolg ist bei diesem Attribuierungsmuster also nicht so tragisch. Erfolg dagegen bestätigt einen in der Überzeugung, begabt zu sein.
Bei *misserfolgsorientierten* Schülern ist das Kausalattribuierungsmuster nicht so einheitlich. Oft führen sie ihre Erfolge auf Zufall zurück, für Misserfolge machen sie ihre mangelnde Begabung verantwortlich. Bei diesem Erklärungsmuster kann man sich über Erfolg nur wenig freuen und der so erklärte Erfolg führt auch nicht zu einer Erhöhung des Fähigkeitsselbstbildes. Misserfolg aber wird als deprimierend erlebt: Man ist eben nicht genügend begabt und an Begabung lässt sich nichts ändern. So wird bei diesem Attribuierungsmuster die Misserfolgsorientierung stabilisiert. Auf längere Sicht wird Resignation die Folge sein.

	Erfolgsmotivierte Schüler	Misserfolgsmotivierte Schüler
Erfolg	Begabung ↓ Ermutigung	Kein einheitliches Muster: Glück, Zufall ↓ Keine Ermutigung
Misserfolg	Zufall (Pech) Mangelnde Anstrengung ↓ Nächstes Mal mehr tun!	Mangelnde Begabung ↓ Entmutigung

Schüler werden in Freier Arbeit eher Erfolge als Misserfolge erzielen, da sie zum Beispiel den Schwierigkeitsgrad und das Lerntempo selbst bestimmen, eine Aufgabe mehrmals wiederholen, Hilfe in Anspruch nehmen oder auf dem Lösungsblatt nachschauen können. Sie lernen zudem die Bedeutung von Anstrengung kennen, etwa dann, wenn eine Lösung erst nach dem dritten Anlauf gelingt. Sie lernen, dass ein Erfolg nicht eine Frage des Zufalls, sondern der Anstrengung ist. Dadurch erhöht sich auch die Wahrscheinlichkeit, dass sie die Ursachen für Erfolge nicht mehr in erster Linie auf Zufall, sondern allmählich auf die eigene Anstrengung zurückführen. Es lohnt sich also, zu arbeiten! So könnte langsam aus einem Schüler mit einem ehemals negativen Fähigkeitsselbstbild und ungünstigem Kausalattribuierungsmuster ein Schüler mit einem positiven Selbstbild und günstigem Attribuierungsmuster werden.

> In einem Haus brach ein Feuer aus. Die Feuerwehr hatte alle Hände voll zu tun, die Bewohner aus den Flammen zu retten. Bei einem Mann hatte sie aber besondere Schwierigkeiten; er schlief. Immer wieder rutschte er den Feuerwehrleuten aus den Armen, schien unendlich schwer zu sein, ließ sich einfach hängen.
> Da sagte einer der Männer: »Wecken wir ihn doch auf!«

- Mit der Stärkung des Selbstvertrauens eng verwoben ist die Stärkung von Selbstverantwortung und Selbstständigkeit. Schüler können besonders in Freien Arbeitsstunden erleben, dass sie selbst für ihr Lernen verantwortlich sind, dass ihre Ausdauer, ihre Hartnäckigkeit und Anstrengungsbereitschaft entscheidend zum Erfolg beitragen. Sie lassen sich nicht von der Lehrerin, wie auf einem Fließband sitzend, fortbewegen, sondern fühlen sich selbst für das »Vorwärtskommen« verantwortlich. Lehrerinnen und Lehrer helfen, unterstützen, arrangieren Lernchancen; verantwortlich für das eigene Lernen ist aber letztlich der Schüler selbst. Zugleich lernen sie ein Stück Selbstständigkeit. Sie müssen selbstständige Entscheidungen treffen, sich selbst die Materialien verschaffen, ihre Arbeit organisieren, ihre Zeit einteilen und die Arbeit überprüfen.

> Hilf mir, es selbst zu tun!
> M. Montessori (1980)

- Freie Arbeit ist geradezu eine Idealform der inneren Differenzierung, vor allem deswegen, weil sie durch den Schüler selbst geschieht. Diese selbst initiierte Differenzierung kann auf verschiedenen Ebenen geschehen:
  - Differenzierung nach Interessen und Neigungen. Jeder Schüler kann zumindest in einem Teil des Unterrichts frei entscheiden, was er jetzt tun möchte: eine Rechenaufgabe lösen, Pflanzen pressen, ein Dosendiktat schreiben, die Geschichtskette legen, in der Leseecke lesen.

– Differenzierung nach der Sozialform. Bei vielen Tätigkeiten kann der Schüler selbst entscheiden, ob er sie allein, mit einem Mitschüler oder in der Gruppe lösen will.
– Differenzierung nach dem Schwierigkeitsgrad. Die für viele Schüler schwierige Aufgabe, eine Aufgabe zu wählen, die ihrem Fähigkeitsstand angemessen ist, kann dadurch erleichtert werden, dass die Lehrerin Arbeitsblätter mit leichten Aufgaben mit einem grünen, die schweren Aufgaben mit rotem Punkt kennzeichnet. So lernen die Schüler allmählich auch, sich selbst richtig einzuschätzen. Dabei muss allerdings mitbedacht werden, dass ängstliche Schüler möglicherweise immer die leichteren Aufgaben wählen und dies längerfristig zu einer Selbstabwertung führt. Die Lehrerin müsste den einen oder anderen Schüler, der aus Furcht vor Versagen immer nur leichte Aufgaben auswählt, ermutigen, sich auch an schwerere Aufgaben heranzuwagen.
– Differenzierung nach der Zeit. Kinder haben die Möglichkeit, Zeitpunkt und Zeitdauer der Beschäftigung mit einem Material selbst zu bestimmen. Sie können schnell oder langsam arbeiten. So können sie ihrem Lernrhythmus entsprechend lernen.

- Freie Arbeit kann dazu beitragen, den Leerlauf während der Schulstunden durch die Attraktivität der Materialien und die Herausforderung, etwas selbst zu können, zu reduzieren. Bedenkt man, wie lange an einem Vormittag bei traditionellem Unterricht die Schüler wirklich intensiv arbeiten, so wird man zu dem Ergebnis kommen, dass es viel Leerlauf gibt. Da muss man warten, bis z. B. alle Schüler ihr Heft aufgeschlagen haben, bis alle ruhig sind, bis alle fertig sind usw. Da kann man auch, vom Lehrer kaum bemerkt, in Gedanken leicht abschweifen. Allerdings besteht auch die Gefahr, dass bei Freier Arbeit manche Kinder sich vor allem mit dem Beginn einer Arbeit schwer tun. Empirische Untersuchungen haben jedoch ergeben, dass bei Freier Arbeit relativ wenig Zeit vertrödelt wird (vgl. S. 255).
- Freie Arbeit ist ein Idealfall für soziales Lernen.
  Viele Materialien sind bewusst nur einmal im Klassenzimmer vorhanden. Die Kinder werden so aufgefordert, untereinander Absprachen zu treffen oder Regeln aufzustellen, in welcher Reihenfolge z. B. die Schreibmaschine benutzt werden kann. Andere Materialien (z. B. Partnerdiktat) lassen sich gut in Partnerarbeit einsetzen. Das Kind kann selbst entscheiden, mit wem es arbeiten und von wem es sich helfen lassen möchte. Helfen und Sich-helfen-Lassen werden so ständig und als etwas Selbstverständliches praktiziert. Auch der pflegliche Umgang mit dem Material sowie das ordnungsgemäße Aufräumen desselben sind kleine Bausteine sozialen Lernens.
- Da viele Materialien, die in Freier Arbeit benutzt werden, die Möglichkeit einer Selbstkontrolle enthalten (siehe S. 234f.) und so mögliche Fehler dem Schüler sofort zurückgemeldet werden, erhöht sich die Motivation, die richtige Lösung zu finden. Die Bereitschaft, nach dem Fehler zu suchen und ihn zu korrigieren, ist größer, als wenn die Lehrerin erst einige Zeit nach der Aufgabenbearbeitung auf einen Fehler aufmerksam macht.

- In der Freien Arbeit wird der Konkurrenzdruck unter den Schülern reduziert. Wenn viele Materialen nur einmal vorhanden sind, hat dies auch den Vorteil, dass der Schüler sich in viel höherem Maße auf die Aufgabe konzentrieren kann und nicht so sehr durch die Sorge abgelenkt wird, dass andere vielleicht schneller sind. Wenn er bei der Aufgabe einmal nicht weiterkommt, braucht er nicht gleich zu denken, er sei nicht so klug wie die anderen. Er selbst vergleicht sich nicht mit ihnen und wird nicht mit ihnen verglichen. Der Beurteilung liegt vielmehr der sach- oder der personbezogene Maßstab (vgl. S. 199f.) zugrunde. Zudem reduziert die Möglichkeit der Selbstkontrolle den Vergleich mit anderen.

Nun hat das Konzept der Freien Arbeit auch Schattenseiten. Da ist zunächst die Sorge zu nennen, dass die Kinder bei so viel Freiheit vielleicht nicht genügend lernen. Wir werden der hier angesprochenen Frage nach der Effizienz auf S. 252ff. ausführlich nachgehen. Viele Sachverhalte könnten von der Lehrerin vielleicht präziser und in kürzerer Zeit erklärt werden. Bei Freier Arbeit können sich möglicherweise Fehler einschleichen, die längere Zeit nicht entdeckt werden. Es gibt immer wieder Schüler, die sich für eine Aufgabe nicht entscheiden können, eine angefangene nicht zu Ende führen, das Material nicht ordnungsgemäß aufräumen, immer wieder dieselben Aufgaben wählen, andere nicht in Ruhe arbeiten lassen oder die Möglichkeit der Selbstkontrolle durch Mogeln missbrauchen. Ängstliche Kinder tun sich mit Freier Arbeit zunächst vielleicht schwerer als weniger Ängstliche. Die Wahl einer Aufgabe wird möglicherweise nur dadurch bestimmt, dass der eigene Freund auch diese Aufgabe gewählt hat. Schwierigkeiten, die in der Person des Schülers liegen, sind aber weniger Argumente gegen Freie Arbeit (sie treten in einem traditionellen Unterricht oft gar nicht in Erscheinung) als vielmehr eine pädagogische Herausforderung, diesen Kindern gezielt Hilfen anzubieten.

Ein weiteres Problem besteht darin, dass das Material für Freie Arbeit sich oft auf relativ einfache Aufgaben vorwiegend mit übendem Charakter bezieht. Hier müsste die Lehrerin das Angebot mit anspruchsvolleren Aufgaben erweitern. Auch die Gefahr einer Gängelung des Kindes durch das vorgegebene Material ist zu beachten. Manche Aufgaben sollten deshalb nicht grundsätzlich nur nach dem vorgegebenem Muster lösbar sein, sondern mehrere richtige Lösungen ermöglichen.

Freie Arbeit ist kein Allheilmittel. Sie bietet aber im Zusammenspiel mit lehrerzentriertem Unterricht, Gruppenunterricht und Projekten pädagogisch wünschenswerte Möglichkeiten des Lernens insbesondere für die heutigen Kinder, die in ihren Lernvoraussetzungen äußerst unterschiedlich sind und teilweise eines hohen Maßes an individualisierendem Lernen bedürfen.

Mögliche Organisationsformen

Es gibt gegenwärtig kein einheitliches Muster, wie Freie Arbeit am besten zu gestalten sei. Alle Formen haben Vor- und Nachteile. Wir werden im Folgenden, ausgehend von Organisationsformen, bei denen der Freiheitsgrad der Schüler verhältnismäßig gering ist, bis zu solchen, bei denen der Freiheitsraum relativ groß ist, einige Formen Freier Arbeit darstellen. Die gewählte Reihenfolge legt sich auch durch Überlegungen nahe, wie begonnen werden und was ein mögliches Fernziel sein könnte.

Lernzirkel

Lernzirkel, Stationentraining oder Lernstraßen sind häufig gewählte methodische Verfahren zu einer ersten Öffnung des Unterrichts (Wallaschek [2]1991, Faust-Siehl 1995, Hegele 1996). Im Klassenzimmer steht eine bestimmte Anzahl von Lernangeboten (Stationen) bereit. Festgelegt sind Thema, einzelne (Pflicht-)Aufgaben, mögliche Sozialformen sowie die zur Verfügung stehende Zeit. Eine gewisse Freiheit haben die Kinder in der Auswahl und in der Reihenfolge der Aufgaben, in der Zeit, die für die Bearbeitung verwendet werden kann sowie möglicherweise in der Sozialform. Oft werden den Kindern Laufzettel angeboten, auf denen sie Stationen »abhaken« können und somit einen schnellen Überblick über ihre Arbeit erhalten. Der Verlauf ist weitgehend festgelegt: Nach einer kurzen Erklärung erfolgt ein Rundgang durch die Stationen, dann als zentrales Element die Arbeitsphase und schließlich das gemeinsame Abschlussgespräch. Vorteile dieser Form liegen in der verhältnismäßig engen Bindung an eine Thematik sowie in der klaren methodischen Vorstrukturierung, die Kindern ein hohes Maß an Sicherheit gibt. Garlichs (1990, S. 110f.) spricht von »haltenden« Strukturen, die Voraussetzung für die Selbstständigkeit von Schülern sind. Probleme dieser Form liegen vor allem beim Wechsel zwischen den Stationen. Versucht man ihn mit einem bestimmten Signal (Glöckchen) zu steuern, besteht die Gefahr der Gängelung. Verzichtet man auf ein Signal, sind »Stationenhocker« nicht auszuschließen. Auch der oft verhältnismäßig hohe zeitliche Aufwand für die Bereitstellung der Stationen (meist nur für eine Stunde) muss bedacht sein. Trotzdem sind Lernzikel vor allem für die Einführung der anderen Formen Freier Arbeit ein guter Einstieg.

Arbeit nach dem Wochenplan

In vielen Grundschulen gehören Tages- und Wochenpläne (Huschke/Magelsdorf [4]1993; Vaupel 1995; Claussen 1997) zum festen Bestandteil schulischer Arbeit. Im Montagmorgenkreis wird mit der Klasse besprochen, was im Laufe dieser Woche in den Freien Arbeitsstunden gearbeitet werden soll. Dieser Arbeitsplan wird an der Seitentafel notiert oder jedem Schüler ausgeteilt. Er enthält neben den Pflichtaufgaben auch Hinweise auf mögliche Aktivitäten im Wahlbereich. Wenn jeder Schüler den Wochenplan schriftlich erhält, besteht die Möglichkeit, einzelnen Kindern spezielle

Tipps zu geben oder ihnen besondere Aufgaben zu empfehlen. So wird es auch möglich, einzelnen Kindern gezielte Lernhilfen anzubieten. Jeder Schüler entscheidet im Rahmen des Wochenplans über die Auswahl der Aufgaben, über die Reihenfolge seiner Aktivitäten, über Zeitdauer und Intensität der Arbeitsphase sowie über eine mögliche Kooperation mit Klassenkameraden. Am Wochenende wird gemeinsam mit den Schülern »Bilanz« gezogen. Wichtig ist, dass die Lehrerin die bearbeiteten Aufgaben in bestimmten Zeitblöcken (z. B. alle 14 Tage) kontrolliert und individuelle Hilfen vorbereitet, um das Einschleifen bestimmter Fehler frühzeitig zu verhindern. Die Kinder erhalten dann zusammen mit dem neuen Wochenplan ihre Blätter bzw. Hefte zurück. Besondere Schwierigkeiten, die einzelne Schüler haben, können evtl. in einer Förderstunde behoben werden.

Auch Wochenpläne bieten »haltende« Strukturen (Garlichs 1990, S. 110f.), da sie überschaubar und leicht mit den anderen Unterrichtsstunden verknüpfbar sind. Sie

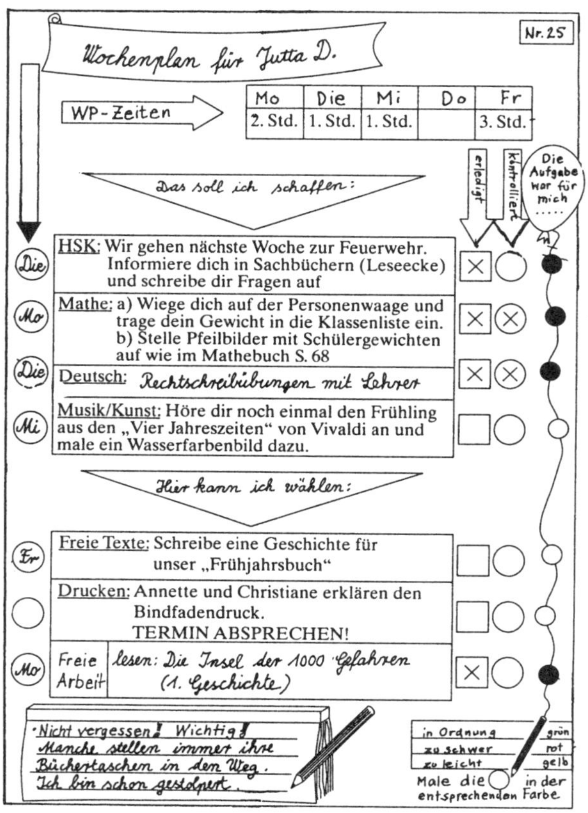

(Aus: H. Schmitt: Auf dem Weg zur Selbstbestimmung – Schrittweise Öffnung des Unterrichts. In: P. Hell (Hrsg.): Öffnung des Unterrichts in der Grundschule. Wochenplanarbeit, Stationentraining, Schuldruckerei. Auer Verlag Donauwörth 1993, S. 33.)

bieten weiterhin der Lehrerin die Möglichkeit, das Angebot von Woche zu Woche neu zu überdenken und einzelnen Kindern spezielle Aufgaben entsprechend ihrem Leistungsstand anzubieten. Auf der anderen Seite kann die Arbeit nach Wochenplan, zumal wenn der Anteil an Pflichtaufgaben hoch ist, die Entscheidungsfreiheit der Kinder sehr einschränken. Nicht zuletzt aus diesen Gründen wählen Lehrerinnen öfters stattdessen einen Monats-, Vierteljahr-, Halbjahr- oder Jahresplan.

Arbeit nach dem Jahresplan

Bei dieser Variante wird auf eine Unterscheidung von Pflicht- oder Wahlprogramm verzichtet. Den Schülern steht eine Fülle von Materialien zur Verfügung, die sie innerhalb eines Jahres oder Halbjahres an den in der Woche dafür vorgesehenen Stunden der Freien Arbeit bearbeiten sollen. Die Materialien stammen aus verschiedenen Fächern, gehen oft weit über den Grundschullehrplan hinaus, greifen ins nächste Schuljahr voraus oder ins vergangene zurück, sodass Schüler wiederholen, aber auch schneller voranschreiten können. Hier haben ganze Lernprogramme, wie etwa ein Mathematikprogramm, ein Rechtschreibtraining, ein größeres Gebiet aus dem Heimat- und Sachunterricht, dessen Bearbeitung mehrere Stunden beansprucht, ihren Platz. Voraussetzung ist wiederum, dass diese Materialien ein hohes Maß an Selbstkontrolle ermöglichen bzw. die Ergebnisse anhand von Lösungsblättern vom Schüler kontrolliert werden können. Die Kinder notieren nach der Arbeit in einer in einem Schrank aufgehängten Liste auf einem Übersichtsblatt, welche Aufgaben sie bearbeitet haben oder notieren dies in einem eigenen Freiarbeitsheft. So erhalten sie einen Überblick über ihre Arbeit und die Lehrerin kann, wenn nötig, steuernd und helfend eingreifen. Den Kindern wird bei dieser Organisationsform ein hohes Maß an Entscheidungsfreiheit zugemutet. Sie können bei dem gleichen Sachgebiet längere Zeit arbeiten und individuellen Interessen in höherem Maße nachgehen als bei einer Wochenplanarbeit. Auf der anderen Seite muss die Lehrerin mögliche Sorgenkinder genau beobachten, um ein Verbummeln zu verhindern. Zudem muss sie ein umfangreiches Materialangebot den Schülern zur Verfügung stellen, das möglicherweise für einzelne Kinder bedrohlich sein kann.

Jede dieser Organisationsformen hat Vor- und Nachteile. Die Arbeit mit dem Wochenplan ermöglicht eine enge Verzahnung von lehrerzentriertem Unterricht und Freier Arbeit. Die Lehrerin kann schneller typische Fehler einzelner Schüler entdecken. Bei einem Jahresplan können umfassendere Aufgaben in Angriff genommen und ganze Lernprogramme absolviert werden. Möglicherweise schreckt die Vielzahl der zu bearbeitenden Aufgaben manche Kinder ab. Lehrerinnen und Lehrer wählen häufig unter den genannten drei Möglichkeiten Mischformen und versuchen, im Hinblick auf die konkrete Klasse, die vorhandenen Arbeitsmaterialien und andere schulische Bedingungen ihren eigenen Weg zu finden.

Erste Schritte von Freier Arbeit in einem ersten Schuljahr

Freie Arbeit gelingt nicht von heute auf morgen. Dabei haben viele Schulanfänger wesentliche Elemente dieser Lern- und Arbeitsform bereits im Kindergarten kennen gelernt, wenn sie während des »Freispiels« selbst entscheiden konnten, was, mit wem und wo sie spielen wollten. Schulische Freie Arbeit stellt aber höhere Anforderungen. Freie Arbeit lernt man nicht, wenn im Klassenzimmer einfach ein paar Materialien liegen, auf die gelegentlich zurückgegriffen wird. Sie ist kein Lückenfüller für schlecht vorbereiteten Unterricht. Auf diese Weise können die Schüler das Hauptziel, das mit Freier Arbeit verfolgt wird, selbst die Verantwortung für das Lernen zu übernehmen, nicht erreichen.

Aber wie beginnen? Zunächst sollten einige Rahmenbedingungen bedacht werden.

Schulische Voraussetzungen

Die Lehrerin muss diesem Konzept aufgeschlossen gegenüberstehen; sie sollte sicher sein, dass es für die Kinder ihrer Klasse und für sie ein guter Weg ist. Sie sollte aber auch wissen, dass mit dieser Methode sich nicht alle Probleme von allein lösen, dass Enttäuschungen und Ärger nicht ausbleiben, dass Kinder sich auch mitunter in Freien Arbeitsstunden anders verhalten, als sie es sich wünschen würde.

Auch die Eltern müssen bereit sein, diese Unterrichtsform mitzutragen. Am besten werden vor Beginn in Elternabenden die Vorzüge der Freien Arbeit vorgestellt und die Eltern von Anfang an in die Planung und Gestaltung des Raumes, der Materialien und der Organisationsform miteinbezogen.

Schließlich sollten auch die Kolleginnen, die Schulleitung (und der Hausmeister) diesem Konzept zumindest wohlwollend gegenüberstehen. Vielleicht kann der gemeinsame Besuch einer Freien Arbeitsstunde an einer anderen Schule das eigene Kollegium zu einem interessanten, evtl. auch kontroversen Gespräch herausfordern. Besonders vorteilhaft ist es, wenn mehrere Kollegen einer Schule gemeinsam versuchen, einzelne Elemente von Freier Arbeit in ihren Klassen zu realisieren. Als Fachlehrerin mit wenigen Stunden ist es wahrscheinlich kaum möglich, mit Freier Arbeit zu beginnen – eine Klassenlehrerin mit vielen Stunden in der Klasse hat es hier wesentlich leichter.

Freie Arbeit kann erschwert, sogar unmöglich werden, wenn das Klassenzimmer nicht Raum lässt für die Bereitstellung von Materialien und für die Möglichkeit, sich mit einem Arbeitsmaterial zurückzuziehen.

In engem Zusammenhang mit der Raumgestaltung ist das Materialangebot zu sehen. Das kommerzielle Angebot für Freiarbeitsmaterialien ist riesengroß.

Besonders geeignet erscheinen uns Materialien, die möglichst mehrere der folgenden Kriterien enthalten (vgl. Spitta 1991, S. 20): (1) Ermöglichung von eigenaktivem Lernen mit möglichst mehreren Lernwegen; (2) verständliche Arbeitsanweisung; (3)

Möglichkeit der Mitgestaltung der Bearbeitungsregeln; (4) Möglichkeit der Selbstkontrolle der Ergebnisse; (5) Herausforderung zu weiteren Fragen und Erkundungen; (6) Kombination von individuellen und gemeinschaftlichen Arbeitsphasen; (7) robuste Qualität und anspruchsvolle Ästhetik.

Es müssen aber nicht unbedingt teure, im Handel erhältliche oder mit großem zeitlichen Aufwand erstellte Materialien sein; oft fordern auch einfache Angebote die Kinder zur Selbsttätigkeit heraus (siehe hierzu auch S. 251).

Die letzte Voraussetzung, die bei der Einführung von Freier Arbeit bedacht werden sollte, sind die Kinder selbst. Sie müssen lernen, sich für eine bestimmte Aufgabe zu entscheiden und diese selbstverantwortlich auszuführen. Sie müssen bereit sein, sich an bestimmte Regeln und Absprachen zu halten. Sie müssen in der Lage sein, eine einmal begonnene Arbeit zu Ende zu bringen und bei Schwierigkeiten nicht gleich aufzugeben. Viele Kinder müssen diese Kompetenzen erst erwerben. Dies aber ist eine wichtige Aufgabe eines »Erziehenden Unterrichts«. Eine Lehrerin sollte deswegen nicht zu vorschnell sagen, Freie Arbeit ist bei meinen Kindern nicht möglich. Wann und wie, wenn nicht in Zusammenhang mit Tätigkeiten wie Freie Arbeit, sollten Kinder Selbstständigkeit, Durchhaltevermögen, Einhaltung von Regeln usw. lernen?

Erste pädagogische Schritte

Wie kann nun eine Lehrerin konkret beginnen? Wichtig dürfte zunächst der Grundsatz sein: behutsam, in kleinen Schritten, nichts überstürzen. Als mögliche erste Schritte für die Einführung Freier Arbeit könnten folgende Maßnahmen geeignet sein:

- Innerhalb einer normalen Unterrichtsstunde, z.B. in einer Mathematikstunde, können die Kinder selbst entscheiden, ob sie die Rechenaufgaben mit Material (z.B. Steckwürfeln) oder ohne Material lösen wollen; sie können selbst entscheiden, ob sie die Übungsaufgaben im Rechenbuch oder auf dem Arbeitsblatt bearbeiten wollen. In einer Deutschstunde können sie selbst entscheiden, welches der drei Gedichte von Guggenmos sie schreiben und lernen möchten. Kinder lernen dadurch, unter zwei oder drei Möglichkeiten auszuwählen.
- Die für Freie Arbeit vorgesehene Zeit ist zunächst kurz. Innerhalb von 20 Minuten einer Übungsstunde sollen die Kinder beispielsweise drei von fünf Rechenaufgaben lösen. Die Reihenfolge ist ihnen freigestellt.
- Die Lehrerin bereitet einen Lernzirkel (siehe S. 245) zu einem bestimmten Thema vor.
  Beispiele für Stationen eines Buchstabenzirkels: Mit Fingerfarben den Buchstaben »stempeln«, mit geschlossenen Augen den Sandpapierbuchstaben fühlen; auf einen flachen, mit Vogelsand gefüllten Teller den Buchstaben schreiben; mit Tesakrepp den Buchstaben auf den Boden kleben; durch lautes Vorlesen identifizieren, ob der Buchstabe am Beginn, in der Mitte oder am Ende eines Wortes steht

(Selbstkontrolle durch die »Stöpselkarte«). Die Kinder bekommen meistens einen Laufzettel, auf dem sie dann die abgearbeiteten Stationen ankreuzen. Frei sind Kinder hier in der Reihenfolge der Aufgaben und evtl. der Zeit, die sie für eine Aufgabe aufwenden.

- In Förderstunden lassen sich einzelne Materialien besonders gut einer kleineren Schülergruppe vorstellen und einführen. Hierbei ist vor allem wichtig, dass die Kinder die Möglichkeit der Selbstkontrolle verstehen und anwenden lernen.
- In manchen Schulen ist es möglich, das Klassenzimmer morgens vor Beginn des eigentlichen Unterrichts zu öffnen und die Kinder individuell mit Freier Arbeit beginnen zu lassen.
- Allmählich wird mit Kindern in einem Tagesplan, später auch Wochenplan, eine überschaubare Anzahl verschiedener Übungen zusammengestellt, die innerhalb eines bestimmten zeitlichen Rahmens bearbeitet werden sollen.
  Gerade bei der Einführung Freier Arbeit fällt es manchen Kindern schwer, sich für eine bestimmte Aufgabe zu entscheiden. Lehrerinnen können diesen Schülern helfen, wenn sie ihnen z. B. auf einem vorbereiteten Zettel oder zu Beginn der Arbeitsphase bestimmte Aufgaben empfehlen. Manche Kinder meinen, sie müssten alle Aufgaben bearbeiten, und haben Angst auszuwählen. Diese Angst muss ihnen genommen werden.
- Die Kinder müssen wissen, wo sie welche Materialien finden können. Dazu bedarf es einer übersichtlichen Ordnung, etwa nach Materialgruppen. Sie müssen lernen, die Materialien selbst zu holen und allein wieder ordnungsgemäß aufzuräumen. Eine übersichtliche, für Kinder verständliche Präsentation der verschiedenen Angebote ist unabdingbare Voraussetzung, um ein Chaos zu verhindern.
- Kinder, vor allem am Schulanfang, benötigen oft in besonderem Maße die Zuwendung der Lehrerin. Sie möchten gerne ihre Arbeit der Lehrerin zeigen, auch wenn sie vielleicht noch nicht fertig ist, und erwarten Anteilnahme und Lob. Viele Kinder müssen erst lernen, sich allmählich von dieser direkten »Kontrolle« der Lehrerin zu lösen und ihre Arbeit auf eine andere Weise zu dokumentieren – zum Beispiel über ein Freiarbeitsheft oder über Listen. Wichtig ist, dass die Lehrerin an diesen persönlichen Berichtsformen Anteil nimmt, sie sich zeigen lässt und mit den Kindern darüber spricht. So müssen sie also nicht ganz auf die persönliche Zuwendung seitens der Lehrerin verzichten.
- Die Lehrerin wird immer wieder das Gespräch mit einzelnen Kindern oder mit der ganzen Klasse suchen und führen, z. B. am Freitag zum Wochenschluss. Hier wird dann gemeinsam besprochen, was Einzelne gemacht haben, was einen gefreut hat, aber auch, was ärgerlich war und was nächste Woche besonders beachtet werden soll.
- Kinder sollten spüren, dass die Lehrerin hinter dieser Unterrichtsform steht, dass Freiarbeitsstunden genauso wichtig sind wie andere Unterrichtsstunden. Aus diesem Grunde ist es sicher sinnvoll, wenn die Lehrerin möglichst bald regelmäßig wiederkehrende Zeitblöcke im wöchentlichen Stundenplan für Freie Arbeit festschreibt.

Angebote an Aufgaben für Freie Arbeit

Die folgenden Anregungen beschränken sich bewusst auf Arbeiten, die ohne größeren materiellen und finanziellen Aufwand durchgeführt werden können.

- Zu einem (alten) Memory werden die Namen der Abbildungen auf Kärtchen geschrieben und können von den Schülern zugeordnet werden.
- In einer Schuhschachtel oder dgl. werden Gegenstände thematisch gesammelt. Beispiele: alles aus dem Büro (Bleistift, Kugelschreiber, Büroklammer ...); alles aus dem Wald (Rinde, Moos, Flechte, Tannenzapfen ...). Es werden Wortkärtchen dazu geschrieben, die die Schüler den Gegenständen zuordnen.
- In einem Korb werden Gegenstände zum Wiegen angeboten (ein Stück Hartholz, kleines Eisenrohr, Bleistift ...). Kinder versuchen, auf einer Tafelwaage das Gewicht möglichst genau festzustellen und vergleichen es mit der Kontrollkarte.
- In Streichholzschachteln oder dgl. liegen jeweils 20 »Wendekärtchen«: Vorne steht eine Aufgabe (z. B. 3 + 5), auf der Rückseite die Lösung. Die Schachteln werden nach dem Schwierigkeitsgrad geordnet.
- Auf Karteikarten werden Gegenstände gezeichnet (z. B. Radiergummi) und Preise dazugeschrieben. Kinder legen den Preis mit Spielgeld (evtl. mit möglichst wenig Münzen) und vergleichen das Ergebnis mit der/den Lösung/en auf der Rückseite.
- Rätsel werden aus Kinderzeitschriften ausgeschnitten, auf Karton geklebt und foliert. Die Schüler können mit wasserlöslichem Filzstift die Lösungen eintragen.
- Eine Sammlung von interessanten Postkarten oder Kalenderbildern kann die Schüler zum Schreiben eines Textes anregen.
- Kleine Lesetexte, die aus mehreren Bild- und einfachen Textseiten bestehen, werden in Einzelteile zerlegt. Die Schüler können die Bildkarten in eine richtige Reihenfolge bringen und die Textkarten passend zuordnen.
- Eine von den Eltern zur Verfügung gestellte Schreibmaschine wird zum Schreiben von Texten verwendet.
- Ebenso kann ein Stempelkasten zum Drucken von Wörtern und Texten verwendet werden.
- Rechendominos (mit unterschiedlichem Schwierigkeitsgrad) werden angeboten.
- Sach- und Bilderbücher laden in der Leseecke zum Lesen ein.
- Suchbilder werden aus Zeitschriften ausgeschnitten, auf Karton geklebt und foliert. Die Kinder können mit wasserlöslichem Filzstift die fehlenden Teile markieren.
- Eine Pflanzenpresse wird aufgestellt, mit der die Schüler Wiesenblumen pressen, in ein Heft kleben und beschriften können.
- Kleine Texte werden auf Karteikarten geschrieben und als Partnerdiktat angeboten.
- Rechtschreiben kann in der Weise gefördert werden, dass verschiedene Texte in Form eines Dosendiktats geübt werden (vgl. S. 235).
- Auf »Leseröllchen« (eingerollte Papierstreifen), die z. B. in Filmdöschen aufbe-

wahrt werden, stehen Aufträge, die die Schüler ausführen müssen (z. B. Öffne vorsichtig ein Fenster! Schreibe deinen Namen mit Kreide an die Tafel! Sag einem Klassenkameraden etwas, was ihn freut!).

- Immer wieder wird ein anderer Gegenstand (z. B. durchgeschnittener Apfel, Schneckenhaus, Blume) ausgelegt und dient als Vorlage für ein selbst gemaltes Bild. Ebenso können einfache Sätzchen auf Karteikarten zum Malen eines Bildes einladen (z. B. Lisa isst Tomatensalat. In der Nussschale liegen rote Nudeln. Marco malt drei Tannen).
- Auch Faltanleitungen (z. B. für eine Schachtel, ein Schiff) können als Anregung dienen.
- Aus schwarzen Filmdöschen werden »Geräuschdöschen« mit unterschiedlichem Klang erstellt. Die Schüler können die Döschen dem Klang nach ordnen. Wenn dieselbe Anzahl gleicher Döschen nochmals erstellt wird (zusätzlich mit einem roten Punkt), können die Schüler jeweils Paare gleichen Klanges bilden. Entsprechend können auch Riechdöschen oder Gewichtsdosen angeboten werden.

Die Frage nach der Effizienz von Freier Arbeit

Lernen Grundschüler bei Freier Arbeit überhaupt »richtig«, und vor allem, lernen sie auch »genug«? Diese Frage beschäftigt nicht wenige Eltern, die dieser Unterrichtsform eher kritisch gegenüberstehen, aber sicher auch viele Lehrerinnen und Lehrer. Ist lehrerzentrierter Unterricht nicht effizienter? Diese Frage lässt sich nicht leicht beantworten, da es gegenwärtig im deutschsprachigen Raum wenig empirische Untersuchungen über die Effektivität von Freier Arbeit gibt.

Im Folgenden möchten wir einige empirische Untersuchungen kurz skizzieren.

Die wohl erste bedeutende Untersuchung führte Bennett (1976) in England durch. Sie sollte eine kritische Überprüfung des im Plowden Report so hoch gepriesenen Offenen Unterrichts sein. Bennett befragte 468 Lehrer nach ihrem Lehrstil (u.a. Lernorganisation, Lernkontrollen, Lehrstrategien, Leistungsbewertung). Daraufhin wurden durch eine Analyse der Aussagen drei Gruppen von Lehrstilen gebildet (formeller, informeller und gemischter Lehrstil). Die Effektivität der Lehrstile erhob Bennett durch Vor- und Nachtests am Ende des dritten und des vierten Schuljahrs. Untersucht wurde die Auswirkung der Unterrichtsstile auf den Leistungsstand in Lesen, Rechtschreiben, freiem Aufsatz und Rechnen, aber auch auf Selbstständigkeit, Angstfreiheit oder Kreativität. Dabei wurden auch Persönlichkeitsvariablen wie Ängstlichkeit, Introvertiertheit, emotionale Stabilität und Leistungsstand als intervenierende Variablen in die Untersuchung einbezogen.

Das Hauptergebnis dieser Untersuchung war, dass Schüler der formell geführten Klassen im Durchschnitt größere Lernfortschritte im Lesen, Rechtschreiben, freien Aufsatz und Mathematik erzielten als Schüler in informell geführten Klassen. Das galt vor allem für Schüler, die schon einen hohen Leistungsstand hatten. Diese Schüler zeigten in informellen Klassen auch weniger Arbeitsaktivitäten als bei formellem Unterricht. Der Angstpegel war in informellen Klassen höher als in formellen, vor allem bei Schülern, die ohnehin schon ängstlich waren. Ängstliche, introvertierte und eher labile Schüler kamen mit dem informellen Unterricht nicht gut zurecht. Was Selbstständigkeit und Kreativität anbelangt, zeigten sich zwischen Schülern in formell und informell geführten Klassen keine Unterschiede. Insgesamt ein niederschmetterndes Ergebnis für den in den untersuchten Klassen praktizierten Unterrichtsstil.

Bei einer klassenspezifischen Auswertung der Daten entdeckte Bennett aber zu seiner Überraschung, dass die leistungsbeste aller 37 Klassen informell unterrichtet wurde. Hier lernten die Kinder entsprechend selbst erstellter Arbeitspläne. Diese Lehrerin verwendete auf die Fächer Englisch (Muttersprache) und Rechnen mehr Zeit als die anderen »informellen« Lehrer. Ihr Unterricht zeichnete sich vor allem durch klare Strukturierung und gute Organisation aus. Sie beobachtete Schwierigkeiten und Leistungsentwicklung der einzelnen Kinder sehr genau und bot individuelle Lernhilfen an.

Die Ergebnisse der Bennett-Studie lassen sich nicht ohne weiteres auf Deutschland übertragen. Bei uns ist das Verhältnis von Freier Arbeit und regulärem Unterricht viel ausgewogener und Freie Arbeit zudem wesentlich stärker in den Lehrplan eingebunden. Die Zahl der Stunden, die auf die Kernfächer Deutsch, Mathematik und Heimat- und Sachunterricht verwendet werden, steht nicht, wie im damaligen England, weitgehend im Belieben der Lehrerin. Die Lehrpläne legen Kompetenzen fest, die am Ende des Schuljahrs erreicht werden sollen. Bei manchen englischen Lehrerinnen und Lehrern wurden die Inhalte fast ausschließlich von den persönlichen Vorlieben der Lehrer oder den Interessen der Schüler bestimmt.

Einsiedler (1990) hat die amerikanischen Metaanalysen (das sind Zusammenfassungen der Ergebnisse einer Vielzahl von Einzeluntersuchungen) von Peterson (1979) und Giaconia/Hedges (1982) nach vergleichbaren Bereichen aufgeschlüsselt und zwischen beiden Studien eine hohe Übereinstimmung festgestellt. In den vier Bereichen, die die Persönlichkeitsentwicklung betreffen (positives Fähigkeitsselbstbild, Kreativität, Einstellung zum schulischen Lernen und Selbstständigkeit) zeigten sich kleine Effekte zugunsten Offenen Unterrichts. Das entspricht unseren Vermutungen, dass Freie Arbeit das Selbstvertrauen, aber auch Selbstverantwortung und Selbstständigkeit positiv beeinflusst. In den anderen drei Bereichen, den klassischen schulischen Leistungsfächern (Lesen, Mathematik und Sprache) zeigten sich kleine Effekte zugunsten des traditionellen Unterrichts. Aber auch hier muss darauf aufmerksam gemacht werden, dass unter Offenem Unterricht und Freier Arbeit vielerlei verstanden werden kann, das hier vorgestellte Konzept von Freier Arbeit also nicht unbedingt damit identisch ist, was in den Metaanalysen unter dem Begriff des Offenen Unterrichts zusammengefasst wird.

In Deutschland hat eine kleine und nicht unumstrittene Untersuchung von H. Günther (1988) Aufsehen erregt und trotz forschungstechnischer Mängel und überzogener Interpretation des Verfassers vor allem Probleme aufgezeigt, die mit Freier Arbeit verbunden sein können:

- Schüler können Schwierigkeit mit der selbstständigen Aufgabenwahl haben.
- Es ist damit zu rechnen, dass Schüler eine begonnene Aufgaben nicht zu Ende führen.
- Manche Schüler folgen zu sehr spontanen Interessen und können keine längerfristige Lernstrategie durchhalten.
- Die Wahl der Arbeit, die Entscheidung, ob Einzel-, Partner- oder Gruppenarbeit, wird aus sachfremden Gründen getroffen, etwa weil man sich einem Kameraden anhängt.
- Bei Partner- und Gruppenarbeit treten die üblichen Probleme der Dominanz und mangelnden Kooperation auf.
- Nicht alle Schüler bevorzugen Freie Arbeit; einem Teil ist der reguläre, lehrerzentrierte Unterricht lieber.
- Manche Schüler haben Schwierigkeit mit der Vereinzelung und suchen ständig die Nähe zur Lehrerin. Es scheint, als ob sie nur im Kontakt mit ihr lernen können.

Es soll hier nicht auf die einzelnen Befunde und die Qualität der Untersuchung weiter eingegangen werden (siehe Jürgens 1997, S. 687). Ähnliche Erfahrungen werden Lehrerinnen und Lehrer, die Freie Arbeit praktizieren, immer wieder machen. Vielleicht kann die Beachtung der auf S. 257 genannten Aspekte helfen, den genannten Problemen gegenzusteuern. *Einer* Schlussfolgerung, die Günther aus der Untersuchung zieht, soll aber entschieden widersprochen werden. Aus seinem Befund, wonach weniger selbstbewusste Schüler mit Offenen Unterricht mehr Schwierigkeiten haben, kann nicht geschlossen werden, Offener Unterricht sei für sie ungeeignet. Über Offenem Unterricht könnten sie im Gegenteil unter Umständen mehr Selbstvertrauen gewinnen. Das Gleiche gilt für Kinder, die Schwierigkeit haben, sich selbstständig zu entscheiden, keine längerfristige Lernstrategie durchhalten oder ihre Aufgaben nicht zu Ende führen. Freie Arbeit könnte für sie ein geeignetes Lernfeld sein, solche eminent wichtige Kompetenzen zu erwerben.

Fischer (1982) hat im Rahmen eines Schulversuchs vier Jahre lang Schüler zweier Montessori-Klassen mit sechs traditionell geführten Klassen verglichen. Hierbei stellte er fest, dass im Leistungsbereich, erhoben über standardisierte Tests, die Schüler der Montessori-Klassen im zweiten Schuljahr teilweise signifikant über den Kontrollklassen lagen, während gegen Ende des vierten Schuljahrs die Unterschiede weitgehend eingeebnet waren. Fischer stellte weiterhin fest, dass die Streuung der Leistungsunterschiede in den Montessori-Klassen relativ konstant blieb, während sie in den Kontrollklassen zunehmend größer wurde.

Was das Arbeits- und Sozialverhalten anbelangte, stellte Fischer fest, dass die Schüler ihre Arbeitszeit fast vollständig (von 91,3% im ersten Schuljahr bis 96,2% im vierten Schuljahr) nutzten. Beim Sozialverhalten fiel auf, dass 79% der auftretenden Probleme während des Unterrichts durch Partner- und Kleingruppenaktivitäten gelöst wurden und bei 21% durch Mithilfe des Lehrers. Bei der Wahl der Sozialform wurde festgestellt, dass 51% der Schüler Einzelarbeit wählten und 49% Partner- oder Gruppenarbeit.

Von Laus und Schöll (1995) wurde eine interessante, jedoch nicht repräsentative Studie zum Aufmerksamkeitsverhalten von Schülern durchgeführt. Zwei Fragen standen im Mittelpunkt der Untersuchung:

– Unterscheiden sich leistungsstarke und leistungsschwache Schüler bezüglich ihres Aufmerksamkeitsverhaltens?
– Unterscheidet sich das Aufmerksamkeitsverhalten von Schülern unterschiedlicher Leistungsstärke in den verschiedenen Unterrichtskonzepten?

Bei der Studie wurden jeweils vier Schüler aufgrund ihrer Noten einem von drei Leistungsniveaus zugeteilt (leistungsstark, leistungsdurchschnittlich, leistungsschwach). Die Beobachter ermittelten das Aufmerksamkeitsverhalten der Schüler in Freier Arbeit und in lehrerzentriertem Unterricht. Hierbei wurden drei Kategorien unterschieden: On task (der Schüler zeigt anforderungsgemäßes Verhalten, er wendet sich der Lernaufgabe zu), Off task (der Schüler zeigt nicht anforderungsgemäßes Verhalten, er wendet sich der Lernaufgabe nicht zu) und Special Situation (Schüler hat keine Lernaufgabe, der er sich zuwenden könnte). Die Beobachtungszeiten umfassten 17 Sitzungen von je 15 Minuten, wobei ein Beobachter immer zwei Schüler simultan beobachtete. Laus und Schöll stellten nun fest, dass die Schüler aller drei Leistungsgruppen in Phasen Freier Arbeit durchschnittlich aufmerksamer arbeiteten als bei einem lehrerzentrierten Unterricht. Sie konnten ferner nachweisen, dass leistungsstarke Schüler sich in ihrem unaufmerksamen Verhalten nicht, leistungsschwache jedoch sehr unterscheiden, je nachdem, ob sie bei Freier Arbeit oder im lehrerzentrierten Unterricht beobachtet wurden: Schwächere Schüler waren in Phasen lehrerinitiierter Arbeit weit unaufmerksamer als in Phasen Freier Arbeit. Laus und Schöll stellten ferner fest, dass in Phasen Freier Arbeit bei leistungsschwachen Schülern der Anteil an »special situations« besonders hoch ist. Eine mögliche Erklärung hierfür könnte sein, dass leistungsschwache Kinder bei der Auswahl neuer Aufgaben wesentlich mehr Zeit benötigen.

Auch eine ältere Studie von Röbe (1986) kam zu dem Ergebnis, dass das Arbeitsverhalten von Schülern bei Freier Arbeit durch hohe Konzentration und Aufmerksamkeit gekennzeichnet ist. Er konnte zudem belegen, dass auch Problemschüler mit Freier Arbeit zurechtkamen und dass sich ihre Arbeitshaltung im Laufe der Zeit verbesserte.

Zu der Frage, wie Problemschüler mit Offenem Unterricht zurechtkommen, liegen einige Untersuchungen vor, die ermutigende Ergebnisse aufzeigen. Hier ist zunächst auf die amerikanische Untersuchung von Flynn und Rapoport (1976) zu verweisen, bei der hyperaktive Kinder, also Schüler, von denen man eher meinen könnte, dass sie mit Offenem Unterricht Schwierigkeiten haben, beobachtet wurden. Nach dieser Untersuchung nimmt bei »offen« unterrichteten Schülern die Hyperaktivität ab. Als Beispiel für eine Materialsammlung sei auf das Training für aufmerksamkeitsgestörte und hyperaktive Kinder von Lauth und Schlottke (1993) verwiesen. Daraus eignen sich vor allem das Basistraining und das Strategietraining in besonderer Weise für den Einsatz im Rahmen eines Offenen Unterrichts. Über positive Auswirkungen von Offenem Unterricht bei verhaltensgestörten Schülern an einer sechsten Klasse einer Schule für verhaltensgestörte Kinder berichten Götze und Jäger (1991). Zudem kommt Goetze (1998) in einer zusammenfassenden Darstellung von Unterrichtskonzepten für verhaltensauffällige Schüler zu dem Schluss, dass Unterrichtskonzepte, die zur Minimierung von Verhaltensauffälligkeiten beitragen, notwendigerweise Merkmale »Offenen« Unterrichts aufweisen müssen.

Die Ergebnisse der empirischen Unterrichtsforschung lassen sich wie folgt zusammenfassen (vgl. Einsiedler 1990; Brügelmann 1997; Jürgens 1997): Es lassen sich durchaus unterschiedliche Auswirkungen von offenem und lehrerzentriertem Unterricht feststellen, und zwar im Leistungs- wie im Persönlichkeitsbereich. Im fachlichen Bereich sind die Leistungen der Schüler im lehrergelenkten Unterricht eher besser. Im Bereich der Persönlichkeitsmerkmale (Selbstständigkeit, Selbstvertrauen, Einstellung zur Schule und zum Lernen) zeigen Schüler in offenen Unterrichtsformen bessere Werte.

Auch Ergebnisse der Unterrichtsforschung, bei denen es ausschließlich um lehrerzentrierten Unterricht ging und bei denen nach besonders wirksamen Variablen der Unterrichtsgestaltung für die Leistungsentwicklung gesucht wurde, können indirekt Hinweise für die Beurteilung und Organisation von Freier Arbeit geben.

Nach einer Metaanalyse von Wang u.a. (1991), in der dieser die Ergebnisse von 50 Jahren Schulforschung in den USA zusammenfasst (179 Handbuch- und Überblicksartikel, 91 Forschungsberichte, Befragung von 61 Forschern), tragen vor allem »classroom management« (Motivierung der Klasse durch Fragen und Schülerbeiträge, effektive Zeitnutzung, klare Instruktion, häufige Überprüfung des Leistungsstands) und das Klassenklima zu einem hohen Leistungsstand der Klasse bei. Als herausragende Merkmale guter Schulen fanden Rutter u.a. (1980) in ihrer viel zitierten Langzeitstudie eine hohe Nutzung der Lernzeit durch die Schüler und gut strukturierten Unterricht. Ähnlich fanden Brophy und Good (1986) einen bedeutsamen Zusammenhang zwischen dem Ausmaß der aktiven, direkten Führung des Unterrichts durch den Lehrer und dem Wissenszuwachs der Schüler.

Die wohl umfassendste deutsche Untersuchung über Leistungs- und Persönlichkeitsentwicklung im Grundschulalter, die Münchner Grundschuluntersuchung Scholastik (Weinert/Helmke 1986, 1997) liefert eine weitere Bestätigung der Bedeutsamkeit eines gut strukturierten, lehrerzentrierten Unterrichts, wobei sich die Aussagen allerdings auf das Fach Mathematik, ein ohnehin stark strukturiertes Fach, beziehen und sich auf das dritte und vierte Schuljahr beschränken. Bei dieser Untersuchung konnten Klassen identifiziert werden, die, gemessen an einer multikriterialen Bezugsnorm, besonders positiv abschnitten. In diesen Klassen lagen die Mathematikleistungen besonders hoch. Zudem war es dort gelungen, den Abstand zwischen leistungsschwächeren und erfolgreichen Schülern zu reduzieren und die Leistungen der schwächeren denen der besseren Schüler dieser Klasse anzugleichen. Wohl als Folge davon hatten die Schüler dieser Klassen auch ein überdurchschnittlich hohes Fähigkeitsselbstbild und entwickelten eine hohe Lernfreude an Mathematik. Diese Positivklassen hatten Lehrer, deren Unterricht sich durch besondere Klarheit und Verständlichkeit, ein hohes Maß an Strukturierung, gute Klassenführung (gute und reibungslose Übergänge zwischen den einzelnen Unterrichtsphasen, effektive Zeitnutzung, reichhaltiges zur Verfügung stehendes Lernmaterial) und ein hohes Maß an individueller Unterstützung einzelner Schüler auszeichnete. Dabei mussten aber nicht alle der genannten Unterrichtsmerkmale in gleicher Weise ausgeprägt sein. Nur zwei der sechs erfolgreichen Klassen hatten einen Unterricht, in der *alle* der genannten Unterrichtsmerkmale überdurchschnittlich ausgeprägt waren. Einzig das Merkmal »Klarheit der Lehreräußerungen«, das über Schüleräußerungen erhoben wurde (die anderen Merkmale wurden durch Beobachtung des Unterrichts durch geschulte Mitarbeiter erfasst), wies bei allen Positivklassen überdurchschnittliche Werte auf. Hinsichtlich anderer Unterrichtsmerkmale gab es bei einzelnen Klassen drastische Einbrüche und trotzdem wurden die genannten positiven Ergebnisse erzielt. Es scheint also, dass, wenn bestimmte Schwellen nicht unterschritten werden, einzelne Merkmale der Unterrichtsqualität durch andere oder in der Untersuchung gar nicht erhobene Variablen kompensierbar sind. Entsprechend warnen Weinert und Helmke auch vor Verallgemeinerungen (1997, S. 251).

Für Freie Arbeit sind aus den genannten empirischen Untersuchungen zum lehrerzentrierten Unterricht und aus Untersuchungen, bei denen die Wirkungen von Offenem Unterricht und lehrerzentriertem Unterricht miteinander verglichen wurden, folgende Schlussfolgerungen zu ziehen:

- Wenn Selbstständigkeit, Mitverantwortung, Eigenaktivität wichtige pädagogische Zielvorstellungen sind, dann sind Freie Arbeitsstunden zu begrüßen.
- Die für Freie Arbeit angebotenen Materialien müssen klare Arbeitsanweisungen enthalten und die zu lernenden Inhalte klar strukturiert sein.
- Es sollte überprüft werden, welche Inhalte einer klaren Instruktion seitens der Lehrerin oder des Lehrers bedürfen, die möglicherweise durch die den Materialien beiliegende Instruktion, bei der man nicht zurückfragen kann, oder durch die Information, die man durch die Bearbeitung der Materialien erhält, nicht ersetzt werden kann. Hierfür gibt es allerdings kaum verbindliche Erfahrungswerte. Auch verbale Instruktionen des Lehrers können missverständlich sein, und, wie wir alle wissen, verstehen wir manche Sache erst durch das Tun, nicht schon durch das Hören.
- Lehrerinnen und Lehrer müssen Schüler, die sich mit dieser Unterrichtsform schwer tun, gezielt beraten und ihnen ihre Hilfe anbieten. Mögliche Lernprobleme einzelner Schüler müssen von der Lehrerin erkannt und gezielt, eventuell durch ein spezielles Materialangebot, angegangen werden.
- Lehrerinnen und Lehrer müssen ihr Augenmerk darauf richten, dass Schüler auch in Freien Arbeitsstunden die Lernzeit effektiv nutzen.
  Das darf aber auch nicht dazu führen, dass sie übermäßig zur Eile gedrängt werden, dass ihnen nicht zugestanden wird, sich verschiedene Materialien anzusehen, sich umzuschauen, was die anderen machen, oder eine bereits bearbeitete Aufgabe

nochmals zu wiederholen. Für das Erlebnis »Ich kann es« ist der immer und immer wieder erlebte Erfolg von großer Bedeutung.
Bei Freier Arbeit sollte die Aufforderung, mit der Arbeit zu beginnen und sie durchzuhalten von der Gestaltung des Materials, nicht vom Lehrer ausgehen.

Freie Arbeit in der Grundschule – und was danach?

Grundschullehrerinnen und -lehrer, die mit Freier Arbeit beginnen möchten, fragen oft besorgt, ob ihre Schüler später, vor allem nach dem Übertritt in eine weiterführende Schule, nicht große Schwierigkeiten haben werden. Diese Sorgen sind berechtigt, zumindest solange in den weiterführenden Schulen nur sehr selten Elemente von Freier Arbeit anzutreffen sind. Dabei zeigen Berichte von Lehrern an weiterführenden Montessori-Schulen, wie Freiarbeit mit älteren Schülern aussehen kann (siehe z. B. Peter Ortling 1989). Aber selbst an ganz »normalen« Sekundarschulen ist es möglich, wichtige Elemente von Freier Arbeit zu verwirklichen (vgl. hierzu Sehrbrock 1993; Jürgens 1994; Scheufele 1996; Vaupel ³1998).

> Wer einmal gelernt hat, selbstständig zu handeln,
> wird es sein ganzes Leben lang nicht verlernen!

Aber kommen Grundschüler, die Freie Arbeit kennen gelernt haben, später mit dem traditionellen Unterricht zurecht?

Müller-Bardorff (1991, S. 20) stellt die Ergebnisse einer Untersuchung vor, bei der vier Monate nach Schulwechsel die Eltern befragt wurden. Hier berichten *alle* Eltern, dass ihre Kinder in den weiterführenden Schulen gut zurechtkämen. Sie führten dies darauf zurück, dass sie in der Grundschule gelernt hätten, selbstständig zu arbeiten.

Zu ganz ähnlichen Ergebnissen kommen auch Esser und Wilde (1989, S. 170), die ehemalige Schüler nach einjährigem Besuch an normalen weiterführenden Schulen befragten.

Es scheint also, dass Schüler, die Freie Arbeit kennen gelernt haben, sich auch später unter anderen schulischen Bedingungen gut zurechtfinden.

Vielleicht besteht zudem die Hoffnung, dass die weiterführenden Schulen in den kommenden Jahren wesentliche Elemente der Freien Arbeit zumindest in den unteren Klassen in ihren Unterricht integrieren.

Literaturverzeichnis

Arbeitskreis Grundschule e. V. (Hrsg.): Wer hat Angst vor Freier Arbeit? Wir nicht! Entgegnung auf Henning Günther »Freie Arbeit in der Grundschule«. Frankfurt a.M. 1989.

Bartnitzky, H.: Auf dem Weg zum differenzierten Schulalltag. Innere Differenzierung: Eine alte Aufgabe – neu gestellt. In: Die Grundschule, H. 1, 1982, S. 10–13.

Bauer, E./Brucher, Ch.: Grundschultagebuch. Erfahrungen von Lehrern und Kindern mit freiem Arbeiten. Frankfurt a.M. 1982: Diesterweg.

Belser, H./Roeder, P.M./Thomas, H.: Kinder, Schule, Elternhaus. Eine Untersuchung über das englische Primarschulwesen (Plowden Report). Frankfurt a.M. 1972: Diesterweg.

Benner, D./Ramseger, J.: Abschlussbericht der wissenschaftlichen Begleitung über die vierjährige Modellphase des Grundschulprojekts Gievenbeck. Münster 1984: Institut für Erziehungswissenschaft der Universität Münster.

Bennett, N.: Unterrichtsstil und Schülerleistung. Stuttgart 1979: Klett.

Bert, E./Guhlke, J.: Nun differenziert mal schön. Frankfurt a.M. 1977: Diesterweg.

Bidell, H.: Einrichtung einer Lernumgebung. In Piechorowski, A.: Vielfältiger Erstleseunterricht. Ulm 1980: Vaas, S. 26–36.

Bollnow, O.: Mensch und Raum. Stuttgart 1963: Kohlhammer.

Brophy, J./Good, T.: Teacher Behavior and Student Achievement. In: Wittrock, M. (Ed.): Handbook of Research on Teaching. New York ³1986: Macmillan.

Brügelmann, H.: Geschlossene Forschung über offenen Unterricht. In: Die Grundschulzeitschrift, H. 23, April 1989, S. 2.

Brügelmann, H.: 25 Jahre »Öffnung des Unterrichts« Eine Zwischenbilanz. In: Die Grundschulzeitschrift, H. 105, Juni 1997, S. 10–12.

Brügelmann, H.: Öffnung des Unterrichts. Befunde und Probleme der empirischen Forschung. Siegen 1997: Primarstufe der Universität-Gesamthochschule.

Burk, K./Haarmann, D. (Hrsg.): Wie viele Ecken hat unsere Schule? Bd. 1, Frankfurt a.M. 1979: Arbeitskreis Grundschule, v.a. S. 9–82.

Claussen, C. u.a. (Hrsg.): Wochenplan und Freiarbeit. Braunschweig 1993: Westermann.

Claussen, C. (Hrsg.): Handbuch Freie Arbeit. Konzepte und Erfahrungen. Weinheim und Basel 1995: Beltz.

Claussen, C.: Unterrichten mit Wochenplänen. Zur Selbstständigkeit begleiten. Weinheim und Basel 1997: Beltz.

Einsiedler, W.: Neue Lern- und Lehrformen in der Grundschule aus empirischer Sicht. In: Olechowski, R./Wolf, W. (Hrsg.): Die kindgemäße Grundschule. Wien 1990: Jugend und Volk. S. 224–236.

Faust-Siehl, G.: Lernzirkel – Themenbezogene Freiarbeit im wahldifferenzierten Unterricht. In: Claussen, C. (Hrsg.): Handbuch Freie Arbeit. Konzepte und Erfahrungen. Weinheim und Basel 1995: Beltz, S. 24–31.

Fischer, R.: Lernen im non-direktiven Unterricht. Frankfurt a.M. 1982: Peter Lang.

Flynn, M./Rapoport, J.: Hyperactivity in Open and Traditional Classroom Environments. Journal of Special Education, H. 10, 1976, S. 98–100.

Fölling-Albers, M. u.a.: Schulkinder heute. Auswirkungen veränderter Kindheit auf Unterricht und Schulleben. Weinheim und Basel ²1994: Beltz.

Fölling-Albers, M./Wopp, Ch.: Wir richten unseren Klassenraum ein. In: Grundschule, H. 5, 1987, S. 45–47.

Fölling-Albers, M.: Veränderte Kindheit – Verändertes Selbstverständnis der Schule? In: Grundschule, H. 7/8, 1998, S. 59–62.

Garlichs, A.: Alltag im offenen Unterricht. Das Beispiel Lohfelden – Vollmannshausen. Beiträge zur Reform der Grundschule, Band 78. Frankfurt a.M. 1990: Arbeitskreis Grundschule.

Goetze, H.: Unterrichtskonzepte für Schüler mit Verhaltensstörungen. Potsdam 1998: Universität.

Goetze, H./Jäger, W.: Offenes Unterrichten von Schülern mit Verhaltensstörungen: Unterrichtsversuch in einer 6. Klasse der Schule für Verhaltensgestörte. In: Sonderpödagogik, H. 2, S. 28–38.

Günther, H.: Freie Arbeit in der Grundschule. Elternverein Nordrhein-Westfalen, Hessischer Elternverein, 1988.

Hausser, K. (Hrsg.): Modelle schulischer Differenzierung. München, Wien, Baltimore 1981: Urban und Schwarzenberg.

Hegele, I. (Hrsg.): Lernziel: Freie Arbeit. Unterrichtsbeispiele aus der Grundschule. Weinheim und Basel [3]1993: Beltz.

Hegele, I. (Hrsg.): Lernziel: offener Unterricht. Unterrichtsbeispiele aus der Grundschule. Weinheim und Basel [2]1997: Beltz.

Hegele, I. (Hrsg.): Lernziel: Stationenarbeit. Eine neue Form des offenen Unterrichts. Weinheim und Basel [3]1998: Beltz.

Hell, P. (Hrsg.): Öffnung des Unterrichts in der Grundschule. Wochenplanarbeit, Stationentraining, Schuldruckerei. Donauwörth 1993: Auer.

Heller, A./Scheufele, U.: Anders lernen, anders planen. Westermann Pädag. Beiträge, H. 10, 1985, S. 472–475.

Helming, H.: Montessori-Pädagogik. Freiburg [14]1992: Herder.

Herbert, M./Meiers, K.: Leben und Lernen im ersten Schuljahr. Stuttgart [2]1981: Klett, S. 73–104.

Hessisches Kultusministerium (Hrsg.): Rahmenplan Grundschule. Frankfurt a.M. 1995: Diesterweg, S. 289.

Huschke, P.: Grundlagen des Wochenplanunterrichts. Von der Entdeckung der Langsamkeit. Weinheim und Basel 1996: Beltz.

Huschke, P./Mangelsdorf, M.: Wochenplanunterricht. Praktische Ansätze zu selbständigem Lernen und zur Mitgestaltung des Unterrichts durch die Schüler. Weinheim und Basel [5]1994: Beltz.

Jürgens, E. (Hrsg.): Erprobte Wochenplan- und Freiarbeits-Ideen in der Sekundarstufe I. Praxisberichte über effektives Lernen im offenen Unterricht. Heinsberg 1994: Dieck.

Jürgens, E.: Die »neue« Reformpädagogik und die Bewegung Offener Unterricht. Theorie, Praxis, Forschungslage. Sankt Augustin [3]1996: Academia.

Jürgens, E.: Offener Unterricht im Spiegel empirischer Forschung. In: Pädagogische Rundschau, H. 6, 1997, S. 677–697.

Kasper, H. (Hrsg.): Vom Klassenzimmer zur Lernumgebung. Bausteine für eine fördernde Grundschule. Ulm 1979: Vaas.

Kasper, H. u.a.: Lasst die Kinder lernen. Offene Lernsituationen. Braunschweig 1989: Westermann.

Kasper, H./Piechorowski (Hrsg.): Offener Unterricht an Grundschulen. Berichte englischer Lehrer. Ulm 1978: Vaas.

Kasper, H.: Offene Unterrichtsformen in der englischen Primarschule. Entwicklungen und gegenwärtige Problematik. In: Reiß, G./Eberle, G. (Hrsg.): Offener Unterricht und Freie Arbeit mit lernschwachen Schülerinnen und Schülern. Weinheim [3]1997: Deutscher Studienverlag, S. 93–114.

Kayser, A./Schäkel, L.: Kinder und Lehrer lernen: Freie Arbeit. Bielefeld 1983: Cornelsen-Velhagen & Klasing.

Klaffke, Th.: Von der inneren zur äußeren Öffnung des Unterrichts. In: Pädagogik, H. 12, 1955, S. 12–16.

Knörzer, W./Grass, K.: Einführung Grundschule. Geschichte – Auftrag – Innovation. Weinheim und Basel 1998: Beltz.

Laus, M./Schöll, G.: Aufmerksamkeitsverhalten von Schülern in offenen und geschlossenen Unterrichtskontexten. Nürnberg 1995: Universität Erlangen – Institut für Grundschulforschung.

Lauth, G./Schlottke, P.: Training mit aufmerksamkeitsgestörten Kindern: Diagnostik und Therapie. Weinheim 1993: Psychologie Verlags Union.

Lichtenstein-Rother, J./Röbe, E.: Grundschule. Der pädagogische Raum für Grundlegung der Bildung. München, Wien, Baltimore 1982: Urban und Schwarzenberg, S. 100–104, S. 209–227.
Meier, R./Bahns, M.: Miteinander lernen. Differenzierung und Freie Arbeit in der Grundschule. Stuttgart 1981: Klett.
Meier, R.: Raum erleben – erfahren – ordnen. In: Grundschule, H. 3, 1986, S. 44–47.
Meyer, W.U.: Leistungsmotiv und Ursachenerklärung von Erfolg und Misserfolg. Stuttgart 1973: Klett.
Ministerium für Bildung, Wissenschaft, Forschung und Kultur des Landes Schleswig-Holstein (Hrsg.): Lehrplan-Grundschule. Glückstätter Werkstätten, Kiel 1997, S. 11.
Montessori, M.: Kinder sind anders. Frankfurt a.M. 1980: Ullstein Taschenbuch, S. 274.
Müller-Bardorff, H.: Erfahrungen mit dem Übergang. Eltern von Viertklässlern äußern sich. In: Grundschule, H. 4, 1991, S. 20–23.
Oerter, R./Montada, L. u.a.: Entwicklungspsychologie. München, Weinheim 1984: Psychologie Verlagsunion.
Ortling, P.: Bischöfliche Maria-Montessori-Gesamtschule in Krefeld. In: Montessori-Werkbrief 1989, H. 3, S. 83–97.
Petersen, P.: Der kleine Jena-Plan. Weinheim, Basel [60]1980: Beltz.
Popp, S.: Der Daltonplan in Theorie und Praxis. Ein aktuelles reformpädagogisches Modell zur Förderung selbständigen Lernens in der Sekundarstufe. Bad Heilbrunn 1995: Klinkhardt.
Potthoff, I./Potthoff, W.: Freiarbeit und Lernzirkel im Mathematikunterricht der Sekundarstufe. Freiburg 1995: Reformpädagogischer Verlag.
Potthoff, W.: Grundlagen und Praxis der Freiarbeit in der Grundschule. Freiburg 1985: Reformpädagogischer Verlag.
Röbe, H.: Freie Arbeit – Eine Bedingung zur Realisierung des Erziehungsauftrags der Grundschule? Frankfurt a.M. 1986: Lang.
Rutter, M. u.a.: Fünfzehntausend Stunden. Schulen und ihre Wirkung auf Kinder. Weinheim und Basel 1980: Beltz.
Scheerer-Neumann, G.: Was kommt schon dabei raus? Lernen und Leisten in offenen Lernsituationen. In: Kasper, H. u.a.: Lasst die Kinder lernen. Braunschweig 1989: Westermann, S. 66–74.
Scheufele, U. (Hrsg.): Weil sie wirklich lernen wollen. Bericht von einer anderen Schule. Das Altinger Konzept. Weinheim, Berlin 1996: Quadriga.
Schmitt, H.: Auf dem Weg zur Selbstbestimmung – Schrittweise Öffnung des Unterrichts. In: Hell, P. (Hrsg.): Öffnung des Unterrichts in der Grundschule. Wochenplanarbeit, Stationentraining, Schuldruckerei. Donauwörth 1993: Auer, S. 24–55.
Sehrbrock, P.: Freiarbeit in der Sekundarstufe I. Frankfurt a.M. 1993: cornelsen scriptor.
Simons, P.R.: Lernen, selbständig zu lernen – ein Rahmenmodell. In: Mandl, H./Friedrich, H.F. (Hrsg.): Lern- und Denkstrategien. Analyse und Intervention. Göttingen 1992: Hogrefe, S. 251–265.
Spitta, G.: Wenn schon gekaufte, dann gute Arbeitsmittel. In: Grundschulzeitschrift, H. 41, Januar 1991, S. 20–21.
Susteck, H.: Kindgerechter Schulanfang. Königstein/Ts. 1982: Scriptor, S. 77–90.
Thüringer Kultusministerium (Hrsg.): Vorläufiger Lehrplan für die Grundschule. Erfurt 1993: Verlag und Druckerei Fortschritt, S. 5.
v. Hentig, H.: Die Schule neu denken. München [3]1994: Hanser, S. 221.
Vaupel, D.: Das Wochenplanbuch für die Sekundarstufe. Schritte zum selbständigem Lernen. Weinheim und Basel 1995: Beltz.
Wang, M./Haertel, G./Walberg, H.: What Helps Students Learn? Educational Leadership, Dec. 1993, Jan. 1994, S. 74–79.
Wallaschek, U.: Lernzirkel – eine Arbeitsform, die selbständiges, individuelles Arbeiten ermöglicht.

In: Lehmann, B. (Hrsg.): Kinder-Schule: Lehrer-Schule. Konkrete Beispiele und Anregungen für die Gestaltung eines kindergerechten Unterrichts. Langenau-Ulm ^{2}1991: Vaas, S. 85–106.

Wallrabenstein, W.: Offene Schule – offener Unterricht. Ratgeber für Eltern und Lehrer. Hamburg 1991: Rowohlt-Taschenbuch.

Weiner, B.: Wirkung von Erfolg und Misserfolg auf die Leistung. Bern, Stuttgart 1975: Huber/Klett.

Weiner, B.: Motivationspsychologie. Weinheim und Basel 1984: Beltz.

Weinert, F./Helmke, A.: Der gute Lehrer: Person, Funktion oder Fiktion. In: Leschinsky, A. (Hrsg.): Die Institutionalisierung von Lehren und Lernen. Beiträge zu einer Theorie der Schule. 34. Beiheft der Zeitschrift für Pädagogik. Weinheim 1996: Beltz, S. 223–233.

Weinert, F./Helmke, A.: Entwicklung im Grundschulalter. Weinheim und Basel 1997: Beltz.

Wenzel, A.: Freiarbeit in der Grundschule. Bad Heilbrunn 1982: Klinkhardt.

Wolf-Weber I./Dehn, M.: Für einen Unterricht ohne 15-Minuten-Takt. In: Grundschule, H. 1, 1986 S. 8–11.

Pädagogische Prinzipien für den ersten Schultag, die ersten Schulwochen und den Anfangsunterricht überhaupt

Veränderte Kindheit – eine Herausforderung für die Grundschule, das war der erste Themenbereich dieses Buches. Wir haben anschließend immer wieder Möglichkeiten aufzuzeigen versucht, wie Grundschullehrerinnen auf diese Herausforderung reagieren könnten. Wir möchten zum Abschluss diese Maßnahmen in Form von sechs pädagogischen Prinzipien bündeln. Bei ihrer Formulierung ließen wir uns von Überlegungen leiten, die verschiedenen Aspekten veränderter Kindheit und den Bedürfnissen der heutigen Grundschüler Rechnung zu tragen versuchen. Zugleich leitete uns die Zielvorstellung eines Unterrichts, der Kinder fordert, zugleich aber auch ihrer unterschiedlichen Leistungsfähigkeit gerecht wird.

Die vielfachen kleinen und großen Beanspruchungen, denen Lehrer im Vielerlei des Schulalltags ausgesetzt sind, bringen die Gefahr mit sich, dass die großen Leitlinien pädagogischen Handelns im Dickicht dieser Alltagsanforderungen aus dem Blick geraten. Es besteht die Gefahr, sich im vielfältigen »Kleinkram«, der gebieterisch seine Erledigung fordert, zu verlieren. Pädagogische Prinzipien kann man mit Sternbildern vergleichen, an denen man immer wieder seinen Kurs ausrichten kann. Andererseits besteht die Gefahr, dass solche Prinzipien sehr abstrakt sind und die Frage hinterlassen, wie sie im konkreten Schulalltag zu verwirklichen sind. Wir machen deshalb im Folgenden auch eine Reihe von Vorschlägen für ihre Umsetzung.

Die Erfahrung vermitteln, in der Schule *persönlich* willkommen zu sein

Jedes Kind ist eine einmalige Persönlichkeit und will auch in seiner Einmaligkeit, persönlich, nicht nur als Teil der Klasse angesprochen werden. Es will erfahren, dass die Lehrerin es ganz persönlich für wichtig und wertvoll hält.

Bereits beim ersten offiziellen Kontakt mit der Schule, dem Tag der Schulanmeldung, sollte dieses Prinzip beachtet werden. Wir haben auf S. 101 einen Vorschlag zur Gestaltung der Schulanmeldung skizziert, bei dem dieses »Mehr als nur ein Verwaltungsakt« konkretisiert wird. Auch bei einem Besuch der Kindergartenkinder zusammen mit ihrer Erzieherin in der Schule ist eine persönliche Begrüßung der Kinder und Ansprache mit ihrem Namen alles andere als nebensächlich (vgl. S. 95). Das Einladungsschreiben zum ersten Schultag in Form eines persönlich an das Kind adressierten Briefs, unterschrieben von der zukünftigen Klassenlehrerin, bietet sich ebenfalls zur Realisation dieses Prinzips an (vgl. S. 103f.).

Wichtige Pädagogische Prinzipien – ein Überblick

Erst recht wenn dann die Schule beginnt, sollten die Kinder von Anfang an spüren, dass sie ganz persönlich in der Schule willkommen sind, dass Schule, Lehrer und Mitschüler sich darüber freuen, dass sie da sind. »Es freut mich, dass es dich gibt«, das ist wohl der wichtigste Satz für ein Kind, den es aus dem Munde seiner Eltern, hören kann. Von seiner Lehrerin sollte es immer wieder den Satz hören: »Es freut mich, dich zu sehen.« Kinder müssen solche Sätze immer wieder hören. Ohne mechanischen und seelenlosen Begrüßungs- und Verabschiedungszeremonien das Wort reden zu wollen, regen wir an, zwanglos immer wieder das eine oder andere Kind persönlich beim Hereinkommen in das Klassenzimmer zu begrüßen, am Ende des Unterrichts zu verabschieden, während des Vormittags persönlich anzusprechen. Das wird nicht jeden Tag mit allen Schülerinnen und Schülern gehen und man wird dafür Sorge tragen müssen, dass sich nicht manche Kinder gegenüber anderen benachteiligt fühlen. Jeder Schüler sollte aber spüren, dass seine Lehrerin ihn persönlich meint und an seinem Leben Anteil nimmt. »Schön, dass du wieder da bist«, wenn ein Kind krank war, »Morgen sehen wir uns wieder« bei der Verabschiedung, »Jetzt vertragen wir uns wieder«, wenn es mit einem Kind Schwierigkeiten gab, »Ist der kleine Zahn jetzt herausgefallen?«, »Es freut mich, dass du heute so gut mitgearbeitet hast«, »Du schaffst es, hab noch etwas Geduld!« als persönliche Ermutigung sind Beispiele dafür, die sich beliebig vermehren ließen.

Kindern die Erfahrung vermitteln, in der Schule *persönlich* willkommen zu sein

- Schulanmeldung – mehr als ein Verwaltungsakt
- Einladungsschreiben zum 1. Schultag
- Ungekünstelter, herzlicher Umgang (Sprache, Tonfall, Mimik, Körperkontakt), dabei immer wieder die Kinder persönlich ansprechen, z. B. bei der Begrüßung und Verabschiedung
- Geburtstagsritual
- Gedenkminute für ein erkranktes Kind
- Schreiben – von Schulbeginn an: Ich an dich, Ich über mich

Die Lehrerin muss allerdings zu solchen Bemerkungen auch stehen können, die Worte müssen wirklich ihren Gefühlen entsprechen. Fassadenhafte und routinierte Freundlichkeit zerstört mehr, als sie nützen könnte, und zwar bei Lehrern wie bei Schülern: Der Lehrer entfremdet sich mehr und mehr von seinen echten Gefühlen und verliert den Kontakt zu zentralen Teilen seiner Persönlichkeit und die Schüler nehmen mit feinen Antennen sehr rasch wahr, dass die Freundlichkeit »gemacht« ist.

Als eine weitere Möglichkeit, einem Kind zu zeigen, dass es persönlich geschätzt wird, bietet sich die gemeinsame Gestaltung eines Geburtstagskalenders sowie am Geburtstag selbst ein kleines »Geburtstagsritual« an. Zwei von mehreren Möglichkeiten seien genannt: Im Rahmen einer Stilleübung mit einem Schwungtuch darf sich das Geburtstagskind unter das Tuch legen oder die Lehrerin lässt eine Geburtstagsrakete[1] steigen. Schön ist es auch, wenn der Brauch entsteht, dass die Lehrerin und die Kinder immer zu derselben Zeit, etwa kurz vor der Pause um 10 Uhr, einem abwesenden kranken Kind gemeinsam wünschen, dass es bald wieder gesund wird. Das kranke Kind zu Hause wird sicher in dieser »Gedenkminute« an die Lehrerin und seine Mitschüler denken. Auch ein evtl. jede Woche veranstaltetes gemeinsames Frühstück, das 15 Minuten vor der Pause beginnt und noch einen Teil der Pausenzeit in Anspruch

1 Auf einer einlagigen, dünnen Papierserviette werden die beiden kürzeren gegenüberliegenden Seitenränder mit Klebestift eingestrichen, sodass ein »stehender« Zylinder geformt werden kann. Er wird auf einen Teller gestellt und oben an allen Seiten angezündet. Die letzten Teile der fast abgebrannten Serviette steigen in die Höhe und werden beim Absinken mit dem Teller wieder aufgefangen.

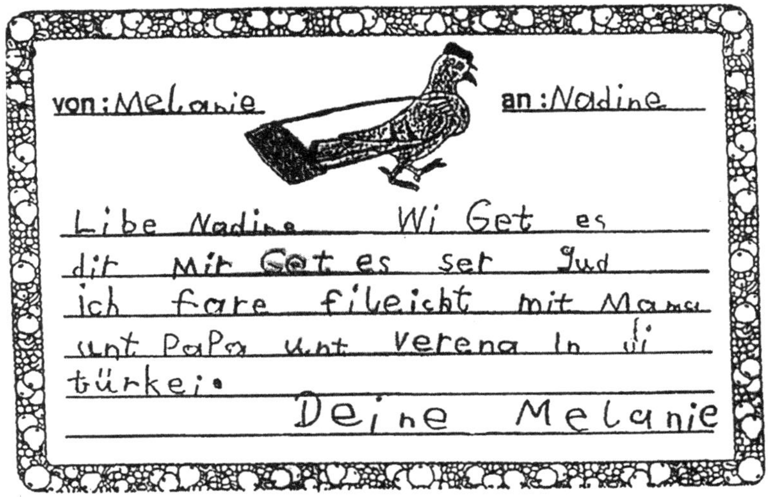
von: Melanie
an: Nadine
Libe Nadine Wi Get es
dir Mir Get es set Gud
ich fare fileicht mit Mama
unt Papa unt Verena In di
türkei.
Deine Melanie

(H. Bartnitzky. In: H. Balhorn u.a. (Hrsg.): Von den Wegen der Kinder in die Schrift. Arbeitskreis Grundschule, Frankfurt a.M. 1998, S. 38.)

nimmt, bietet der Lehrerin die Möglichkeit, sich zu ein paar Kindern zu setzen und mit ihnen ganz persönlich zu sprechen.

Persönlich wichtig zu sein sollen Kinder nicht nur mündlich erfahren, sondern auch schriftlich. Was bietet sich mehr an, als einen »Briefkasten« in der Klasse einzurichten, der z. B. zweimal in der Woche geleert wird?

Nichts dürfte für ein Kind motivierender sein, als einen Brief von der Lehrerin zu erhalten. Antworten muss man selbstverständlich – nicht mündlich, nein, das wäre nicht ebenbürtig – schriftlich. Aber auch untereinander schreiben sich die Kinder gerne Briefe, zumal wenn in der Klasse ausgelegte Vordrucke wie oben abgebildet zum Schreiben einladen.

»Wann wird man die Kinder lehren, was sie selber sind? Jedem dieser Kinder sollte man sagen: Weißt du auch, was du bist? Du bist ein Wunder! Du bist einmalig! Auf der ganzen Welt gibt es kein zweites Kind, das genau so ist wie du!« (Casals 1974).

Die genannten Vorschläge sind kleine Schritte auf dem Weg zu diesem Ziel.

Den Kindern helfen, eine Balance zu finden zwischen der eigenen persönlichen Einmaligkeit und der Unterordnung unter die für alle geltenden Regeln

Jedes Kind sollte vom ersten Schultag an erfahren, dass es sich als individuelle Person einbringen kann, dass es sein Leben mit in die Schule bringen darf. Schüler brauchen in der Schule Zeit und Gelegenheit, »sie selbst zu sein«; und sie brauchen jemanden, dem sie dies sagen und zeigen können. Lehrer sollten hierfür bestimmte Gelegenheiten schaffen. Gleichzeitig muss das Kind aber auch lernen auszuhalten, dass es nicht das einzige Kind in der Klasse ist, dass es Regeln und Ordnungen gibt, die eingehalten werden müssen, dass ein Stück Anpassung notwendig ist, dass man sich gelegentlich »zurücknehmen« muss.

> Es geht hier um die Balance zwischen persönlicher Einmaligkeit und Anpassung an soziale Erwartungen. Es geht darum, mit anderen interagieren zu können, ohne sich selbst zu verlieren, aber auch ohne sich über deren Erwartungen einfach hinwegzusetzen. In der Sprache des symbolischen Interaktionismus: Es geht um das Finden von Ichidentität als einer Balance zwischen sozialer und personaler Identität (vgl. S. 152ff.).

Vielleicht hatten früher Kinder eher Schwierigkeiten, aus sich herauszugehen und sich in die schulischen Interaktionen einzubringen. Sie blieben eher verschlossen, passten sich an, unterdrückten, was sie wirklich bewegte. Diese angepassten Kinder, von denen man nicht richtig weiß, wer sie wirklich sind, sitzen natürlich auch heute in unseren Schulklassen. Unbestritten aber dürfte sein, dass es zunehmend mehr Kinder gibt, die Schwierigkeiten haben, sich zurückzunehmen und die Regeln, die in der Klasse gelten, zu respektieren.

In vielen Grundschulklassen ist es üblich, ein Foto mit allen Schulanfängern und der Lehrerin sowie den einzelnen Unterschriften an der Außenseite der Klassenzimmertür anzubringen. So erfährt das Kind bildhaft jeden Tag aufs Neue: Ich gehöre auch dazu! Des Weiteren versuchen viele Lehrerinnen, morgens ihren Kindern Zeit zum »Ankommen«, Gelegenheit zum sich Einfinden zu lassen. Dies ist

Den Kindern helfen, eine Balance zu finden zwischen der Darstellung ihrer eigenen persönlichen Einmaligkeit und der Unterordnung unter die für alle geltenden Regeln

- Klassenfoto an der Außenseite der Tür
- »Klassenzug« mit den Fotos aller Kinder und der Lehrerin an einer Seitenwand
- Gruppenbuch zum Eintragen der Namen nach der jeweiligen Ankunft bei einem offenem Unterrichtsbeginn
- Morgenkreis
- Ich-Heft
- Gestaltung eines Ferientagebuchs, in dem jedes Kind ein Ferienerlebnis dokumentiert
- Klassenbücher mit persönlichen Beiträgen einzelner Kinder
- Klassentagebuch, in dem gemeinsame oder persönliche Erlebnisse die zusammen mit der Klasse gemacht wurden, aufgeschrieben werden
- Ausstellungstisch für mitgebrachte Sachen
- Mitbringen eines Buches/Lieblingstiers
- Regeln und Rituale zur Sicherung von Ordnung
- Zuweisung einer begrenzten Aufgabe, für die ein Kind verantwortlich ist

möglich, wenn sich die Schüler schon 20 Minuten vor dem eigentlichen Schulbeginn im Klassenzimmer einfinden können. Diese Zeit zum »Ankommen« dauert vielleicht eine Viertelstunde, die jeder für sich in der ihm eigenen Art nützen kann – nachdem er sich in das ausliegende Gruppenbuch, bei dem für jeden Tag eine neue Seite aufgeschlagen wird, mit seinem Namen eingetragen hat.

Eine fast schon selbstverständlich gewordene Praxis in der Grundschule ist der Morgenkreis, mit dem am Montag oder auch an anderen Tagen der Unterricht beginnt. Hier werden kleine Erlebnisse erzählt, eine Geschichte oder ein Gedicht vorgelesen, die kommende Arbeit besprochen. Hier haben Kinder auch die Möglichkeit, ein von zu Hause mitgebrachtes Buch, ein Spiel, vielleicht sogar einmal ein Tier vorzustellen. Oder sie sollten die Möglichkeit haben, etwas, das sie und vielleicht nur sie allein besonders gut können, den Klassenkameraden vorzuführen.

Auch das so genannte Ich-Heft (Regelein 1985; Hegele 1991; Hagedorn 1995) und das Klassenheft sind hervorragende Möglichkeiten, Kindern zu ermöglichen, sich in ihrer Einmaligkeit und Eigenart darzustellen. Kinder schreiben gerne über sich selbst, über das, was sie bewegt oder was sie den lieben langen Tag treiben. Oft ist es etwas Alltägliches – für das Kind aber etwas Besonderes. Viele Lehrerinnen und Lehrer regen ihre Kinder schon in den ersten Wochen an, ein solches Ich-Heft zu gestalten. Es beginnt meistens mit einem selbst gemalten Bild, mit Namen, Adresse, Geburtstag, Haarfarbe, Daumenabdruck, Größe und Gewicht und wird dann weitergeführt durch kleine Bilder und Texte von Ereignissen, die einen persönlich bewegt haben. Vielleicht wird die Lehrerin für einzelne Kinder zunächst noch die Rolle einer Sekretärin übernehmen. Es geht hierbei nicht nur um interessante Schreib- und Leseanlässe, sondern um eine Möglichkeit, etwas von sich selbst zu erzählen. Am Ende des Schuljahrs zeigt dieses Heft dann auch, dass man nicht nur an Körpergröße zugenommen hat.

Lehrerinnen erstellen häufig im Anschluss an die Ferien ein »Ferienbuch«, bei dem jedes Kind eine Seite mit Text und Bild gestaltet. Für Kinder ist das ein motivierender Leseanlass, zumal sie hierbei beim Lesen der Ferienbücher der verschiedenen Ferien den eigenen Lernfortschritt besonders gut erfahren! Weitere Themen für solche, auf ähnliche Weise erstellten Klassenbücher, die Beiträge von allen Kindern enthalten, wären: »Meine liebsten Spielsachen«; »Was ich gerne tun möchte«; »Vor was ich Angst habe«, »Wenn ich drei Wünsche frei hätte« usw.

Ein Klassentagebuch sei als eine weitere Möglichkeit zur Konkretisierung dieses Prinzips erwähnt. Mit den Kindern wird vereinbart, welche persönlichen und gemeinsamen Erlebnisse in einem Klassentagebuch im Laufe des Jahres festgehalten werden sollen. Am Ende des Schuljahrs werden dann die gemeinsamen Erlebnisse noch einmal vorgelesen (Danckwarts 1997, S. 47).

Kinder brauchen institutionelle Regelungen, die ihnen individuelle Spielräume lassen, die aber auch Grenzen ziehen und damit Halt geben. Feste, verbindliche Regeln sind so nicht nur eine Erfordernis für das Gelingen gemeinsamer Arbeit. Die Kinder finden an ihnen auch Halt und Sicherheit. Sie sind gewissermaßen äußere Stützen für die Entwicklung zu innerer Selbstständigkeit.

Solche Regeln müssen zahlenmäßig begrenzt sein. Sie müssen besprochen werden, aber dann verbindlich sein.

Viele Grundschullehrerinnen und -lehrer haben mit Ritualen, die in der Klasse eingeführt und mit den Schülern eingeübt wurden, gute Erfahrungen gemacht. Rituale legen die Bedingungen fest, die gültig sind, um »dazuzugehören«. Sie tun dies nicht auf dem Weg der Belehrung, der rationalen Begründung, der Ermahnung, sondern durch ihren Vollzug, in den die Anwesenden einfach »hineingesogen« werden (vgl. S. 138ff.). Rituale können eingeführt werden, um absolute Ruhe herzustellen, wenn der Lehrer etwas ganz Wichtiges zu sagen hat, oder auch nur zur Reduzierung der Lautstärke, mit der sich Schüler in Gruppen- oder Partnerarbeit unterhalten, zur Bildung oder Auflösung eines Stuhlkreises oder zum Wegräumen aller Sachen, die auf dem Tisch liegen. In einer Schulklasse sollten nicht mehr als zwei bis drei Rituale eingeführt werden; sie müssen mit den Schülern abgesprochen sein und eingeübt werden. Eingeführte Rituale sollten nicht inflationär eingesetzt werden, wenn aber, dann müssen alle Schüler sie beachten, nicht nur 90%, sonst verlieren sie ihre »psychologische Macht«. Gegenüber den üblichen Aufforderungen haben sie den Vorteil, einen bestimmten fraglosen Automatismus in Gang zu setzen. Ihr spielerischer Charakter verhindert das Gefühl der Beeinträchtigung durch eine persönliche Schikane der Lehrerin. Wenn einige Schüler dem Ritual nicht Folge leisten, kann auch der Hinweis, sich dem Ritual zu unterwerfen, in eher spielerischer Form geschehen, ohne den Eindruck zu hinterlassen, getadelt worden zu sein.

Im Folgenden finden Sie einige Ritualvorschläge. Hier ist dem Erfindungsreichtum keine Grenze gesetzt. Aber auch die Vorlieben einer Klasse sind bedeutsam.

- Das rote Feld einer Verkehrsampel (auf Karton aufgezogen) als Signal für absolute Stille wird gezeigt.
- Alle Kinder, die dies sehen, legen einen Finger auf den Mund und machen ohne Worte (durch Gesten oder leichtes »Stupfen«) die anderen darauf aufmerksam, dass der Lehrer dieses Zeichen gegeben hat. Der Finger wird erst vom Mund genommen, wenn alle ruhig sind und der Lehrer dazu auffordert.
- Das optische Signal der Ampel kann ersetzt werden durch ein akustisches: ein Gongsignal, eine beruhigend wirkende Glocke. (Achtung! Das Signal darf nicht aufregend wirken!)
- Der Lehrer beginnt mit einem Sprüchlein, in das nach und nach alle Kinder einfallen.
  Hier ein Beispiel: »Kommt ein Elefant daher, ist ganz riesig und ganz schwer, sagt den Kindern: Hört mal her!« Die Kinder legen anschließend den Zeigefinger an den Mund. Andere Reimsprüche wären:
  »Keiner macht jetzt, was er will, alle Kinder sind ganz still!«, oder
  »Ich hoffe nur, dass du's nicht bist, der jetzt noch nicht ganz stille ist.«
- Stecknadelspiel: Die Lehrerin lässt nach vorheriger Ankündigung eine große Büroklammer fallen, dann eine kleine Klammer und schließlich eine Stecknadel. Die Schüler versuchen, evtl. mit geschlossenen Augen, sie zu hören.

- Ritual der »stillen Minute«:
  Wenn der Lärmpegel in der Klasse ein erfolgreiches Arbeiten erschwert, ertönt dreimal der Gong. Alle Kinder legen ihr Schreibzeug aus der Hand, nehmen eine bequeme Sitzhaltung ein, legen Kopf und Arme auf den Tisch und schließen die Augen. Nach einiger Zeit ertönt der Gong wieder. Die Kinder »wachen auf« und fahren mit ihrer Arbeit fort.

Neben Regeln und Ritualen sind Reviere eine Möglichkeit, dem Kind einen persönlichen Verantwortungsbereich zuzuweisen. Es geht z. B. um das regelmäßige Gießen der Zimmerpflanzen, das sachgerechte Füttern der Meerschweinchen, das pünktliche Einstellen des Tageskalendariums, das Austeilen und Aufräumen der Spielgeräte vor und nach der großen Pause, die Übernahme des Teedienstes usw. Durch derartige Aktivitäten und persönliche Zuständigkeiten bringt sich das Kind persönlich ein, aber nicht in beliebiger Weise, sondern im Rahmen der in der Klasse geltenden Regelungen.

Hartmut v. Hentig ([7]1985, S. 122) spricht von drei »Rs«, die in einer Klasse notwendig sind, und meint damit Regeln, Rituale und Reviere. Sie dienen dazu, feste Ordnungen in das amorphe Lebensfeld der Kinder einzuziehen. Regeln, an die sich alle Mitglieder einer Gemeinschaft halten, schaffen Verlässlichkeit. Rituale entlasten davon, die Welt ständig durch die eigenen moralischen Entscheidungen ordnen zu müssen. Reviere begrenzen die Verantwortung der Kinder auf etwas Bestimmtes, sodass sie diese im Ernst und nicht nur zum Schein wahrzunehmen lernen.

Schule als einen Ort erfahren, an dem alle etwas gemeinsam lernen, an dem aber auch jeder die für ihn individuell notwendige Lernzeit hat

Kinder lernen nicht gleich schnell und sie lernen nicht alles gleich schnell. Die Beachtung der individuell nötigen Lernzeit ist deshalb eines der wichtigsten Prinzipien des Anfangsunterrichts. Zugleich wird aber auch gemeinsam gelernt. So versuchen viele Grundschullehrerinnen gerade im Anfangsunterricht, den Schülern die individuell erforderliche Lernzeit zu gewähren, ohne das gemeinsame Lernen aus dem Auge zu verlieren. Voraussetzung zu der Einräumung einer individuell notwendigen Lernzeit ist eine möglichst genaue Kenntnis der Lernvoraussetzungen des Kindes.

Diesem Prinzip fühlen sich auch die gegenwärtigen Modellversuche zur Neugestaltung der Eingangsstufe verpflichtet (vgl. S. 132f.). Kinder werden nicht als fertiges Schulkind angemeldet, sie werden vielmehr erst durch die Schule zum Schulkind. Das bedeutet, dass die Schule sich in weit höherem Maße als bisher auf die unterschiedlichen Lernvoraussetzungen und das verschiedenartige Lerntempo der Schüler einstellen muss. Aus diesem Grund wird in einigen Modellen auch Klasse 1 und 2 als Einheit gesehen, die unterschiedlich schnell durchlaufen werden kann. Die meisten Kinder werden wie bisher zwei Jahre in dieser Eingangsstufe bleiben, manche vielleicht nur ein Jahr, andere aber auch drei Jahre.

Schule als einen Ort erfahren, an dem alle etwas gemeinsam lernen, an dem aber auch jeder die individuell notwendige Lernzeit hat

- Die Heterogenität der Lernvoraussetzungen der einzelnen Kinder muss berücksichtigt werden. Gemeinsames Lernen muss ergänzt werden durch individuelles Lernen
- Unterschiedliche Verweildauer in der Schuleingangsstufe
- Flexibilisierung, Rhythmisierung, Strukturierung des Schultags durch immer wiederkehrende gleiche Elemente
- erzicht auf die Schulglocke
- Wechsel der Lehrerin nicht grundsätzlich nach zwei Jahren

Nicht nur von Sonderpädagogen (vgl. Reiß u.a. [3]1997) wird immer wieder betont, dass eine der wichtigsten Ursachen von Defiziten im Leistungsbereich die mangelnde Zeit sei. So hat etwa Carroll (1963) in einem Modell der Bedingungsfaktoren von Schulleistung das Verhältnis von individuell benötigter und schulisch gewährter Zeit in den Mittelpunkt gestellt (vgl. auch Anderson 1984). Diesem Sachverhalt hat vor allem der Anfangsunterricht Rechnung zu tragen. Durch zu wenig gewährte Lernzeit am Anfang der Schulzeit kann die ganze Schullaufbahn eines Kindes in Mitleidenschaft gezogen werden.

Um den Kindern trotz hoher Individualisierung die erforderliche Sicherheit zu geben, versuchen viele Lehrerinnen, den Schulvormittag durch die regelmäßige Wiederkehr bestimmter Elemente klar zu strukturieren. Als »Rhythmisierungselemente« bieten sich an: gleitender Tagesbeginn, straff organisierter lehrerzentrierter Unterricht nach dem Morgenkreis, dann Freie Arbeitsphasen (oder umgekehrt), Pausen, Abschlusskreis.

Das Prinzip, den Kindern genügend Lernzeit zu lassen, kann möglicherweise dann besser realisiert werden, wenn der in vielen Schulen übliche Lehrerwechsel nach zwei Schuljahren infrage gestellt wird. Dann entfällt der Druck, dass bis zur Übergabe der Klasse an den anderen Lehrer möglichst alle Kinder die Anforderungen des Lehrplans für diese Klasse erfüllt haben. Wenn die Lehrerin das Kind noch länger unterrichtet, kann sie u.U. bei bestimmten Kindern Defizite leichter hinnehmen und darauf setzen, dass im kommenden Jahr diese Rückstände aufgeholt werden. In vielen Montessori-Schulen ist es zum Beispiel seit langer Zeit Tradition, dass eine Lehrerin eine Klasse über die ganze Grundschulzeit hinweg unterrichtet. Erst am Ende des vierten Schuljahrs müssen dann alle Kinder die vom Lehrplan geforderten Ziele erreicht haben. Damit ergeben sich größere Toleranzen für individuell unterschiedliche Entwicklungen. Einem Lehrerwechsel erst nach vier Jahren steht allerdings entgegen, dass manche Schüler mit einem bestimmten Lehrer und manche Lehrer mit bestimmten Schülern nicht so gut auskommen. Ein früherer Lehrerwechsel könnte in solchen Fällen hilfreich sein.

Schule als Ort erfahren, an dem Beurteilungen nicht Urteile, sondern Hilfen für weiteres Lernen sind

In die Schule gehen heißt nicht nur lernen, sondern auch »gemessen«, mit anderen verglichen, beurteilt, bewertet werden (vgl. S. 199f.). Gerade zu Beginn der Schulzeit kann die für manche Kinder schmerzliche Erfahrung, in bestimmten Bereichen im Vergleich zu den Mitschülern nicht so schnell »voranzukommen«, zu Selbstzweifeln und Selbstabwertungen führen. Lehrerinnen sollten deshalb bemüht sein, jedem Kind zu zeigen, was es schon kann. Sie sollten ihm die Zuversicht vermitteln, dass es das, was es jetzt noch nicht kann, bald können wird, wenn es sich anstrengt.

Nun lässt es sich nicht vermeiden, dass Kindern beim Lernen einer Sache Fehler unterlaufen. Entscheidend ist aber die Frage, wie die Lehrerin mit diesen Fehlern umgeht. Die Aussage von Hans Brügelmann (1994), Fehler seien Fenster in die Denkwelt des Kindes, kann geradezu als Paradigmenwechsel im Umgang mit Fehlern gesehen werden: Nicht die Defizite, das, was das Kind falsch gemacht hat oder noch nicht kann, stehen im Mittelpunkt, sondern das, was es schon kann, auch wenn es noch unvollständig ist.

Aufgabe der Lehrerin müsste es sein, bei einzelnen Kindern zum Beispiel mit der von Breuer/Weuffen (^{3}1997) entwickelten Differenzierungsprobe gezielt bestimmte Teilleistungsschwächen für den Lese- und Schreiblernprozess festzustellen.[1]

Auch die Hamburger Leseprobe (Arntzen 1992), im November, Januar und Mai des ersten Schuljahrs mithilfe von Lesekassetten durchgeführt, bietet gute Möglichkeiten, Kinder ihren Lesefortschritt genießen zu lassen und sie individuell zu fördern. Erwähnt sei auch die Hamburger-Schreib-Probe (HSP) zur Diagnose orthographischer Kompetenzen und zur Erfassung der grundlegenden Rechtschreibstrategien (May ^{3}1997). Hier stehen ebenfalls nicht Fehler im Mittelpunkt, sondern das Gekonnte, das sich auch in teilweise richtigen Schreibungen zeigt.[2] Weitere konkrete Hilfen bei Schwierigkeiten im Schrifftspracherwerb finden sich bei Dehn (1998), Huth (1988), v. Wedel-Wolff (1989) und Dräger (1999). Auch in Mathematik versuchen viele Lehrerinnen, durch eine genaue Fehleranalyse dem Denkweg des Kindes nachzugehen und individuelle Hilfen anzubieten (Lauter 1991; Lorenz/Radatz 1993; Milz, ^{3}1995) .

Nicht von ungefähr versuchen viele Lehrerinnen die Forderung einzulösen: »Fördert das Rechtschreiblernen und schafft die Klassendiktate ab!« (Erichson/Brügelmann/Bartnitzky 1998). Diese Forderung gilt vor allem für die Klassen 3

1 Breuer/Weuffen unterscheiden hierbei fünf Bereiche (optisch-graphomotorisch, akustisch-phonematisch, kinästhetisch-artikulatorisch, melodisch, rhythmisch) und bieten jeweils gezielte Maßnahmen zur Behebung einzelner Schwächen an.

2 Lehrerinnen können mit dem HSP 1 M1 (Mitte der Klasse 1) feststellen, welche der aufeinander aufbauenden Strategien (logographemisch, alphabetisch, orthographisch, morphematisch, wortübergreifend) von einem Kind bevorzugt wird und wie dann Übungen zur Förderung der jeweiligen Strategie eine Hilfe sein könnten.

Schule als einen Ort erfahren, an dem Beurteilungen nicht Urteile, sondern Hilfen für weiteres Lernen sind

- Nicht die Anzahl, sondern die Art der Fehler in den Blickpunkt rücken. Gezielte individuelle Fördermaßnahmen einleiten
- Immer wieder Möglichkeiten anbieten, Aufgaben zu wiederholen
- Den personbezogenen Gütemaßstab favorisieren; jedes Kind soll seinen Lernfortschritt erkennen können
- Kindern die Erfahrung vermitteln, dass sie schon etwas können, durch Anstrengung vorangekommen sind
- Das traditionelle Muster der Klassenarbeiten überdenken:
- Müssen alle Kinder z. B. bei einer Nachschrift den gleichen Text schreiben?
- Müssen alle Kinder eine Arbeit am gleichen Tag schreiben?

und 4, doch bereits im Anfangsunterricht findet eine gewisse Weichenstellung statt. Wenn Kinder beim Schreiben eigener Texte, beim Lesen, durch Selbst- und Partnerkontrolle oder in Schreibkonferenzen ihre Leistungsfortschritte vielfältig im Schulalltag zeigen können, haben sie selbst, die Eltern und die Lehrerin auch ohne explizite Feststellung der Fehleranzahl, eine gute Rückmeldung über den Lernfortschritt. Zudem könnte überlegt werden, ob alle Kinder zur gleichen Zeit sich einer Leistungskontrolle unterziehen müssen oder ob es ihnen ermöglicht werden könnte, sich zu melden, wenn sie entsprechend darauf vorbereitet sind. Das tangiert freilich nicht die Pflicht, sich dieser Prüfung zu unterziehen. Eine derartige Maßnahme wäre ein wichtiger Baustein zur Erhöhung der Selbstverantwortung für den eigenen Lernfortschritt.

Wichtig wird es sein, den Kindern immer wieder zu zeigen, was sie in den letzten Wochen, im letzten Vierteljahr gelernt haben. Manche Lehrerinnen feiern ein »Buchstabenfest«, wenn alle Schüler der Klasse alle Buchstaben kennen. Schüler sollten nicht nur immer vor neuen Aufgaben und neuen Anforderungen stehen, sie sollten auch das, was sie können, »genießen« dürfen.

Die Schule als Ort aktiven Lernens erfahren. Freie Arbeit von Schulbeginn an

Vom ersten Schultag an sollten Kinder ermuntert werden, von sich aus, aktiv, Möglichkeiten des Lernens aufzugreifen. Sie sollten erfahren, dass sie selbst Verantwortung für ihr Lernen tragen und nicht gleichsam auf einem laufenden Band liegen, das vom Lehrer bewegt wird. Kinder müssen erleben, dass sie selbst etwas bewirken können, dass es auf ihre Interessen, auf ihren Fleiß, auf ihre »Hartnäckigkeit«, an einem Problem zu arbeiten, ankommt.

Hierzu bietet die Freie Arbeit (vgl. S. 231ff.) eine hervorragende Möglichkeit.

Die Schule als Ort aktiven Lernens erfahren

- Kinder müssen lernen, dass sie selbst für ihr Lernen verantwortlich sind.
- Nicht immer warten, bis der Lehrer eine Aufgabe gibt, sondern selbst aktiv werden! Selbst initiativ werden und von sich aus Lernaktivitäten entfalten!
- Lernen, dass es entscheidend auf das eigene Engagement und die eigene Anstrengung ankommt.
- Selbstständig Lernkontrollen durchführen!
- Freie Arbeit von Schulbeginn an. Dazu müssen die Kinder aber sorgfältig vorbereitet werden.

Die Betonung des selbstständigen Zugriffs zu Lernmaterialien und der selbstständigen Steuerung des Lernprozesses soll die Bedeutung der Lehrerin bzw. des Lehrers keineswegs schmälern. Vor allem für die ersten Klassen bleiben sie die entscheidende Bezugsperson, die Sicherheit gibt, deren Zuwendung die Kinder suchen, der man die fertigen Arbeiten zeigt, bei der man Lob sucht, deretwillen man Regeln einhält. Die Freie Arbeit ermöglicht vielmehr, dass sich Lehrer gezielt einzelnen Kindern ganz persönlich zuwenden können, um ihnen Tipps zu geben, ihnen etwas zu erklären, sie zu ermuntern, ihnen zu helfen.

Aktives Lernen kann aber nicht nur im Zusammenhang mit Freier Arbeit angebahnt werden. Auch in anderen Stunden können die Kinder erfahren, dass sie selbst dazu in der Lage sind, ihre Kompetenzen zu steigern, dass es auf ihr Engagement ankommt. So kann gezielt die Kompetenz, eine Geschichte ausdrucksvoll vorlesen zu können, etwas schön oder einen diktierten Text fehlerfrei zu schreiben, geübt werden. Dabei müssen die Kinder erleben, dass sich ihre Anstrengung auszahlt. Voraussetzung hierfür ist aber wohl, dass nicht ständig alle Schüler das Gleiche zu leisten und im gleichen Tempo voranzuschreiten haben.

Aktives Lernen bezieht sich aber auch auf persönliche Aktivitäten zu Hause, auf persönliches Üben, wenn einem etwas schwer fällt. Kinder sollten langsam lernen, selbst zu kontrollieren, ob sie etwas schon gut können oder ob sie weiter üben müssen. Das sollte allerdings nicht zu unangemessenem Leistungsdruck führen, der von manchen Schülern rasch internalisiert wird (vgl. S. 186ff., 225ff.).

Das Klassenzimmer, ein Raum, in dem man sich wohl fühlt und der zum Lernen herausfordert

Das Verhältnis eines Menschen zu dem Raum ist nicht nur äußerlich. Raum und Mensch definieren sich gegenseitig. Menschen gestalten nicht nur ihre Räume, Räume strukturieren auch Möglichkeiten für die Entfaltung des Menschen vor.

Der Tübinger Pädagoge und Philosoph Otto Friedrich Bollnow hat dies in seiner anthropologischen Studie »Mensch und Raum« dargelegt. »Der Mensch befindet sich nicht im Raum wie ein Gegenstand sich etwa in einer Schachtel befindet, und er verhält sich auch nicht so zum Raum, als ob zunächst etwas wie ein raumloses Subjekt vorhanden wäre, das sich dann hinterher auch zu einem Raum verhielte, sondern das Leben besteht ursprünglich in diesem Verhältnis zum Raum und kann davon nicht einmal in Gedanken abgelöst werden.« (Bollnow 1963, S. 23)

An der Identität eines Menschen haben immer auch Raumerfahrungen mitgewirkt wie der Mensch wiederum, dieser Identität entsprechend, auch seine Räume zu gestalten versucht. Auch Klassenzimmer, in denen Schüler neun und mehr Jahre zubringen, prägen. »Der räumliche Rahmen zählt zur tief ins Bewusstsein eindringenden Sprache der Schule.« (Maurer 1990, S. 41)

Räume sind Selbstauslegungen der Menschen und Gruppen, die sie bewohnen. Klassenzimmer sind Selbstauslegungen von Schule und ihrer Schüler. Sie sind ein Teil des heimlichen Lehrplans und stellen »eine grundlegende Vor-Ordnung der schulischen Lern- und Lebensprozesse dar« (Kasper 1979, S. 22).

Räume vermitteln Botschaften. Das gilt bei Klassenzimmern für die Art der Lern- und Kommunikationsprozesse, die in ihnen ablaufen sollen. Räume können die Bedeutung des Lehrers unterstreichen und Lehrerzentrierung nahe legen. Dies ist etwa der Fall, wenn sich in ihnen nur streng nach vorn ausgerichtete Tische und Stühle befinden. Sie können aber auch sagen »Hier findest du viel, was dich interessiert. Werde aktiv. Warte nicht, bis dich jemand dazu auffordert.« Die Sitzordnung legt Einzelarbeit oder Gruppenarbeit nahe. Räume strukturieren soziale Beziehungen vor, Nähe und Distanz, Über- und Unterordnung, Gemeinschaft und Vereinzelung. Heruntergekommene Räume signalisieren, dass es nichts ausmacht, sie weiter zu demolieren, schön gestaltete und verletzliche Räume fordern auf, pfleglich mit ihnen umzugehen.

Das Grundschulklassenzimmer sollte anregen, Lebendigkeit und Ordnung ausstrahlen, den Hinweis geben, dass man mit anderen zusammenarbeiten oder auch sich zurückziehen kann, Wohnlichkeit und Aufforderung zum Lernen vermitteln. Vor allem muss das Klassenzimmer zu einem spezifischen Ort der spezifischen Schülergruppe werden. Die Schüler sollen es als *ihr* Klassenzimmer erleben. Dazu ist es notwendig, ausgehend von einer einladenden Grundausstattung am ersten Schultag, das Klassenzimmer mit den Kindern kontinuierlich zu gestalten, aber auch wieder zu verändern.

Botschaften, die Grundschulklassenzimmer vermitteln sollten:

- Du findest in diesem Raum viel, was dich interessieren könnte.
- Werde aktiv! Suche dir etwas aus!
- Warte nicht, bist du aufgefordert wirst!
- Du kannst allein oder mit anderen anderen arbeiten.
- Du kannst dich zurückziehen.
- Du kannst etwas tun, ohne dass jeder dir zuschaut.
- Das Klassenzimmer ist kein abgeschlossener Raum. Du kannst auch Flure und andere Flächen benutzen.
- Lernen soll Spaß machen. Verweile!
- Du kannst den Raum mitgestalten. Mach Vorschläge!

Empirische Untersuchungen haben ergeben, dass bei Grundschülern die Schulfreude noch relativ hoch ist, dass sie aber mit zunehmendem Alter der Schüler kontinuierlich abnimmt. Sie zeigten, dass die meisten Grundschüler über ihre Lehrerinnen und Lehrer ein positives Urteil fällen, aber auch, dass das Urteil über die Lehrer in höheren Klassenstufen zunehmend ungünstiger wird. Die einzige Schulart, in der die positiven Urteile über die Lehrer gegenüber den negativen überwiegen, ist die Grundschule (Czerwenka 1990). Das kann ein Alterseffekt sein; Schüler werden mit zunehmendem Alter kritischer. Das kann mit der zunehmenden Diskrepanz von Unterrichtsinhalten und Interessen der Schüler zusammenhängen oder damit, dass in höheren Klassen die Lehrer mehr verlangen. Vielleicht hängt es aber auch ein wenig damit zusammen, dass die Zahl der Lehrer, die die dargestellten Prinzipien für wichtig erachten und sich um ihre Realisierung bemühen, größer ist als in anderen Schularten.
Wie dem auch sei, Grundschüler gehen gern in ihre Schule und lieben ihre Lehrerinnen und Lehrer, ein indirektes »Danke« dafür, was diese leisten.

Literaturverzeichnis

Anderson, L. (Ed.): Time and school learning. London, Canberra 1984: Croom Hell.

Andresen, U.: Das zweite Schuljahr. In der Schule leben. In der Schule lernen. Weinheim und Basel ^{6}1993: Beltz.

Arntzen, H. u.a.: Die Hamburger Leseprobe. Handreichung zur Beobachtung der Leseentwicklung in der Grundschule. Hamburg 1992: Behörde für Schule, Jugend und Berufsbildung.

Balhorn, H. u.a. (Hrsg.): Schatzkiste Sprache 1. Von den Wegen der Kinder in die Schrift. Frankfurt a.M. 1998: Arbeitskreis Grundschule.

Bauer, E./Brucher, Ch.: Grundschultagebuch. Erfahrungen von Lehrern und Kindern mit Freiem Arbeiten. Frankfurt a.M. 1982: Diesterweg.

Bartnitzky, H.: »Die rechte weis aufs kürtzist lesen zu lernen« oder: Was man aus der Didaktik-Geschichte lernen kann. In: Balhorn, H. u.a. (Hrsg.): Von den Wegen der Kinder in die Schrift. Frankfurt a.M. 1998: Arbeitskreis Grundschule.

Bert, E.M./Guhlke, J.: Nun differenziert mal schön. Frankfurt a.M. 1977: Diesterweg.

Bollnow, O.: Mensch und Raum. Stuttgart 1963: Kohlhammer.

Breuer, H./Weuffen, M.: Lernschwierigkeiten am Schulanfang. Schuleingangsdiagnostik zur Früherkennung und Frühförderung. Weinheim und Basel ^{3}1997: Beltz.

Brügelmann, H.: Zehn Jahre Kinder auf dem Wege zur Schrift. In: Brügelmann, H./Richter, S. (Hrsg.): Wie wir recht schreiben lernen. Lengwil 1994: Libelle, S 19.

Burk, K. (Hrsg.): Jahrgangsübergreifendes Lernen in der Grundschule. Frankfurt a.M. 1996: Arbeitskreis Grundschule.

Burk, K. u.a.: Die neue Schuleingangsstufe. Lernen und Lehren in entwicklungsheterogenen Gruppen. Weinheim und Basel 1998: Beltz.

Burk, K./Haarmann, D. (Hrsg.): Wie viele Ecken hat unsere Schule? Band 1. Frankfurt a.M. 1979: Arbeitskreis Grundschule.

Carrol, J.B.: A model of school learning. Teacher College Record, 64, 1963, S. 723–733.

Casals, P.: Licht und Schatten auf einem langen Weg. Frankfurt a.M. 1974: Fischer Taschenbuch, S. 219.

Czerwenka, K. u.a.: Schülerurteile über Schule. Bericht über eine internationale Untersuchung. Frankfurt a.M. 1990: Peter Lang.

Danckwarts, B.: Alleine und gemeinsam lernen. In: Dräger, M. (Hrsg.): Der Anfangsunterricht in Regel- und Intergrationsklassen. Heinsberg 1997: Dieck, S. 43–50.

Erichson, Ch./Brügelmann, H./Bartnitzky, H.: In: Grundschulverband aktuell, Heft 1/1999, S. 5.

Fachbereich Erziehungs- und Sportwissenschaften der Universität Rostock (Hrsg.): Grundschulen mit jahrgangsübergreifendem Unterricht. Rostock 1997: Universitätsdruckerei.

Faust-Siehl, G./Schmitt, R./Valtin, R. (Hrsg.): Kinder heute – Herausforderung für die Schule. Dokumentation des Bundesgrundschulkongresses 1989 in Frankfurt a.M. Frankfurt a.M. 1990: Arbeitskreis Grundschule.

Fölling-Albers, M. (Hrsg.): Veränderte Kindheit – veränderte Grundschule. Frankfurt a.M. 1989: Arbeitskreis Grundschule.

Garlichs, A.: Grundschule als Weg des Kindes. In: Grundschule, H. 7/8, 1984, S. 14–17.

Gemmingen, G. v.: Unterrichtsmodelle für das zweite Schuljahr. Stuttgart 1979: Klett.

Grassmann, M.: Förderkultur im mathematischen Anfangsunterricht. In: Grundschule, H. 6, 1999, S. 15–19.

Hagedorn, O.: Vom Ich-Heft zur bewussten Selbststeuerung. Berlin 1995: Berliner Institut für Lehrerfort- und Weiterbildung.

Hegele, I.: Wer bin ich? Wer möchte ich sein? Ich-Hefte in einem ersten Schuljahr. In: Pädagogische Welt, H. 9, 1991, S. 386–391.

Hentig, H. v.: Was ist eine humane Schule? München [7]1985: Hanser.

Herbert, M./Meiers, K.: Leben und Lernen im ersten Schuljahr. Stuttgart 1981: Klett.

Kasper, H.: Vom Klassenzimmer zur Lernumgebung. Ulm 1979: Armin Vaas.

Kasper, H.: Den Schulanfang pädagogisch gestalten. In: Grundschule, H. 2, 1987, S. 17–22, und H. 3, 1987, S. 46–49.

Langer, A. (Hrsg.): Ich übernehme eine erste Klasse. München 1996: Oldenbourg.

Lauter, J.: Fundament der Grundschulmathematik. Donauwörth 1991: Auer.

Lorenz, J./Radatz, H.: Handbuch des Förderns im Mathematikunterricht. Hannover 1993: Schroedel.

Maurer, F.: Lebenssinn und Lernen. Zur Anthropologie der Kindheit und des Jugendalters. Ulm 1990: Armin Vaas.

Mauthe-Schonig, D.: Handbuch Schulanfang I. Weinheim und Basel 1979: Beltz.

May, P.: Diagnose orthographischer Kompetenz. Zur Erfassung der grundlegenden Rechtschreibstrategien mit der Hamburger Schreib-Probe. Unter Mitarbeit von U. Vieluf und V. Malitzky. Hamburg [3]1997: verlag für pädagogische medien.

Meier, R.: Kinder üben sich ein. In: Die Grundschulzeitschrift, H. 6, Juni 1987, S. 12–14.

Meier, R./Bahns, M.: Miteinander lernen. Differenzierung und Freie Arbeit in der Grundschule. Stuttgart 1981: Klett.

Meiers, K.: Kind und Unterricht. Anforderungen zum Schuleintritt. In: Grundschule, H. 5, 1987, S. 14–19.

Milz, I.: Rechenschwäche erkennen und behandeln. Teilleistungsstörungen im mathematischen Denken. Dortmund [3]1995: borgmann.

Möller-Andresen, U.: Das erste Schuljahr. Stuttgart 1979: Klett.

Portmann, R. (Hrsg.): Kinder kommen zur Schule. Hilfen und Hinweise für eine kindorientierte Einschulungspraxis. Frankfurt a.M. 1988: Arbeitskreis Grundschule.

Regelein, S.: Unser Ich-Heft. In: Ehrenwirth Grundschulmagazin, H. 4, 1995, S. 5/6.

Reiß, G. u.a.: Offener Unterricht mit lernschwachen Schülerinnen und Schülern. In: Reiß, G./ Eberle, G. (Hrsg.): Offener Unterricht Freie Arbeit mit lernschwachen Schülerinnen und Schülern. Weinheim [3]1997: Deutscher Studienverlag.

Röbe, E.: Ein Schulkind muss das können. Probleme von Schulanfängern mit der Anforderungsstruktur alltäglich-schulischer Lernsituationen. In: Grundschule, H. 5, 1987, S. 20–23.

Sandfuchs, U. u.a. (Hrsg.): Kleine Grundschule und jahrgangsübergreifendes Lernen. Bad Heilbrunn 1997: Klinkhardt.

Schiffer, H.: Spielen am Schulanfang: In: Grundschule, H. 5, 1987, S. 28–30: Schroedel.

Seidel, G.: Wie fange ich an – im 1. Schuljahr? In: Grundschule, H. 6, 1986, S. 48–50.

Sennlaub, G. (Hrsg.): »Guten Morgen, lieber Lehrer!« 77 Geschichten und Berichte aus dem Schulleben. Lesebuch für Grundschullehrer. Heinsberg 1983: Agentur Dieck.

Susteck, H.: Kindgerechter Schulanfang. Kronberg/Ts. 1982: Scriptor, S. 55–64.

Weigert, H./Weigert, E.: Schuleingangsphase. Hilfen für eine kindgerechte Einschulung. Weinheim und Basel 1989: Beltz.

Stichwortverzeichnis

Reihe »Werkstattbuch Grundschule«

Herausgegeben von Dieter Haarmann

Leonhard Blumenstock / Erich Renner (Hrsg.)

Freies und angeleitetes Schreiben

Beispiele aus dem
Vor- und Grundschulalter.
142 Seiten. Broschiert.
ISBN 3-407-62342-9

Eine Fülle praktischer und von jedem nachvollziehbarer Beispiele zeigt, wie »freies und angeleitetes Schreiben« in konstruktivem Verbund sich entfaltet.

Wolfgang Böttcher / Ulrich Brosch / Henricke Schneider-Petry (Hrsg.)

Leistungsbewertung in der Grundschule

150 Seiten. Broschiert.
ISBN 3-407-62396-8

Eine Zusammenfassung des neuesten Forschungsstandes und eine ausführliche Diskussion der Argumente für und wider ziffernloser Zeugnisse werden von Praktikern vorgestellt.

Helmut Breuer / Maria Weuffen

Lernschwierigkeiten am Schulanfang

Schuleingangsdiagnostik zur Früherkennung und Frühförderung.
197 Seiten. Broschiert.
ISBN 3-407-62377-1

Je früher Ursachen für Lernschwierigkeiten im Anfangsunterricht erkannt werden, desto besser gelingt individuelle Förderung. Das Buch bietet dafür konkrete Hinweise und Ratschläge.

Karlheinz Burk / Marei Mangelsdorf / Udo Schoeler u.a.

Die neue Schuleingangsstufe

Lernen und Lehren in entwicklungsheterogenen Gruppen
160 Seiten. Broschiert.
ISBN 3-407-62387-9

Unsere Einschulungspraxis ist umstritten. In mehreren Bundesländern wird daher eine »Neue Schuleingangsstufe« mit differenziertem und flexiblem Schulbeginn geprobt. Dieses Buch stellt Praxisbeispiele aus Modellschulen vor.

Karlheinz Burk / Barbara Ronte-Rasch / Bernhard Thurn u.a.

Grundschule mit festen Öffnungszeiten

Rhythmisierter Schulvormittag und veränderte Arbeitszeiten
143 Seiten. Broschiert.
ISBN 3-407-62386-0

Die Grundschule als die »erste Schule« für die Kinder muss nach neuen Wegen des Lehrens und Lernens suchen.

Reihe »Werkstattbuch Grundschule«

Herausgegeben von Dieter Haarmann

Kurt Czerwenka (Hrsg.)

Das hyperaktive Kind

Ursachenforschung – Pädagogische Ansätze – Didaktische Konzepte.
145 Seiten. Broschiert.
ISBN 3-407-62188-4

Das Hyperaktivitäts- oder »Zappelphilipp«-Syndrom wird aus verschiedenen Fachaspekten beschrieben.

Jürgen Floer

Mathematik-Werkstatt

Lernmaterialien zum Rechnen und Entdecken.
142 Seiten. Broschiert.
ISBN 3-407-62198-1

Das Ideenbuch für einen erfolgreichen Mathe-Unterricht über handelndes, entdeckendes und materialgeleitetes Lernen.

Maria Fölling-Albers

Schulkinder heute

Auswirkungen veränderter Kindheit auf Unterricht und Schulleben.
130 Seiten. Broschiert.
ISBN 3-407-62160-4

Kinder wachsen heute unter anderen Bedingungen auf. Wie geht die Grundschule auf die veränderten Erfordernisse der »Schulkinder heute« ein?

Irmintraut Hegele (Hrsg.)

Lernziel: Freie Arbeit

Unterrichtsbeispiele aus der Grundschule.
181 Seiten. Broschiert.
ISBN 3-407-62105-1

Unterrichtseinheiten für die Grundschule, die den Unterricht für die Erfahrungen und Handlungsmöglichkeiten von Kindern öffnen lernen.

Irmintraut Hegele

Lernziel: Stationenarbeit

Eine neue Form des offenen Unterrichts.
172 Seiten. Broschiert.
ISBN 3-407-62394-1

Die Unterrichtsbeispiele geben Anregungen, wie Stationenarbeit sowohl in den Unterricht als auch in die Arbeit an außerschulischen Lernorten und in die Elternarbeit integriert werden kann.

Irmintraut Hegele

Lernziel: Offener Unterricht

Unterrichtsbeispiele aus der Grundschule.
157 Seiten. Broschiert.
ISBN 3-407-62365-8

Die Unterrichtsbeispiele geben Anregungen und Hilfen, wie das Lernen in der Grundschule offener gestaltet werden kann.

Reihe »Werkstattbuch Grundschule«

Herausgegeben von Dieter Haarmann

Gudrun Hollstein

Stationenarbeit: Entdecken, Erproben, Erfahren

Beispiel: Wäschepflege früher und heute
184 Seiten. Broschiert
ISBN 3-407-62382-8

Mit der Unterrichtsreihe für die Klassen 3 und 4 sammeln die Kinder Kenntnisse in einem scheinbar banalen, tatsächlich aber hoch interessanten Teil ihrer alltäglichen Erfahrenswelt. Sie befassen sich mit historischen, technischen, ökologischen, ökonomischen, medizinischen und soziologischen Aspekte der Wäschepflege.

Hartmut Mitzlaff (Hrsg.)

Handbuch Grundschule und Computer

Vom Tabu zur Alltagspraxis.
348 Seiten. Broschiert.
ISBN 3-407-62199-X

Das Handbuch »Grundschule und Computer« beschreibt Projekte und Modellversuche und weist Wege zu einer pädagogisch sinnvollen Nutzung des neuen Werkzeugs und Mediums im Grundschulalltag. Mit Basisglossar, Auswahlbibliografie und Kriterien für eine Software-Bewertung.

Klaus-Dieter Lenzen

Erzähl' mir k(l)eine Märchen!

Literarische Ausflüge mit Schulkindern.
125 Seiten. Broschiert.
ISBN 3-407-62175-2

Neue und alte Märchen – so kann eine lebendige Erzählkultur im Sachunterricht der Grundschule gefördert werden.

Christine Mann

Selbstbestimmtes Rechtschreiblernen

Rechtschreibunterricht als Strategievermittlung.
VIII, 77 Seiten. Broschiert.
ISBN 3-407-62361-5

Vorschläge für einen systematischen Aufbau des Rechtschreibunterrichts auf der Basis der lautgetreuen Schreibung.

Carl Ludwig Naumann

Orientierungswortschatz

Die wichtigsten Wörter für die Rechtschreibung. Klassen 1–6
175 Seiten. Broschiert.
ISBN 3-407-62389-5

Ein Orientierungswortschatz auf empirischer Grundlage, der für Unterricht und Lerntherapie alles Wichtige bietet: 2000 Wörter mit Angaben über ihre Häufigkeit, ihren orthographischen Regeln und Tücken.

Reihe »Werkstattbuch Grundschule«

Herausgegeben von Dieter Haarmann

Christa Röber-Siekmeyer

Die Schriftsprache entdecken

Rechtschreiben im offenen Unterricht.
226 Seiten. Broschiert.
ISBN 3-407-62369-0

Dieses Buch öffnet neue Wege zu einer aktiven und individualisierten Aneignung der deutschen Grammatik und Rechtschreibung ohne Drill, Leistungsdruck und Versagensangst.

Adelheid Staudte (Hrsg.)

Ästhetisches Lernen auf neuen Wegen

173 Seiten. Broschiert.
ISBN 3-407-62172-8

Argumente und Beispiele für ästhetisches Lernen als fächerübergreifendes und fächerverbindendes Prinzip in allen Lernbereichen der Grundschule.

Dagmar Wehr

»Eigentlich ist es etwas Zärtliches«

Erfahrungsbericht über die Auseinandersetzung mit Sexualität in einer dritten Grundschulklasse.
84 Seiten. Broschiert.
ISBN 3-407-62356-9

Sensibler Erfahrungsbericht zum Umgang mit dem Thema Sexualität in der Grundschule.

Hildegund Weigert / Edgar Weigert

Schuleingangsphase

Hilfen für eine kindgerechte Einschulung.
153 Seiten. Broschiert.
ISBN 3-407-62378-X

Ein empfehlenswertes, in sich geschlossenes Einschulungskonzept. Umfangreiche Anregungen für die praktische Gestaltung und verschiedenste Spielvorschläge erleichtern den Lehrern ihre Vorbereitung.

Hildegund Weigert / Edgar Weigert

Schülerbeobachtung

Ein pädagogischer Auftrag.
126 Seiten. Broschiert.
ISBN 3-407-62171-X

Konsequente Schülerbeobachtung ist Voraussetzung für gezielte Beratung, fundierte Beurteilung und Überprüfung der eigenen pädagogischen Tätigkeit. Auswertbare Ergebnisse helfen, den Unterricht/die Schule zu öffnen.

BELTZ

Beltz Verlag · Postfach 100154 · 69441 Weinheim · http://www.beltz.de B0402D

Handbuch Grundschule

Herausgegeben von Dieter Haarmann

Das »Handbuch Grundschule« informiert über die aktuelle Situation der Grundschule und den gegenwärtigen Stand der Grundschulpädagogik. Man wird feststellen: In den letzten zwanzig Jahren haben sich Theorie und Praxis der Grundschule nicht weniger verändert als in den bewegten Reformjahren der Sechziger – unauffälliger wohl, aber offenbar unaufhaltsam in Richtung einer »Schule für Kinder« und zwar immer schwierig werdender Kinder.

Band 1

Allgemeine Didaktik: Voraussetzungen und Formen grundlegener Bildung

(Beltz Praxis) 3. Auflage 1996.
290 Seiten. Gebunden.
ISBN 3-407-62146-9

Band 1 zeigt die Veränderung ihrer gesellschaftlichen und theoretischen Grundlagen auf (Wandel der Kindheit, Öffnung von Schule und Unterricht, neues Lern- und Leistungsverständnis u.a.).

Band 2

Fachdidaktik: Inhalte und Bereiche grundlegender Bildung

(Beltz Handbuch.)
3., aktualisierte Auflage 1997.
358 Seiten. Broschiert.
ISBN 3-407-83141-2

Der fachdidaktisch ausgerichtete Band 2 behandelt die jüngste Entwicklung der Inhalte und Lernbereiche des Grundschulunterrichts mit einer Analyse der neuesten Lehrpläne in den alten wie den neuen Bundesländern, der Beschreibung gegenwärtiger Reformtendenzen und einer Klärung des leitenden Prinzips »Grundlegender Bildung«. Für die Praxis werden konkrete didaktische Konzepte dargestellt, die ein ebenso kind- wie sachorientiertes Lernen ermöglichen:

- in der Muttersprache, beim Schriftspracherwerb und in der interkulturellen Kommunikation
- in Mathematik, Sachrechnen und Geometrie
- im Sachunterricht (inkl. praktisches Lernen und Umwelterziehung) sowie
- im ästhetisch-motorischen Bereich (fächerübergreifend und fachspezifisch für Kunst, Musik, Sport).

BELTZ

Beltz Verlag · Postfach 100154 · 69441 Weinheim · http://www.beltz.de

B0371